ProUni e o ensino superior privado lucrativo em São Paulo

uma análise sociológica

Do mesmo autor, no catálogo da Musa:

USP para todos? Estudantes com desvantagens socioeconômicas e educacionais e fruição da universidade pública

Wilson Mesquita de Almeida

ProUni e o ensino superior privado lucrativo em São Paulo

uma análise sociológica

São Paulo

2014

Biblioteca aula | Musa Sociologia | volume 3

PROJETO GRÁFICO
Teco de Souza

CAPA
Teco de Souza
sobre imagem de Paul Klee (1879-1940),
ZWILLINGE (TWINS), 1930, óleo sobre tela

PREPARAÇÃO DO ORIGINAL
Fernanda Rizzo Sanches

Dados Internacionais de Catalogação na Publicação (CIP)
Bibliotecária Juliana Farias Motta CRB7- 5880

A447p Almeida, Wilson Mesquita de.
Prouni e o ensino superior privado lucrativo em São Paulo : uma análise sociológica / Wilson Mesquita de Almeida ; Apresentação Carlos Benedito Martins . — São Paulo: Musa : FAPESP, 2014.

304 p.

ISBN 978-85-7871-019-4
Inclui anexos , referências bibliográficas

Originalmente apresentado como Tese (Doutorado) Departamento de FFLCH. Fac. De Filosofia ,Letras Ciências Humanas. USP - Universidade de São Paulo

1.Prouni (Programa) .2.Ensino superior — (São Paulo,SP).3.Bolsas de estudo Política governamental — Brasil.4. Inclusão social. I.Martins, Carlos Benedito,Apres.II. Título.

CDD-378.34

Índice para catálogo sistemático:
1. Prouni (Programa) 2. Ensino superior – (São Paulo, SP) 3. Bolsas de estudo Política governamental - Brasil 4. Inclusão social

2014

MUSA EDITORA LTDA.
Telefax 11 3862-6435 11 9354-3700
www.musaeditora.com.br www.musaambulante.com.br
www.anacandidacosta.blogspot.com www.twitter.com/MusaEditora

MUSA EDITORA

Impresso no Brasil, 1ª edição, 2014

Mande-nos um e-mail, se quiser fazer
um pedido de livros ou outras consultas

APRESENTAÇÃO

ProUni: resposta mitigada para democratização do ensino superior

O presente livro representa uma relevante contribuição para a compreensão do ensino superior brasileiro em sua fase contemporânea. Enfoca a pressão por vagas por parte de estudantes oriundos de uma "nova classe média", que vem se constituindo na sociedade brasileira nos últimos anos. Os indivíduos retratados constituem uma alegoria de milhões de brasileiros que, recentemente, foram incorporados ao mercado de consumo. Muitos deles enfrentam precárias condições de trabalho para sobreviver, presenciaram seus pais realizando ocupações desvalorizadas socialmente e/ou conviveram com o desemprego no interior de suas famílias. São esses indivíduos que ocupam as páginas deste livro, buscando a duras penas a aquisição de um título escolar com a esperança de construir uma vida pessoal diferente de seus antepassados.

Ao mesmo tempo, o livro analisa as mudanças que vêm ocorrendo nas políticas de acesso ao ensino superior tais como, criação de cotas, sistemas de pontuação, introdução do exame nacional de ensino médio etc., visando a incorporar estudantes cujas trajetórias de vida têm sido marcadas por drásticas restrições econômicas, sociais e culturais. Nesta direção, o foco central do livro recai sobre a criação e o funcionamento do ProUni enquanto política governamental criada em 2005, voltada para absorver a demanda de ensino superior proveniente dessa "nova classe média" destituída de capital econômico e cultural. O livro trata essas questões no contexto das transformações que ocorreram no ensino superior do Brasil nas últimas décadas e analisa o tortuoso caminho que o país tem percorrido para expandir as oportunidades educacionais no ensino de graduação.

Nas últimas cinco décadas, o ensino superior brasileiro passou por profundas mudanças quantitativas e qualitativas. Nesse intervalo de tempo ocorreu uma forte expansão de matrículas: passou-se de pouco mais de cem mil estudantes no fim dos anos 1960 para um patamar de sete milhões de graduandos nos dias atuais. Na dinâmica deste processo surgiram milhares de novas instituições bastante desiguais entre si, com relação à estrutura organizativa e, principalmente, quanto à qualidade do ensino oferecido. Formou-se na sociedade brasileira um complexo campo de ensino superior, integrado por instituições públicas (federais, estaduais e municipais) e privadas (confessionais e de perfil lucrativo). Os dados disponíveis indicam que no interior desse diversificado campo constam-se diferenças significativas no padrão de ensino entre as instituções públicas e privadas, mas também no interior desses dois segmentos. Determinadas instituições públicas e privadas — destacadamente as confessionais — profissionalizaram a carreira acadêmica, institucionalizaram a pesquisa acadêmica, integraram a pós-graduação com a formação graduada e criaram uma cultura acadêmica na qual prevalece a autonomia intelectual e a liberdade acadêmica de seus docentes.

Embora o ensino público tenha crescido durante o período assinalado, a expansão quantitativa da graduação foi realizada, em grande medida, por um novo tipo de instituições privadas. O "novo" ensino superior privado, que surgiu a partir do fim dos anos 1960 — conduzido por instituições laicas — tem sido qualitativamente distinto, em termos de natureza e objetivos, do que existia no período precedente, integrado, fundamentalmente, por instituições religiosas com um caráter semiestatal. Trata-se de outro sistema, voltado para o rápido atendimento de demandas do mercado educacional e estruturado nos moldes de empresas educacionais. Esse novo padrão de instituições, enquanto tendência subverteu a concepção de ensino superior ancorada no compromisso com o interesse público, na autonomia acadêmica do docente e converteu sua clientela em consumidores educacionais.

Em sua grande maioria são estas instituições privadas de perfil lucrativo que irão integrar o ProUni. O livro reconstrói de forma acurada o surgimento do ProUni diante das demandas legítimas de acesso e de permanência dos trabalhadores-estudantes que constituem a maioria dos bolsistas. Boa parte do cotidiano acadêmico dos bolsistas do ProUni é vivenciada em instituições comandadas por grandes grupos educacionais que se envolveram com provedores educacionais internacionais como, Laureate, Kroton, Whitney, Defrey e que são controladas por empresas do setor financeiro. Nesta nova etapa do ensino privado lucrativo ocorreu uma profissionalização da gestão destas instituições que incorporou indivíduos que atuam no mercado financeiro e/ou na gestão de empresas comerciais e que jamais foram professores e mantêm tênues laços com o universo acadêmico. Esses grandes grupos educacionais praticam uma gestão centralizada, desvinculada do corpo docente, adotam a prática da padronização de conteúdos de cursos oferecidos para o público, fecham cursos que são considerados deficitários, reúnem turmas de alunos originalmente situados em sedes e turnos diferentes. Os docentes, que a qualquer momento podem ser despedidos, possuem uma estreita margem de autonomia acadêmica. Certamente, essas situações e inúmeras outras que poderiam ser apontadas colocam sob constante suspeita a qualidade da formação oferecida.

Saudado de forma ufanista por círculos governamentais e pelo pensamento oficialista como uma política de "democratização" do ensino superior, o ProUni contribui para reproduzir empresas educacionais mastodônticas que ficam isentas de praticamente todos os tributos que recolhiam. Com isso, retiram recursos preciosos que poderiam ser alocados para a expansão do ensino público. O livro assinala que apesar de o ProUni contemplar determinadas instituições de qualidade acadêmica insatisfatória, o programa apresentou uma alternativa para a absorção de um novo perfil social de estudante de ensino superior que não lograriam romper a barreira do vestibular das universidades públicas e, tampouco, mesmo trabalhando, não conseguiriam pagar pelo curso escolhido. No entanto, fica a pergunta: esses estudantes não poderiam realizar a sua formação acadêmica em instituições de melhor qualidade acadêmica, oferecida pelo ensino público?

A leitura do livro indica uma resposta afirmativa. Uma questão implícita que perpassa todo o livro diz respeito à falta de diversificação da oferta de formação acadêmica oferecida pelo ensino público, destacadamente o segmento federal. Ao insistir em um modelo único de formação acadêmica expressa na criação de universidades de pesquisa, o ensino público inviabilizou a sua possibilidade de contemplar variados tipos de formação de modo a absorver públicos que possuem diferentes expectativas com relação ao ensino superior e almejam distintos projetos profissionais.

Em vários países ocidentais, como França, Alemanha, Inglaterra, Holanda, Estados Unidos etc., a expansão do ensino superior ocorreu por meio do setor público, que criou um diversificado sistema de ensino de massa de qualidade e, ao mesmo tempo, preservou instituições voltadas para a pesquisa. Ou seja, a expansão do setor público nesses países foi acompanhada de um processo de criação de instituições que possuem perfis acadêmicos distintos que se mostraram capazes de absorver clientelas que perseguem interesses intelectuais e profissionais diferenciados. A efetiva democratização do ensino superior no Brasil — a qual o ProUni representa uma resposta superficial e insatisfatória —, pressupõe uma profunda reestruturação do ensino público, com vista à diversificação da oferta de cursos que constituí uma condição essencial de sua expansão. O presente livro representa uma relevante contribuição para repensar criticamente a relação entre o ProUni e as instituições privadas de perfil empresarial na sociedade brasileira. Ao mesmo tempo, aponta a urgência de realizar um debate a propósito da reestruturação do ensino superior público de modo a capacitá-lo a absorver estudantes oriundos de setores que possuem precárias condições de existência.

Carlos Benedito Martins
Professor Titular
Departamento de Sociologia da Universidade de Brasília

AGRADECIMENTOS

À Silvana e à Karla, pela imensa ajuda na transcrição das entrevistas.

À Arlene Martinez Ricoldi, pela amizade desde a graduação.

À Fabiana Jardim e à Gisela Tartuce, pelos diálogos inteligentes e pela simpatia.

À minha orientadora Heloisa Martins, pelo convívio fraterno e estimulante nesses anos.

Ao professor Brasílio Sallum e à professora Eunice Durham, pela precisa interlocução durante a qualificação.

Aos bolsistas participantes da pesquisa, pelo auxílio e pela compreensão para que a pesquisa pudesse ser concretizada.

Ao CNPQ, pela concessão da bolsa de doutorado.

Aos funcionários do departamento de Sociologia, pelos auxílios nos momentos necessários.

À Karla, meu eterno agradecimento pela "estrela de luz" que é em minha vida: pelo auxílio e pela compreensão em tudo, "meu amor", valeu!

DEDICATÓRIA

Esta tese é dedicada, com muita estima, à Heloisa Martins. Além do privilégio de tê-la como professora na graduação e usufruir de sua preciosa presença na pós, concedeu-me a honra de ser a última orientação da sua densa carreira acadêmica, assentada em uma ética científica sem igual, um sólido conhecimento sociológico e uma consistência metodológica ímpar. Soldando tudo isso, um respeito e amor fraterno para com seus orientandos e orientandas.

Pelo aprendizado nos textos, aulas, palestras, seminários, papos, pelo cuidado, pelo trato, pelas concordâncias, ponderações e, notadamente, pela postura e figura humana que é.

Obrigado "querida" professora!

SUMÁRIO

INTRODUÇÃO

Esta pesquisa tem como foco a compreensão de como se processam as dimensões do acesso e da permanência dos bolsistas do Programa Universidade para Todos (ProUni), tendo como universo empírico a cidade de São Paulo. Implementado no ano de 2005, durante o governo de Luiz Inácio Lula da Silva, trata-se de um programa que tem como objetivo oferecer bolsas de estudos integrais e parciais a estudantes de baixa renda em cursos de graduação de instituições particulares. A seleção é feita por meio da nota obtida no Exame Nacional do Ensino Médio, o ENEM, além da exigência de que o aluno tenha estudado o ensino médio em escola pública ou com bolsa integral na particular e esteja situado em determinada faixa de renda — renda familiar *per capita* de até três salários mínimos para as bolsas parciais e até um salário mínimo e meio para as bolsas integrais. Em troca, as universidades participantes, a maior parte delas com fins lucrativos, recebem isenções fiscais de tributos que antes recolhiam.

Buscou-se uma abordagem sociológica do Programa Universidade para Todos, no sentido de compreendê-lo diferentemente de outras pesquisas e estudos que enfatizam, estritamente, seu caráter "privatizante" sem considerar e, também, integrar, outras dimensões como as vicissitudes do acesso e da permanência de jovens de baixa renda provenientes do ensino médio público, as particularidades dos processos seletivos, a emergência de um novo perfil social de estudante universitário, a reconstrução histórica e a metamorfose recente pela qual passa o setor privado de educação superior e como esta mudança se articula com o surgimento do ProUni, a pouca permeabilidade do ensino superior público às demandas legítimas desses trabalhadores-estudantes que constituem o grosso dos bolsistas, a reflexão sobre a qualidade da maior parte das instituições participantes e suas relações com o processo de "democratização do acesso" em curso, dentre outros elementos.

No primeiro capítulo discuto a produção dos dados empíricos, relatando os passos efetuados para a consecução da pesquisa e, sobretudo, discutindo os limites objetivos existentes na obtenção de algumas informações importantes sobre o ProUni e as alternativas que foram mobilizadas no intuito de realizar o presente estudo. Há, também, uma reflexão sobre a minha ligação com a temática da pesquisa, inquirindo elementos sobre o porquê da escolha desse objeto.

A natureza do objeto exigiu traçar, em perspectiva histórica, a constituição e consolidação do que qualifico como *ensino superior privado lucrativo brasileiro* e, também, avançar na compreensão da recente metamorfose desse segmento, que desde o fim da década de 90 e início dos anos 2000 vem ganhando nova configuração com a atuação de grandes grupos nacionais e internacionais, alguns listados na Bolsa de Valores, ávidos pela incorporação de grandes massas de estudantes egressos do ensino médio público. Prova disso é que no intervalo entre o projeto de Lei 3582/2004 de 13 de janeiro de 2004, passando pela Medida Provisória nº 213, de 10 de setembro de 2004 e, por fim, chegando à redação definitiva da Lei 11.096 de 13 de janeiro de 2005 que instituiu o programa, houve mudanças decorrentes das interferências desse setor privado lucrativo. Assim, no segundo capítulo desta tese, são discutidos aspectos como a regulação estatal, as entidades representativas que defendem os interesses da iniciativa particular, o papel de intelectuais e apologistas da expansão privada e os "discursos de sustentação", os quais apoiam suas posições, dentre outros tópicos correlatos que demonstram, claramente, os interesses do segmento empresarial de ensino superior na estruturação desse programa de acesso. Trata-se, portanto, de discutir o processo de desenvolvimento de um setor privado com fim lucrativo no ensino superior do país que, como poderá ser visto, é uma peculiaridade brasileira. Constituindo um dos tópicos essenciais analisados no escopo do trabalho, o desenho do ProUni é visto como um mecanismo de financiamento público indireto, visando a atacar o problema estrutural da estagnação desse setor privado lucrativo. Esse problema decorre de uma evolução histórica marcada pela explosão de vagas que levou à saturação e, juntamente com a inadimplência ligada aos valores das mensalidades — ainda bem distantes da folha salarial dos trabalhadores-estudantes brasileiros -, provocaram vagas não preenchidas e decorrentes aumento dos custos e despesas da atividade empresarial que atua no ramo da educação superior, formando o terreno fértil para que se pensasse em soluções que desembocaram no Programa Universidade para Todos.

No terceiro capítulo, abordo, em pormenor, as trajetórias de cinquenta bolsistas da cidade de São Paulo, em universidades e cursos distintos. Há, inicialmente, uma discussão metodológica sobre o estudo de caso, técnica utilizada na reconstrução das evidências empíricas. A metodologia baseia-se em uma pesquisa empírica de cunho qualitativo, mediante a realização de entrevistas e aplicação de questionários como instrumentos de obtenção dos dados, ambos norteados pelos temas selecionados e que foram explorados com todos os participantes. As informações quantitativas foram extraídas por meio de elaboração de tabelas a partir de questões fechadas existentes, que também foram qualitativamente trabalhadas. No transcurso da pesquisa, quatro eixos temáticos sistematizaram os diversos questionamentos havidos: família, trabalho, acesso e vida universitária. Os dois primeiros dizem respeito às relações que definem, operacional e analiticamente, a situação socioeconômica do estudante. Os dois últimos tratam mais propriamente da situação do bolsista enquanto aluno, seja na passagem para o ensino superior, seja na sua experiência universitária. Logicamente, todos estão coerentemente articulados, estando aqui discutidos em tópicos para melhor organização, dado o grande volume de informações obtidas durante a pesquisa de campo.

Estas quatro temáticas basilares e seus tópicos constitutivos sintetizam um conjunto de evidências empíricas necessárias para a explicação das trajetórias estudantis pesquisadas, permitindo reconstruir essas experiências de acesso e permanência ao captar os diversos pontos cruciais dos itinerários percorridos por esse grupo particular de alunos na cidade de São Paulo. Com efeito, diferenciações e semelhanças foram reunidas, o que propiciou captar as singularidades desses estudantes e permitiu visualizar nuances nessa política pública que, regularmente, é vista de forma homogênea e, muitas vezes, acriticamente. Essa heterogeneidade está presente entre os próprios bolsistas, mediante apreensão de suas características socioeconômicas, nos tipos de instituições pelas quais esses alunos passam, como tais universidades estão posicionadas na hierarquia do sistema universitário brasileiro, no formato dos cursos aos quais os bolsistas têm acesso, dentre outros elementos.

Espera-se que a pesquisa empreendida possa contribuir para os estudos sobre ensino superior no Brasil, nas suas dimensões do acesso e permanência, principalmente dos que têm como objeto privilegiado o aluno brasileiro de mais baixa renda e oriundo da escola pública.

CAPÍTULO I

Processo da pesquisa e produção dos dados

1.1. Limites e estratégias utilizadas

Estão relatados aqui os passos empreendidos durante o transcorrer da pesquisa, contemplando os limites de acesso a algumas informações importantes para o desenvolvimento do trabalho e as estratégias realizadas para levar a cabo a investigação.

Antes da entrada no doutorado, no dia 24 de novembro de 2007, estive presente no 1º Encontro dos Estudantes do ProUni da Capital de São Paulo, realizado no prédio da *Universidade Paulista — UNIP*, em sua unidade Vergueiro, na cidade de São Paulo, organizado pela União Nacional dos Estudantes (UNE) em parceria com a União Estadual dos Estudantes (UEE) de São Paulo, com apoio do MEC. Naquela oportunidade, antes da abertura do evento, pude estabelecer contato com 32 bolsistas dos mais variados cursos ali presentes. O objetivo inicial, definido no meu projeto de pesquisa, era o de realizar entrevistas com esses alunos.

Assisti a todo o evento, o qual contou com a presença e discurso de políticos como Eduardo Suplicy (PT-SP) e do deputado Aldo Rebelo (PC do B-SP), Augusto Chagas, presidente da UEE-SP, além do ministro da Educação na época, Fernando Haddad. Chamou-me a atenção o fato de que o apresentador do evento, o mestre de cerimônias, foi Gustavo Petta, ex-presidente da UNE (ligado ao PC do B-SP) e, naquele instante, concorrendo a uma vaga de vereador na capital paulista[1]. Todos os convidados à mesa, sem exceção, ressaltavam e agradeciam,

---

1 A exploração política do ProUni por alguns militantes do movimento estudantil está desenvolvida no fim da tese. Além desse ator, outros, como o governo e o setor privado também serão discutidos nos devidos pontos.

efusivamente, o empenho do então candidato na construção do Programa Universidade para Todos perante uma plateia formada, em peso, por bolsistas.

No fim do encontro, fui conversar com as coordenadoras do ProUni também presentes no evento (Iguatemy Martins, na época a responsável, e Paula Mello, atual coordenadora). Tentei obter informações sobre o programa em conversa com Paula Mello e ela afirmou que "tudo está no site, os dados todos estão lá no site". Consegui o endereço eletrônico de ambas para futuro contato. Decorridos seis meses, já como aluno no programa de pós-graduação, qual não foi minha surpresa ao consultar a página eletrônica. Só havia dados agregados, gerais, tais como número de bolsas ofertadas para cada ano, sexo, cor, distribuição por estado da federação, dentre outras informações mais genéricas[2]. Entretanto, **nenhuma informação sobre a quantidade de bolsas distribuídas por curso em cada instituição.** Ora, à luz do estudo proposto e, mais ainda, para qualquer tipo de investigação científica, tais dados são de extrema importância. Outros pesquisadores também chamaram a atenção para essa falta de dados mais precisos "... lamentamos, na qualidade de pesquisadores e analistas de políticas públicas, a pouca transparência do MEC no que se refere às informações fornecidas a respeito do ProUni. Não encontramos razão para que não seja disponibilizado o total de bolsas contratadas por IES; uma tipologia das IES que aderiram ao Programa; as modalidades das bolsas (integrais e parciais); o detalhamento dos cursos 'disponíveis' e/ou 'escolhidos'; os perfis dos alunos, aí englobando dados socioeconômicos; as taxas de evasão; o desempenho escolar dos beneficiários etc." (Catani, Hey e Gilioli, 2006, p.127-8).

O passo seguinte foi enviar um e-mail para a coordenadora Paula Mello, solicitando justamente esses dados para o estado de São Paulo e informando-lhe o que, de fato, tinha conseguido extrair no site. *Até hoje não obtive resposta da mensagem.* O curioso é que algumas reportagens da imprensa escrita, feitas sobre o programa, apresentam informações obtidas com o MEC. Em outras, o próprio MEC se encarrega de contratar institutos de pesquisa de opinião para veicular os benefícios do programa. Em suma, devido a essa **não publicidade e transparência de dados básicos** no site, bem como ao não fornecimento dos mesmos pela coordenação, a estratégia de pesquisa voltou-se para os contatos feitos, única entrada possível até aquele instante.

Como alternativa, bastante difícil, havia a obtenção junto às instituições[3],

---

2 Tanto na época referida, como mais recentemente, no sítio do programa tais dados estão disponíveis no item Dados e Estatísticas, Quadros Informativos. Nesse espaço, há quadros informativos que contemplam informações desde o início do programa em 2005 baseadas em dois critérios: distribuição por unidade federativa (Estado) e distribuição por município. Logicamente, com esses dados podemos extrair alguns elementos para reflexão, porém, há grandes limitações por causa da sua generalidade e nível de agregação, não permitindo visualizar maiores nuances. Disponível em: http://prouniportal.mec.gov.br. Data de acesso: 08/02/2012.

3 Santana (2009, p. 46-7), na sua pesquisa de mestrado, relata dificuldades para consecução do trabalho "... em muitas dessas instituições não foi possível a aplicação dos questionários. Em algumas das IES, o

por meio de contato com o responsável pela mediação entre as universidades e o MEC. Foram entregues cartas, em mãos, para os responsáveis das universidades, solicitando o acesso aos bolsistas das seguintes instituições: Anhanguera, Centro Universitário Belas Artes, Uninove, Anhembi Morumbi e Faculdade Sumaré. Somente esta última atendeu à solicitação, enviando para a lista dos estudantes bolsistas o meu endereço eletrônico. Obtive o retorno de alguns bolsistas. Como não teria condições de entrevistá-los em sua totalidade, e como não pretendia restringir a minha pesquisa a apenas uma instituição, adotei a estratégia de enviar um questionário com perguntas abertas e fechadas para os alunos da Faculdade SUMARÉ. Esse questionário[4] foi construído tendo como base os pontos constantes no roteiro[5] preparado para a realização de entrevistas. Nesse mesmo período, fui pessoalmente à UNIESP, instituição com dois prédios localizados na região central de São Paulo. Lá abordei alunos no intuito de conseguir mais entrevistas e/ou preenchimentos de questionários, com o objetivo, também, de obter maior variedade de cursos e de instituições de ensino superior.

Houve impasses durante esse caminho ligados, sobretudo, ao fato de que muitos dos 32 contatos estabelecidos durante o encontro do ProUni não resultaram em entrevistas por motivos como número de telefones e endereços inconsistentes e, principalmente, pelo fato de que muitos não deram resposta, mesmo depois de várias tentativas. Concluí, que, por algum motivo, não estão dispostos a dar entrevistas, nem preencher os questionários. Há dificuldades ainda mais complicadas a serem vencidas nesse tipo de pesquisa. Estudantes trabalham, fazem faculdade à noite e, na maioria das vezes, resta apenas o fim de semana disponível para dividir com a família e realizar as tarefas do curso. Essa multiplicidade de funções desempenhadas foi a resposta dada a muitos dos meus diversos contatos, demasiados insistentes reconheço, na tentativa de realizar entrevistas. Não foram poucas as bolsistas que, apesar de quererem dar entrevistas, devido ao tempo exíguo e às obrigações para com filhos e maridos, desistiram de fazê-lo ou, de forma predominante, postergaram-nas até um momento em que não mais pude esperar, sob pena de interferir no andamento da investigação. Além disso, algumas entrevistas começaram a ser feitas no fim do semestre, época na qual o aluno tem restringido, ainda mais, o seu tempo disponível para nos receber devido às provas e avaliações diversas. Cabe lembrar que o aluno precisa manter um desempenho de 75% de aproveitamento, sob pena de interferir na concessão de sua bolsa.

Foram realizadas *16 (dezesseis) entrevistas*, contemplando estudantes dos

---

coordenador dependia de autorização de cargos superiores (...) em duas instituições, ambas faculdades isoladas, o dirigente máximo da instituição não permitiu a aplicação de questionários. Em outra instituição isolada a proibição foi feita pelo coordenador do curso de Pedagogia".

4 Ver Anexo I — Questionário.

5 Ver Anexo II — Roteiro de entrevista.

cursos de Direito (1), Engenharia Civil (1), Medicina (1), Educação Física (1), Enfermagem (1); Administração Geral (1), Economia (1) Psicologia (2), Publicidade (1), História (1), Tecnologia em Criação e Produção Gráfica (1), Letras (1), Pedagogia (2) e Tecnologia em RH (1) das instituições PUC-SP, UNIP, MACKENZIE, UNIBAN, UNIESP E FACULDADE SUMARÉ. Ou seja, na medida do possível, a diversidade institucional e de cursos foi preservada. Além disso, foram preenchidos *34 (trinta e quatro) questionários*, predominantemente dos cursos de Administração e Pedagogia, das FACULDADE SUMARÉ e da UNIESP. Sendo assim, as informações dos questionários serviram a um duplo propósito: inicialmente, dadas as dificuldades já salientadas de conseguir os dados para estudo, foram importantes no sentido de ampliar o conhecimento de certa parcela de bolsistas, principalmente os que estavam em cursos com formato mais curto (tecnológicos) e os que faziam licenciaturas (Pedagogia, sobretudo), ou seja, nas carreiras e instituições menos prestigiadas. Simultaneamente, também foram utilizados como elementos para comparação com os dados produzidos nas entrevistas, ou seja, puderam ser tomados também enquanto casos singulares. Em decorrência, e como trabalho com uma pesquisa de tipo qualitativo, cumpre alertar que não há pretensão alguma de tomar os questionários como constituindo uma amostra probabilística[6]. Muito pelo contrário, conforme também já exposto, e cabe ressaltar, essas pessoas foram aquelas que responderam à mensagem enviada pela representante da universidade disponibilizando o meu contato. Ou seja, não tenho nem a informação básica de quantos alunos da instituição são bolsistas do ProUni no total geral de estudantes da referida instituição. Por esse fato trivial, é possível antever que manipular procedimentos quantitativos tendo como base esses dados seria incorrer em erro primário.

Por fim, como fica patente, não se trata de um estudo de caso de uma única instituição. Este até poderia ser um caminho. Mas julguei mais profícuo utilizar-me desses dados para fazer cruzamentos entre os alunos que preencheram os questionários e os que deram seus depoimentos nas entrevistas[7]. Assim, efetuei diversos raciocínios analógicos como: prestígio das universidades, concorrência das carreiras, formato e duração dos cursos (mais longos, mais curtos, tecnológicos, bacharelados, licenciaturas), trajetórias familiares e individuais, idades dos bolsistas, bairros onde moram, dentre outros pontos que poderão ser aquilatados ao longo da leitura. Como resultantes a comparação e a diferenciação — traços fundantes da metodologia qualitativa — poderiam ser mais bem realçadas, propiciando maior consistência e ganho para a pesquisa. Ou seja, o que importa aqui é considerar os casos nas suas singularidades: seja enquanto subconjuntos quando aspectos comuns os ligam (pontos de aproximação, similaridades), seja enquanto momentos específicos das mais

6 Uma sólida discussão sobre "amostra" qualitativa encontra-se em Pires (1997; 2008).

7 Ver Anexos III, IV e V para visualização das características gerais dos pesquisados.

distintas trajetórias, os quais não permitem classificá-los em grupos mais amplos, requerendo um olhar mais circunscrito ao trajeto individual (aspectos diferenciadores, próprios). Dessa forma, como ilustração, pode ocorrer a aproximação das trajetórias de alunos que não necessariamente estão contidos em um mesmo subconjunto (bacharelandos, tecnólogos, licenciandos), seja nos questionários, seja nas entrevistas. Optando por esse procedimento, penso contemplar, de modo mais adequado, um quadro mais sistêmico dos diversos fatores envolvidos em um tipo de pesquisa como essa.

Operacionalmente foi feita uma *reconstrução crítica de dados secundários* mediante a leitura de livros, artigos, documentação oficial, textos apresentados em congressos, dentre outras fontes, conectando-os com a produção de dados primários obtidos a partir da *montagem de casos singulares*[8] nas entrevistas e nos questionários. Foi nessa mediação que procurei respostas plausíveis às questões e aos pontos surgidos no trajeto investigativo.

1.2. Autoanálise: um sujeito da escola pública nos seus vários níveis

Aqui há uma pequena reflexão da minha ligação com a temática de pesquisa sobre acesso e permanência no ensino superior, o porquê da escolha desse objeto, minhas motivações primeiras e mais íntimas em querer seguir por esse caminho.

Alguns autores experientes e expressivos na sociologia apontam em vários de seus escritos a importância de o pesquisador explicitar suas convicções, valores e, o mais fundamental, sua posição acerca do tema que o incita à pesquisa. Ora, se a tese weberiana para matizar a "objetividade" no âmbito das ciências sociais de que em todo ponto de partida de uma investigação há uma orientação norteada pelos ideais de valor do cientista — a fase preliminar de seleção do objeto — tem pleno sentido, trata-se aqui de ir um pouco adiante. Como propõe Pierre Bourdieu, é necessário, também, avançar em torno do que ele designa como "objetivação participante" e, em outros momentos ao longo de sua obra[9] como "reflexividade" e, ainda, "socioanálise", termos utilizados para marcar a relação subjetiva mantida pelo pesquisador com o seu objeto de investigação:

> ... nada é mais falso, eu penso, que a máxima universalmente admitida nas ciências sociais segundo a qual o pesquisador não deve colocar nada dele mesmo em sua pesquisa. É necessário, ao contrário, referir-se em permanência a sua própria experiência, mas não, como é muito frequente, mesmo entre os melhores pesqui-

8 Uma discussão metodológica sobre o estudo de caso encontra-se com a análise do material empírico, no capítulo III, item 3.1., em que analiso as trajetórias dos bolsistas.

9 Essa temática está presente, muitas vezes de forma esparsa, em vários de seus livros. De forma mais trabalhada, encontra-se em Bourdieu (1997, 2001 e 2004).

sadores, de modo vergonhoso, inconsciente ou incontrolado (...) não é somente o passado reativado, mas toda a relação com esse passado (...) só uma verdadeira socioanálise desta relação pode permitir aceder a este tipo de reconciliação do pesquisador com ele mesmo, e com suas propriedades sociais, a qual produz uma anamnese libertadora. (Bourdieu, 2003, p.51; 55-6.)

Maria Isaura Pereira de Queiroz, no trabalho de pensar sua prática de pesquisa ao longo de muitos anos também acentua esse elemento, que ela denomina como uma "autoanálise" do pesquisador:

> ... quando o pesquisador é o "fabricante" do documento, é indispensável que efetue primeiramente uma autoanálise em relação ao problema investigado para desvendar os juízos de valor e as limitações que possui e desconhece: verificar sua própria posição diante da questão que deseja investigar, não apenas para um autoesclarecimento do que lhe vai pelo íntimo, mas para informar aqueles que se servirão de seu estudo.
>
> ... a primeira tarefa do pesquisador, seja qual for o problema escolhido — teórico ou prático — seja qual for a sua atitude diante da sociedade em que vive, é clarear com honestidade sua posição diante desta. Pois a posição que mantém, muitas vezes inconscientemente, diante de sua realidade, está na raiz de sua maneira de ver o objeto de estudo que escolheu. A consciência que adquire de suas intenções profundas não invalida seu trabalho; ao contrário, pode permitir que o leve muito mais longe na compreensão da questão. (Queiroz, 1999, p.22; 2001, p.20.)

Por que escolhi esse tema de pesquisa?

A minha opção está ligada ao meu percurso até a USP, na posterior experiência enquanto aluno de graduação, bem como no contato com realidades sociais próximas que queria pesquisar. Sou produto da escola pública brasileira, sobretudo a resultante do abandono, nos seus vários planos, pelo poder público, um fato amplamente conhecido, sem prejuízo das honrosas exceções que ainda encontramos Brasil afora. Discutir um passado mais distante, em que o ensino público era referência — e atendia aos segmentos mais bem estabelecidos socialmente — não muda esse fato social. Não serve de consolo para a minha geração, confrontada com desigualdades educacionais profundas, embora, sem dúvida, sirva para matizar e entender muitas das disputas no campo de pesquisa em que atuo. Isso foi um divisor de águas, pois na minha experiência escolar e de vida, que agora relato em traços bem breves, pude ter contato com os vários planos desse espaço público ao longo desses anos, dos mais esquecidos e jogados à própria sorte aos mais prestigiados, dos colegas economicamente mais bem situados até os mais precários em termos de capitais valorizados na sociedade moderna (social, econômico, cultural).

Cursei até a 6ª série no interior da Bahia. Da 7ª série até o primeiro ano do ensino médio, no período de 1989 a 1991, já em São Paulo, estudei na Escola Estadual de Primeiro e Segundo Grau Maria José, no bairro da Bela Vista, região central paulistana. Ainda que o estudo na metrópole avançasse em alguns conteúdos jamais vistos na minha cidade natal, a promessa de um estudo de qualidade, "mais forte", jamais se concretizou. Ou seja, a escola pública, nessa quadra histórica no Brasil, mesmo nas grandes cidades economicamente mais estruturadas, tivera "sucesso" em universalizar o ensino ruim: alguns professores com vontade, mas impotentes dadas suas condições para levar a cabo um bom trabalho pedagógico; a maioria dos alunos desinteressados e "perdidos" no espaço e no tempo; interesses de sindicatos que com suas reivindicações — algumas justas — levavam a meses de greves[10] e atraso educacional, abrindo espaço para oportunistas e pseudoespecialistas, geralmente indivíduos que nunca pisaram em uma escola pública sequer e que, de um dia para o outro, sentiram-se no direito de tudo opinar[11] — sem pesquisar, refletir e ponderar — para "melhoria da qualidade da educação", travestindo seus interesses mais estreitos e particulares de forma muito sutil. Mais grave nesse terreno dos "especialistas" são aqueles que puderam usufruir da estrutura da escola pública — quando ela era mais seletiva e socialmente menos aberta, quanta desfaçatez! — e hoje atacam, aberta e descaradamente, qualquer esforço que tenta "reerguê-la" e torná-la mais republicana.

Ainda nesse período do ensino médio, consegui meu primeiro emprego, era o ano de 1990. Trabalhei 20 dias em uma lanchonete Mc Donald´s e pude ver como trabalhar 4 horas de forma plena pode ser mais estafante do que muitas outras jornadas e, muito tempo depois, aprender teoricamente a lição thompsiana, extraída de Marx, sobre como a disciplina e o aproveitamento "ótimo" do tempo do trabalhador foram aprimorados no capitalismo. Tive o primeiro emprego registrado em carteira aos 14 anos como office-boy[12], na Avenida Paulista, no extinto Banco do Progresso. Pela manhã, das 6 h às 12 h, passei a frequentar um curso preparatório durante um ano (1992) visando a disputar

10 Antes de experimentar as greves na universidade pública durante o curso superior (2000 e 2002), já passara por esse estágio monótono e custoso que todo aluno do ensino público passa.

11 Longe de tirar o direito de expressão das pessoas sobre qualquer assunto! Mas, parece-me, que hoje, no Brasil, é assustador o número de gente que nunca pega ônibus e metrô dando opinião sobre transporte público, não usa o serviço público de saúde e emite opiniões descabidas sobre como deve ser a política estatal na área de saúde. Na área educacional, impressiona como todos e todas querem opinar, na maioria das vezes, sem fazer o esforço mínimo e salutar de ao menos estudar o tema, ver as posições divergentes sobre o mesmo, dentre outros procedimentos básicos. Estou convencido de que, cada vez mais nas ciências humanas, é preciso vivenciar — seja empiricamente, seja analiticamente em pensamento — as vicissitudes do objeto em estudo para ter uma visão mais próxima da realidade, fugindo dos lugares comuns que recobrem algumas posições emitidas. A ciência, quando bem respeitada, pode ser extremamente útil nessa tarefa.

12 Tinha o ofício de, com um colega, datilografar — havia feito um curso no Sindicato dos Bancários no mesmo ano e aprendera datilografia — e levar cartas de clientes do banco para os 10 cartórios de protesto da cidade de São Paulo. A jornada cobria 6 horas, das 12 h às 18 h.

o "vestibulinho" — um tipo de seleção efetuada para ingresso nas escolas técnicas no Brasil, cobrindo todo o conteúdo do ensino fundamental. Situava-se na região norte, no bairro de Santana, próximo ao inesquecível presídio do Carandiru, palco do massacre histórico dos 111 presos — o trajeto de ida e volta até o cursinho, após fácil acesso via estação do metrô, passava pelos imensos muros daquele presídio, hoje um parque. Ingressei em 1993 na Escola Técnica Estadual Prof. Camargo Aranha, onde adquiri dupla formação, tanto no ensino médio como Técnico em Processamento de Dados, em 1995. O conteúdo técnico ficou para trás, pois não tinha e não tenho muita paciência para as ciências exatas, sempre tendo muita facilidade para assuntos ligados às ciências humanas.

Em 1996 fiz o Cursinho da Poli, um cursinho pré-vestibular alternativo, ligado ao Grêmio da Escola Politécnica da USP, o qual exigia uma prova de conhecimentos do ensino médio e uma avaliação socioeconômica para ganhar a bolsa[13]. Na época, o cursinho da Poli não tinha as dimensões e estrutura hoje existentes. Ingressei em 1997 no curso de Ciências Sociais da USP, no período noturno. Durante certo período (1998) trabalhei 6 horas na Cia. Sul América de Seguro Saúde. Era operador de atendimento e atendia às solicitações diversas de clientes e pude perceber como o monopólio da saúde no Brasil ataca direitos fundamentais, lesionando o trabalho médico[14] e, sobretudo, os cidadãos que são usuários.

Nesse mesmo período, cursava inglês na Faculdade de Educação da USP (obtive uma bolsa via sorteio). Estava meio desanimado com a vida atribulada que então vivia: trabalho psicologicamente desgastante, inglês dois dias por semana antes das aulas com a necessidade de média 7 (sete) e, à noite, curso de Ciências Sociais, com leituras profundas a serem feitas a cada aula. Depois de conseguir uma Bolsa de Iniciação Científica em um projeto de professores da Faculdade de Educação — trata-se dos professores Celso de Rui Beisiegel e Romualdo Portela de Oliveira —, houve uma relativa mudança na minha vida estudantil mediante o usufruto das potencialidades que uma universidade como a USP possibilitava e possibilita: contato estreito com professores e pesquisadores, exploração mais intensa da biblioteca, assistir palestras, conferências e cursos, dentre muitas outras, o que refletiu no meu desempenho escolar

13 Quem a adquiria pagava somente o custo das apostilas, na época do curso Anglo. Atualmente o cursinho já dispõe de material didático próprio.

14 Por "coincidência", no início de 2011, quando iniciava a escrita deste texto, os médicos fizeram uma paralisação em todo o país contra os valores absurdos repassados pelos planos de saúde. Além disso, os jornais apontavam que os planos estavam subornando alguns médicos, sugerindo que eles não pedissem exames em suas consultas, obtendo em troca bônus. Essas e outras práticas intoleráveis, pude presenciar durante um ano nesse emprego, há exatos 13 anos.

(as notas melhoraram e pude dedicar-me mais ao curso). Durante todo esse período, na minha vivência com esse mundo e essas pessoas, nos seus múltiplos aspectos e determinantes, algumas questões passaram a me inquietar e procurei estudá-las mais, travando diálogo com professores e colegas (alguns que não tinham as mesmas condições sociais que eu e outros que as possuíam). Essas questões que me intrigam e para as quais busco pistas, constituem o objeto central das minhas pesquisas: voltadas para compreender os impasses, desafios e vivências do acesso e da fruição do ensino superior pelos estudantes com desvantagens sociais no Brasil.

Não há dúvida que tais questões estão inextricavelmente ligadas à minha trajetória social. Estou indelevelmente marcado pelo mundo da escola e da universidade públicas, pois devo muito a elas: tanto na sua defesa mais apaixonada e, por vezes, até ingênua que deixa, às vezes, escapar problemas de natureza muito complexa nesse Brasil heterogêneo permeado de interesses de frações de classe muito complicados, quanto na sua análise mais crítica e profunda, sempre visada ao longo desta tese. Sou produto da universidade pública, devo muito a esse universo rico e denso[15] que pude absorver e ainda absorvo e por essa razão estou do lado de quem a defende, de quem luta para que ela seja cada vez mais plural, em um só termo, republicana. Esse o meu ponto de partida, como bem ensinou Max Weber. Contudo, como também ensinou o mestre, no momento de pesquisa e na produção dos resultados que o trabalho de investigação requer, é preciso encarar os "juízos de fato", "de realidade", para que a ciência possa fazer sentido, ser "significativa" como ele diz, no mundo dos homens, não mero produto normativo, do dever ser. No entanto, por que não estariam no poderiam ser? Esse é o ponto da "possibilidade objetiva", do possível histórico. Por que alguns aspectos na pesquisa que empreendo, historicamente, tomaram certos rumos e não outros?

Finalizo com Charles Wright Mills, pois esta pequena reflexão nada mais é que uma busca, ainda que bem particular, da sua proposição mais elementar e frutífera: cruzar biografia e história para apreender a estrutura social.

15 Mantido pela sociedade mediante a extração de impostos e que a ela deve retornar em termos dos benefícios que as ciências — nos seus vários ramos — podem e devem propiciar.

CAPÍTULO II

Elementos para uma sociodinâmica do ensino superior privado lucrativo

2.1. Expansão escolar no Brasil: acesso e desigualdades

A expansão do acesso à escola — sobretudo a de nível elementar — é um processo historicamente iniciado a partir da segunda metade do século XIX, adquirindo maior consolidação no século XX, principalmente depois da Segunda Guerra Mundial. Aspectos essenciais podem ser aqui extraídos a partir dessa demarcação. Primeiro, "a educação de massa[16]" é uma característica central do mundo ocidental, iniciada nos países do Norte Europeu e depois estendida às colônias — EUA e outras. O fato relevante que avulta nessa época e que constitui o eixo para compreensão é justamente a formatação do modelo de estado-nação. Logo, pensar a extensão da escolaridade à população é pensar a construção política que molda o Estado Moderno e seus desdobramentos lógicos: cidadania, secularização, território, direitos e deveres, dentre outros. Segundo aspecto, esse modelo é transnacional, ou seja, ainda que passível de diferenças entre as nações ocidentais, o mesmo apareceu como um evento mundial ocorrendo em termos históricos — com matizes, claro — de forma bem similar e próxima. Assim, Meyer, Ramirez e Soysal (1992, p.131), em estudo compa-

16 O termo massa aqui significa que ela se abre, paulatinamente, às várias camadas da população. Ou seja, não é mais restrita a pequenos grupos, geralmente os mais bem socialmente posicionados de uma dada sociedade. Ou seja, não é mais, estrito senso, de elite.

rativo dos dados educacionais de vários países ocidentais, apontam que "... o estado-nação é um modelo cultural transnacional dentro do qual a educação de massa torna-se o mecanismo maior para criar as ligações simbólicas entre os indivíduos e os estados (...) a expansão da educação de massa em torno do mundo é dependente da formação de projetos unificados de soberania que são ligados e reconhecidos pela extensa sociedade mundial de nações-estado e a formação de princípios internos de nacionalidade dentro dos países".

No Brasil, mais precisamente para São Paulo, que no período já se constituía como liderança econômica e estado mais desenvolvido do país, Beisiegel (1964), em seu mestrado, estudando as relações de interdependência entre a política e a educação, apontara a expansão da rede de escolas públicas secundárias paulistas a partir de 1945[17]. Cumpre reter os fundamentos sociológicos dessa ampliação escolar:

> ... descrevem-se, entre eles, o aumento da importância relativa das populações urbanas sobre as rurais, o aparecimento de novas profissões relacionadas à urbanização e à industrialização, o desenvolvimento das grandes burocracias públicas e privadas e a abertura de amplas perspectivas de mobilidade social vertical, possíveis pelo aumento relativo de profissões mais prestigiadas socialmente do que os trabalhos manuais urbanos e agrícolas. À semelhança do que ocorreu em outras regiões marcadas pelo mesmo processo, emergem novos padrões reguladores da busca do êxito social e profissional, baseados, principalmente, nas possibilidades abertas pela educação escolarizada (...) com o desenvolvimento socioeconômico do Estado, a escola secundária deixa de atender à simples "ilustração" das camadas superiores e passa a representar, para as diversas camadas citadinas, um meio de conquista de novas posições e profissões na estrutura social em transformação. (Ibidem, p.189.)

Com a mesma exatidão e profundidade, Otaíza de Oliveira Romanelli, em seu estudo histórico sobre a educação brasileira no período que compreende os anos de 1930 a 1973, discute os impactos da "revolução capitalista", então em curso, na expansão do ensino:

> ... o capitalismo, notadamente o capitalismo industrial, engendra a necessidade de fornecer conhecimentos a camadas cada vez mais numerosas, seja pelas exigências

17 No discurso, por ocasião do título de professor emérito, nas suas aulas, palestras e reuniões nas quais estive presente diversas vezes, o professor aponta que seu estudo, ainda que seja específico para a realidade paulista, guarda profunda semelhança com o elaborado na obra do historiador Eric Hobsbawm, a *Era dos Extremos: o breve século XX*, na parte relativa ao período de 1945 a 1989, ou seja, pós-guerra até a queda da União Soviética. Nesse estudo, o historiador marxista enfatiza a expansão da escolarização como característica marcante do período. Isso corrobora o traço comum mundial no que tange à expansão da educação.

> da própria produção, seja pelas necessidades do consumo que essa produção acarreta (...) onde, pois, se desenvolvem relações capitalistas, nasce a necessidade da leitura e da escrita, como pré-requisito de uma melhor condição para concorrência no mercado de trabalho (...) a intensificação do capitalismo industrial no Brasil, que a Revolução de 30 acabou por representar, determinou consequentemente o aparecimento de novas exigências educacionais.
>
> ... antes, enquanto predominou uma sociedade de tipo agrário, nas relações de produção, a demanda efetiva de educação permaneceu sempre muito inferior à demanda potencial. No momento em que se acentuaram as mudanças socioeconômicas-políticas, em favor de um capitalismo industrial, essa procura tendeu a crescer, não só em termos absolutos, mas também em números relativos. (Romanelli, 2001, p.59; 79.)

Todavia, cabe ponderação, pois esse processo de relativa abertura escolar não se concretizou sem que novas desigualdades viessem à tona. Em decorrência, ambas as obras aqui tomadas como referência para a compreensão da expansão escolar em terras brasileiras apontaram ressalvas nesse percurso histórico. Destacam-se os improvisos e as precariedades presentes na realização dessa extensão da escolaridade, as quais geraram distorções e atropelos em todo o sistema nacional de educação: redução de horas diárias de aulas no intuito de aumentar o número de períodos de funcionamento das escolas; instalação de classes de alunos em salas inadequadas; construção de prédios escolares de madeira, os denominados "galpões escolares" — os quais atendiam a grande maioria dos alunos do ensino primário na capital paulista em 1960 —; a criação das "classes de emergência", instaladas em locais impróprios para a atividade educativa; a utilização de prédios destinados à educação pré-primária para a expansão do primário comum; quanto às escolas secundárias, o uso dos prédios de grupos escolares para instalar os ginásios estaduais noturnos como forma mais difundida para expandir a matrícula na capital de São Paulo; escassez de recursos financeiros e humanos para fazer frentes às mudanças ocorridas, dentre outros pontos correlatos. (Cf. Beisiegel, 1964, p.136-139; 1975.)

Como arremate, o autor extrai o quadro real da situação "... a criação e a instalação de escolas públicas de ensino secundário na época estudada não corresponderam aos requisitos de planejamento global da expansão da rede escolar. Pelo contrário, atendendo a interesses estranhos às necessidades escolares, acabaram determinando um acentuado desequilíbrio na oferta de vagas pelas diversas regiões do Estado". (Beisiegel, 1964, p.140.). Na mesma direção, Romanelli (op. cit., p.61; 80; 88; 90-95; 103-4) discutiu as limitações qualitativas e quantitativas inerentes a esse crescimento das oportunidades escolares, marcado, segundo sua apreciação, por três aspectos: oferta insuficiente para toda a população em idade própria de receber a educação escolar (em 1970, na faixa dos 5 aos 24 anos, 70% estavam fora da escola); baixo rendimento escolar, inviabilizando para amplas parcelas prosseguir os estudos nos níveis médio e superior (de cada 1.000 alunos na primeira série, em 1960, apenas 56 ingressaram, em 1971, no ensino superior). Aqui, destaque para os "pontos de estrangulamento", indicando as dificuldades de passagens da primeira para a segunda série, do primário para o ginásio e do colegial para o ensino superior, ocasionados por altas taxas de reprovação[18], levando à evasão quantidades significativas de alunos. Cabe lembrar, esse ponto será retomado, mais adiante, na discussão da problemática da repetência nos estudos de Ribeiro (1991, p.10; 13), o qual apontava para o ano de 1982 que "... cerca de 1,9 milhão de crianças abandonaram a escola, na sua grande maioria pelo excesso de repetências acumuladas", indicando ser a repetência o grande vilão da universalização da educação básica brasileira. Ao que parece, as referências aqui sumariadas nos legaram considerações bem consistentes a partir de suas análises do processo de ampliação da escolarização brasileira, pois, ao contrário do que fazem crer certos discursos difundidos insistentemente neste Brasil mais recente, certos problemas de fundo não resolvidos persistem, não obstante os avanços quantitativos obtidos:

> ... a universalização do Ensino Fundamental (EF) é um mito. O que está realmente universalizado é o acesso, pois, segundo a PNAD de 2005, 99% das crianças têm acesso à 1ª série, e 94% das crianças de 7 a 14 anos estão matriculadas nesse ensino. A conclusão do EF não está universalizada: somente 70% dos jovens chegam ao término, e muitos através da Educação de Jovens e Adultos. Quando se discute essa universalização, não se menciona o atraso da maioria dos alunos brasileiros em relação à série que deveriam estar cursando (...) o crescente atraso (ou repetência) acaba resultando na evasão. O percentual de evasão sobe para 8% aos 14 anos e 32% aos 17 anos. (Klein, 2007, p.7.)

Por último, um aspecto crucial, denominado por Romanelli de discriminação social, indicando a distribuição desigual do acesso aos ramos de ensino de acordo com a classe social de origem dos indivíduos, não abalando de forma eficaz a velha dicotomia do ensino brasileiro, caracterizada pelas poucas escolas secundárias particulares[19] destinadas às elites e escolas primárias de 4 anos (predominante entre os alunos oriundos dos estratos de baixa renda), "profissionalizantes", voltadas para o "povo", sem articulação com as escolas secundárias ou superiores, servindo como ponte para o mercado de trabalho. Para exemplificar, a autora cita uma pesquisa em São Paulo feita por José Augusto

18 Até 1971, na passagem do primário para o secundário havia o exame de admissão como requisito, o que impactava de forma decisiva o baixo rendimento do sistema escolar.

19 A situação é angustiante se pensarmos que na capital do estado mais desenvolvido do país, para o ano de 1940, só havia 3 (três) ginásios públicos, altamente seletivos devido aos exames de ingresso. Além deles, mais 31 espalhados nos municípios do interior. Logo, 34 ginásios para todo o estado de São Paulo. (Cf. Beisiegel, 1964, p.151).

Dias, para o ano de 1967, a qual relaciona a origem social dos alunos e sua distribuição pelos ramos de ensino, encontrando uma grande concentração das classes sociais mais altas no ensino secundário em contraposição a uma baixa representatividade das classes sociais "inferiores" nesse mesmo ramo. Ainda referente a esse último aspecto, também Gouveia (1966: 34), pesquisando o acesso das camadas sociais aos diferentes níveis de educação média[20], demonstrou que foram beneficiadas, sobretudo, as camadas médias e altas — capazes de acessar o ensino secundário ou de cultura geral, via para o ensino superior — em comparação às de mais baixa renda, geralmente alocadas sobremaneira nos cursos noturnos ou nos cursos vocacionais devido à necessidade do trabalho para sustento "... de um ponto de vista teórico, a situação descrita indica que a expansão das oportunidades educacionais não suprime, necessariamente, desigualdades no acesso a certos níveis ou tipos de educação" (Ibidem, p.43).

Com a LDB de 1961 (Lei 4.024) há a eliminação de parte das diferenças entre os ramos da escola de nível médio, adquirindo a denominação comum de ginásios. Essa lei constituiu-se como o embrião da Lei 5692, de 1971, dez anos depois, a qual acabará com a descontinuidade entre os antigos níveis primário e ginasial (supressão dos exames de admissão), dando molde ao ensino comum de 8 anos, um passo importante na extensão de escolaridades a amplos segmentos sociais.

A resultante principal a reter e que serve para chegarmos à educação superior, foco da tese, é a ideia de *deslocamento da exigência de acesso aos níveis de ensino imediatamente subsequentes*, sobretudo expressa pelos segmentos populares, a partir do instante em que um nível escolar almejado é atingido. Assim, o aumento da taxa de cobertura no ensino fundamental *pressiona* o ensino médio e este, por sua vez, pressiona o ensino superior. Essa pressão não é mecânica, posto que dependente de condições propícias para desenvolvimento pautadas nas circunstâncias históricas. (Cf. Beisiegel, 1964, p.117; Cunha, 1975, p.29; Filho, Oliveira e Camargo, 1999, p.49; Silva e Hasenbalg, 2000, p.424).

2.1.1. Ensino superior: "o elevador" social

Em decorrência do quadro histórico acima exposto, somente no período posterior à Segunda Guerra Mundial é que verificaremos certa expansão quantitativa do ensino superior. Schofer e Meyer (2005, p.903) destacam alguns fatores institucionais responsáveis: liberalização e expansão dos direitos humanos, o crescimento da ciência, a ascensão de doutrinas e ideários de desenvolvimento nacional e a estruturação de organizações no mundo político que

20 Nesse período o ensino médio comportava vários segmentos: secundário, agrícola, industrial, comercial e normal ou preparatório para o magistério.

promoveram discursos e modelos em prol da educação[21]. Enfatizam também — e esse é um aspecto central a reter —, ao analisarem pesquisas comparativas, que se tratou de um fenômeno mundial, ou seja, a expansão do ensino superior foi um "evento global único ocorrendo nas décadas seguintes à Segunda Guerra". Estudando o mesmo processo na França, Troger (2002, p.17) chega aos mesmos resultados acima delineados, acrescentando o aspecto do intenso crescimento populacional ocorrido no pós-guerra.

Diversos autores discutiram a expansão do ensino superior tendo como base um ponto comum: a emergência das camadas sociais médias a partir da aquisição do conhecimento escolar. Em decorrência, as transformações econômicas e sociais que ocorreram nesse momento histórico, em nível mundial, permitiram o aparecimento de novos canais de ascensão social, centrados na passagem pela escola e consequente obtenção de certificados e diplomas. A lista de autores que discutem esse ponto, na literatura sociológica, é imensa. No essencial, trata-se do desenvolvimento das classes médias — em alguns registros, das novas classes médias — ocorrido com a maior complexidade do sistema capitalista. A metáfora do "elevador social", indicando o papel exercido pela educação escolar na elevação do *status* social e da renda obtidos pela ocupação das posições mais vantajosas no mercado de trabalho é emblemática de tal período:

> ... a educação escolar em massa tem sido também um dos mais importantes mecanismos sociais de ascensão da nova classe média, porque as ocupações próprias desta requerem aquele preparo que lhe foi possibilitado pelo sistema escolar (...) no mundo dos pequenos empresários, pouca ou nenhuma preparação escolarizada era necessária para o sucesso e muito menos ainda para a sobrevivência: a pessoa era persistente ou corajosa, tinha bom senso e trabalhava duramente. A educação escolar (...) não era, porém, a grande avenida do progresso econômico para a maioria da população. Com a nova sociedade, o significado da educação escolar saiu das esferas políticas e da posição social para as econômicas e ocupacionais. Na vida do *white collar* e em seus modelos de obtenção de sucesso, o aspecto educacional da carreira do indivíduo torna-se a chave de todo o seu destino ocupacional. As exigências formais para o recrutamento nos empregos e as expectativas de ascensão tendem a ser definidas em termos de graus educacionais (escolares) atingidos. (Mills, 1978, p.272-3) [grifo no original].

2.1.2. Brasil: a migração da iniciativa particular para o ensino superior e os excedentes

21 Exemplo é a UNESCO, entidade que atua na área cultural e educacional ligada à Organização das Nações Unidas, criada, como sabemos, justamente depois da Segunda Guerra.

Com o Ato Adicional de 1834 ficou estabelecida a responsabilidade legal pelos níveis educacionais de acordo com as esferas de poder estatal. Assim, caberia aos municípios cuidar do ensino primário e à União tratar do ensino superior. A escola secundária — restrita e socialmente seletiva — foi abrangida pela iniciativa privada, no início de cunho confessional e, posteriormente, com hegemonia de orientação leiga. Passa a haver, progressivamente, uma maior participação da iniciativa pública nos estabelecimentos da educação secundária. Os dados[22] existentes comprovam. O movimento de declínio das escolas particulares iniciou-se a partir do ano de 1956 (ainda predominante, com 57% da matrícula) e é consumado no ano de 1961 (passara a 47% da matrícula). Em contrapartida, a iniciativa pública saíra do patamar de 41% para 51% nos respectivos anos considerados. (Cf. Beisiegel, 1964, p.130-32.)

Como resultante dessa transformação no atendimento da matrícula nos cursos secundários, Beisiegel aponta "... no ensino particular, onde predominariam motivações de ordem econômica, a criação de novas escolas foi dirigida para as regiões que ofereceriam condições para o êxito financeiro do empreendimento. Dependendo, estas condições da situação econômica da população *e da ausência de competição, de escolas públicas gratuitas*, a rede de escolas particulares instalou-se preferencialmente nos bairros residenciais de camadas médias e superiores, nas grandes cidades". (Ibidem, p.143) [grifo meu].

Luiz Antônio Cunha, ao discutir as causas e os efeitos da expansão do ensino superior brasileiro, aventa a hipótese[23], que julgo profícua, do papel contraditório exercido pelo Estado na resposta à demanda que então se avolumava dos formados em busca do nível superior:

> ... ela foi atendida tanto pelo Estado quanto pelo setor privado, com o benefício deste e, talvez, para o alívio daquele (...) é possível que o Estado tenha sido "benevolente" para com as escolas particulares de baixa qualidade devido ao "alívio" que elas traziam para pressão da demanda que incidia sempre sobre ele. Esse crescimento da demanda de ensino superior atraiu capitais aplicados no ensino médio, em situação de taxas decrescentes de lucro, devido à própria expansão da oferta de ensino público nesse nível. Foi por isso que os colégios privados se transformaram em faculdades. (Cunha, 1975, p.55) [grifo meu].

O que aqui quero sustentar, articulando ambas as passagens salientadas, é que com o desenvolver da expansão escolar emerge um fato de extrema relevância para a compreensão da moldura que o ensino de graduação veio a

22 Reforço que os dados são do Estado de São Paulo. Os mesmos são tomados aqui como referência para o Brasil. Não obstante diferenças existentes perante as demais localidades, parte-se aqui da fundamentação lógica de que os traços mais essenciais são comuns.

23 Embora ele não a desenvolva plenamente no referido artigo, pois a mesma figura como uma nota de rodapé.

adquirir no Brasil: o redirecionamento[24] da iniciativa privada para o nível superior, ocasionado pelas quedas de lucro no "mercado" da educação secundária, o qual agora passa a não ser atrativo devido à penetração mais incisiva da rede pública. Apesar do crescimento do número de estudantes nos níveis médio e superior, em 1960 ainda era persistentemente baixa a taxa de acesso "... apenas 1,5% do total de alunos no Estado está matriculado em institutos de ensino superior." (Beisiegel, 1964, p.125.)

Os dados disponíveis apontam que foi a partir da Reforma Universitária de 1968, durante o regime de exceção, que houve um crescimento significativo do setor privado "... o total de universitários em todo o país era de 93 mil em 1960. Já em 1970 havia 425 mil estudantes matriculados (...) em 1977, as matrículas atingem a cifra de um milhão." (Oliven 1993, p.75.)

Cunha (1975, p.29-30) aponta quadro semelhante "... em 1968, o número de alunos matriculados foi 30,7% maior do que o da fase anterior o que, certamente, reflete o grande crescimento das vagas havido (...) sabendo-se que a grande maioria dos estabelecimentos isolados é particular, constata-se que foi o setor privado o responsável pela maior parte do substancial aumento da oferta de ensino superior no período em questão [1960-1973] (...) o ensino superior público teve sua participação reduzida de 57,0% em 1960 para 49% em 1970". É nesse momento histórico que se agrava o problema dos chamados *excedentes*[25], configurando como um dos pontos de "estrangulamento" do sistema de ensino. O vestibular até então estipulava que todo o estudante que atingisse uma nota mínima teria o direito de frequentar um curso superior. Essa situação acarretava fortes implicações para os cursos de alta demanda pela vaga — os mais socialmente prestigiados — pois havia candidatos que atingiam a nota, mas não obtinham a vaga. Com o Decreto 68.908, de 13 de julho de 1971, foi instituído o vestibular classificatório como medida para atacar os problemas jurídicos decorrentes de tal fato, abolindo a figura do "aprovado". Os candidatos eram "classificados" até o número das vagas definidas, em ordem decrescente de suas notas. Cabe reforçar, com a LDB de 1961 houve a equivalência de todos os cursos do ensino médio para efeito de candidatura ao ensino superior. Assim, também serão postulantes, além do secundário até então tido como caminho "natural", os cursos médios industrial, comercial, agrícola e normal. Todo esse processo de aumento da procura por ensino superior foi também responsável pela metamorfose nos métodos de seleção até então utilizados. Há a eliminação das provas orais e a introdução dos testes objetivos de múltipla escolha,

---

24 Esse reposicionamento da iniciativa privada não é simplesmente um "lance" sagaz de "empreendedores" e empresários de ensino aproveitando uma oportunidade segundo algumas visões querem sustentar, conforme veremos quando discutir os estímulos e condições dadas para o desenvolvimento e posterior hegemonia do setor de cunho empresarial. Não entendo movimentos de mercado dissociados de outras instâncias sociais, principalmente de esferas de poder como o aparato estatal.

25 No ano de 1960 havia 28.728 excedentes. Em 1969, 161.527. (Cf. Martins, 1989, p. 22.)

bem como o surgimento, gradativo, dos exames unificados. (Cf. Cunha, 1975, p.52; Oliven, ibidem; Romanelli, 2001, p.229.)

Os autores tomados aqui como referência enfatizam que o enfrentamento da falta de vagas frente à alta demanda exigiria direção oposta à política econômica então empreendida pelo Estado brasileiro — nacional desenvolvimentista, com fortes investimentos em setores considerados estratégicos. Cunha (1975, p.55; 57) advoga que a política de expansão do ensino superior era a resolução do problema em curto prazo. Medidas de longo prazo seriam a Reforma Universitária — voltada para o ensino público da rede federal — e a Reforma do Ensino Médio, feita com o intuito de conter o crescimento da demanda pelo ensino superior. Na mesma direção, Romanelli (op. cit., p.196-7) pontua "... como o governo assumiu o papel acumulador de capital para promover a expansão econômica, essa fase vai caracterizar-se por uma expansão do ensino que, embora grande, teve de ser contida dentro de certos limites, a fim de não comprometer a política econômica adotada. Daí por que a oferta, apesar de ter crescido, ficou aquém da demanda". Outros aspectos sociopolíticos ligados ao regime militar poderiam ser aqui mobilizados — como exemplo, o atendimento da demanda de acesso ao ensino superior das classes médias como moeda de troca do apoio político dado à "revolução". Para o interesse da discussão ora empreendida, cumpre reter as contribuições interpretativas de Arabela Campos Oliven, pois capta de modo pleno a situação vivida naquela quadra histórica no que diz respeito à questão do acesso ao ensino superior:

> ... a fim de resolver o dilema da demanda por mais vagas na universidade, que excedia de longe o número de pessoal altamente qualificado requerido pelos setores modernos da economia, o governo incentivou o divórcio entre a expansão qualitativa — que se fez pela implantação dos programas de pós-graduação — e a meramente quantitativa, resultante da disseminação de faculdades isoladas, mantidas predominantemente pelo setor privado. (Oliven, 1993, p.75.)

A autora (op. cit., p.76) denomina esse fato de "paroquialização" do ensino superior, dada a intensa proliferação e hegemonia de faculdades isoladas e privadas, academicamente precárias, economicamente mais baratas e politicamente inócuas frente à ideologia prevalecente. Abreu (1965, p.9) também aponta sentido comum "... dados a respeito da matrícula desses estabelecimentos mostram uma tendência pouco saudável, econômica e pedagogicamente: a proliferação de microestabelecimentos". Martins (1987, p.50) tem a mesma compreensão "... é este ensino privado, institucionalizado na sociedade brasileira no fim da década de 60, que atenderá, em larga medida, às pressões expansionistas desencadeadas pelas classes médias, as quais serão incorporadas como sócias menores na utilização do ensino universitário (...) é neste contexto de industrialização e formação de organizações públicas e privadas que ocorre a emergência do empregado de escritório, do administrador de empresas, do empregado da rede bancária, do comércio, enfim, de um grande contingente de assalariados não manual."

Em síntese, a expansão do ensino de graduação brasileiro foi marcada, basicamente, pelas seguintes linhas mestras: fragmentação, já que composta, sobretudo, por muitas faculdades isoladas e pelo predomínio do setor privado com fins lucrativos, uma característica brasileira singular quando comparada aos países centrais capitalistas, conforme agora passo a expor.

2.2. O setor privado lucrativo

Conforme delineado, a Reforma Universitária de 1968 constituiu um divisor central para a compreensão da gênese e posterior domínio do setor privado lucrativo no ensino superior brasileiro. Cumpre reter, embora em linhas breves, o contexto histórico na qual ela se efetivou e seus desdobramentos ocorridos no plano da educação superior. Seus traços essenciais podem ser vislumbrados no período que ficou consagrado em nossa história sociopolítica como o declínio do Estado nacional-desenvolvimentista, no fim da chamada "república populista" ou, também denominada, época do "milagre econômico". Um período marcado pela fase mais intensa da internacionalização crescente da economia brasileira, caracterizada, sobremaneira, pelo aumento da instalação de empresas multinacionais[26], o que ia de encontro ao modelo precedente, pautado em valores ligados ao desenvolvimento de um capitalismo mais autônomo, com valores nacionalistas mais fortes. Esse processo, iniciado por volta da década de 50 encontrará sua expressão mais acabada com o golpe militar de 1964.

No que diz respeito ao ensino superior mais propriamente, cumpre assinalar alguns impactos. Primeiro, a Reforma tinha como alvo as universidades federais com o intuito de responder às demandas educacionais de acesso impulsionadas pelo processo social já exposto aqui. Ou seja, em sua origem estava confrontada com o fato da absorção das aspirações de ascensão social de segmentos médios da sociedade brasileira, pois, com o crescimento dos níveis escolares anteriores e com os novos requisitos socioeconômicos do período que o país passara a apresentar em sua estrutura, o sistema não poderia se manter em níveis restritos de atendimento, necessitando assim de expansão.

Toda a problemática é justamente saber qual o caráter dessa expansão no setor público, uma "expansão com contenção", na qual a recorrente "falta de

26 Não obstante a presença de valores nacionalistas também presentes em certos setores do governo militar. Contudo, não desenvolverei aqui tal discussão.

recursos financeiros" foi utilizada[27] como objeto para legitimar a opção política dos responsáveis pelas políticas públicas empreendidas naquele período, senão vejamos:

> ... a verdade, para esta inelasticidade do ensino oficial, era de que o Estado, com o fim de manter uma taxa de crescimento que atendesse às pressões por mais verbas e mais vagas, deveria destinar maiores recursos a esse setor, uma vez que a oferta da rede privada ainda era pequena. Mas o gasto com a educação nunca constituiu o "charme" deste Estado. O aumento de gasto, por parte do Estado Autoritário, para atender às exigências expansionistas, poderia comprometê-lo como agência de concentração de capital. (...) é a partir desse contexto que deve ser entendida a supressão de vinculação constitucional que obrigava a União e os Estados a um dispêndio mínimo em educação, e a constante redução nos dias atuais das verbas destinadas ao ensino e à pesquisa, criando uma situação de calamidade nas instituições federais, estaduais e municipais. Embora o Estado mantivesse um discurso através de seus planos de que a "educação era um investimento produtivo", os dados disponíveis indicam que ele, em termos práticos, se mostrou pouco inclinado a alocar recursos financeiros significativos para o setor educacional.
> ... não se pode perder de vista que, após 1964, cresceu consideravelmente a participação do setor estatal na vida econômica do país (...) entre investir em atividades concentradas em setores infraestruturais ou em atividades situadas em esferas sociais como saúde pública, habitação popular e educação, os primeiros foram escolhidos como prioritários. Desta forma, ocorreu uma convergência entre a defesa do princípio da expansão do ensino universitário dentro de um espírito de contenção, formulada pela política educacional do regime autoritário, e o estilo de planejamento econômico que canalizava e concentrava os recursos orçamentários na ampliação da infraestrutura econômica em detrimento de investimento em determinados setores sociais, entre os quais se encontrava a educação. Tal estilo de planejamento forneceria o substrato que comandaria a dinâmica da expansão do ensino superior e a sua abertura a um processo de privatização (Martins, 1987, p.49-50; 1989, p.33-4).

O autor aponta que essa retração do ensino superior público ficou evidente com a queda, entre os anos de 1968 e 1978, da taxa de participação do poder público no ensino superior indo de um patamar de 35% para 25%. O reflexo

27 Não se trata de não considerá-la. Todo e qualquer aparato estatal pode se confrontar com a limitação de recursos financeiros. A questão é que usá-la como objeto exclusivo para sustentar determinados caminhos políticos seguidos não me parece plausível, já que retira justamente o que é específico de toda a política pública, qual seja, o confronto de posições entre os diversos atores, outras possibilidades eventualmente existentes, caindo em um fatalismo triunfante. Em outras palavras, sob a capa de um "realismo político", subtrai-se tudo o que há de mais político. Em política há constrangimentos, mas há, também e, sobretudo, escolhas tomadas, compromissos com segmentos sociais em luta por seus interesses na esfera de poder estatal.

desse declínio também se materializou nos dados referentes ao total de vagas disponíveis nas universidades públicas no ano de 1977, situando-se em 1/3 do total. Houve uma expansão limitada da rede pública federal, tendo sido ocupadas as vagas nesse setor pelos segmentos médios mais dotados de capital econômico e cultural. Acresce-se o fato, já destacado na passagem citada, do setor público ter-se voltado mais detidamente para a pós-graduação com o intuito tanto de formar professores em nível superior quanto desenvolver pesquisas no país, sobretudo as centradas nas áreas estratégicas e prioritárias na visão dos militares. Em síntese, esse modelo federal procurou preservar-se de uma possível "massificação" caso viesse a atender as demandas dos novos contingentes de universitários. Paralelamente, também houve a resistência do ensino confessional — na época, predominantemente católico — em se expandir. (Cf. Martins, 1989, p.32-3; 2009, p.22.) Ambos os movimentos, sem dúvida, contribuíram para que o setor privado lucrativo pudesse ter um espaço disponível para atuação.

No entanto, embora esses fatores associados de uma não expansão tanto do setor público federal quanto do setor confessional tivessem um peso no desenvolvimento do setor empresarial, há outros elementos envolvidos. Elementos esses que realçam um papel ativo do Estado no incentivo ao ensino de cunho lucrativo[28]. Um desses fatores foi o papel, durante o regime militar, mediante convênios[29] com o Ministério da Educação, das *recomendações de agências internacionais* para a política educacional brasileira. Tais "conselhos", claramente documentados, enfatizam visões até hoje presentes no debate de políticas públicas de nosso país. Como ilustração, o maior investimento das verbas da educação ser direcionado para o ensino primário em detrimento dos níveis médio e superior e a proposta de introdução de ensino pago na universidade pública. Ambos são faces da mesma moeda, qual seja, uma maior "democratização", "justiça social", já que nas instituições públicas estariam alocados os "ricos", os quais, mediante pagamento de mensalidade, contribuiriam para que os "pobres" pudessem ter acesso à universidade[30]. Não era outro o desejo maior expresso pelo ministro da Educação da época:

> ... pergunta: O Sr., que foi ministro da Educação, que opinião tem do projeto do governo Castelo Branco de priorizar o ensino primário e secundário e de tornar o ensino universitário pago, com distribuição de bolsas para os talentos que não

---

28 O objetivo do próximo tópico será justamente apresentar tais incentivos, ressaltando o papel do Conselho Federal de Educação e a inscrição nas constituições brasileiras de apoios e financiamentos ao setor privado lucrativo.

29 Relatório Meira Mattos, os Acordos MEC-USAID e o trabalho de Rudolph Atcon. Para uma descrição e análise detalhada, o trabalho de Luiz Antônio Cunha, *A universidade reformanda*. (Cf. Cunha, 1988, sobretudo capítulos 4 e 5.)

30 Uma análise crítica de tais visões está exposta adiante, no item 2.5.

pudessem pagar? Jarbas Passarinho: Esse ponto é uma frustração pessoal minha. O Castelo, na Constituição de 1967 não chegou exatamente a fazer tudo o que você diz. Realmente, em primeiro lugar, elevou de 7 para 14 anos a faixa etária para a educação obrigatória, e a educação obrigatória tem que ser gratuita. E deixou a perspectiva de bolsas. A nossa luta, a minha pessoal, foi por uma possibilidade de fazer com que a universidade pudesse ser paga pelos que podiam pagar, gratuita para os que não podiam. Os que não pudessem pagar ficariam devendo ao Estado e quando eles entrassem no imposto de renda, começassem a ser contribuintes, aí então devolveriam as bolsas que receberam. Eu estive com tudo isso pronto no governo do Médici, mas algumas influências pessoais junto ao presidente, muito importantes, acharam que ele quebraria a sua popularidade se fizesse esse ensino pago. (Passarinho, 1994, p.3.)

Para a discussão que nos interessa, o eixo analítico é a hegemonia daquilo que Carlos Benedito Martins, com propriedade, denomina como o "novo" ensino superior privado. Apesar de já existente na história da educação no país, o setor voltado para auferir lucros com a venda de serviços educacionais em nível superior, tocados por empresários e suas mantenedoras era ínfimo, inexpressivo[31] quando comparado ao setor público e ao setor confessional, vinculado às instituições religiosas[32]:

... como se sabe, até o final da década de 60, as universidades confessionais possuíam maior peso no conjunto do setor privado nacional e estavam praticamente ligadas à Igreja Católica. *A presença do ensino privado confessional (...) respondia, na metade daquela década, por aproximadamente 44% das matrículas.*
.... o ensino superior privado que surgiu após a Reforma de 1968 tende a ser qualitativamente distinto, em termos de natureza e objetivos, do que existia no período precedente. Trata-se de outro sistema, estruturado nos moldes de empresas educacionais voltadas para a obtenção de lucro econômico e para o rápido atendimento de demandas do mercado educacional. Esse novo padrão, enquanto tendência, subverteu a concepção de ensino superior ancorada na busca da articulação entre ensino e pesquisa, na preservação da autonomia acadêmica do docente, no compromisso com o interesse público, convertendo sua clientela em consumidores educacionais. (Martins, 2000, p.46; 2009, p.17) [grifos meus].

Em decorrência, conceitualmente, qualifico-o como setor privado *lucrativo*

31 Como exemplo, pesquisa feita na cidade de São Paulo, nos anos de 1967 e 1968, aponta que as maiores universidades eram duas confessionais e uma pública: USP, PUC e MACKENZIE. Refiro-me aqui ao estudo de Gouveia (1968, p.233-4) o qual aponta "... naquele ano [em 1967] São Paulo abrangia 20% das matrículas no ensino superior do País, a capital concentrava 42% das matrículas do Estado *e as três universidades, aproximadamente 80% das matrículas da capital*" [grifo meu].

32 Em um primeiro momento, ligados à Igreja Católica. Posteriormente, com o acréscimo de outras denominações de cunho religioso. Cabe dizer que os presbiterianos já possuíam a universidade Mackenzie, em São Paulo, criada no século XIX.

para diferi-lo das instituições privadas comunitárias, confessionais, fundações de direito privado, autarquias municipais, dentre outras, que cobram mensalidades, porém o lucro não é revertido para os proprietários e seus herdeiros — esse é o ponto fulcral. Logo, é sustentável dizer que esse setor surge em um momento histórico preciso na sociedade brasileira, possuindo características distintas tanto do setor público quanto do setor privado confessional. Assim, concordo com Martins (2009, p.17) quando ele aproxima[33] esses setores e os cinde desse novo segmento com características empresariais "... o ensino superior privado anterior à Reforma de 1968 se organizou de maneira bastante próxima ao ensino público. Não seria totalmente incorreto supor que o ensino privado então existente possuía um caráter semiestatal. A esse propósito, deve-se assinalar que, durante um longo período, as universidades católicas permaneceram dependentes do financiamento do setor público para a sustentação de suas atividades".

As características desse segmento, tanto naquela época quanto na atual — apesar das mudanças em termos de magnitude, cada vez mais desenvolvida, conforme pode ser visto ao analisar os dados das matrículas atuais — no que se refere ao corpo docente são a contratação de professores pagos por hora, sem um plano de carreira a percorrer e dedicados a circular entre as várias unidades para somente dar aulas. Martins e Durham apreendem os impactos na atividade docente de modo detalhado:

> ... os docentes (...) encontram-se numa posição de total subordinação com relação aos detentores dos instrumentos de produção de ensino (...) as salas de aulas superlotadas impedem a realização de um trabalho consequente, ao nível acadêmico, por parte desses docentes (...) convivem estes professores, além de sua crescente proletarização (...) com um clima de completa instabilidade no emprego. (...) várias dessas empresas educacionais criaram um fantástico mecanismo disciplinar para seus professores (...) a pontualidade na assinatura do "ponto", o preenchimento impecável das cadernetas de frequência, a utilização de uma indumentária discreta, a exigência de uma cortesia formal com os clientes, revelam imposições dos dirigentes dessa empresas, definindo as formas de ser e de agir para os assalariados acadêmicos. A figura do bedel proliferou nessas escolas, controlando os atrasos e as saídas antecipadas de professores e dando informações para as direções dos contatos que estes mantêm no interior da escola etc. (...) também instituíram os

33 Tenho clareza dos embates entre as duas concepções ao longo da história da educação brasileira. No que se refere ao ensino superior, Martins (1989, p.44) aponta que um dos impactos do predomínio do setor privado lucrativo foram justamente as disputas das concepções sobre o destino das verbas públicas entre os grupos confessionais e as instituições públicas "... tal situação contribuiu para enfraquecer a antiga aliança entre as instituições confessionais e públicas (...) o que se assistiu a partir dos primeiros anos da década de oitenta foi a transposição da reivindicação de 'mais verbas para a educação', que beneficiava a ambas as instituições, a um posicionamento em favor de 'verbas públicas para o ensino público', isolando, desta forma, os interesses do ensino público do confessional".

'representantes de classe', alunos que mantêm constante contato com as direções para informar-lhes sobre 'os problemas da classe', constituindo fonte inibidora para um livre trabalho docente (...) são íntimas as relações que várias delas [as empresas educacionais] passam a manter com o Estado pós-64. Nesse sentido, há que mencionar a contratação, para pessoal docente, de elementos ligados ao movimento de 64, criando no seu interior um forte clima de intolerância ideológica. (Martins, 1987, p.58-60.)
... completa ausência de liberdade acadêmica e a apropriação da autonomia concedida às universidades pelas mantenedoras ou proprietários. Os docentes são, de fato, proletários do ensino, submetidos não só às determinações, mas inclusive aos caprichos dos proprietários. O corpo dirigente é, em geral, indicado pelos proprietários e formado muitas vezes por seus parentes, raramente incluindo pessoal qualificado (...) continua a prevalecer a remuneração por aula ministrada e a ausência de incentivos para a formação continuada dos docentes. Professores ministram até 40 aulas por semana, ou mesmo mais, em classes superlotadas e sem apoio de um planejamento pedagógico, sendo, portanto, incapazes de oferecer ensino adequado a um público com sérias deficiências de formação escolar anterior. (Durham, 2003a, p.38; 41.)

2.2.1. A tese da "privatização": estímulos para uma peculiaridade brasileira

Nos estudos e pesquisas do sistema de ensino superior brasileiro, a tese predominante diz que durante o regime militar, houve, por parte do Estado, uma escolha do caminho a ser seguido pela graduação. Esse caminho foi a via da "privatização", significando a expansão do setor de cunho empresarial[34], marcado pela cobrança de mensalidades dos alunos. O ponto a ressaltar nessa linha de estudos é que o aparato estatal do período não só se omitiu — deixando de ampliar o acesso via instituição pública ou de pensar em alternativas outras conforme já pontuado —, como também teve papel ativo ao conceder incentivos e subvenções prescritas na Constituição e, também, mediante a interferência do órgão central responsável pela autorização de abertura dos cursos em prol do segmento lucrativo: o Conselho Federal de Educação.

No que diz respeito ao favorecimento constitucional às instituições particulares de ensino, despontam mecanismos como isenção fiscal e crédito educativo. O crédito educativo foi criado pela Presidência da República em 23 de agosto de 1975. Foi implantado no primeiro semestre de 1976. Seus recursos são

34 Cumpre observar que a noção de privatização aparece na minha discussão entre aspas para marcar caráter distinto do significado comum que se tem do termo, qual seja, a transferência de um bem público — geralmente empresas públicas — para o setor privado. Em nosso caso, portanto, não se trata de instituições públicas — universidades — sendo transferidas para o setor privado de ensino superior. Precisamente, trata-se de discutir o processo de desenvolvimento de um setor privado com fim lucrativo no ensino superior brasileiro, conforme poderá ser visto ao longo do texto.

extraídos do orçamento do MEC e de percentuais das receitas das loterias. Em 1999, teve sua denominação substituída para FIES — Fundo de Financiamento ao Estudante do Ensino Superior. Nicholas Davies, estudioso do financiamento educacional brasileiro, pontua que:

> ... segundo o relatório do Tribunal de Contas da União (2000), sobre as contas do governo federal em 1999, o FIES teria contado com uma dotação orçamentária de R$ 244 milhões, dos quais R$ 141 milhões teriam sido utilizados para "beneficiar" 104.736 estudantes. Basicamente, o credito educativo consistiu num empréstimo para o pagamento de mensalidades e manutenção de estudantes supostamente carentes, matriculados em instituições particulares de ensino superior. Financiado com recursos públicos, o programa, embora justificado como auxílio dos estudantes pobres, serviu para subsidiar instituições particulares que, sem o programa, perderiam uma parte de sua clientela. Além de subsidiar instituições particulares, o programa trouxe grandes prejuízos aos cofres públicos, pois uma grande proporção dos empréstimos não foi paga pelos estudantes após a conclusão do curso. (Davies, 2000, p.172.)

O presidente Luiz Inácio da Silva sancionou a lei que reformulou as regras desse fundo de financiamento (Lei 11. 552, de 2007), permitindo ao FIES financiar até 100% da mensalidade — antes o limite era 70%. O então ministro da Educação, Fernando Haddad, estabeleceu que para as instituições particulares participarem dos FIES teriam de participar do ProUni. Esse ponto será retomado[35], pois é justamente sobre o financiamento que se trava uma das maiores batalhas dos interesses dos empresários de ensino junto ao aparelho estatal. Não é de outro modo que houve o disparate de incluir[36] projetos na referida lei para incluir o setor de ensino superior privado entre as áreas de aplicação do Fundo de Garantia por Tempo de Serviço (FGTS). Na Câmara Federal tramitaram dezessete projetos na Comissão de Educação e Cultura envolvendo a liberação de recursos do fundo. Apenas um deles, o Projeto de Lei 3961, de 2004, foi acatado pela relatora — na época, a então deputada Maria do Rosário do PT-RS, hoje ministra no governo Dilma Rouseff. O parecer da relatora autorizou o uso da conta vinculada ao FGTS para o pagamento de parcelas universitárias, limitando o saque em 30% do saldo total. No Senado, o Projeto de Lei 321, de 2003, já expressara o mesmo desejo. Foi aprovado, porém vetado pelo Presidente da República.

35 Ver o item 2.4.1. adiante.

36 Feitos por senadores e deputados, tanto da oposição quanto da situação, o que demonstra a força do segmento privatista incrustado também no Poder Legislativo. Há uma Frente Parlamentar de Apoio ao Ensino Superior Privado, composta, em 2008 — já deve ter outros números, tendencialmente maiores — por 171 deputados e 36 senadores. Foi presidida pelo deputado Severino Gomes (PDT-BA) que defendia "... posicionamento mais ousado e agressivo em relação ao governo" ao exigir mais verbas públicas para o setor privado. (Cf. Zagonel, 2008).

Cabe ressaltar que essa ideia partiu de Walfrido Mares Guia, sócio majoritário da Kroton Educacional[37] e ex-ministro do Turismo e das Relações Institucionais do primeiro governo Lula. Ele é réu no "mensalão mineiro" e quando ocupou o cargo de secretário estadual da educação mineira criou o monstrengo da "qualidade total da educação", uma utilização na área educacional do linguajar e das práticas dos manuais vulgares de administração de empresas. Seria um excelente negócio para quem é acionista de peso de um dos maiores grupos nacionais. Os fatos não deixam margem a dúvidas: tipo de poupança aberta pelo empregador em nome do funcionário, com depósitos mensais de 8% sobre o valor do salário, o FGTS acumula saldo anual que ultrapassa R$ 80 bilhões:

> ... o que a senhora acha da ideia de o governo usar recursos do FGTS para pagar mensalidades em faculdades particulares? Maria Helena Guimarães Castro [diretora do INEP no governo FHC]: o Walfrido apresentou a ideia quando o Paulo Renato estava lá. Me lembro que havia muitos constrangimentos legais. O FGTS tem uma carteira grande, mas é usado para outras finalidades, como seguro desemprego, auxílios. Era preciso mudar a lei. Isso foi discutido, mas era impossível. (Castro, 2006.)

As isenções fiscais constituíram — e ainda constituem — outro instrumento legal de direcionamento de recursos públicos para o setor privado lucrativo. A forma é o *financiamento indireto*, pois, em vez de receber diretamente os recursos — caso das tentativas recentemente frustradas de obter juros mais baixos nos empréstimos para capital de giro do BNDES[38] —, consubstancia-se pela razão de não pagar impostos, permitindo uma acumulação patrimonial invejável quando se compara com outros setores da iniciativa privada. As isenções fiscais inicialmente aparecem codificadas na Constituição de 1934, durante a Era de Vargas, direcionadas para todos os níveis escolares. Desde essa data, permaneceram intocadas até as tentativas de regulação — na Constituição de 1988 e na LDB de 1996 — e na sua relativa regulação obtida com o advento do ProUni, a partir de 2005, conforme registram pesquisas sobre a temática:

> ... um tipo de vantagem consistiu na isenção fiscal às instituições privadas, prevista nas Constituições Federais de 1934, 1946, 1967 e perdurando, com pequenas alterações, até a Constituição mais recente, de 1988. Ela significou e significa concretamente que os governos federal, estadual e municipal não podiam cobrar impostos a tais instituições. A diferença mais significativa foi introduzida pela Constituição de 1988, que exigiu fossem tais instituições sem fins lucrativos. Entretanto, tal exigência não é difícil de ser contornada (...) mesmo quando as escolas particulares apresentam receita superior à despesa, a diferença positiva nunca é apresentada

37 A discussão sobre os grandes grupos educacionais encontra-se no item 2.3.3.
38 Conforme item 2.4.1.

como lucro porque é repassada como contribuição a entidades mantenedoras, as quais, na verdade, são as mantidas. Ou, então, quando suas receitas igualam às despesas, estas últimas encobrem remunerações e privilégios astronômicos, concedidos a seus diretores, ou dispêndios para a ampliação do patrimônio. Em outras palavras, o que seria considerado lucro em qualquer empresa nunca é registrado como tal nas escolas particulares, que, assim, "comprovam" não ter fins lucrativos. (Davies, 2000 p.160.)

... a acumulação de capital no ensino superior privado brasileiro foi feita com um enorme incentivo fiscal. Desde a constituição de 1934, essas instituições são isentas de impostos sobre o patrimônio, a renda e os serviços. Olha que incentivo fantástico! Quando se vê uma grande instituição de ensino privado, que nasceu de um cursinho como a UNIP, ou de um pequeno ginásio como o Gama Filho, no Rio, que em algumas décadas se transformaram nesses impérios, a gente pensa que a acumulação de capital foi só pelo pagamento na boca de caixa pelos estudantes. No entanto, também foi importante a imunidade fiscal. Elas não pagavam impostos. Em que outro setor o capital pode se acumular com esse benefício? Nenhum. Enquanto era um setor pequenininho, isso não tinha muita importância. Hoje é enorme." (Cunha 2001; 2004, p.801.)

... a Lei nº 5.172/66, que instituiu o Código Tributário Nacional, em concordância com a Constituição Federal de 1967, determinava que não haveria incidência de impostos sobre a renda, o patrimônio e os serviços dos estabelecimentos de ensino de qualquer natureza. Em outras palavras, os estabelecimentos privados gozaram do privilégio, desde a sua criação, de imunidade fiscal, não recolhendo aos cofres públicos a receita tributária devida (...) até 1996, praticamente todos os estabelecimentos particulares de ensino usufruíram imunidade tributária sobre a renda, os serviços e o patrimônio. O artigo 20 da Lei nº 9.394/96 de Diretrizes e Bases da Educação Nacional (LDB) promoveu formalmente a diferenciação institucional intra-segmento privado. A partir deste momento, as instituições passaram a ser classificadas em privadas lucrativas e sem fins lucrativos (confessionais, comunitárias e filantrópicas). As primeiras deixaram de se beneficiar diretamente de recursos públicos e indiretamente da renúncia fiscal, enquanto que as demais permaneceram imunes ou isentas à incidência tributária. A mudança legislativa permitiu ampliar a arrecadação da União e dos municípios e aumentou os custos operacionais dos estabelecimentos de ensino. (Carvalho, 2005, p.4-7.)

... deve-se destacar que a Constituição de 1967 disponibilizou recursos financeiros e ajuda técnica ao ensino particular. (Martins, 2009, p.21.)

Por fim, cabe discutir a presença dos interesses privatistas no Conselho Federal de Educação, criado na LDB de 1961, instância que tinha um peso decisivo no sistema de ensino superior, atraindo a atenção dos empresários para a ocupação — mediante representantes — dos seus postos estratégicos, posto que lhe era legalmente atribuído determinar bolsas de estudo e financiamento[39] para os graus de ensino e financiar estabelecimentos mantidos em estados, municípios e *particulares,* além das autorizações para a abertura, reconhecimento e credenciamento de cursos e de novas instituições. A maior parte dos conselheiros estava ligada ao setor privado lucrativo:

> ... na passagem das condições facilitadoras da emergência do processo de privatização para a sua efetiva implantação, o Conselho Federal de Educação tornar-se-ia um vetor de fundamental importância. Este organismo foi consideravelmente reforçado pela aprovação da Lei de Diretrizes e Bases da Educação Nacional, em 1961, quando deixou de ser um simples órgão de assessoramento sobre questões educacionais e passou a deliberar sobre determinados assuntos como a abertura e o funcionamento de instituições de ensino superior. O Ministro da Educação ficava de certa forma submetido àquela entidade, uma vez que deveria homologar as decisões aprovadas pelo CFE (...) na escolha dos conselheiros, segundo aquela legislação, o Presidente da República deveria garantir uma "adequada representação" do ensino público e do ensino particular. A partir daí, o que se presenciou foi que vários dos futuros membros daquele organismo seriam defensores dos interesses privatistas e, num momento mais recente, passariam a ser adeptos da introdução do ensino pago nas instituições públicas. (Martins, 1989, p.36.)

Luiz Antônio Cunha também discutiu as ligações dos proprietários de faculdades privadas com os valores do regime militar e, mais preocupante, suas "alianças subterrâneas" com os quadros dirigentes do poder estatal na época, propiciando condições para a presença de muitos dos seus prepostos como conselheiros[40]. Alianças essas que desembocaram nas denúncias de corrupção no governo de Itamar Franco, o qual mediante a Lei 9.131/95 extinguiu o Conselho Federal e criou o seu congênere, o atual Conselho Nacional de Educação. Em debate no Centro Brasileiro de Análise e Planejamento, o autor sintetiza:

> ... tenho também outra divergência com Eunice Durham quanto às causas da privatização. De acordo com minhas pesquisas, *o Estado, mais do que facilitá-la, a induziu.* Nos anos 60, o Conselho Federal de Educação era a principal instância de

39 Conforme seu artigo 95, letras a e c. "Art. 95 — A União dispensará a sua cooperação financeira ao ensino sob a forma de: a) subvenção, de acordo com as leis especiais em vigor; c) financiamento a estabelecimentos mantidos pelos Estados, municípios e particulares para compra, construção ou reforma de prédios escolares e respectivas instalações e equipamentos, de acordo com as leis especiais em vigor." (apud Romanelli, 2001, p.182.) Em um país que na época, conforme delineado, "não tinha recursos" para extensão da rede oficial de ensino, possuindo metade da população fora da escola, os interesses particulares na área educacional foram contemplados.

40 "... Entre 1968 e 1972, foram encaminhados ao CFE 938 pedidos de abertura de novos cursos, dos quais 759 obtiveram respostas positivas. A grande maioria das solicitações emanava da iniciativa privada não confessional." (Cf. Martins, 1989, p.22.)

favorecimento do crescimento do setor privado de ensino. Era aí que se fazia a representação direta dos interesses privados mais rasteiros. O Conselho mudava a legislação de modo a facilitar a multiplicação dos cursos com maior mercado. Já os representantes dos empresários do ensino no MEC eram nomeados pelo presidente da República, e alguns ainda continuam por lá, em postos muito elevados. *Do meu ponto de vista, tudo isso fez parte de uma política deliberada de privatização do ensino.* (apud Almeida *et al.*, 1996, p.160) [grifos meus].

Alguns autores sustentam — ao contrário do senso comum disseminado cotidianamente nos vários espaços sociais — que esse processo de incentivo ao setor privado lucrativo constitui uma peculiaridade brasileira[41]. Assim Nunes (2007, p.15-16) destaca que "... o Brasil claramente estimulou, por meios legais e regulamentações, a constituição de um setor educacional com fins lucrativos, fazendo do país um caso desviante das tendências mundiais ainda hoje dominantes. Em geral, naqueles países nos quais existe um denso componente privado, a educação superior com finalidade lucrativa é *tolerada*, mas não se registram políticas públicas, como a brasileira, de incentivo à mercantilização do setor" [grifo meu].

Steiner (2005, p.350-351) em elucidativo estudo, ao comparar o sistema de ensino superior brasileiro com o existente nos Estados Unidos da América — geralmente, sempre evocados como referência entre os simpatizantes da presença privada lucrativa na educação superior — demonstra que "... universidades com fins lucrativos representam cerca de 1% das universidades americanas (...) a maior diferença entre os sistemas é a presença significativa das instituições particulares no Brasil, quase inexistentes nos EUA (...) o Brasil conta com cerca de duas vezes mais instituições particulares do que os EUA: Brasil possui 1.120 e os EUA, 617".

Ora, ao efetuarmos uma apreciação objetiva da situação nos países capitalistas mais desenvolvidos, pode-se constatar que eles possuem nuances que são — por algum motivo — desconsideradas no debate sobre o modelo de ensino superior. Luiz Carlos Bresser Pereira aponta muito bem as diferenças existentes, corroborando a singularidade brasileira aqui salientada:

> ... entendo que a universidade privada, a universidade que visa lucro, é para mim um aborto. É alguma coisa absolutamente inaceitável do meu ponto de vista de valores. Eu sei que existe aí na sociedade, sei que existe no Brasil, mas em países civilizados não tem. Eu não conheço nenhuma universidade privada na França,

41 Sustento também essa posição. Acredito que não é só a jabuticaba e o termo saudade que são singulares da nossa cultura. O modelo de graduação, dominado por um setor privado lucrativo também é *sui generis*. Logicamente há outros países latino-americanos com forte presença desse setor empresarial. Para um estudo comparativo na América Latina, consultar o trabalho de Klein e Sampaio (1994) e Durham e Sampaio (1998).

nos Estados Unidos, na Inglaterra, na Alemanha, na Suécia. Privada, não conheço. Universidade que visa lucro (...) nos Estados Unidos, você tem dois tipos de universidades: as estaduais, como a Michigan State, a University of California etc. e as privadas, como Harvard, MIT, Chicago (...) e as privadas não são privadas, são públicas, ninguém fica rico delas, são públicas não estatais.

... a universidade privada com fins lucrativos que existe no Brasil é uma aberração (...) deve ser pública não estatal, como é a universidade americana (inclusive as estaduais) e como se tornaram as universidades inglesas depois da grande reforma por que passaram (Pereira, 2000, p.41-2; 47; 2004.)

Considero importante apresentar aqui uma tese alternativa, oposta à visão de que o regime militar tenha tido um papel preponderante na expansão do setor privado de cunho lucrativo, conforme exposto acima. Basicamente, é enunciada por Eunice Ribeiro Durham, Simon Schwartzman e Helena Sampaio em seus estudos sobre a evolução do ensino superior brasileiro. Vejamos os elementos nos quais se sustentam. O primeiro deles é a ideia de que houve um movimento de "mercado", uma pressão social para o acesso ao ensino superior, destacado da presença estatal:

... há uma afirmação de que desde 1968 tem havido uma tendência constante do governo federal de privatizar o ensino. Acusa-se que há uma espécie de "conspiração privatizante". Não há dado nenhum que comprove isto (...) não é simplesmente uma questão de governo federal. Há uma demanda social e uma visão da sociedade de que se deve criar uma coisa chamada universidade que dê ensino e às vezes que dê o diploma mais do que o ensino. Esta é a demanda, esta é a sociedade (...) e não se trata de um processo movido pela insistência do Estado em fortalecer o setor privado: *o setor privado cresce independentemente do Estado.* (Durham apud Almeida *et al.*, 1996, p.154) [grifo meu].

... outros autores [Schwartzman, Durham] enfatizam a pressão de mercado como o elemento determinante da expansão do ensino particular (Sampaio, 2000, p.218-219.)

A autora está correta quando diz não se tratar de uma conspiração. Também concordo, os fatos são mais complexos. No que se refere à questão da pressão social, conforme pudemos ver quando da discussão da evolução histórica do ensino no país, também compartilho desse pensamento, pois não podemos desprezar pressões fortes da população em sua busca pelo diploma, traço marcante da cultura brasileira e também mundial. Entretanto, penso que a pesquisadora despreza pontos centrais ao desconsiderar fatos amplamente documentados sobre a presença estatal no sentido de estimular o segmento empresarial e, mais importante, ela empreende em sua argumentação a concepção de um "mercado" solto, movido por forças cegas, sem interferência de outras esferas sociais. De forma sucinta, poderíamos perguntar: é mesmo possível afirmar, especialmente no caso brasileiro, que "*o setor privado cresce independentemente do Estado?*". Embora no discurso empresarial isso seja muitas vezes manifestado, vemos que a realidade insiste em ser mais complexa.

Ainda nessa questão, ambas as autoras parecem não dar muita importância ao ponto dos incentivos dados aos empresários do ensino. Uma toca na questão (Durham apud Almeida *et al.*, 1996, p.157-8), mas a considera insignificante[42] "... segundo dados dos setores federal e estadual, o dinheiro que tem ido para o setor privado é mínimo, somente por meio do crédito educativo, e foi muito pouco antes". A outra autora (Sampaio, 2000, p.120), em sua tese sobre o setor privado de ensino superior no Brasil, ao falar de como se dá o financiamento das privadas diz "... no que tange ao financiamento, os estabelecimentos não oficiais são financiados com recursos privados, por meio de mensalidades pagas pelos estudantes". Está correto, esse é o financiamento direto. E o indireto pela não cobrança de impostos e pelas subvenções dadas a alguns grupos de alunos em termos de crédito para pagamento das mesmas mensalidades? Nenhuma linha a respeito.

Causa surpresa que ambas não discutam o papel das isenções na constituição do setor privado lucrativo. Ou seja, não consideram em suas análises o financiamento indireto dado pelo Estado a esse setor. Quando se aproximam de tal temática, somente enfatizam que a letra da lei ("legalmente", "de direito") dispõe que todo o setor privado receba tais incentivos, misturando entes que, no mundo concreto, real, sabemos que são bem distintos quanto ao fim da atividade educacional, seja naquela época, seja mesmo nos dias atuais. Durham (2003, p.19), contudo, reconhece as diferenças, porém, não as incorpora na análise para justamente contrastar esses segmentos bem díspares, o que aqui a todo instante venho salientando "... o sistema privado dividiu-se internamente entre um segmento comunitário ou confessional não lucrativo, que se assemelhava ao setor público e, outro, empresarial". Na mesma passagem, causa surpresa uma nota de rodapé, inserida na palavra empresarial "... é impossível documentar estatisticamente a importância deste setor porque, até 1996, todos os estabelecimentos eram formalmente não lucrativos. A afirmação deriva de uma análise qualitativa e da familiaridade da autora com o sistema, que deriva de sua participação em órgãos governamentais de decisão". (Ibidem.)

Com essa observação, concluímos, então, por exemplo, que naquela época não tínhamos como distinguir o que era uma Pontifícia Universidade Católica (PUC) da Universidade Paulista[43], do empresário Di Genio? Estudos de outros

42 O então ministro da Educação no período do governo Fernando Henrique Cardoso, em obra que faz o balanço de seus oito anos de gestão, diz que "... no ano 2002, o programa havia beneficiado 220 mil estudantes". (Cf. Souza, 2005, p.177.)

43 Tomada aqui como ilustração, pois surgira no fim da década de 1980 com essa denominação. Contudo, o essencial não muda, já que essa universidade — como outras particulares — é desdobramento do processo aqui discutido. Para tal discussão, ver o item 2.3.

autores, aqui já expostos, desautorizam essa asserção[44]. As autoras reproduzem o argumento da legalidade da isenção estendida a todo o setor privado[45], não extraindo como ponto maior para análise justamente que ocorria, **de fato**, uma forte acumulação financeira, subsidiada pelo Estado, de um segmento voltado exclusivamente para a obtenção do lucro sem maiores preocupações com a atividade educacional. Nas suas próprias palavras:

> ... até 1997, a lei não permitia estabelecimentos lucrativos. O lucro era obtido através de subterfúgios como: a designação dos membros da mantenedora para cargos de direção com salários muito elevados, desvio de recursos para outros empreendimentos ou para o uso particular dos mantenedores (como, por exemplo, aquisição e manutenção de jatos executivos, carros de luxo e utilização de grandes verbas de representação). Nunca se conseguiu estabelecer um controle efetivo destes gastos. (Durham, 2003a, p.25, nota de rodapé 11.)
>
> ... essa disposição legal aplicada indistintamente a todos os estabelecimentos privados de ensino permitia-lhes o benefício da isenção fiscal e parafiscal (...) os argumentos apresentados pelo autor [Carlos Benedito Martins] para distinguir o ensino privado for profit do ensino privado oferecido por instituições confessionais sem finalidade lucrativa ficam frágeis do ponto de vista legal daquele período que não previa o serviço educacional com finalidade lucrativa e, portanto, estendia a isenção fiscal a todos os estabelecimentos mantidos por pessoas físicas ou jurídicas de direito privado. Os empresários do setor privado, considerando o benefício da isenção fiscal, jamais discutiriam abertamente o caráter for-profit de suas atividades. (Sampaio, 2000, p.146) [grifo no original].

Vejamos como alguns dados empíricos podem nos ajudar ao fazer uma distinção entre direito (o que está expresso nas leis e normas) e fato concreto (o que está efetivado no mundo real, no cotidiano das pessoas). O ponto é justamente esse: de direito, legalmente, todos eram sem finalidade lucrativa[46], todavia, de fato, bem sabemos quem o eram: o segmento não confessional. Por essa razão a minha insistência na qualificação desse segmento que adjetivo, ao contrário de Sampaio (2000), como lucrativo, ao desenvolver aquilo que au-

44 Veja os trabalhos citados de Carlos Benedito Martins e de Aparecida Joly Gouveia.

45 Cabe ressaltar um ponto muito importante, todas as instituições educativas eram isentas de impostos justamente por se dedicarem a uma atividade que não poderiam, legalmente, dada o seu caráter, ter lucro. Oliveira (2009, p.741) precisa bem a situação na seguinte passagem "... no Brasil, o processo de desenvolvimento de um setor empresarial na educação é antigo, remontando, pelo menos, ao período da ditadura militar. Entretanto, isso era dissimulado, pois a legislação proibia que as instituições de ensino, *'pela sua natureza,'* dessem lucro. Apenas com a promulgação da Constituição de 1988 é que se explicitou a possibilidade de existência de escolas com fins lucrativos. A posterior regulamentação desse dispositivo na Lei de Diretrizes e Bases e na legislação complementar [decretos] acelerou o seu crescimento" [grifos meus].

46 Uma das maiores universidades privadas — lucrativa? — a Universidade Paulista, continua a sê-lo, pois está configurada como filantrópica.

tores como Carlos Benedito Martins — e muitos outros com denominações como mercantil, empresarial — naquele tempo chamavam de "novo". A autora mistura no todo — "o setor privado" — quando o movimento da análise pede a separação, a precisão entre os entes privados.

Por fim, um segundo pressuposto, também presente na argumentação de ambas, é dizer que houve um crescimento do setor público no período, o que invalidaria, assim, sem mais, a tese da "privatização". Para isso são apresentados dados estatísticos do período. Vamos a eles e suas correlações — ou a falta delas, conforme veremos.

Durham (2003, p.9) apresenta uma tabela no qual descreve a evolução das matrículas em estabelecimentos públicos e privados no ensino superior brasileiro, no período compreendido entre 1933 e 2001. Basicamente, podemos extrair os seguintes números: em 1965, havia 182.696 matrículas nos estabelecimentos públicos, o que correspondia a 56, 2% e 142.386 nos estabelecimentos privados, o que correspondia a 43,8 % do total. Em 1970, há 210.613 nos estabelecimentos públicos, correspondendo a 49,5% e 214.865 nos estabelecimentos privados, perfazendo 50,5%. Ou seja, nesse instante — ano de 1970 —, há uma inversão em direção ao setor privado na quantidade de matrículas. Vejamos agora, mais à frente, a interpretação dos dados:

> ... nos estudos realizados no Brasil neste período há uma convicção bastante arraigada de que o Governo Militar estava promovendo a privatização do ensino. De fato, não foi bem isso que ocorreu. Em *números absolutos* verifica-se um substancial crescimento do setor público, e não apenas do privado. A matrícula no setor público aumentou, nesse período, de 182. 700 [1965] a 492.000 [1980], ou seja, teve um incremento de 260%. Não houve privatização do ensino, mas uma *expansão mais rápida* no setor privado que cresceu, nesse mesmo período, 512%, ou seja, de 142.386 [1965] para 885.054 [1980]. Houve, de fato, uma mudança de patamar. *O setor privado*, cuja participação oscilava *em torno dos 45% até 1965*, atingiu 50% em 1970, e, a partir desta época, alcançou e manteve uma participação superior a 60%. (Ibidem, p.18) [grifos meus].

Algumas considerações. Primeiro, houve realmente um crescimento das matrículas do setor público ao longo dos anos até a virada apontada — na própria tabela — a partir de 1970. As matrículas cresceram em ambos os setores, isso é fato, pois houve a expansão do sistema como um todo. Entretanto, há uma ponderação a ser feita: a autora faz a evolução das matrículas, **em separado**, ou seja, **somente no setor público, somente no setor privado, sem contrastá-las.** Se o fizesse relacionando-as, veria que a partir de 1970 ocorrem decréscimos na participação pública e concomitantes aumentos da participação privada no total das matrículas. Basta observar com cuidado e veremos que o setor público, até a referida data, quando eu o comparo com as matrículas no setor privado (isso está disposto na tabela, mas a autora não extrai em sua interpretação!) tinha mais matrículas tanto em números absolutos quanto relativos. Ora, o que está em causa aqui é a comparação entre os setores.

Helena Sampaio apresenta os mesmos dados, com um detalhe: para o ano de 1965, em vez de 182.696 matrículas no setor público exposto por Durham (2003), ela aponta 88.889:

> ... isso não caracteriza uma política de privatização do ensino superior (...) as estatísticas da evolução do ensino superior no período de vigência do regime militar no País mostram um fenômeno frequentemente despercebido nessas análises: o crescimento do ensino público foi especialmente acentuado no período compreendido entre 1967 e 1980, apesar de a expansão do ensino privado ter, no período, ocorrido de maneira mais intensa. As matrículas no setor público passaram de 88.889, em 1965, para 492.232 em 1980, o que representa crescimento de 453,8%. (Sampaio, 2000, p.57; 69.)

Segunda observação, que também remonta à questão da distinção entre os segmentos discutida e que não pode, a meu ver, nos estudos de ensino superior no Brasil, sob hipótese alguma, ser esquecida: as matrículas no setor privado eram sobremaneira nas instituições de cunho confessional, em um setor **pequenino**, conforme pudemos apreender no histórico da educação já feito. Dito de outra forma: o que era o setor privado até 1965, sua magnitude? Façamos justiça à Durham[47], nas páginas anteriores ela faz menção[48] "... todo o setor privado, especialmente o confessional, já era bastante forte quando começa este período. Em 1933, quando se iniciam as primeiras estatísticas educacionais, os dados indicam que as instituições privadas respondiam por cerca de 44% das matrículas e por 60% dos estabelecimentos de ensino superior. O conjunto do sistema, entretanto, era ainda de proporções muito modestas. O total do alunado compreendia apenas 33.723 estudantes. (Durham, 2003[a], p.6-7.)

Novamente saliento: ao não trabalhar significativamente as diferenças, não apreendemos o essencial: a taxa que oscilava em torno de 45% até 1965 é basicamente do setor privado confessional — em sua quase totalidade. Agora, a partir da virada, em 1970, já não posso sustentar o mesmo, conforme a experiente pesquisadora bem sabe. Em síntese, o ponto essencial, a meu ver, é que precisamente a partir dos anos 1970 haverá um decréscimo da participação — seja absoluta, seja relativa — do setor público frente ao setor privado, este agora com uma face lucrativa hegemônica, em crescimento bem acelerado.

---

47 Aspecto que Sampaio (2000, p.45) deixa de lado em sua análise.

48 Contudo, que não incorpora na análise, deixando de tirar implicações decisivas decorrentes desse fato.

2.3. Fases e configuração atual: dos estabelecimentos isolados à Bolsa de Valores

Para compreender a dimensão e o poder que hoje o segmento privado lucrativo tem no país é preciso percorrer as fases pelas quais passou até chegar ao momento mais atual, no qual passa a ter ações negociadas na Bolsa de Valores — conforme veremos adiante. Basicamente, podemos traçar quatro períodos: um que vai dos anos finais de 1960 até 1975, marcado pelo domínio das *faculdades isoladas* de pequeno porte conforme aqui já exposto; um segundo, iniciado a partir de 1975 e que perdurou até meados dos anos 1980, no qual se realizou um agrupamento de tais estabelecimentos isolados em torno de *federações de escolas (faculdades integradas)*; um terceiro, tipificado nas *universidades*, surgidas a partir dos anos 1980, percorrendo a década de 1990 e desembocando no período que atualmente vivenciamos, no qual há a ascensão de *fundos de investimentos* — nacionais e internacionais — atuando no campo educacional mediante aquisições e fusões de várias instituições de médio e grande porte. (Cf. Martins, 2009; Durham, 2003a.)

A busca pelo *status* de universidades teve como motivo maior a autonomia disposta na Constituição de 1988, que permitia ao setor privado a criação e extinção de cursos sem se submeter ao controle estatal feito pelo Conselho Federal de Educação[49]. Na mesma década de 80 — marcada pelo desemprego, dívida externa e inflação — houve uma quase estagnação no crescimento das matrículas quando comparamos com o período precedente "... entre 1980 e 1985, ocorreu uma pequena diminuição das matrículas do setor privado, de 885 mil para 811 mil no total. Inversamente, no mesmo período, as matrículas do ensino público cresceram de 492 mil para 556 mil estudantes". (Martins, 2009, p.24.)

A política educacional para o ensino superior do governo Fernando Henrique Cardoso (1995-2002) partia do pressuposto de que era preciso, impreterivelmente, expandir o sistema. Isso fica patente nos balanços avaliativos do ministro da Educação Paulo Renato Souza:

> ... nós já sabíamos que o sistema tinha de se expandir. Então, nós revisamos toda a política de credenciamento, porque ela era feita para não crescer, para criar reserva de mercado — nós não queremos isso (...) a primeira coisa que fizemos foi aprovar a lei que criou o Conselho Nacional de Educação. Desde então, abrimos o sistema. Essa é a primeira característica da política: o sistema tem de se expandir, temos de ter mais alunos no ensino superior. Eu realmente fico espantado quando vêm me pedir para não criar mais faculdades
> ... durante a década de 80, a evolução das matrículas nem sequer acompanhou o

49 Cf. Martins, 2004, p.24; Durham, 2003a, p.24.

crescimento populacional. Entre 1980 e 1994, a expansão do ensino superior foi bastante limitada: crescimento de apenas 20 por cento das matrículas; redução de 3,5 por cento no número de instituições de ensino superior, e 26 por cento de crescimento no número de cursos, dos quais 70 por cento em universidades, que não dependiam de autorização prévia para abrir novos cursos (...) até 1995, o sistema de ensino superior no Brasil era pequeno e muito heterogêneo em termos de qualidade (...) o número de alunos havia permanecido praticamente estancado durante os anos 80. Esse fenômeno ocorria por duas razões essenciais: de um lado, o baixo nível da educação da população brasileira, da qual somente uma pequena proporção chegava ao ensino médio; de outro lado, o sistema de acreditação de novas escolas e cursos que levava, na prática, à formação de oligopólios e reservas regionais de mercado no setor privado da educação superior. (Souza, 1999, p.12; 2005, p.172.)

As ideias centrais eram estimular a concorrência interna no setor privado e, mediante o recurso da avaliação dos alunos via exame nacional — o Exame Nacional de Cursos, vulgo "Provão" — e das condições de ensino da instituição, garantir o controle da qualidade da educação superior oferecida. Para o incentivo à concorrência, era essencial estancar a busca dos estabelecimentos para se transformarem em universidades. Entendia-se que era necessário propiciar formatos diferentes de ensino superior, inserindo novos atores competitivos. Tal pensamento materializou-se por meio do decreto nº 2.306/97, na figura dos centros universitários[50], os quais foram dotados, também, de autonomia para abrir e fechar cursos. Essas novas instituições tiveram um crescimento significativo no período[51]. Era preciso quebrar aquilo que o ministro denominava como "privilégios", "reserva de mercado" das universidades ou o "centralismo burocrático" prevalecente, conforme designou a Secretária de Política Educacional da época:

... a escassez de candidatos na década de 80 e 90 promoveu um acirramento da competição entre os estabelecimentos do setor privado. Nessa competição, as universidades levavam vantagem, porque possuíam autonomia para criar e extinguir cursos e vagas, podendo assim responder de modo mais ágil às preferências da clientela. Também os estabelecimentos maiores, que agregavam muitos cursos, podiam enfrentar melhor bruscas alterações da demanda em um ou outro setor de ensino (...) a ampliação da autonomia para outros tipos de estabelecimentos de ensino era desejável para diminuir o centralismo burocrático, se devidamente acompanhada por um sistema de avaliações e recredenciamentos periódicos que coibissem abusos. O Decreto Presidencial do ano seguinte criou uma nova categoria de estabelecimentos, os centros universitários, dos quais não se exigia pes-

50 Deveriam se dedicar à "excelência no ensino".

51 "... a criação dos centros universitários, por sua vez, contribuiu de forma significativa tanto para a expansão quanto para a diversificação do tipo de cursos oferecidos. Em 2002, existiam 66 centros universitários em funcionamento". (Cf. Souza, 2005, p.182.)

quisa, mas tão somente excelência de ensino. A estas instituições se estendeu a autonomia didática para criação de cursos e ampliações de vagas, submetendo-as ao regime de avaliação periódica. (Durham, 2003[a].)

Luiz Antônio Cunha diz que nesse período houve a passagem de um capitalismo "patrimonial" para um capitalismo "concorrencial". Ele usa tais termos porque nesse instante passa a constar, também no Decreto nº 2.306/97[52], a determinação de que as instituições privadas teriam de cumprir normas — demonstrativos financeiros devidamente auditados, aplicação de parte das receitas para pagamento de professores e destinação para bolsas escolares — se quisessem continuar a usufruir da isenção de impostos. As IES privadas que não o fizessem passariam a pagar os devidos impostos e contribuições como qualquer outra empresa que visa ao lucro "... é a 'privatização do privado'(...) então a política do governo é no sentido de eliminar esses privilégios [incentivos fiscais], estabelecer os mecanismos do capitalismo concorrencial". (Cunha, 2001; 2003, p.53.)

Tal argumentação me parece mais condizente com a realidade do que explicações que procuram deslocar o foco para transformações "profundas" no capitalismo brasileiro[53], embora algumas mudanças — reforma do Estado — estivessem de fato ocorrendo no referido contexto:

> ... a compreensão desse processo e de suas consequências, no entanto, somente pode dar-se no âmbito da reforma em curso da educação superior no Brasil, que, por sua vez, orienta-se pela mesma matriz teórica, política e ideológica orientadora da reforma do Estado brasileiro com *origem na transição do fordismo para o atual momento do capitalismo e sua expressão no Brasil* (...) a redefinição das esferas pública e privada (...) possibilitou a entrada do capital nesses espaços sociais, no contexto de um Estado reformado, e provocando, dessa forma, sua reorganização segundo a lógica privada, além de transformações culturais e identitárias nas instituições educacionais, em particular do nível superior. (Silva Jr e Sguissardi, 2000, p.156-8) [grifos meus].

O que os estudos empíricos sobre *fordismo*, no país chamado Brasil, na esfera produtiva, podem trazer, significativamente, para a compreensão da política do ensino superior no período x? Além disso, o pensamento e a prática da lógica privada há um bom tempo já estavam nessas paragens brasileiras, conforme

52 Segundo Catani e Oliveira (1999, p.101-2) "... aconteceram fortes reações contrárias a tais medidas legais da parte das IES particulares com fins lucrativos, levando o governo a alguns recuos, com a finalidade de amenizar um pouco o alcance dessa legislação".

53 Ou do capitalismo no mundo? Logicamente o mundo passa por transformações produtivas desde o fim dos tão discutidos e relembrados "anos gloriosos ou dourados" do pós-guerra. Isso pode e deve ser considerado na análise. Contudo, tais elementos analíticos devem ser aquilatados.

já foi aqui expresso. Há um fetichismo conceitual que mais turva do que explica em certas análises, não obstante, reconheçamos, alguns acertos.

Não há dúvida de que houve uma alta aposta na avaliação como mola mestra de toda a política educacional. Seja desde a proposta contida no programa de governo[54] — "Mãos à obra, Brasil" — que previa para o Conselho de Educação um papel "... menos credenciador e mais avaliador", seja na busca obstinada do próprio ministro:

> ... me convenci de que o sistema de acreditação não podia mais prescindir de elementos objetivos, baseados em avaliação de desempenho das instituições existentes. Aquilo se transformou em uma verdadeira obsessão para mim: conceber um sistema de avaliação geral do ensino superior que pudesse servir de base objetiva para o sistema de acreditação (...) nos cursos de graduação concentra-se a maior parte dos problemas de qualidade de nosso sistema de ensino superior. Sessenta por cento de todos os alunos universitários de graduação frequentam instituições privadas, boa parte delas de qualidade altamente discutível. A febre por transformação de faculdades em universidades, que vem assolando o país, constitui uma tentativa de ganhar a autonomia garantida pela Constituição e com isso a possibilidade de livrar-se da supervisão governamental e de expandir quase sem limites os seus cursos de graduação. O poder público precisa contar com instrumentos objetivos de avaliação para coibir os abusos e proteger a população contra a verdadeira exploração que, infelizmente, ocorre em muitas instituições.
> (...) o aspecto mais importante da Lei no 9.131, que criou o Conselho Nacional de Educação (CNE) (...) foi a necessidade do recredenciamento periódico das instituições. Daí a necessidade da avaliação (...) todos os reconhecimentos de cursos passaram a ser outorgados por um período de tempo — em geral por cinco anos — e não mais de forma permanente como ocorria no passado. Acabaram-se assim as outorgas de "cartórios" (...) nosso instrumento inicial para lidar com o problema da enorme heterogeneidade na qualidade das instituições de ensino superior do país foi a própria realização da avaliação e a ampla difusão de seus resultados para o conhecimento de toda a sociedade. A suposição, que se verificou correta, era de que, tratando com um segmento diferenciado da população, tanto em termos da clientela do sistema como dos futuros usuários e empregadores dos profissionais formados, a existência de elementos objetivos de avaliação exerceria enorme pressão social sobre as piores instituições. (Souza, 2005, p.149; 155; 174; 176.)

Outros gestores educacionais a exaltavam e a tomavam como mecanismo eficaz — e único — para conter uma possível expansão danosa do ensino de graduação, marcadamente de cunho privado "... este exame é o mais poderoso instrumento já criado no Brasil para incentivar a melhoria da qualidade do ensino porque afeta inclusive o próprio mercado". (Durham, 2003a, p.35.)

Conforme já exposto aqui, há uma visão de que a dinâmica do setor privado

54 Cf. Souza, 2005, p.152.

foi tomada pelo "mercado" e é somente este que, com suas "forças", dá as rédeas da situação. Logo, só restaria aos agentes estatais deixarem que esse próprio mercado pudesse corrigir seu rumo tortuoso e perverso, mediante uma "competição sadia" — veremos os efeitos práticos disso e se de fato ela era sadia — e da cobrança dos alunos[55] — "a pressão da sociedade" — em relação às universidades de baixo desempenho no sentido de melhorar as suas condições de ensino. A respeito, são ilustrativas as palavras de Eunice Durham, tanto na época que ocupava o cargo de Secretária de Política Educacional do MEC, quanto na ocasião de analista da evolução do ensino superior brasileiro:

> ... trata-se de uma situação extremamente difícil. Temos cinco mil cursos no Brasil, e há dois anos o MEC sofre uma pressão política enorme com 3.900 pedidos de criação de novos cursos, só do setor não universitário. Daí se pode imaginar como é difícil exercer o chamado poder de fiscalização do Estado, que até temos conseguido manter: de 103 pedidos de criação de universidades, só se concederam cinco. Nós não analisamos o problema crucial de qual é esta *pressão de mercado*, que hoje constitui, de fato, uma ameaça até a pós-graduação. Esta amplitude do setor privado, hoje, o Chile não sabe controlar, a Argentina está fazendo um enorme esforço (...) a Ulbra, que tem um contrato com universidades do exterior, vem fazendo pressões para montar um curso de doutorado de seis meses!
> ... herdamos a situação de um *setor privado selvagem*, e não temos nenhum instrumento de controle de expansão das universidades privadas. A Constituição dispõe que elas têm autonomia, e estamos tentando segurar em função da LDB (...) O governo não tem instrumento legal, porque a autonomia foi concedida há anos e é sempre definida nestes termos (...) o projeto do governo prevê controlar tal situação através do recredenciamento, do credenciamento periódico, em que a avaliação seja um instrumento fundamental para levar a um projeto de universidade e publicizar a qualidade de ensino.
> ... se se instala uma *cultura de avaliação*, se se publicizam os diferentes índices, podemos ter um instrumento de controle do mercado. Com todos os defeitos que tem o "provão", segundo uma colega minha que trabalha numa universidade privada, começou a haver pela primeira vez na instituição, em função do "provão", uma preocupação em rever o currículo. O "provão" não vai resolver a questão, a autoavaliação não vai resolver, o recredenciamento também não, mas, se estabelecermos um processo pelo qual a qualidade comece a contar em alguma instância, poderemos ter alguma instrumento de correção de uma situação que se deformou a ponto de ficar inviável (...) talvez esse conjunto de medidas comece a estabelecer um novo tipo de controle que a *própria sociedade* possa exercer sobre *as forças do mercado*. (p.167.)

55 "... que nos ajudem [os alunos] realizando os exames e informando-nos de como vai realmente nosso ensino universitário. Com base nessas informações, os dirigentes do sistema — diretores, reitores, secretários, ministro — adotarão as medidas cabíveis para corrigir as distorções." (Cf. Souza, 2005, p.155.)

> ... as instituições privadas de ensino superior haviam se tornado, de fato, um grande negócio. (...) o setor privado passou a ser *governado pelo mercado.* (apud Almeida et al., 1996, p.166; Durham, 2003a, p.19) [grifos meus].

O ministro Paulo Renato Souza também depositava toda a sua crença que a pressão dos estudantes mudaria completamente a postura dos empresários de ensino. Entretanto, é salutar que, ao avaliar o seu período enquanto gestor maior da educação brasileira, sua compreensão sobre as universidades privadas passe de uma inicial "oposição surda" — pois em sua concepção a política educacional que estava sendo implementada favorecia a quebra de privilégios no setor — para uma visão mais nuançada e real, a partir de determinados comportamentos de empresários de ensino "... a manobra de não inscrever um grupo de alunos no exame foi um dos tantos expedientes usados por algumas instituições para fazer frente contra o tema da avaliação sem adotar medidas profundas para melhorar a qualidade do ensino. Outras passaram a treinar os seus alunos concluintes para fazer o exame (...) algumas passaram a oferecer um automóvel de prêmio ao aluno com melhor desempenho no Provão. Muitas denúncias chegaram ao Ministério a esse respeito". (Cf. Souza, 2005, p.149; 162.)

Não é preciso muito esforço para contrastar algumas proposições do ministro. O que ele coloca como regra, constituiu-se como exceção, qual seja, a contratação de profissionais oriundos do setor público devido às mudanças na regra da aposentadoria. Além disso, era ínfima a quantidade de instituições que o fizeram — ele bem sabia disso —, sem contar as manobras até hoje existentes de maquiagem de acervos de bibliotecas quando das visitas às instituições, praxe recorrente no setor "... as novas instituições e os novos cursos criados tinham de demonstrar um diferencial de qualidade para competir com o velho sistema e afirmar-se em um ambiente transparente e competitivo (...) *por essa razão, buscaram contratar os melhores professores, desenvolver os melhores programas acadêmicos e investir em boas instalações, bibliotecas e laboratórios.* (Ibidem, p.169) [grifos meus].

Não vamos aqui desprezar o fato de que, sem dúvida, pressões dos alunos surtiram alguns efeitos no sentido de promover mudanças em algumas instituições particulares "... o processo de avaliação educacional, em especial o Exame Nacional de Cursos, produziu um efeito positivo no interior de cada instituição. Passamos a ver alunos reivindicando melhorias nos docentes ou nas condições de curso, porque haviam sido mal avaliados; a direção das faculdades exigindo mais dos alunos; os coordenadores de curso participando ativamente das discussões para conhecer quais seriam as deficiências de seus respectivos cursos etc.". (Ibidem, p.180.)

Parece-me, contudo, difícil de sustentar que tais protestos geraram uma mudança de patamar em todo o sistema. Também é ilustrativa a apresentação de uma tabela extraída do Questionário do Provão, intitulada "opinião dos alunos sobre domínio atualizado, pelos professores, das disciplinas ministradas". Nela está disposto que todos os indicadores foram aumentados positivamente nas áreas avaliadas, de 2001 em relação ao ano de 1998. Não consigo compreender a seguinte questão: como alunos, que estão acabando de se formar em nível de graduação, podem fazer esse tipo de avaliação, ao menos com critérios mais objetivos e fundamentados?

Vamos extrair as consequências dos fatos decorridos. Vejamos os dois parâmetros tomados como centrais. Primeiro, a expansão do sistema para gerar mais competição "... a expansão do sistema *por si só* também contribuiu para melhorar a qualidade. Passou a existir pela primeira vez em nosso país a *competição sadia entre as instituições de ensino*. Essa competição tem como base dois motivadores: busca de qualidade e eficiência na prestação do serviço (...) porque as *mensalidades* têm de ser razoáveis e de acordo com o poder aquisitivo da população. (Souza, 2005, p.179) [grifos meus].

O ministro já era consultor educacional[56], então, não era da sua alçada responder pelos resultados. No lugar da sua tão sonhada "competição sadia" o que se viu como desdobramentos foram batalhas[57] e uma competição desenfreada interna ao setor privado pautada na guerra de preços das mensalidades entre universidades "da antiga" e os novos competidores, muito deles centros universitários que logo após o governo FHC pleitearam o título de universidades. Em São Paulo — o que não é diferente, no essencial, para as grandes capitais brasileiras —, por exemplo, os maiores centros universitários[58], já no governo Lula, com mensalidades baratas ao gosto e condição dos fregueses, tomaram fatias do mercado das grandes instituições como a Universidade Paulista (UNIP) e a

---

56 Isso é outro complicador no Brasil, que extrapola o setor educacional e está presente nas várias áreas. Não há quarentena no Brasil. Em decorrência, um administrador público que desenha o sistema educacional de um país, em pouquíssimo tempo "... em 2003, já fora do ministério e dedicando-me a oferecer serviços de consultoria na área educacional, fui procurado pelo dirigente de uma entidade". (Cf. Souza, 2005, p.172.) Trata-se da Paulo Renato de Souza Consultores. A mesma que dará consultoria para alguns grupos educacionais que terão participação acionária de fundos de investimento estrangeiros. Desse modo, fica difícil refutar os argumentos daqueles que o chamavam de "privatista". Realmente, ele abre o sistema para competição e depois o ajuda a fechar. Onde está a luta pela quebra da "reserva de mercado", dos "privilégios", dos "oligopólios", dos "lucros fáceis de empresários de ensino", conforme suas próprias palavras? Voltaremos ao tema.

57 Já no de 2000, a criação de um campus da Universidade Bandeirante de São Paulo (UNIBAN) em Osasco, na Grande SP, foi motivo de uma das maiores disputas nesse setor. A UNIBAN acusou a Universidade Paulista (UNIP) de ter tentado barrar sua ampliação, via voto no Conselho Nacional de Educação. A questão foi parar na Justiça, com ganho de causa da UNIBAN.

58 O então Centro Universitário Nove de Julho, hoje Universidade Nove de Julho (UNINOVE), é o exemplar mais acabado desse processo. Obteve o título de universidade no início de 2008 (em 30 de janeiro). Mas, bem antes, já possuía quatro *campus* na cidade de São Paulo e já contava com cerca de 70 mil alunos. Segundo o Censo de Educação Superior de 2007, possuía 84.398 alunos. O seu proprietário — Eduardo Storópoli — já foi um dos presidentes da Anaceu — Associação Nacional dos Centros Universitários.

Universidade Bandeirante[59] (UNIBAN) passando a figurar, hoje, dentre as maiores universidades existentes no país. Não é por outro motivo o desespero dos sindicatos das mantenedoras de tais instituições particulares, confrontadas com o perigo do canibalismo que a boa economia política já bem nos ensinou quando o Estado não interpõe freios à dinâmica do mercado desregulado. Assim, chovem os clamores por "ética concorrencial":

> ... em 2007, o problema da concorrência predatória no ensino superior particular atingiu seu ápice e, portanto, mereceu presença constante na agenda do Semesp [Sindicato das Entidades Mantenedoras do Ensino Superior de São Paulo] (...) evitar o uso de atitudes condenáveis na busca de novos alunos a qualquer custo. Por isso alertamos, logo no começo do ano, para ações comumente adotadas no início do calendário letivo e que comprometem profundamente a competição justa e equilibrada entre as instituições de ensino superior: oferta de condições especiais para a transferência de alunos oriundos de outras instituições, com preços inferiores aos vigentes para os próprios alunos já matriculados; valores de mensalidades não compatíveis com a atividade e a margem de resultados necessária para a sobrevivência da empresa, provocando guerra de preços; propaganda enganosa com a divulgação, em destaque, de valores de mensalidades somente válidos em situações específicas, induzindo o consumidor ao erro; e propaganda estilo varejo, "venha para cá que cobrimos qualquer preço". A concorrência saudável é um dos pilares de qualquer segmento da economia e, portanto, a sobrevivência e o crescimento do setor de ensino superior particular dependem, invariavelmente, da prática de uma gestão profissional comprometida com os valores éticos e morais. Por isso, lembramos que está em funcionamento a Câmara Mediadora de Assuntos Concorrenciais, instalada no ano passado [2007] para a qual as instituições que se sentirem prejudicadas podem encaminhar suas reclamações.
> ... continuaremos atentos à questão em 2008, debatendo o tema e propondo novas medidas com o objetivo de conscientizar as instituições sobre os efeitos nocivos da concorrência desleal (...) por isso, acreditamos que o respeito à ética entre nossos pares é diretamente responsável por projetar uma imagem positiva do setor como um todo. (Figueiredo, 2008.)

Segundo elemento, a avaliação como estruturante e garantidora, como remédio eficaz, para a qualidade do ensino superior privado lucrativo. Sem dúvida, a avaliação também provocou impactos e movimentações importantes em um segmento acostumado a benesses. Contudo, toda a problemática re-

59 Heitor Pinto Filho, todo poderoso da UNIBAN, foi candidato a vice-governador de Paulo Maluf em 2002. A amizade com Paulo Maluf se foi. Tem-se como motivo maior o fato de a família do ex-prefeito de São Paulo ter vendido à concorrente UNINOVE um terreno no centro da capital, cobiçado pela UNIBAN. O referido terreno, estratégico, pois está situado entre duas estações de metrô (São Joaquim e Vergueiro) com fluxo intenso de estudantes e jovens, é o atual campus Vergueiro da UNINOVE.

side na *efetividade* de tais políticas avaliativas no sentido de fazer valer o que suas proposições dispõem. Cabe ressaltar, isso não foi específico do período do governo Fernando Henrique Cardoso, pois até o presente momento estamos confrontados com subterfúgios utilizados pelos entes privados e prazos largos — que chegam a oito anos, perfazendo dois mandatos presidenciais — para que, de fato, uma instituição seja fechada, caso não incorpore, seriamente, o que dispõe o Estado no seu papel de regulamentador do sistema. Não estamos desprezando as lutas e forças desse segmento nas instâncias estatais decisivas, sendo o Congresso Nacional canal privilegiado, além do Judiciário como esfera de disputa para não fazer valer o que a lei dispõe, corretamente apontado pelo ministro; mas apenas realçando que não se chegou — e atualmente pouco se chega — a um quadro efetivamente corretivo:

> ... as instituições não são eternas, e isso não é um cartório. Tem de haver avaliação, recredenciamento e descredenciamento. Claro que *é muito difícil a gente dizer que num período de quatro anos a gente vai começar a fechar faculdade* (...) em 1998, já com três anos da realização da avaliação, decidimos abrir um processo de renovação do reconhecimento de 101 cursos de graduação da administração, direito e engenharia civil. Os cursos que passaram pelo processo de renovação do reconhecimento receberam conceitos D ou E em três avaliações sucessivas do Provão ou conceitos CI (condições insuficientes) em dois itens das condições de ensino: qualificação dos docentes, projeto pedagógico e instalações físicas (...) nos casos em que foram confirmadas as deficiências, o Conselho Nacional de Educação estabeleceu um prazo de até seis meses para providências antes de um parecer definitivo (...) o fato é que todos os cursos corrigiram suas deficiências dentro dos prazos estabelecidos. Não pairavam dúvidas: *a instituição que não procurasse melhorar a qualidade seria fechada* (...) nos casos dos cursos, a partir da avaliação, passou a haver suspensão automática do reconhecimento do curso, que *poderia levar até o seu fechamento*, caso as deficiências não fossem sanadas. No caso das instituições que desfrutavam prerrogativas da autonomia universitária, o acúmulo de avaliações negativas na maioria de seus cursos levaria automaticamente à suspensão do processo de ingresso de novos alunos e à suspensão da autonomia para criar novos cursos e expandir o número de vagas, até que a instituição passasse por um processo de recredenciamento (...) o fechamento de cursos em função dos processos de avaliação foi objeto de disputas judiciais entre as instituições e o MEC. No primeiro ano em que se utilizou o novo sistema, o ministério determinou que 12 cursos tivessem seu reconhecimento suspenso para nova avaliação dentro de um ano. As instituições ingressaram na justiça contra a medida, e um juiz de primeira instância determinou, em medida liminar, a suspensão do processo. Até o momento, o ministério não conseguiu cancelar a liminar ou levar a matéria a julgamento de mérito. (Souza, 1999, p.13-4; 2005, p.167-8) [grifos meus].

Como resultado prático, em todo o período que compreendeu os dois mandatos, efetivamente apenas uma instituição foi "punida", fazendo-se cumprir as disposições emanadas pelo governo federal. Tratou-se de uma instituição privada situada na cidade do Rio de Janeiro que acabou perdendo seu *status* de universidade[60]. Seria preciso refletir sobre os resultados de tão grandiosa e cara estrutura quando, na ponta, ela não consegue plenamente se efetivar "... verificou-se uma tentativa de estabelecer a ordem num setor tradicionalmente caótico — o das instituições privadas de ensino superior. No entanto, a impossibilidade de tornar eficazes os resultados da avaliação de cursos e instituições mostrou que, também aí, o governo FHC foi derrotado pelos grupos que lhe deram sustentação política em seus dois mandatos presidenciais. (Cunha, 2003, p.58-9.)

Logo, faz-se necessário pensar a partir de uma visão sistêmica do ensino superior. Não se tentou mexer no modelo dominante privado lucrativo, esse o ponto crucial. Ou, se tentou, não conseguiu somar forças o suficiente para prevalecer, como dão a entender as palavras da então Secretária da Política Educacional "... é possível relacionar esse declínio preocupante do peso relativo do setor público com o fato de que a política para o ensino superior não ter incorporado propostas formuladas no próprio Ministério, pela Secretaria de Políticas Educacionais, as quais defendiam a criação de um sistema público de ensino de massa de qualidade que contrabalançasse o elitismo inerente à exclusiva concentração em universidades de pesquisa" (Durham, 2003a, p.32-3.)

Ou seja, extrai-se que no período de 1995-2002, permanece a linha de continuidade de crescimento do setor privado lucrativo — em escala cada vez mais ampliada —, conforme atestam a análise de vários autores. Durham (2003, p.24) aponta "... como na década de 70, o crescimento se deu basicamente no setor privado (...) no conjunto do sistema, sua participação [setor público] caiu de 41,6% em 1994 para 31% em 2001". O próprio ministro da época[61] o atesta, porém não o destaca "... na universidade pública, o implemento foi de 60 mil alunos, sobre 360 mil — 15%, 20% —, o que significa que a privada cresceu mais". Cunha (2003, p.55) também expressa "... foi muito rápido o crescimento das universidades privadas: no primeiro ano do octênio elas eram 63. As universidades públicas ficaram estacionadas no mesmo período. Mas o dinamismo do setor privado expressou-se, igualmente, na categoria centros universitários, que não existiam em 1995 e já eram 66 em 2001, dos quais apenas dois públicos".

Corbucci (2007, p.11; 16; 19) empreendeu análise que situava o grande salto ocorrido durante os anos FHC em termos de crescimento da rede de ensino superior privado lucrativo e alertava para tendências hoje mais claras e materializadas:

---

60 Cf. Cunha, 2003, p.51-2.
61 Souza, 1999, p.12.

... no período 1985/1994, em que o Produto Interno Bruto (PIB) brasileiro cresceu 22,5%, a taxa de crescimento do número de concluintes dos cursos de graduação foi de apenas 5%. Por sua vez, na década subsequente (1994/2004), *a variação do PIB foi praticamente a mesma do período anterior, mas, em contrapartida, a taxa de crescimento de concluintes foi da ordem de 155%. Portanto, não teria sido o dinamismo macroeconômico a principal explicação para o crescimento do número de graduados em nível superior*, inclusive pelo fato de que esse último período foi marcado por intenso processo de reestruturação produtiva e de fusões empresariais, com implicações sobre a composição do emprego e os níveis de desemprego [de acordo com dados da Pnad, a taxa de desemprego aberto era de 2.1%, em 1985. Em 1995, havia-se ampliado para 6,7% e, em 2004, atingia 9,7%], razão pela qual, acredita-se, teria diminuído a oferta de empregos em carreiras de formação específica (...) com a política de expansão da educação superior, implementada pelo MEC no período 1995/2002, que favoreceu a proliferação de universidades e centros universitários privados, tendo estes prerrogativas semelhantes às das primeiras, houve aumento da oferta de vagas pelas instituições privadas da ordem de 241%, no período 1997/2003 [somente no biênio 1999/2000, registrou-se crescimento de 41,5%] No mesmo período, a expansão das vagas ofertadas pelas redes públicas de ensino limitou-se a 45% (...) o aumento das vagas ofertadas pelas IES privadas, no período 1990/2005, *foi cinco vezes maior que o das redes públicas* e, entre estas, crescimento mais tímido coube às Instituições Federais de Ensino Superior (Ifes).
... dados também sugerem alguma cautela em relação a esse modelo de expansão da educação superior, centrado na iniciativa privada, pois o mesmo já tem se deparado com os limites dos orçamentos familiares, que podem comprometer, em breve, a sustentabilidade desse modelo. Nesse sentido, a ampliação da oferta de vagas *per se* tem se mostrado insuficiente para assegurar a democratização do acesso à formação em nível superior. [grifos são meus.]

Em termos sintéticos e precisos, dados do MEC sobre a evolução das matrículas e do número de instituições do ensino superior por dependência administrativa apontam que em 1995 as vagas do setor público correspondiam a 39,8% do total e caíram para 30,2% em 2001. Já as vagas no setor privado que correspondiam a 60,2% em 1995, aumentaram para 69,8% em 2001.

2.3.1. Fundos de investimentos, banqueiros e os "empreendedores" do ensino superior: educação como ativo e *expertise* financeira

Há evidências de uma nova configuração do setor privado lucrativo ocorrendo neste momento. Podemos designá-la como uma fase onde o capital internacional entra no "mercado" brasileiro e, também, manifesta-se nos movimentos dos grandes grupos nacionais em busca de maior aporte de capital com o objetivo de obter maior escala e vantagem competitiva na busca pelos "clientes". Precisamente, é o momento de compras de ações das universidades, aquisições de instituições pelos fundos de investimentos nacionais e estrangeiros e captação de recursos na Bolsa de Valores, objetivo maior de todo investidor, instante no qual há a plena maximização do retorno do investimento. Cabe situar o início desse processo e, posteriormente, refletir sobre alguns dos seus impactos na educação superior. Moldando todo esse trajeto, atores com uma *expertise* em finanças, saídos de grandes universidades especializadas na área de negócios, executivos de outros ramos empresariais, alguns com passagens nos postos estratégicos de grandes bancos de investimentos, ou seja, gente que atuou e atua na parte hegemônica do atual sistema capitalista.

2.3.2. "Empreendedores"

Antes de chegar à situação atual de domínio da educação superior privada pelo grande capital com tendência à oligopolização, é preciso situar os perfis de alguns empresários de ensino[62], geralmente tratados na literatura[63] em geral como "empreendedores", o que lhes permite, dessa forma, serem vistos apenas como indivíduos com raro faro e talento para oportunidades de negócios que outros não vislumbraram, e, a um só tempo, acobertar suas ligações políticas com os agentes estatais que muito lhes ajudaram. Em outras palavras, o espírito empreendedor schumpteriano, base da inovação que sustenta o sistema capitalista —destacado precedentemente por Karl Marx — marcado pelo risco, "o espírito animal" do empresário que investe, arrisca e assim dinamiza a economia descrito por Keynes, aqui na terra *brasilis* é também nuançado, pois o Estado está sempre presente a fazer a poupança necessária do investimento inicial desses empresários não lhes cobrando impostos devidos e, quando em situação complicada nesse mesmo "mercado", a socorrer-lhes com crédito e outros mecanismos como troca de vagas por bolsas para estudantes, conforme veremos.

Iniciemos pela figura mais destacada deles, aquele que o próprio nome evoca genialidade, dono da Universidade Paulista (UNIP), alvo atual mais desejado pelos grandes fundos de investimento:

> ... o empresário João Carlos Di Genio virou o imperador da educação. Dono da maior rede de escolas de 1º e 2º grau e cursinhos pré-vestibulares do país, o grupo Objetivo, agora também é proprietário da maior universidade (...) a Universidade Paulista, UNIP, fundada por ele em 1989, tem 44.500 alunos na graduação. Ultra-

62 Não se trata aqui de levantamento completo. Concentrei-me nas principais instituições.
63 Como exemplos, veja o livro de Luiz Costa Pereira Júnior *Empreendedores do ensino superior* e a recente coletânea apologética *Produzindo capital humano: o papel do ensino superior privado como agente econômico e social*, no qual encontramos pérolas como "... a predominância das instituições privadas resultou de investimentos feitos por empreendedores distribuídos pelo País para atender à demanda crescente" (Cf. Kleber e Trevisan, 2010, p.21; 28).

passou a USP, que até o ano passado [1998] era a primeira do ranking, com 35.600 graduandos (...) o empresário é tão modesto para explicar seu sucesso quanto os números de sua organização. Até pouco tempo atrás, atribuía seus feitos ao fato de ser um homem "genial". Mudou de opinião. Diz que todo o seu segredo reside em sua *incrível capacidade de observação* (...) Di Genio ficou rico com educação. Seu patrimônio pessoal é avaliado em cerca de 200 milhões de reais. "Preciso de dinheiro mais, não", gosta de dizer, forçando o sotaque de Lavínia, cidade do interior de São Paulo onde foi criado.
... ao abrir a primeira faculdade, em 1972, Di Genio tinha certeza de que o ensino superior privado cresceria espantosamente. Acertou de novo. (Oyama e Manso, 1999) [grifos meus].

No transcorrer da reportagem, o empresário sente-se incomodado com as relações políticas que ele mantinha em Brasília "... Di Genio afirma que suas relações em Brasília jamais lhe renderam uma só oportunidade de negócios". Contudo, sempre foi pública e notória sua grande amizade com o então presidente do Senado na época, Antônio Carlos Magalhães. No próprio texto, o empresário reforça essa grande amizade, dizendo que se hospedava na casa de ACM "seu melhor amigo no Distrito Federal". Não é preciso ir muito longe, pois quem acompanha minimamente o noticiário do país já viu manchetes cobrindo almoços entre ambos, ocorridos em restaurantes badalados, cujo destaque maior eram as garrafas de vinhos que tinham valor de R$ 10.000. Nada contra os hábitos e a vida das pessoas, mas chama a atenção as festas promovidas na capital do país pelo dono da UNIP e os convidados que por lá apareciam:

> ... no Congresso Nacional, muitos deputados, senadores, assessores de primeiro escalão do governo e ministros se recordam com saudade dos tempos em que Di Genio mantinha em Brasília a Mansão das Palmeiras, também chamada de "Circo do Di Genio". Erguida num terreno de 40.000 metros quadrados, a casa tinha no jardim uma área coberta com lona com capacidade para receber 1.500 pessoas. Era lá que Di Genio costumava promover animadas recepções às quais boa parte dos convidados comparecia sem a companhia de suas mulheres. O circo foi desativado depois que o professor, um solteirão até os 50 anos, finalmente se casou. (Ibidem.)

Quando voltamos nossa atenção para a avaliação dessas universidades, os resultados não são muito animadores, o que pode nos possibilitar ter elementos para verificar os desdobramentos na ponta, ou seja, na qualidade efetivamente oferecida pela "inclusão" ou "democratização do acesso" ao ensino superior dos estudantes que frequentam tais instituições:

> ... a UNIP tem alunos de mais e professores de menos. As aulas acontecem em classes muitas vezes lotadas. Algumas chegam a reunir mais de 100 estudantes, o

que obrigam os professores a falar ao microfone. Embora mantenha pelo menos uma faculdade respeitada, como a de Odontologia [conceito B no Provão 98], outras são consideradas sofríveis, como as de Engenharia [Engenharia Civil conceito C e Engenharia Elétrica, conceito E] e Direito [conceito C]. Dos 631 estudantes da disciplina que prestaram o exame de admissão da Ordem dos Advogados do Brasil no ano passado, nem metade conseguiu ser aprovada. No ranking das 168 faculdades que submeteram alunos à prova, a universidade de Di Genio ficou com um modesto 49º lugar. (Ibidem.)

O fundador da Estácio de Sá, um juiz de Direito aposentado, não gosta de dar muitas entrevistas, mas, quando o faz, expressa claramente sua consideração para com a educação brasileira:

> ... a Universidade Estácio de Sá — aquela que há um ano e quatro meses aprovou um analfabeto no vestibular [amplamente noticiado na mídia, com a exposição da redação feita em programa televisivo de grande audiência nacional]. Pois essa instituição de ensino carioca se tornou a segunda maior universidade do país em número de alunos. Frequentam seus cursos cerca de 60.000 graduandos (...) só perde para a UNIP, com mais de 80.000 alunos (...) quanto esses cursos representaram em faturamento no ano passado? Seu dono, o juiz aposentado João Uchoa Cavalcanti Netto, de 69 anos, não quis revelar a informação. Nem essa, nem outra (...) mas quem multiplicar o número de alunos pelo preço médio da mensalidade que eles pagam vai chegar a algo em torno de 200 milhões de reais. Como uma escola que começou em 1970, com apenas 80 alunos matriculados num curso de Direito, cresceu tanto? (...) ao todo são 37 campi só no estado do Rio de Janeiro (há mais sete em outros estados), alguns com cursos até de madrugada. Precisa estudar em Guadalupe, no subúrbio carioca? Há uma Estácio por lá. Quer estudar e fazer compras? Há Estácios nos shoppings Nova América, West Shopping e Barra World. Fazer malhação, estacionar o carro, andar de montanha-russa? Há campi em academia de ginástica, em estacionamento e no parque de diversões Terra Encantada (...) suas mensalidades costumam ser bem menores que as das outras instituições. A mensalidade do curso de Letras, por exemplo, varia de R$ 191,51 a R$ 262,85 (...) numa polêmica entrevista publicada em 2001 no jornal carioca Folha Dirigida, o juiz Cavalcanti Netto declarou que não está interessado no Brasil, tampouco em educação, apenas na Estácio de Sá. No passado, ele foi office-boy do banqueiro Amador Aguiar, fundador do Bradesco, de quem se diz discípulo. Hoje, nas horas vagas, dedica-se à pintura. Há quadros seus espalhados pelas paredes das unidades da Estácio. Num deles, pendurado na tesouraria de um campus da Barra da Tijuca, lê-se em letras enormes: "Dinheiro compra até amor sincero". (Palhano, 2003) [grifos meus].

Na mesma reportagem há o depoimento do tributarista Paulo Vaz, pontuando — no que se refere a um só tipo de imposto, cabe ressaltar — o que aqui venho discutindo sobre o peso das isenções fiscais para essas instituições "filantrópicas" na lei e lucrativas na prática, no mundo concreto "... só em contribuições sociais essas instituições deixam de pagar aos cofres públicos cerca de 34% do que faturam". (Ibidem.)

Heitor Pinto Filho foi dono da Universidade Bandeirante de São Paulo[64], criada em 1994, depois da reunião de pequenas faculdades na década de 1980. Da unificação de quatro instituições surgiu o Centro de Ensino Unificado Bandeirante, que mais tarde ganharia o *status* de Universidade e se transformaria na atual UNIBAN. Teve um crescimento rápido a partir de 2004 ao apostar nas mensalidades baratas. Em suas propagandas é recorrente o apelo de "mensalidades a partir de R$ 199,00". Segundo o Censo da Educação Superior do MEC, em 2007 assumiu a quarta colocação entre as maiores do país, atrás da UNIP, Estácio de Sá e UNINOVE, possuindo 70 mil alunos. No que concerne à avaliação dos seus cursos, os resultados também deixam a desejar. No último exame do governo federal, que avaliou 35 cursos da instituição, 16 foram considerados como insatisfatórios; 13 atingiram o mínimo patamar esperado; seis não tiveram nota por questões metodológicas. Nenhum foi considerado excelente. Em outra avaliação do governo, que considera desempenho dos alunos, perfil dos professores, entre outros, a instituição teve desempenho considerado mediano, mas no limite do insatisfatório (na escala de 0 a 500, tirou 195; um a menos rebaixaria para insatisfatório).

Por fim, chegamos à figura de Antonio Carbonari Netto, fundador da Anhanguera, agora maior instituição privada e tido como o caso mais bem-sucedido até então, segundo os analistas, de abertura das ações na Bolsa de Valores, para o qual se preparou durante três anos. Antes de tornar-se empresário da educação, Carbonari trabalhou em cursinhos pré-vestibulares e deu aula em uma pequena faculdade em Itatiba, interior de São Paulo, da qual também foi reitor. Em 1994, o então prefeito da cidade de Leme, também no interior paulista, convidou-o para abrir uma faculdade local. Foi o início da Anhanguera. A família Carbonari (Antonio Carbonari Netto, a mulher Maria Elisa Carbonari e o filho Alex Carbonari, todos hoje listados como componentes da diretoria executiva) e o professor José Luis Poli, fundadores do grupo, são exemplos ilustrativos do início de uma nova etapa do ensino superior privado lucrativo. Agora, o jogo é financeiramente mais pesado. Tem-se o fim da gestão familiar e inicia-se a entrada dos fundos de investimento, a face dominante do grande capital no mundo que vivemos, com indivíduos que sabem, profundamente, os mecanismos de como maximizar capital a plena potência. Foi um belo negócio para os fundadores, sem dúvida. Segundo dados do Anuário de Governança Corporativa das Companhias Abertas do ano de 2009, os valores da remuneração global dos administradores, ao ano, são: R$ 9,7 milhões para

64 Comprada pela Anhanguera Educacional, em 2011, por R$ 510 milhões.

a diretoria executiva — composta pelos três membros da família Carbonari, o professor Poli e mais três outros indivíduos e R$ 300 mil para o Conselho de Administração, este composto também por sete pessoas.

2.3.3. Tubarões e Lobos

Se existem fundos de investimentos envolvidos é porque os retornos são astronômicos. O setor privado de ensino superior, com todo o trajeto aqui exposto, tornou-se um amplo mercado aos olhos dos investidores. Um rápido olhar em sua evolução em termos de movimentação financeira pode explicar o porquê do interesse: em 1997 o faturamento das instituições privadas de ensino superior foi de R$ 3 bilhões, R$ 10 bilhões em 2001, R$ 15 bilhões em 2005, R$ 20,5 bilhões em 2008 e, segundo projeções de consultorias ligadas ao setor, R$ 28 bilhões em 2012. (Cf. Rosenburg, 2002, p.36.)

Antes de apresentar as fusões e aquisições recentemente ocorridas, cabe explicar, conceitualmente, como funciona a lógica desses investimentos, ou seja, o que esses investidores esperam quando aplicam seus recursos no ensino privado. Os fundos de investimento de *private equity* geralmente investem em empresas que estejam na chamada fase de consolidação do negócio, ou seja, são empresas que já atingiram maturidade operacional em termos de competição no mercado. Legalmente estão estruturados como Fundos de Investimentos em Participações (FIP), regulamentados pela Instrução CVM[65] 391/03. Os fundos exigem taxas de retorno altas e costumam celebrar acordos de acionistas que lhes dão o direito de nomear administradores e se opor a determinados atos, além de conter cláusulas de saída. Mecanismos de saída são os meios utilizados pelos fundos para realizar seus ganhos após determinado período de investimento em uma companhia. Dentre eles, destacam-se as *vendas da participação em bolsa de valores* — a chamada IPO (Oferta Pública Inicial de Ações na sigla em inglês) — ou a venda privada a investidores considerados estratégicos.

Tradicionalmente, os fundos de *private equity* basearam sua atuação na captação de recursos de investidores institucionais — fundos de pensão ou segurados, por exemplo — e de indivíduos ou famílias com grande patrimônio que desejam alocar uma parcela de suas aplicações em ativos que gerem um *retorno diferenciado*. As captações são normalmente feitas na forma de compromissos de aporte de capital. Os investimentos ocorrem na medida em que o administrador identifica ativos que se enquadram nas políticas do fundo. Uma vez atingido o valor total programado para a carteira, o administrador passa a buscar os ativos. Depois do encerramento do período de investimentos, o fundo passa a atuar na administração das empresas em que investe. Assim, o passo seguinte é *implementar medidas para que elas se valorizem até que se-*

65 Comissão de Valores Mobiliários.

jam vendidas. Durante esse período, chamado de desinvestimento, é realizada a venda ordenada dos ativos para viabilizar o retorno do capital aplicado e dos lucros apurados em decorrência da valorização das empresas. (Cf. Rossi, 2010) [grifos são meus].

E é justamente aqui que está o ponto crucial para reflexão quando pensamos no ativo- educação[66]. Quando da abertura de ações na Bolsa, há uma mudança importante na dinâmica descrita. A primeira alteração é no perfil dos investidores, uma vez que o acesso de milhares de pequenos aplicadores de varejo traz os parâmetros típicos do mercado acionário, os quais estão pautados nas expectativas baseadas nos resultados trimestrais das empresas, e não em médio e longo prazos, que é o parâmetro nas operações de *private equity*[67]. Esses parâmetros de retorno em curto prazo foram teorizados na ciência econômica por um artigo pioneiro de Jensen e Meckling (1976) e hoje é conhecido na área de negócios como "a maximização de valor ao acionista". Guttmann (2008), em artigo esclarecedor, a considera como central na compreensão do atual estágio do capitalismo sob égide financeira[68]:

> ... no plano da empresa, a financeirização refere-se, sobretudo, à dominação da *maximização do valor ao acionista* entre os objetivos corporativos. Esta alteração aconteceu com a emergência de tipos diferentes de fundos (fundos de pensão, fundos mútuos e, mais recentemente, fundos de *hedge*) que reúnem investidores menores para obter benefícios de escala (melhor diversificação, mais informações, menores custos de transação etc.). O rápido crescimento dos assim chamados investidores institucionais no último quarto de século transformou-os nos acionistas principais de grandes empresas em todo o mundo. Eles normalmente utilizam o direito de propriedade para impor uma lógica financeira arraigada em rendimentos trimestrais por ação como indicador de desempenho, uma lógica que permeia as diretorias e normas de governança corporativas. Sujeitados desta maneira à pressão intensa do mercado, os gerentes priorizam os resultados de curto prazo em vez de atividades de longo prazo (...) as fusões e aquisições são os métodos de crescimento prediletos em detrimento do investimento em recursos novos de maior produção (...) o preço da ação é, portanto, a chave variável em torno da qual a gestão corporativa organiza a sua atuação, incitando reaquisições frequentes de ações, o uso de ações como moeda, o afrouxamento das normas contábeis e a manipulação de demonstrações financeiras. (Guttman, 2008, p.13) [grifos no original].

---

66 Alguns autores críticos do chamado neoliberalismo chamavam a atenção para o fato de que a educação superior no Brasil estava se tornando mercadoria. A coisa é mais complicada: é uma mercadoria com outro caráter, mais complexo na dinâmica capitalista atual.

67 O que não exclui a busca máxima de rentabilidade, considerada o principal elemento nesses tipos de investimento.

68 Hoje uma discussão muito em voga devido às "crises financeiras" recentes conforme atesta a enxurrada de livros e artigos lançados. Uma discussão sucinta e importante sobre essa temática encontra-se em um artigo "antigo" feito por Tavares e Beluzzo (1980).

Quais os impactos na atividade educativa com a predominância dos fundos de investimento e a abertura de ações na Bolsa de Valores? O depoimento de pessoas ligadas ao meio pode nos fornecer pistas "... vejo o mercado de educação como um supermercado. Estou vendendo um produto. Só que, em vez de vender tomate, meu produto é um assento para o aluno 'estudar', compara o economista Marcelo Cordeiro, da Fidúcia Asset Management, especializado em buscar investimentos para o setor." (Erthal e Perozim, 2007.)

O processo paulatino de atração de novos investidores — que exigem, cada vez mais, resultados financeiros acima da média e em curto prazo — resulta na dinâmica oscilante das ações negociadas "... ao abrir capital, você passa a ter sócios que nem conhece e que mudam a cada dia. A estratégia, o futuro, a relação entre o prometido e o entregue e a própria composição dos conselheiros têm preço que vai se refletir na cotação das ações". (Ibidem, p.15.)

Não há milagre a fazer, pois os custos e as despesas precisam ser equacionados para possibilitar a redução de preços do produto que se vende. Como resultante, uma pasteurização dos conteúdos didáticos e indicadores de qualidade educacional desalentadores, medíocres:

> ... as paredes geralmente são de blocos aparentes e pintadas de branco. O chão, de cimento. Na maioria dos casos, as escolas estão instaladas em prédios que até pouco tempo atrás eram ocupados por galpões de fábricas (...) para oferecer mensalidades a preços acessíveis e manter a lucratividade, a empresa teve de passar por uma grande reestruturação interna (...) contrataram para cargos de direção profissionais que passaram por grandes empresas de varejo e serviços, como Ambev, Sé Supermercados e a rede de hotéis Blue Tree (...) hoje, os diretores e coordenadores de curso da Anhanguera participam de um programa de remuneração variável. Para simplificar a administração, os cursos são padronizados e o conteúdo das aulas segue o mesmo cronograma em todas as unidades. Com as mudanças implementadas, as despesas representam 13% da receita. No mesmo período, a margem de lucro dobrou, alcançando 29%. Desde que a Anhanguera abriu o capital, suas ações valorizaram quase 70%, enquanto a alta do Ibovespa ficou em torno de 30% no mesmo período (...) há dois anos, a Anhanguera passou a fazer parcerias com editoras a fim de reduzir o custo dos livros usados em seus cursos. Atualmente mantém acordos com seis delas — o que garante aos estudantes um desconto de até 80% em relação aos preços cobrados nas livrarias. (Mautone, 2007.)
>
> ... o foco em "cursos noturnos e mensalidades acessíveis que garantiram uma inclusão social" expõe, como diz Antonio Carbonari, "uma cultura de gestão que vem do lado franciscano de fazer um curso barato e de bom nível". Mas no último exame da Ordem dos Advogados do Brasil (OAB), divulgado recentemente, menos de 10% dos formados nos cursos de Direito do Centro Universitário Ibero-Americano, em São Paulo, e da Faculdade Comunitária de Campinas, escolas da rede Anhanguera, foram aprovados. Os resultados decepcionantes na avaliação

contrastam com a voracidade administrativa do grupo (...) a intenção é atingir 100 mil alunos até 2010. No quesito expansão, o professor Carbonari tem recebido as melhores notas. (Erthal e Perozim, 2007, p.15.)

Além disso, a demissão de professores com maior titulação, conforme notícias bem recentes, ocasionando impactos profundos justamente na qualidade de ensino, fato sabido há muito nos estudos e pesquisas sobre qualidade na educação, em qualquer nível:

> ... o grupo Anhanguera demitiu 680 professores de três de suas instituições recentemente adquiridas na capital paulista e na região do ABC (...) somente na equipe de docentes da UNIBAN teriam sido 400 profissionais, ou seja, metade da equipe. Houve também demissões no campus da UNIBAN do ABC e na Faculdade Senador Fláquer, que têm mais de 60 mil alunos. A maior parte dos demitidos é composta por mestres e doutores, ou seja, profissionais com salários mais altos. A intenção da empresa seria recompor parcialmente os times com profissionais de menor gabarito e, claro, menores salários. (Rocha, 2011.)
>
> ... 384 professores foram demitidos no Grande ABC. Em todo o Estado de São Paulo, foram 1.500 demissões. (Galvez, 2012.)

A entrada dos fundos de investimentos na área da educação superior privada, no Brasil, iniciou-se em 2001, com uma parceria entre a Apollo Internacional, uma empresa voltada para investimentos estrangeiros do Apollo Group, maior grupo empresarial de ensino dos Estados Unidos com o Pitágoras, de Minas Gerais, criado em 1966 pelo professor Walfrido dos Mares Guia e quatro sócios como um cursinho pré-vestibular em Belo Horizonte. O Pitágoras[69] se transformou em um dos maiores grupos de ensino no Brasil. (Cf. Rosenburg, 2002, p.35.)

Em dezembro de 2005, o capital estrangeiro[70] desembarca com grande apetite e, pela primeira vez, uma instituição estrangeira assume a maior parte do controle acionário de um grupo brasileiro. O grupo norte-americano Laureate adquiriu 51% das ações da universidade paulista Anhembi Morumbi pelo valor de 165 milhões de reais. Segundo o comunicado da época, o plano do Laureate é adquirir 100% das ações da Anhembi Morumbi até 2013. O grande capital não perde muito tempo. A própria Laureate, por sua vez, já foi adquirida em junho de 2006 por um grupo de investidores liderados por Kohlberg Kravis Roberts (KKR) e Citigroup Private Equity. Com isso, a Laureate já investiu R$ 1 bilhão, tornando-se sócia também da Universidade Potiguar (RN), da Business School

---

69 Quem estruturou tal parceira foi o economista especializado em educação e crítico feroz do "elitismo da universidade pública brasileira" Claudio de Moura Castro, sendo que o mesmo fez parte do Conselho Consultivo dessa instituição. Ver o item 2.5.

70 Conforme poderá ser visto adiante, na oferta pública de ações das maiores instituições há peso significativo do capital estrangeiro.

São Paulo, do Centro Universitário do Norte (Uninorte) do Amazonas e da Escola Superior de Administração, Direito e Economia (Esade), do Rio Grande do Sul. A Anhembi Morumbi nasceu como uma pequena escola de turismo, em 1970. Nos anos 90, o número de alunos disparou, chegando às dimensões de hoje. Em 2003, o seu fundador, Gabriel Mário Monteiro Rodrigues, contratou o Pátria[71], gestor de um fundo de participação em várias empresas. A missão do fundo de investimento era transformar a Anhembi Morumbi em um negócio mais rentável. Foi criado um conselho de administração, os cursos com margens de lucro mais baixas foram suspensos e iniciou-se um processo de corte de custos. Com a gestão financeira sendo de responsabilidade do Pátria, a geração de caixa da Anhembi Morumbi dobrou em dois anos, conforme atestou Lethbridge (2006) "... com 25 mil alunos, a Anhembi Morumbi faturou 175 milhões de reais e teve lucro superior a 50 milhões de reais em 2004, rentabilidade superior à de grandes conglomerados brasileiros como o gaúcho Gerdau, de siderurgia". Chama a atenção que a venda para o grupo norte-americano recebeu a consultoria e assessoria do ex-ministro Paulo Renato Souza[72], o mesmo que — conforme visto — lutara contra as reservas de mercado existentes no ensino superior privado. Não é por outra razão que ainda em 2002 o ex-ministro chamava a atenção para a consolidação[73] do segmento "... o setor empresarial da educação está agora se consolidando e existem novos nichos de expansão, afirma o ministro da Educação, Paulo Renato Souza" (Cf. Rosenburg, 2002, p.37-8.)

Em janeiro de 2007, a Whitney International University System, grupo norte-americano, comprou por R$ 23,5 milhões, 60% da Faculdade Jorge Amado, de Salvador. Em maio, o fundo de participação brasileiro UBS Pactual comprou 38% da Universidade Fanor, de Fortaleza. As palavras de um consultor já antecipavam o que, de fato, acabou ocorrendo "... são em torno de 17 grandes grupos os que podem consolidar o setor, diz Ryon Braga, da Hoper Consultoria. Sua previsão é que, em três anos, os dez maiores grupos que hoje são donos de 187 instituições controlarão 400. Braga acredita que a tendência a ser seguida por estes grupos será a de comprar várias escolas, umas três ou quatro, para logo ir ao mercado como holding". (Cf. Goyzueta, 2007.)

A abertura de ações na Bolsa de Valores foi iniciada pela Anhanguera Educacional, em março de 2007, a partir de uma captação inicial de R$ 512 milhões[74] e mais R$ 423 milhões em abril de 2008. Com essa dinheirama em caixa,

---

71 O mesmo que hoje controla a maior rede privada de ensino superior da América Latina e segunda do mundo, a Anhanguera Educacional.

72 Em sua campanha para deputado federal pelo Estado de São Paulo recebeu doações da própria Anhembi Morumbi, Anhanguera, Ibmec-SP e Colégio Bandeirantes. Até antes de sua morte — ocorrida em 2011—, havia um site no seguinte domínio www.paulorenatosouza.com.br. Data de acesso em 21/8/2008.

73 Palavra utilizada no jargão do ramo de negócios. Eufemismo para concentração, fusões e aquisições de competidores no mercado. Em suma, destruir a concorrência para monopolizar ou oligopolizar o mercado.

74 75% das ações foram compradas por investidores estrangeiros.

partiu para suas principais aquisições: Universidade para o Desenvolvimento do Estado e da Região do Pantanal (Uniderp), de Campo Grande; o Centro Universitário Ibero Americano de São Paulo (Unibero); Centro Universitário Unaes, no Mato Grosso do Sul; a Sociedade Educacional de Ensino Superior do Lago (Sesla), de Brasília; a UniA e a UniABC, ambas de Santo André; a Faenac de São Caetano; a Anchieta de São Bernardo e a Universidade Bandeirante de São Paulo (UNIBAN) — a maior das aquisições no setor, por R$ 510 milhões de reais. Com isso, tornou-se o maior grupo privado de educação superior da América Latina, com 400 mil alunos[75] (110 mil só na Grande São Paulo). Também passa a ser o segundo maior grupo do mundo, atrás apenas do norte-americano Appolo Group. A UNIBAN tem 13 campus (9 em São Paulo, 2 no Paraná e 2 em Santa Catarina) e 55 mil alunos. A aquisição da UNIBAN não reduziu o apetite da Anhanguera Educacional por redes de pequeno de médio porte que possam aumentar a presença regional da companhia. O presidente da Anhanguera, Alexandre Dias[76], diz que o grupo — que já atua no Sudeste, Sul e Centro-Oeste — acompanha de perto o mercado do Norte e do Nordeste "... há oportunidades significativas. Belém e Manaus são mercados com alta demanda. *Controlada pela Pátria Investimentos*, a Anhanguera passa a ter 400 mil alunos e 8% do mercado nacional de ensino superior com a compra da UNIBAN". (Erthal e Perozim, 2007; Scheller, 2011) [grifos meus].

A Kroton Educacional, que tem como um dos sócios majoritários o ex-ministro do Turismo e das Relações Institucionais do primeiro governo Lula, Walfrido dos Mares Guia, atua no ensino básico e superior privado, possui 194.759 alunos, captou R$ 478,8 milhões, com 70,2% de participação externa. A Kroton adquiriu o grupo Iuni, de Mato Grosso, com forte presença no Centro-Oeste e no Nordeste: possui 46 mil alunos e controla, além da Universidade do Cuiabá (Unic), mais quatro instituições em Estados do Norte e Nordeste: Unime (Bahia), Fama (Amapá), Uniron (Rondônia) e Uninorte (Acre).

Por fim, a Estácio de Sá, oriunda do Rio de Janeiro, possui 63 unidades em 12 estados brasileiros, possuindo 185 mil alunos, captou R$ 447 milhões — os investidores externos ficaram com 58,9% da ações — e chegou ao "mercado" paulista com a aquisição do Centro Universitário Radial — UniRadial, da zona sul paulistana. A GP Investimentos, a maior gestora de recursos de terceiros no Brasil comprou, em 2008, 20% das ações da Estácio por R$ 259 milhões. A família Cavalcanti — do juiz aposentado — ficou com 55% do grupo. (Erthal e Perozim, 2007.)

Em síntese, para apreender conceitualmente o que está ocorrendo no setor

---

75 Essa marca estava prevista para ser alcançada no fim de 2012.

76 Antes de assumir a Anhanguera Educacional, em 2010, Alexandre Dias teve passagem pelo setor de mídia e internet. Foi diretor-geral do Google Brasil e também trabalhou na DirectTV e na Sky. Ou seja, não é amador, é um *expert*, um executivo experiente, "a coisa" é profissional, ao contrário dos proprietários dos antigos estabelecimentos que tinham caráter familiar.

privado lucrativo no momento atual marcado pela busca de aquisições pelos grandes grupos educacionais nacionais e estrangeiros, ao lado de poderosos fundos de investimentos, é preciso retornar à teorização mais completa do sistema capitalista. É no Livro III, capítulo XXVII — "Papel do crédito na produção capitalista" —, que Karl Marx desvenda os mecanismos das sociedades por ações, fonte de divisão no seio da própria classe dos capitalistas entre os designados "capitalistas ativos" ligados à administração dos empreendimentos e os "capitalistas financeiros", proprietários do capital, separados da produção. É justamente a busca de escala permitida pela concentração e centralização dos capitais que, contraditoriamente, desarranja as bases concorrenciais do próprio sistema capitalista. Como em outros momentos de sua obra maior, tem-se aqui exemplo acabado do método dialético "... expansão imensa da escala de produção e das empresas, impossível de ser atingida pelos capitais isolados (...) é a negação do modo capitalista de produção dentro dele mesmo, por conseguinte uma contradição que se elimina a si mesma, e logo se evidencia que é a fase de transição para a nova forma de produção. Essa fase assume assim aspecto contraditório. Estabelece o monopólio em certos ramos, provocando a intervenção do Estado". (Marx, 1980, p.504; 507.)

Há uma passagem que, metaforicamente, serve-nos como elemento para caracterização dos fundos de investimento que hoje dominam a cena no setor da educação superior privada:

> ... o sucesso e o fracasso levam igualmente à centralização dos capitais e em consequência na mais alta escala. A expropriação agora vai além dos produtores diretos, estendendo-se aos próprios capitalistas pequenos e médios. Ela é o ponto de partida do modo capitalista de produção, que tem por objetivo efetuá-la e, em última instância, expropriar todos os indivíduos dos meios de produção (...) uma vez que a propriedade aí existe na forma de ações, seu movimento e transferência transformam simples resultados do jogo de bolsa em que os peixes pequenos são devorados pelos tubarões, e as ovelhas pelos lobos de Bolsa. (Ibidem, p.508-9) [grifos meus].

Singer (1998a) dispõe sobre a oligopolização ocorrida com o desenvolvimento do capitalismo moderno77:

> ... a preservação do capitalismo é vital para todos os capitalistas, pequenos, médios e grandes. Por isso, coletivamente, a classe capitalista deseja preservar alguma descentralização dos capitais e alguma competição entre eles, apoiando a ação governamental que impede a monopolização da economia. Esta ação admite a centralização até o limite do oligopólio, ou seja, aprova Fs&As (fusões e aquisições)

77 Uma referência clássica é o estudo dos trustes feito por Hobson (1965). Cumpre notar que a primeira edição data do fim do século XIX.

até que reste um número mínimo, mas maior que um ou dois, em cada mercado. A ação antimonopólica do Estado capitalista ainda é bastante controvertida, mas não resta dúvida de que todos os mercados dominados pelo grande capital tendem a ser oligopólicos. Surge assim uma elite de grandes empresas, integradas verticalmente e horizontalmente. Elas são, na verdade, "multiempresas", ou seja, conglomerados de numerosas empresas que — sendo independentes — seriam competidoras ou complementares (...) desta maneira, a classe capitalista passou a se dividir em duas frações distintas: a fração oligopólica das multiempresas e a fração das empresas geridas pessoalmente por diretores e gerentes profissionais, que são assalariados. Em geral, são remunerados por opções de compra de ações, o que os torna acionistas da empresa ao longo de sua carreira. Mas, eles não dirigem as multiempresas na condição de acionistas, e sim como profissionais assalariados. Um grupo que detém uma maioria de ações com direito a voto assume o controle da empresa, designa seus diretores e monitora seu desempenho através de seu conselho de administração. As empresas capitalistas geridas pelos proprietários atuam nos setores descentralizados e, frequentemente, são satelizadas pelas multiempresas. (p.8-9.)

Voltemos para a quadra histórica mais próxima. Conforme pode ser facilmente percebido pelo já aqui destacado, é nesse cenário que os bancos assumem a concentração do "capital-dinheiro" para empréstimos, em uma nova fase de expansão da escala atingida pelas empresas na concorrência capitalista. Mas, há um tipo especial de banco que assume a direção das fusões e aquisições, conforme destaca Guttman (2008, p.12-4, grifo no original) "... a explosão das fusões globais das décadas de 1990 e 2000 (ótimos negócios para mais uma outra instituição financeira no centro do processo de financeirização, os *bancos de investimento*) surgiu como um aumento de ativos financeiros em vez de um investimento na produção. E, de fato, testemunhamos grandes aumentos nos portfólios de ativos financeiros de corporações não financeiras durante esse período, com rendimentos financeiros (juros, dividendos, ganhos de capital) tornando-se na mesma medida mais importantes."

São justamente pessoas com *expertise* em finanças que se aventuram nas selvas educacionais[78] seja como sócios dos fundos de participação, seja como ex-banqueiros de investimentos. Assim, é salutar o relato da trajetória de um deles, Claudio Haddad. Com mestrado e doutorado em Economia pela Universidade de Chicago[79], é oriundo do cultuado Banco de Investimentos Garantia S.A. e foi diretor do Banco Central do Brasil, de 1980 a 1982. Atualmente, é

78 Ver mais adiante a discussão sobre o surgimento no Brasil do crédito estudantil privado no item 2.4.1., na formação em finanças de seu criador, Oliver Mizne.

79 O templo sagrado da teoria do capital humano. Para uma discussão sobre a apropriação pelos economistas do saber legítimo sobre as questões ligadas à educação em solo brasileiro, ver o elucidativo artigo de Almeida (2008).

presidente do Instituto de Ensino e Pesquisa (Insper), antigo IBMEC de São Paulo, criado para concorrer com a Fundação Getúlio Vargas pelos jovens de classe média alta e de alta renda que querem seguir carreira executiva:

> ... junto com quatro colegas do IME (Instituto Militar de Engenharia), fiz exame para administração de empresas na UFRJ. Passamos e começamos a cursar Engenharia de manhã e Administração à noite. Foi um período bem intenso. Aí, comecei a ler sobre economia. Fui estudar Economia em Chicago (...) eu era um crítico do Banco Central. Um dia me liga o Ernane Galvêas [ministro da Fazenda do governo João Figueiredo], e me chama para ir para o BC. Aprendi uma lição: pegar as pessoas certas.
> ... aprendi muitíssimo no Garantia. *O Garantia era muito voltado para dinheiro, claro. Era um banco de investimento e bancos são voltados para dinheiro* (...) em 1997, tive uma pericardite, inflamação da membrana do coração. Fui à França numa viagem de um dia para uma reunião na France Telecom. Estávamos numa transação ligada à privatização da telefonia celular. Desmaiei no almoço e fui para a UTI do Hospital Americano. Aquele foi o ano da *crise asiática e nós estávamos muito alavancados.* O momento da venda do banco foi difícil. Análises diziam que dava para assumir mais riscos. De repente vem a crise da Tailândia. Perder dinheiro foi o de menos. O problema é que essas coisas demandam caixa. Vendemos barato ativos muito bons. Quando vendemos o banco, achei que seria legal montar uma boa faculdade de economia e negócios. Com o Paulo Guedes [*economista*], que tinha saído do *Pactual [banco de investimentos],* desenvolvemos o Ibmec em São Paulo, no Rio e em Belo Horizonte. Desfeita a sociedade, separei São Paulo do resto e, em 2004, doei essa unidade para um instituto sem fins lucrativos. Hoje estou direto aqui no Insper. (Teixeira 2010) [grifos meus].

Outro exemplo é Eduardo Wurzmann, co-fundador e diretor presidente da Veris Educacional S.A, mantenedora do Instituto Brasileiro de Tecnologia Avançada (IBTA) em associação com o colégio Bandeirantes; Ibmec no Rio de Janeiro e Belo Horizonte; Faculdades Evandro Lins e Silva, Faculdades Uirapuru e Faculdades Integradas Metrocamp, de Campinas. Trabalhou no Crédit Agricole Indosuez Securities (CAI), inicialmente no Brasil e depois em Moscou, administrando U$$ 600 milhões em investimentos. É bacharel em Economia pela Universidade de São Paulo em 1987.

2.4. Em busca da nova classe C: diploma e o amplíssimo potencial de mercado

Nos dias atuais, multiplicam-se informações sobre a ascensão social daquilo que as mídias denotam como a "nova classe média brasileira". Nos outros países, sobretudo nos Estados Unidos, vindo sobremaneira das discussões de alguns "gurus" da administração de empresas, temos a denominação base da pirâmide[80]. (Cf. Prahalad, 2005; Prahalad e Hart, 2002; Hart 2005.)

Esse novo estrato social é a tão falada classe C, cunhada pela Associação Brasileira de Empresas de Pesquisa mediante o seu Critério de Classificação Econômica Brasil, cuja função maior é estimar o poder de compra das pessoas e famílias. Para tanto, o faz a partir de um sistema de pontuação baseado em duas frentes: posse de itens de conforto familiar (televisão, banheiro, automóvel, máquina de lavar, dentre outros) e o grau de instrução do chefe de família. A partir da soma dos pontos, há a divisão em "classes econômicas" — A1, A2, B1, B2, C1, C2, D e E. Os indivíduos localizar-se-ão, a partir de sua renda média familiar, nas respectivas categorias estatísticas, tendo uma posição comum no que se refere ao poder aquisitivo. Logo, é importante desde já frisar e precisar, não há aqui qualquer equiparação mais profunda com a problemática clássica das classes sociais em termos de discussão no âmbito sociológico, nas mais variadas matizes: desde as duas correntes principais, a marxista e a weberiana até outros modelos posteriores que as atualiza, as combina ou as repele. Em suma, o que tipifica a análise sociológica das classes sociais é a preponderância da discussão da noção de projeto, de ação. Inquirir sobre como os grupos sociais se fundam, se estruturam, acabam, se o molde da classe é construído pela estrutura social (vertente marxista) ou pela ação contingente dos indivíduos (a "situação de mercado" weberiana) são pontos centrais na perspectiva sociológica.

Seguindo a classificação utilizada no Brasil, a partir de 2006 cerca de 30 milhões de brasileiros passaram a pertencer à classe C. Em 2008, pela primeira vez na história do país, a renda dos 91 milhões de brasileiros que faziam parte da classe C foi maior que a soma da renda de integrantes da classe A e B. Por tudo isso a euforia no mundo dos negócios, dada a massa financeira posta em circulação. As projeções da distribuição das "classes" no período de 2010-2014 apontam: AB (5,3% em 2010; 6,2% em 2014); C (51,9% em 2010; 58,5% em 2014); D (32,3% em 2010, 26,5% em 2014); E (4,9% em 2010; 2,7% em 2014).

Já há algum tempo, existem empresas voltadas para compreender os anseios dessa nova camada social que passa a ter acesso ao mercado de consumo. O sócio-diretor do instituto Data Popular, o publicitário e consultor Renato Meirelles é um dos mais destacados:

> ... um curso de computação é encarado como investimento em educação, que será cada vez mais valorizada como principal instrumento de ascensão social e melhora da qualidade de vida. Em números absolutos, a classe C já representa o maior número de alunos em escolas privadas. Carta Capital: A nova classe média veio para ficar? Renato Meirelles: São cinco os fatores preponderantes: a juventude das classes C, D e E, o fator de ascensão social, o aumento da oferta de crédito, o aumento

80 No Brasil, há o trabalho de Torreta (2009).

real dos rendimentos e os programas de distribuição de renda (...) nas classes A e B haverá um envelhecimento crescente. Nas classes C e D, preponderância de jovens (...) na classe A, apenas 10% dos jovens estudaram mais que os pais. Na classe C, 60%. Entre 2010 e 2014, o índice com curso superior completo irá de 9,9% para 11,7%. (Ribeiro, 2010.)

Voltamo-nos para fundamentos mais acadêmicos para entender o processo que permitiu a elevação do patamar de renda desse novo contingente de brasileiros. Marcelo Neri, estudioso das políticas sociais brasileiras, aponta que decorrido um período de acentuada expansão nos anos 60, certa estabilidade entre 1997 e 2000, é a partir de 2001 que tem início o declínio da desigualdade. Ele designa a década de 1990 como aquela da estabilidade da inflação, que teve um papel redutor da instabilidade da renda individual. Já os anos 2000 ele denomina como "pequena grande década", responsável pela redução da desigualdade de renda entre os grupos sociais brasileiros. (Neri, 2007, p.54; 66; 2010.)

As seguintes características destacadas pelo autor permitiram a redução das disparidades e, consequentemente, ajudam a entender a movimentação delineada entre as camadas sociais: o aumento do emprego formal do período 2004-2005, de 600.000 em 2001-2003 para 1,2 milhões em 2004-2006 — traço fundamental; a adoção e a posterior expansão do número dos beneficiários e o tamanho médio dos benefícios do programa de transferência de renda Bolsa-Família; o salário mínimo — importante indexador de benefícios de previdência social — cresceu 75% em termos reais do início de 1995 a 2004, e 95% até 2006, incluindo o aumento de quase 10% real em 2005. Acresce-se a esses fatos, um elemento destacado na análise de Ladislau Dowbor "... também houve um fortíssimo avanço no Programa Nacional de Fortalecimento da Agricultura Familiar (Pronaf), que passou de R$ 2 bilhões para R$ 12 bilhões de recursos, favorecendo cerca de 3 milhões de famílias". (Neri, 2007, p.69-73; Dowbor, 2007, p.98.)

Logicamente, todo esse processo vai rebater na esfera educacional, atraindo também a atenção de veículos de comunicação de massa. (Cf. Todeschini e Salomão, 2009; Stanisci, Oliveira e Saldanha 2009.)

Ora, são os indivíduos dessa classe C o desejo maior dos grupos educacionais com ações na Bolsa de Valores de São Paulo. Marcados por restrições de cunho financeiro e competitivo na disputa pelas vagas no ensino superior público, oriundos de uma escola pública cada vez mais desvalorizada e desfigurada, dentre outros pontos que serão adiante discutidos[81], resta-lhes a busca pelo ensino superior privado lucrativo. A promessa da elevação de nível social a partir da obtenção do diploma do ensino superior é o impulso maior:

81 Na discussão sobre as trajetórias dos bolsistas do ProUni serão evidenciados e detalhados os entraves que não lhes permite aceder à universidade pública.

> ... a esmagadora maioria de sua clientela é formada por alunos de classe média e média baixa que trabalham durante o dia e não podem contar com a ajuda da família para pagar os estudos. Por isso, mais de 90% dos cursos são noturnos. As mensalidades giram em torno dos 400 reais, até 50% mais baratas que as das principais concorrentes (...) a Anhanguera nasceu para ser uma espécie de Casas Bahia da educação. Com esse modelo de negócio voltado exclusivamente para a base da pirâmide vem crescendo a um ritmo espantoso (...) escala e gestão são itens cruciais no modelo de negócio da Anhanguera. "A chance de crescimento está nas camadas populares, que apostam em um diploma de nível superior para melhorar de vida", diz Ricardo Scavazza, diretor de relações com investidores da Anhanguera e sócio da Pátria Investimentos, gestora de recursos que, por meio de um de seus fundos, associou-se à rede em 2003 e, logo depois, assumiu seu controle. (Mautone, 2007, p.90-1.)

É inegável que houve mudanças na renda das camadas socialmente mais vulneráveis no Brasil contemporâneo. Fato incontestável. Contudo, é preciso fazer algumas ponderações para uma compreensão mais apurada de pontos importantes que cercam essa problemática. Sem relativizar certas ocorrências aqui expostas, corre-se o risco de obscurecimento e equívocos primários. Primeiramente, o próprio conceito de que há uma "nova classe média brasileira". Em outras palavras, o que, de fato, efetivamente, mudou?

O acesso à renda[82], antes bem mais restrito, mudou. Conforme vimos, a renda tornou-se mais distribuída por causa dos fatores já mencionados. Entretanto, é preciso também considerar que a expansão[83] da classe C não significa que não haja diferenças gritantes em relação ao conceito de classe média encontrado em vasta literatura nas ciências sociais. Em nosso país, de forma um tanto rápida, mas preservando o essencial, a classe média em peso se constituiu e ganhou contornos mais definidos na segunda metade do século passado, composta, em sua maior parte, de parcelas da população urbana cuja renda resultava do trabalho não manual: funcionários públicos, profissionais liberais, pequenos empresários, comerciantes e empregados do setor de comércio e serviços, principalmente bancários, dentre outras categorias, com níveis de escolaridade relativamente altos levando-se em conta o padrão brasileiro, conforme discutido no item anterior. Em contrapartida, sabemos que boa parte da nova "classe média" tem baixa escolaridade e atua na informalidade. Por esse motivo, Souza (2010) acredita que esse novo contingente seria sociologicamente melhor categorizado como "nova classe trabalhadora" ou na sua metáfora dos "batalhadores" — pon-

82 Uma discussão mais profunda seria sobre a sustentação dessa renda para indivíduos que, geralmente, não possuem patrimônio constituído como imóvel próprio, reservas financeiras, dentre outros elementos que lhes assegure certa folga para sobrevivência em momentos de crises.

83 Esse é o meu ponto de vista. O que há é uma "nova classe C" para utilizar o linguajar das empresas de pesquisa de mercado.

to em que concordo plenamente e que será aquilatado mais à frente quando visualizarmos o cotidiano desses indivíduos. Nadando em lado oposto da louvação acrítica que tem se espraiado cada vez mais no terreno científico brasileiro, cabe ressaltar a qualidade do trabalho e da pesquisa empírica feita pelo sociólogo, não obstante algumas confusões conceituais e generalizações indevidas, notadamente quando não considera diferenças no seio do que ele designa, em bloco, como "marxismo enrijecido" ou "marxismo tradicional" para apontar falhas que muitos analistas que utilizam o método dialético já chamaram atenção há décadas — por exemplo, ele próprio cita a obra magna de Edward Palmer Thompson, historiador inglês marxista heterodoxo, mas, pelo visto, não o incorpora quando da discussão conceitual sobre classe social[84].

Além disso, economistas de diversas correntes — inclusive os mais próximos às posições do governo atual[85] — chamam a atenção para o cuidado com o tão falado atual poder de compra. Baseado em crédito farto, pode não se sustentar em longo prazo. Não podemos esquecer que o Brasil é um dos países mais desiguais do planeta, à frente apenas da Bolívia e do Haiti, na América Latina, e da Tailândia e da África do Sul, nos demais continentes, apresentando indicadores primitivos de apropriação da renda por uma camada diminuta da população. Em suma, o que parece ocorrer é que grande parte da classe média "antiga e tradicional" — e essa é uma discussão mundial, não só brasileira — vem se desfazendo ou empobrecendo em escala cada vez maior por causa de uma série de mecanismos resultantes da mutação capitalista ocorrida a partir do início dos anos setenta, responsável pela perda ou dificuldade de manter o seu símbolo maior, que é o emprego registrado, e pela corrosão de seus rendimentos que passam agora a ser, cada vez mais, deslocados como renda financeira para outros atores economicamente mais fortes nesse novo cenário. A literatura é vasta a respeito em termos de categorias que tentam entender esse processo: "reestruturação produtiva", "capitalismo flexível", "reengenharia", "fim da sociedade salarial", "revolução técnico-científica", "capitalismo turbinado", "novo espírito do capitalismo" e muitas e muitas outras que poderiam ser aqui lembradas. No que diz respeito às camadas socialmente mais vulneráveis tanto no Brasil quanto nos demais países do chamado BRICS (Brasil, Rússia, Índia e China) têm-se a entrada de parcelas populacionais no mercado de consumo de massa, tendo acesso a produtos que antes não possuíam.

---

84 Assim, classe em Marx — e nos ditos marxistas!? —, fica circunscrita a um vago "lugar econômico na produção" ou "redução economicista". Longe de querer aqui tomar Marx como um santo. Como todo cientista, certamente não considerou muita coisa em algumas de suas análises que tinham, além do mais, o século XIX como referência, mas não precisa de muito esforço para entender que suas ideias não se reduzem a certos simplismos como alguns querem colocar. É preciso tomá-lo, de fato, em toda a complexidade que sua obra — assim como a de outros clássicos das ciências humanas — merece.
85 O ex-presidente do IPEA, Márcio Pocchman.

2.4.1. Financiamento: o gargalo e a busca pelo socorro estatal

A expansão descontrolada do ensino superior privado lucrativo teve como consequência a sobra de vagas, levando à saturação. Quando isso ocorre, os ajustes pelos mecanismos de mercado geralmente não são bem vistos aos olhos dos empresários do ensino. Nesse instante, faz-se necessário recorrer ao Estado[86]. Assim, recentemente, o Banco Nacional de Desenvolvimento Econômico e Social (BNDES) foi acionado:

> ... a maioria das instituições do setor vem enfrentando uma desaceleração no ritmo de crescimento das matrículas, especialmente pela falta de linhas adequadas de financiamento para capital de giro e investimentos em obras, instalações e equipamentos. Esse é um dos exemplos mais expressivos da importância do projeto encaminhado pelo Fórum das Entidades Representativas do Ensino Superior Particular, do qual o Semesp faz parte, ao BNDES, para a criação de programa que contemple a concessão de financiamento a instituições do setor privado (...) essa situação resulta em elevado nível de inadimplência: 22% no vencimento da mensalidade e 7% após mais de 90 dias de atraso. (Figueiredo, 2009.)

Entretanto, essa demanda não foi muito bem recebida, até mesmo pela mídia:

> ... antes mesmo da crise econômica, o ensino superior já passava por dificuldades pelo fato de o número de vagas ter crescido nos últimos anos muito mais que a demanda. Entre os anos de 1997 e 2007, o número de instituições de ensino superior privadas no Estado de São Paulo passou de 266 para 496 (aumento de 86,5%). Já o total de alunos no ensino médio teve queda — de 1,8 milhão para 1,7 milhão. (Takahashi e Pinho, 2009.)
> ... o pedido de tratamento diferenciado, pelo BNDES, foi justificado com base num estudo que mostra que 41,5% das instituições particulares de ensino superior no Estado de São Paulo terão, em 2009, menos estudantes do que em 2008. O levantamento foi feito com base em dados encaminhados por 266 universidades privadas paulistas (...) na realidade, os problemas financeiros das universidades particulares começaram muito antes da crise. Para se expandir e manter sua posição relativa no mercado, muitas delas abriram novos cursos e construíram novas unidades, nos últimos dez anos, o que levou a oferta de matrículas a crescer muito mais do que a demanda. Elas também não avaliaram corretamente a evolução do ensino médio, de onde vêm os universitários, onde o número de estudantes caiu de 2,1 milhões, em 2003, para 1,7 milhão, em 2007. Por isso, sobram vagas nas

---

86 Em outras ocasiões, o tratamento é diferente e a presença estatal não é muito bem vista, passando ao longe. A avaliação, por exemplo, nem precisaria existir para os entes privados, tanto que atualmente lutam por uma "acreditação externa", livre da "burocracia estatal".

universidades particulares. Em outras palavras, as instituições privadas de ensino superior superestimaram o potencial de retorno de seus investimentos, o que as levou à perda de escala, de capital de giro e de qualidade. Elas já vinham pedindo apoio desde o primeiro mandato do presidente Lula, que lhes deu uma valiosa ajuda ao criar o Programa Universidade para Todos (ProUni), em 2004 (...) entre janeiro de 2005, quando começou a funcionar, e o primeiro semestre de 2008, o ProUni beneficiou 385 mil estudantes. Em 2009, o governo abrirá mão de R$ 394 milhões em impostos para custear o programa. (O Estado de S. Paulo, 2009.)

O que se passou a ver no ensino superior privado lucrativo brasileiro é um *sistema ineficiente*, com *vagas não preenchidas e inadimplência*[87], problemas cada vez mais intensificados em um país com alta taxa de juros e baixos salários pagos à maior parte dos trabalhadores. Mesmo com todas as facilidades abertas ao setor aqui já expostas, Jordão (2007) aponta que "... apenas 52% dos alunos se formam e a principal razão disso é a incapacidade de arcar com a mensalidade. Nas universidades públicas, 76% conseguem o canudo". Martins (2009, p.26) também destaca "... as instituições privadas apresentaram 360 mil vagas não preenchidas no ano de 2000 (...) existem indícios de que a política de expansão através da via privada começa a dar claros sinais de exaustão: em 2004, 49% das vagas do setor privado estavam sem ocupação e houve também um aumento significativo do número de estudantes inadimplentes".

Não é diferente também para as instituições que abriram o capital "... os atrasos nas contas a receber de alunos, que eram de 73 dias, hoje chegam a 100 dias na Kroton (aumento de 73%). Na Anhanguera, passaram de 49 dias para 74 (crescimento de 51%). Na Estácio de Sá, foram de 39 dias para 44 (mais 13%) e no SEB, de 33 dias para 38 (mais 15%). Quando aumentam muito, os atrasos resultam em inadimplência, o que ocasiona perdas de receita líquida". (Kleber e Trevisan, 2010, p.43-4.)

Assim, vagas não preenchidas, inadimplência e evasão são preocupações constantes, tornando a busca pelo crédito — de preferência estatal — o objetivo maior. A situação é tão alarmante que abriu brechas para o surgimento da empresa Ideal Invest, criadora do Crédito Universitário PraValer. Novamente, a *expertise* em finanças foi decisiva. Tendo como sócio o ex-presidente do Banco Central Armínio Fraga e Claudio Haddad como membro do conselho de administração, Oliver Mizne criou o programa privado de financiamento estudantil. Sua trajetória também está inextricavelmente ligada aos fundos de investimento conforme prospecto de apresentação da área de Educação do Credit Suisse First Boston Garantia, no início dos anos 2000:

87 Condições propícias para a criação do Programa Universidade para Todos, conforme discutiremos adiante.

... há um ano e meio, começamos a mapear o setor de educação no Brasil. Em dezembro de 1999, criamos oficialmente o "Grupo de Educação", dentro do CSFB Garantia com o objetivo de *fomentar investimentos* no setor através de recursos *próprios, administrados* ou de *terceiros*.Em março, criamos oficialmente o *Pluris*, um fundo de investimentos inicialmente de U$$ 20 milhões dedicado exclusivamente ao setor da educação. Nos últimos 6 meses, analisamos cerca de *60 projetos* relacionados ao setor de educação no Brasil e definimos como prazo médio de investimento o período de 5 a 7 anos.
... o CFSB Garantia é o resultado da fusão das operações latino-americanas do Credit Suisse First Boston (CFSB) com o Banco Garantia (banco de investimentos, líder no Brasil), em agosto de 1998. O CFSB foi "first mover" no setor de educação dos EUA, em 1991. Hoje, o é globalmente o banco de investimentos mais ativo no segmento de educação, como analista no 1 do setor e com profissionais em Chicago, Londres, Nova Iorque, Los Angeles e São Paulo, e participação nas principais transações do setor. Nos últimos cinco anos, o CFSB levantou R$ 1,5 bilhão para empresas do setor. Por que o CFSB Garantia criou um Grupo de Educação no Brasil? O Brasil é o sexto país do mundo em número de alunos, com 54,5 milhões de estudantes em 1999, movimentando R$ 90 bilhões por ano — equivalente aos setores de telecom, eletricidade e petróleo somados. Tendências do setor (...) enorme crescimento no ensino médio — 57,3% nos últimos cinco anos — vem trazendo maior demanda pelo ensino superior. [grifos no original.]
... "o projeto avançou pouco porque os valores pedidos nas escolas eram pequenos para o porte do CSFB", diz uma fonte do banco. Há sete meses, Mizne e Gustavo Borges deixaram o banco para criar a Ideal Invest com outros três colegas. Ambição da turma: provar que investimentos em educação podem ser economicamente atrativos como os de qualquer outro setor. "Queremos criar uma sistemática que, no futuro, leve o capital naturalmente para instituições de ensino", diz Mizne. (Rosenburg, 2002, p.39.)

2.5. Forças do setor privado lucrativo: poder econômico, autonomia política relativa e sustentação ideológica

Fica evidente pela discussão até aqui empreendida, o peso econômico — obtido com substancial ajuda estatal — do ensino privado lucrativo, agora em escala de grande capital. Quero aqui discutir, de modo breve, duas outras dimensões importantes: a dimensão política e a dimensão de sustentação ideológica mobilizadas por esse segmento empresarial.

No campo político mais amplo, alguns pesquisadores realçam a articulação dos interesses privatistas em torno de associações[88] para a defesa ferrenha de

88 Sampaio (2000) dedica o capítulo 4 de sua tese (Campo Político: atores e policies) às principais associações do setor privado.

suas demandas, destacando-se a ANUP (Associação Nacional das Universidades Particulares) e, notadamente, a ABMES (Associação Brasileira das Mantenedoras de Ensino Superior). Entre os pontos destacados está certa autonomia política obtida pelo setor e suas ligações com agentes políticos nas arenas deliberativas do poder nacional:

> ... na medida em que o ensino superior privado empresarial se expandiu, deslocou-se das bases de apoio político do regime militar e foi adquirindo uma vida própria, em termos de atuação no interior do sistema. Para tanto, construiu poderosas associações, tal como a Associação Brasileira das Mantenedoras de Ensino Superior (ABMES), que passaram a desenvolver um intenso trabalho de construção de identidade institucional desse segmento e organizar a defesa de seus interesses junto ao poder público e perante a sociedade civil (...) as complexas alianças políticas que os proprietários das empresas educacionais estabeleceram com determinados atores dos poderes executivo e legislativo, nas últimas quatro décadas, possibilitaram essa multiplicação. Por sua vez, o espesso cipoal de leis, decretos, resoluções de conselhos e portarias ministeriais que se instalou no país lhes permitiu descumprir determinações legais que regulamentam o funcionamento das instituições e/ou reverter decisões desfavoráveis aos seus interesses junto ao poder judiciário. (Martins, 2009, p.22-3; 28.)
>
> ... se o capital privado foi atraído para o ensino superior, por razões políticas e econômicas, durante os governos militares, sua rápida acumulação e vínculos que criou na sociedade política permitiram-lhe uma autonomização daquela base inicial (...) o capital gerou seus próprios aparelhos políticos e ideológicos. (Cunha, 2004, p.803.)

Eunice Durham, que na época ocupava o cargo de Secretária de Política Educacional do MEC, também apontara o poder do setor privado lucrativo no jogo político "... o governo tem sido derrotado no Congresso pelo setor privado, que exerce pressão pontual sobre todas as lideranças congressistas (...) temos hoje um setor privado muito bem articulado, que tem uma força política razoável (...) quem já se propôs a negociar com o sistema privado sabe perfeitamente que a interlocução é outra. Posso propor um maravilhoso projeto, posso ter apoio do setor público, que é pequeno, posso ter talvez apoio um tanto condicional das comunitárias, mas esbarro no setor privado. Desde que entrei no MEC, descobri a duras penas que é muito difícil segurar a expansão do setor privado". (apud Almeida *et al.*, 1996, p.155-6.)

Outra face dessa força, pouco explorada, refere-se a alguns artifícios utilizados pelos apologistas do segmento privado lucrativo na arena pública. São teses equivocadas, calcadas no senso comum, inverdades empíricas e, em alguns momentos, distorções de fatos e dados — o que é científica e eticamente graves. Cumpre discuti-las, pois são extremamente sutis e também servem de molde a dar sustentação ao discurso "privatista". Para isso, recorreremos ao senso crítico e à pesquisa, instrumentos importantes do conhecimento científico.

Iniciemos com a que tem mais apelo midiático, *a tese do elitismo econômico dos alunos das universidades públicas*[89]. Essa tese é tão equivocada que até os que a defendem se perdem no seu próprio movimento de argumentação, distorcendo dados empíricos ou fazendo uma leitura no sentido de confirmar suas teses. Para quem está no domínio do trabalho intelectual, restaria perguntar onde está a ética científica?

Castro (2001, p.115) afirma, sem mais:

> ... *os dados do Provão* são hoje a melhor fonte de informações sobre o *status* socioeconômico dos alunos de ensino superior e *sua análise não dá margens para dúvidas.* Os alunos do ensino público superior, na média, têm origem socioeconômica mais elevada do que os das privadas. Em outras palavras, quanto mais rico, mais elevada a probabilidade de receber os polpudos subsídios embutidos na gratuidade do ensino superior público (...) portanto, no todo, há uma diferença sensível entre as privadas e as públicas do ponto de vista da clientela. Não podemos escapar à conclusão de que o ensino privado tem uma clientela de mais baixo nível social que é obrigada a pagar a integridade dos custos, enquanto os alunos das públicas, de nível mais alto, não pagam nada. [grifos meus.]

Para um acadêmico que possui até artigo escrito em livro de metodologia científica, seria mais producente ir à realidade e verificá-la, antes de fazer afirmações tão categóricas. Deveria entender que, em ciência[90], ao referir-se à análise dos dados é necessário apresentar os dados para que outros possam se posicionar a respeito de sua coerência, de seus limites e possibilidades — sempre existentes, diga-se de passagem. Contudo, ele não apresenta os dados. Onde estão? Como ele não o fez, resta-nos trazê-los e apresentar autores que os utilizaram, pois os fatos dizem justamente o contrário do que afirma o colunista-economista Claudio de Moura Castro. Seguem os dados[91] apresentados nas passagens essenciais, em ordem cronológica, pois ainda continuam empiricamente válidos conforme pode ser atestado:

---

89 Já tive oportunidade de discuti-la, em pormenor, no trabalho de mestrado, o qual recobriu uma gama mais extensa de dados e análises dos perfis socioeconômicos dos alunos de universidades públicas brasileiras. Junto a essa revisão das pesquisas existentes, uma discussão do conceito sociológico de elite, um dos mais confundidos e usados sem o devido rigor no terreno das ciências sociais. (Cf. Almeida, 2009, Capítulo VI, item 6.1. A "Elite" e o Trabalhador.)

90 Além disso, a dúvida é parteira da ciência e sua mola propulsora. Ontem, hoje e sempre. Principalmente de dados mal produzidos ou capciosamente interpretados.

91 Tanto os dados do antigo Provão (o estudo de Sampaio, Limongi e Torres, feito em 2000 com os dados da PNAD de 1997 e do Provão de 1999, é claríssimo a respeito!) quanto da PNAD, em quaisquer de suas edições, desautorizam a tese do elitismo econômico nas universidades públicas. O que não quer dizer que não existam desigualdades. Há, muitas, mas isso é outra história.

... levantamentos do Inep e do IBGE permitem verificar que é nas universidades públicas que os porcentuais de estudantes com renda familiar menor são mais expressivos. Nas universidades privadas predominam alunos de renda maior. Na Pesquisa Nacional por Amostragem de Domicílios (Pnad) realizada pelo IBGE em 2002, verifica-se que nas universidades públicas brasileiras 38% dos alunos vêm de famílias com renda *per capita* inferior a dois salários mínimos. Nas universidades privadas essa faixa de renda abrange apenas 24% do alunado. Na faixa abaixo de um salário mínimo, a incidência na universidade pública é mais que duas vezes maior do que nas instituições privadas. A situação se inverte na faixa de renda acima de dez salários mínimos: nas instituições privadas se encontram 9,5% dos alunos e nas universidades públicas, apenas 5,4%. O quadro de maior inclusão nas instituições públicas se repete para a diversidade étnica. Segundo a mesma Pnad, no ensino superior público 28% dos estudantes se declararam pretos ou pardos (categorias do IBGE); no ensino superior privado, o porcentual cai para 15%, praticamente a metade. Na Unicamp, uma das universidades brasileiras mais seletivas do ponto de vista acadêmico, aproximadamente um terço dos estudantes admitidos a cada ano fez toda a sua vida escolar em escolas públicas. (Cruz, 2004.)

... renda dos estudantes do ensino superior das redes pública e privada em 2003 (porcentagem dos estudantes e renda em salários mínimos): Até 3 SMs, há 9,8 % de estudantes na rede privada e 20% na rede pública; De 3 a 10 SMs, há 41,5% na rede privada e 42% nas públicas; De 10 a 20 SMs, há 25,5% na rede privada e 20,9% nas públicas; Acima de 20 SMs há 21,9% na rede privada e 15,8% nas públicas. (Souza, 2005, p.176-7.)

... apesar de serem reduzidas as possibilidades de acesso à educação superior a estudantes pertencentes aos estratos inferiores de renda, sua participação no total de matrículas das instituições públicas é maior que nas privadas. De acordo com os dados da Pnad 2005, a frequência de estudantes com renda domiciliar *per capita* de até 01 salário mínimo (R$ 300,00), em instituições públicas, equivalia a 20% do total de matriculados, enquanto que nas IES privadas esse índice era de apenas 10,1%. Por sua vez, os que auferiam renda *per capita* de 10 salários mínimos ou mais (R$ 3.000,00) correspondiam a 2,9% do total de estudantes matriculados nas redes públicas, contra 5% nas privadas. Esses dados evidenciam que os mais pobres teriam duas vezes mais chances de ingressar em instituição de ensino pública do que nas congêneres do setor privado. Além disso, ao contrário do prega o senso comum, são as instituições privadas que abrigam, em termos relativos e absolutos, o maior contingente de pessoas que se situam nos estratos de renda mais elevados. (Corbucci, 2007, p.13.)

... no ensino superior público o número de matrículas de jovens dos quintis de menor renda apresenta-se superior ao que se observa no ensino superior privado. *Para jovens do 1º e 2º quintis [os mais pobres] a presença no ensino superior público é mais que o dobro* do que se verifica no ensino superior privado. Inversamente, *nos quintis mais altos a presença de jovens é maior no ensino superior privado do que no ensino su-*

perior público. Em resumo, a presença da parcela mais rica da população no ensino superior é muito maior do que dos outros estratos da renda, e eles ocupam, proporcionalmente, mais vagas no setor privado do que no setor público. Essa constatação contraria o senso comum, amplamente divulgado pela imprensa, de que os "ricos estudam nas universidades públicas e gratuitas, enquanto os pobres têm acesso quase que exclusivamente ao ensino superior privado". Ou seja, os pobres têm tido pouco acesso ao ensino superior no Brasil, mas aqueles poucos que aí chegam ocupam proporcionalmente mais vagas no ensino superior público do que no ensino superior privado. Esse fenômeno reforça a necessidade da ampliação das vagas públicas e gratuitas e em cursos noturnos no sistema do ensino superior nacional. (Andrade e Dachs, 2008, p.43-4) [grifos meus].

... o acesso ao ensino superior público é maior também no grupo das 40% famílias mais pobres — 20% mais pobres somado aos 20% intermediários — (15,7%) se comparado ao ensino privado (10,2%). No grupo das 20% famílias mais ricas, temos que 52,7% estão no ensino privado e 48,5% estão no ensino público. (Carvalho, 2011, p.99.)

Mesmo outro defensor aguerrido do ensino pago[92] nas universidades públicas foi cientificamente ético[93], não desfigurando a realidade para sustentar, com ares pseudocientíficos, certas assertivas tendenciosas, senão vejamos:

... dados da Pesquisa Nacional por Amostra de Domicílios do IBGE de 2001 (...) metade dos estudantes das escolas privadas fazem parte dos 10% mais ricos da população, com uma renda familiar média de cerca de R$ 4.500 por mês; no setor público, só 34,4% têm essa renda. No outro extremo, 11,7% dos alunos do setor público vêm da metade mais pobre da sociedade, com renda familiar de R$ 482 ou menos, enquanto a proporção deste grupo no setor privado é de 5,4% (...) as universidades públicas são menos elitistas do que se pensava. (Schwartzman, 2003.)

Outro artifício lançado no debate público pelo colunista é apagar a história ou, aquilo que no estudo da Lógica identificamos como trazer à tona para consideração os *pressupostos implícitos ou ocultos* presentes no discurso. Ele o faz com maestria, tanto que já angariou adeptos:

... o detalhe valioso é que o economista citado se chama Karl Marx (Crítica ao Programa de Gotha) (...) dados disponíveis mostram que desde os tempos de Marx os ricos continuam predominando na universidade pública. (Castro, 2005.)

92 "... o privilégio de estudar gratuitamente em universidades públicas continua intocado". (Cf. Schwartzman, 2005, p.22.)

93 Embora sociologicamente confuso ao utilizar o termo elite em uma acepção pouco precisa para a situação.

... a esse propósito, ele [Eduardo Giannetti da Fonseca] relembra a manifestação de Karl Marx sobre o ensino universitário gratuito, feita em Crítica ao Programa de Gotha, que lhe foi submetido pelos socialdemocratas alemães em 1875 "Isso significa apenas pagar o ensino dos ricos com dinheiro público", disse Marx. (Kleber e Trevisan, 2010, p.30.)

Os nossos renomados economistas não realçam o que está implícito, subjacente para qualquer observador atento. Eles não destacam — embora os apresente — o fator tempo (quando?) e o espaço (onde?) na ocorrência do fenômeno humano. Assim, descontextualizam o dado, erro primário e fatal em qualquer tipo de análise social. Realmente, Marx estava corretíssimo. Conforme atesta a história do ensino superior nessa época, segunda metade do século XIX, em termos significativos nesse nível de ensino, apenas rico tinha acesso à educação no mundo.

Causa certa estranheza essa cruzada do senhor Claudio de Moura Castro contra o ensino superior público. Logo ele, um economista com graduação na Universidade Federal de Minas Gerais em um tempo que, certamente, o acesso das camadas socialmente mais vulneráveis era bem mais restrito. Inclusive, um fato curioso, surpreende que todos os mais aguerridos críticos da "elitização" econômica das universidades públicas tenham obtido sua formação nessas mesmas universidades. Assim, o economista Eduardo Giannetti da Fonseca tem *dupla* formação em nível de graduação na USP. Ele é formado em ciências sociais pela Faculdade de Filosofia, Letras e Ciências Humanas e em economia pela Faculdade de Economia e Administração. Será que a ciência poderia desvendar esse enigma? Ou deveríamos buscar possíveis respostas em outros domínios? Resta-nos apenas apontar alguns fatos. Claudio de Moura Castro[94] fez parte da presidência do Conselho Consultivo das Faculdades Pitágoras, de propriedade do grupo Kroton Educacional "... entusiasta da universalização do acesso ao ensino, é ele a cabeça por trás do projeto pedagógico. Moura Castro estava em Washington, como assessor-chefe para educação do Banco Interamericano para o Desenvolvimento (BID), quando recebeu o convite de Mares Guia para bolar algo novo no Brasil. Hoje ele é presidente do conselho consultivo das Faculdades Pitágoras. Em suas andanças pelos Estados Unidos, ele encontrou dois modelos de inspiração: o Middlebury College, uma pequena escola de elite no estado de Vermont, e a Universidade de Phoenix, maior e mais polêmico negócio do grupo Apollo (...) com suas salas de aula em edifícios comerciais". (Rosenburg, 2002, p.39-40.)

Já Eduardo Giannetti da Fonseca é professor do atual Insper (ex-Ibmec), fun-

94 Atualmente é assessor da presidência do Grupo Positivo, um grande grupo educacional do Paraná e um dos maiores do Brasil. Além de possuir uma Universidade, seu foco de atuação é a área de venda de apostilas para o sistema de ensino da educação básica.

dado pelos economistas-banqueiros Claudio Haddad e Paulo Guedes, conforme já discutido. Ultimamente, ele vem sustentando o que designo como uma segunda tese equivocada, a *tese da inversão de prioridades* ou, também, metaforicamente, o que poderíamos denominar como a tese da "casa sem telhado ou casa sem teto". Basicamente, trata-se de tomar a educação básica (ensino fundamental e médio) como prioridade no gasto público em detrimento do ensino superior, tido como perdulário porque, "necessariamente", favoreceria os "mais ricos" — aqui uma combinação sutil com a tese anteriormente discutida:

> ... para alcançar esse objetivo, impõe-se uma mudança estrutural na educação nacional. O setor público deve investir mais no ensino fundamental e médio e drenar menos recursos para o ensino universitário, reconhecendo a posição hoje francamente majoritária que as instituições privadas ocupam no ensino superior (...) não se trata de defender a debilitação do ensino universitário público, mas o uso mais proveitoso dos recursos existentes e dos que podem vir a ser carreados com a cobrança de mensalidades, diversificando as fontes.
> ... o perfil do gasto público em educação no País é tremendamente distorcido ao privilegiar o segmento universitário, como salienta o economista e cientista social Eduardo Giannetti da Fonseca, professor do Instituto de Ensino e Pesquisa (Insper), de São Paulo. De tudo o que é gasto em educação no setor público, em todos os níveis governamentais, cerca de 20% são alocados ao [sic] ensino terciário. E quem captura esse filé-mignon do gasto público em educação são exatamente aqueles que poderiam custear seus estudos. (Kleber e Trevisan, 2010, p.27; 29-30.)
> ... custa mais de dez vezes para o País manter um aluno no ensino superior do que no fundamental. Em resumo: acho que deveríamos concentrar o gasto público em peso no ensino fundamental. Cobrar de quem pode pagar e usar esses recursos para melhorar as condições do ensino fundamental. (Fonseca, 2006.)

Qual a inconsistência dessa visão? Considerar o sistema educacional como composto de compartimentos estanques, sem ligação orgânica alguma. Em outras palavras, a falta de uma visão sistêmica da educação nacional. Assim, é preciso enfatizar aquilo que é evidente há muito no terreno da pesquisa educacional: "não pode existir base sem teto, nem teto sem base". Ou seja, não há ensino fundamental e médio de qualidade se, concomitantemente, não se desenvolve um sistema de ensino superior consistente, realimentando-se o ciclo educacional. Educação não pode ser vista linearmente, feita por etapas desconexas e, sim, ciclicamente, com níveis de aprendizados altamente vinculados[95]. Além disso, conforme bem pondera Corbucci (2007, p.23):

95 Parte substancial dos professores que atuam na escola pública de nível médio e fundamental obtém sua precaríssima formação inicial nos cursos das instituições privadas lucrativas de ensino. Voltaremos a esse ponto, pois ele é um dos componentes centrais do fosso no qual se encontra a qualidade do ensino médio público no Brasil, conforme atestam algumas das trajetórias pesquisadas.

> ... o gasto *per capita* na educação superior tende a ser, em qualquer país, sempre maior que o da educação básica. Mas, no caso brasileiro, essa diferença se torna mais acentuada pelo fato de os dispêndios com a educação básica serem insuficientes para assegurar um ensino de qualidade. Assim sendo, quando se compara esse valor *per capita* com os dispêndios médios da educação superior, tende-se a concluir que o gasto com a educação superior pública é exorbitante e incompatível com as condições socioeconômicas brasileiras. No entanto, essa desproporção do gasto com a educação pública, no Brasil, entre os níveis de ensino, se explica mais pelo fato de o dispêndio com a educação básica ser insuficiente, do que pelo gasto com a educação superior ser excessivo. Ao analisar os dispêndios educacionais dos países-membro da Organização de Cooperação para o Desenvolvimento Econômico (OCDE) (...) mostra que os gastos com a educação básica, nesses países, correspondem a 1/3 do valor despendido com a educação superior, enquanto que, no Brasil, a proporção é de 1/14. De acordo com dados da OCDE, cerca de 78% dos gastos realizados pelos membros dessa organização, na área da educação superior, são de natureza pública.

Uma terceira tese equivocada, bem próxima a essa do gasto público educacional, refere-se à *tese do alto custo do aluno da instituição pública quando comparado ao da iniciativa privada lucrativa*. Assim, os empresários do ensino se apressam em dizer:

> ... o custo anual por aluno nas instituições de ensino superior públicas é estimado em R$ 15 mil, considerando os pagamentos dos inativos e precatórios, e em R$ 11 mil, se tais itens não forem considerados. (Kleber e Trevisan, 2010, p.23.)
>
> ... quanto ao argumento de que o ProUni já oferece um incentivo oficial para as instituições particulares por meio da redução de impostos para custear a ocupação de vagas privadas por alunos de baixa renda, é preciso ressaltar que o custo gerado por meio dessa renúncia fiscal seria infinitamente inferior caso fossem criadas as mesmas vagas em instituições públicas. Enquanto o custo anual de um aluno em uma instituição de ensino superior pública equivale aproximadamente a R$ 12 mil, o custo do ProUni é de apenas R$ 418, ou seja, o custo de um aluno matriculado em uma instituição pública equivale a 29 alunos matriculados no ProUni. (Figueiredo, 2009.)
>
> ... enquanto o aluno do ensino superior público custa ao contribuinte, em média, R$ 25 mil/ano, a UNIBAN possibilita acesso ao custo médio de R$ 4.000. Tivesse os mesmos recursos, geraria um nível de qualificação superior às instituições públicas, já que *o empreendedorismo tem natureza mais criativa, racional e objetiva.* (Brown, 2009) [grifos meus].

Há algumas complicações nessa questão do comparativo entre custos dos alunos em ambos os sistemas. Primeiramente, é controverso e muito discutível esse cálculo, pois, conforme sabemos, quando se calcula os custos da universidade pública são embutidos os custos de hospitais universitários, museus, rádios e os "custos" dos aposentados. Argumenta-se que os mesmos não poderiam ser considerados custos educacionais para uma comparação mais equilibrada[96]. Mas, o principal, cabe frisar, há enormes custos com a montagem de laboratórios e da infraestrutura destinada à pesquisa e à produção do conhecimento. Esta é, fundamentalmente, a grande diferença entre as instituições públicas e privadas com fim lucrativo: as instituições públicas estão voltadas para a produção de conhecimento resultantes de pesquisas. Como sugestão, é de grande valia verificar onde se localiza a produção do conhecimento. Um dos indicadores é o número de professores doutores. Vejamos os dados estatísticos[97] mais atuais, ano de 2010, na categoria universidades: as instituições públicas (contemplando federais, estaduais e municipais) possuem 65.583 funções docentes com a titulação de doutorado, enquanto as universidades privadas comparecem com apenas 16.826 doutores[98]. Ou seja, o que já sabemos há muito: as privadas lucrativas costumam contratar para o corpo docente poucos doutores e até mestres, dando preferência aos especialistas. Não raro, professores dessas instituições com mestrado são despedidos quando se tornam doutores.

Entretanto, vamos considerar que o aluno da universidade pública é mais "caro", "custa mais". O ponto a refletir é sobre a qualidade da educação final do aluno egresso da universidade pública comparado ao da universidade privada lucrativa. E aqui, conforme atestam os exames nacionais — seja o antigo Provão, seja o atual Enade, mesmo deixando de lado algumas de suas limitações — a maioria das universidades privadas lucrativas brasileiras não se destaca nos exames feitos:

> ... conforme pode ser observado o conjunto das IES públicas apresentou maior percentual de cursos considerados excelentes e/ou bons (A e B). Em todas as oito edições do Provão, mais de 40% dos cursos ofertados por essas instituições obtiveram pelo menos o conceito B. Em grande parte, esse resultado foi devido ao melhor desempenho das Ifes, seguidas pelas instituições estaduais. (Cf. Corbucci, 2007, p.21.)

Isso desmonta outra falácia, por vezes disseminada, de que ambos os sistemas sejam basicamente iguais, o que chamo *a tese da indistinção* da qualidade entre sistema público e privado, mobilizada, ainda que meio timidamente, pelo ex-ministro consultor:

96 Para um cálculo mais preciso do custo-aluno do ensino superior público tomando como referência a Universidade de São Paulo, ver o artigo de Helene e Horodynski-Matsushigue (2002).

97 Cf. http://portal.inep.gov.br/superior-censosuperior-sinopse. Data de Acesso: 24/02/2012.

98 Atente-se para o fato de que não há a distinção no setor privado, ou seja, o dado é agregado. Sabemos que as instituições confessionais, tradicionalmente, possuem mais doutores que as de cunho privado lucrativo. Logo, é lícito supor que o número efetivo de doutores das privadas lucrativas seja bem menor.

... hoje, no Brasil, a divisão do sistema, *a clivagem, não é pública ou privada*, tampouco é estadual ou federal. Ela tem nuança regional. No subconjunto das estaduais, temos instituições mais completas como USP, Unicamp, UNESP, UERJ e Paraná. O resto são escolões, *praticamente não se distinguem*, academicamente, de *uma particular média*. Nas federais — UFRJ, UFMG, São Carlos, Rio Grande do Sul, Santa Catarina, UnB, Federal de Pernambuco, Federal do Ceará — temos um grupo de melhor qualidade. As estaduais têm sua hierarquização; as federais têm sua diferenciação também (...) entre as municipais, também a diferenciação é grande. Tem coisas muito boas — Caxias, Santo Ângelo e as de Santa Catarina. São universidades realmente comunitárias (...) é um esquema muito interessante, que deu certo no Sul, em Santa Catarina. (Souza, 1999, p.14) [grifos meus].

Ora, o ex-ministro Paulo Renato tem razão. Algumas instituições e cursos no sistema público de ensino superior apresentam sérias complicações em termos de infraestrutura e qualidade de ensino e pesquisa. Não é por outro motivo que Steiner (2006, p.333-4) aponta o topo das universidades no Brasil "... nove universidades de pesquisa e doutorado diversificadas são instituições de referência nacional ou regional. Todas elas são públicas, sendo três estaduais (paulistas) e seis federais. A distribuição regional é bastante irregular, sendo que cinco estão no Sudeste (USP, Unicamp, UNESP, UFRJ e UFMG), duas no Sul (UFRGS e UFSC), uma no Nordeste (UFPE), uma no Centro-Oeste (UNB) e nenhuma na região Norte". Todavia, não há fundamento empírico na proposição de que não haja mais uma diferença com o setor privado lucrativo. O economista generaliza uma sentença verdadeira (há problemas também nas públicas) fazendo vistas grossas à realidade, posto que permanecem, substancialmente, diferenças gritantes entre o sistema público e o privado lucrativo em termos de qualidade.

Por fim, cabe discutir uma ideia bem difundida, mas muito pouco refletida. Trata-se da *baixa taxa de acesso ao ensino superior brasileiro*, principalmente quando comparada aos nossos "irmãos" latino-americanos[99]. Ela vem acoplada a outra, também muito sutil, a de que *primeiro tem de ser garantida a quantidade*, depois tratemos de atacar a qualidade do ensino, caindo na mesma visão linear antes mencionada. Para dar um ar de "racionalização" ao processo, como sempre ocorre no Brasil, é preciso fixar metas em planos nacionais de educação — é mais pomposo —, embora discuti-las a fundo não ganhe a mesma importância. Assim, temos que:

... eu lembro sempre que temos, no Brasil, em relação à população, a metade dos alunos universitários do que têm o *Chile*, o México e a Argentina. Como queremos

99 O Chile atual é um bom contra-exemplo. Interessante que, ultimamente, não vem sendo muito mencionado. Será que tem a ver com as paralisações e os protestos dos estudantes chilenos contra os espoliativos pagamentos das mensalidades escolares?

nos desenvolver, com essa relação ridiculamente baixa? Ensino Superior — É menor que a da Bolívia, não é? Paulo Renato — Nós temos de expandir, abrir. Esse é um primeiro ponto, que seguimos desde o começo. Acho que hoje existe uma flexibilidade muito grande dentro do sistema. Mudamos a lei de credenciamento (...) na verdade, forçamos uma interpretação da LDB, por meio de um decreto do presidente que permitiu a criação dos centros universitários.
... a nossa meta, *fixada no programa de governo*, é alcançarmos uma expansão no ensino superior de 30%, sobre os dois milhões que temos hoje. (Souza, 1999, p.12-3; 20) [grifo meu].

Penso que Cunha (2004, 814), de uma só vez, toca no essencial relativo a essa questão:

> ... uma condição para que a qualidade possa ser recuperada é o abandono das comparações quantitativas com outros países, especialmente os hispano-americanos, que têm sido evocadas para justificar planos de educação e programas de governo. De que adianta dizer que 20% dos jovens de 18 a 24 anos da Bolívia estão no ensino superior? Quem quer tomar esse país como parâmetro para o desenvolvimento brasileiro? Ou qualquer outro país da região? Tola emulação! Aliás, para que comparar apenas estatísticas educacionais, como se elas tivessem valor em si mesmas. Ao invés da expansão quantitativa, para cuidar, depois, da qualidade, o que precisamos é providenciar a multiplicação da qualidade, a custos cada vez mais baixos e para cada vez mais gente.

Além disso, Sampaio (2000, p.252) faz ponderações no que diz respeito a comparar países de magnitudes tão díspares:

> ... a taxa de escolarização superior no País deve ser relativizada no contexto latino-americano tendo em vista a extensão das populações jovens. No Brasil, são 14.508 milhões de jovens entre vinte e 24 anos, o maior contingente da América Latina, seguido de longe pelo México (9.452 milhões) e, muito atrás, pela Argentina (2.711 milhões) para citar apenas os países do contingente de maior densidade demográfica. Para se ter ideia, os 1.661.034 estudantes de nível superior, em 1994, do Brasil equivalem quase ao total da população entre vinte e 24 anos da Venezuela, a qual não chega a 2 milhões.

O fato é que para os dirigentes — empresários e fundos de investimento — das instituições privadas, essa questão é de suma importância. Se ela o é para o desenvolvimento do país tal como alguns defendem, os dados impõem sérias dúvidas. Assim, Hermes Figueiredo, presidente do Semesp, Antonio Carbonari[100] e

100 Entrevista à revista Linha Direta, no 8. www.linhadireta.com.br — Data de acesso: 10 de junho de 2011.

Alexandre Dias, ambos da Anhanguera Educacional, tecem suas considerações a respeito de nossa "combalida" baixa taxa de acesso à educação superior:

> ... segundo as projeções do IBGE, a população de 18 a 24 anos deve chegar a 24 milhões em 2010. Para alcançar a *meta do PNE*, teríamos de ter 7,2 milhões de jovens matriculados, ou seja, 2,3 milhões a mais, até 2010, o que equivale a um crescimento de 48% em relação a 2007. Com o ensino público crescendo a menos de 3% ao ano e *a falta de incentivos ao ensino privado*, certamente será difícil atingirmos esse objetivo em 2010. (Figueiredo, 2009) [grifos meus].
> ... *ter quantidade*, por enquanto, é o grande desafio. *Depois, planos de qualidade têm sentido*. Linha Direta — A participação da iniciativa privada na educação é sempre muito controversa ... Antonio Carbonari — O Brasil nunca prestigiou a educação, caso contrário, o empresário brasileiro *receberia incentivo como isenção tributária de impostos* [sic] para auxiliar a suprir a falta de investimentos do governo em educação. O ideal é que todo o ensino fosse público, mas, como isso não acontece, a escola privada tem 80% do contingente de alunos. No entanto, *das universidades federais, apenas 20% tem padrão de excelência. Precisamos lutar para manter os 80% versus 20% das instituições estatais.*
> ... trabalhamos com o custo-benefício, em um *mercado com muito potencial de expansão*. Hoje, são 5,5 milhões de jovens nas universidades, mas o número deveria estar na faixa de 14 milhões. O *modelo brasileiro era muito elitista*. Só entrava na faculdade quem pedia para o pai pagar um cursinho durante um ano para entrar em uma universidade pública. Se ainda fosse assim, só haveria 1,5 milhão de jovens no ensino superior. (Scheller, 2011) [grifos meus].
> ... o potencial de expansão é enorme, uma vez que, segundo o IBGE, somente 13,9% dos jovens com idade para ingressar na universidade frequentam uma instituição de ensino superior — taxa que forçosamente terá de aumentar. (Kleber e Trevisan, 2010, p.42.)

Em síntese, esse longo trajeto foi necessário para entender que justamente essas forças — econômica, política e ideológica — serão as molas propulsoras para que, já no governo de Luiz Inácio Lula da Silva, o segmento privado lucrativo possa impor suas demandas e, mais importante, ter o domínio intelectual da estruturação do modelo dominante de ensino superior de graduação no país. Não são outros os significados que podemos extrair da fala do então Secretário de Ensino Superior do MEC no primeiro mandato do metalúrgico Lula, o físico Ronaldo Mota "... a missão agora não é sufocar o crescimento do sistema privado, mas garantir que ele seja feito com *controle de qualidade*" (Cf. Erthal e Perozim, 2007, p.10) [grifo meu].

2.6. O ProUni: mantendo o financiamento público indireto, preservando o modelo privado lucrativo

Nesse bojo, surge o *Programa Universidade para Todos (ProUni)*, implementado em 2005 pelo Governo de Luiz Inácio Lula da Silva, com o objetivo de conceder bolsas de estudos integrais (100%) e parciais (25 a 50%) a estudantes de baixa renda em cursos de graduação de instituições particulares. A seleção é feita por meio da nota obtida no Exame Nacional do Ensino Médio, o ENEM[101], além da exigência de que o aluno tenha estudado o ensino médio em escola pública ou com bolsa integral na particular e esteja situado em determinada faixa de renda — renda familiar *per capita* de até três salários mínimos para as bolsas parciais e até um salário mínimo e meio para as bolsas integrais. O candidato pode escolher até cinco opções de curso, turno e instituição de ensino superior. O período de inscrições dura uma semana, momento no qual o candidato pode acessar a nota de corte das instituições desejadas e ir comparando-a com a nota que obteve.

No entanto, entre o projeto de Lei 3582/2004 (13 de janeiro de 2004), passando pela Medida Provisória nº 213, de 10 de setembro de 2004 e, por fim, chegando à redação definitiva da Lei 11.096 de 13 de janeiro de 2005 que instituiu o programa, houve mudanças decorrentes das interferências do segmento privado lucrativo[102]. Assim, é salutar apreendê-las mediante um esforço comparativo[103] entre esses três momentos (projeto de lei, medida provisória e a lei aprovada) nos seus tópicos principais conforme a tabela 1 a seguir:

---

101 Nota média de aproveitamento/corte (45 pontos) a partir de 63 questões objetivas e uma redação. Cumpre dizer que tal exame nacional passou por mudanças no ano de 2009, tendo sido ampliado o número de questões para 180, exigindo uma nota média de 500 pontos. Todos os pesquisados aqui fizeram o formato do ENEM original, antes das mudanças especificadas.

102 Conforme bem apontam Catani e Gilioli (2005, p.58), principalmente da Associação Nacional das Universidades Particulares (Anup), da Associação Brasileira das Mantenedoras de Ensino Superior (ABMES) e do Sindicato das Entidades Mantenedoras de Estabelecimentos de Ensino Superior do Estado de São Paulo (Semesp).

103 Cumpre dizer que além da análise dos três documentos legais (projeto, medida provisória e lei aprovada), utilizei também o trabalho comparativo pioneiro realizado por Catani e Gilioli (2005).

Tabela 1 — Processo de Elaboração, Modificação e Aprovação do ProUni

ATRIBUTO	PROJETO DE LEI	MEDIDA PROVISÓRIA	LEI
Tipo de Bolsa	Integral (100%)	Integral (100%) Parcial (50%)	Integral (100%) Parcial (50%) Parcial (25%)
Renda Familiar	Um salário mínimo per capita	Integral (1 SM e e meio) Parciais (3 SM)	Integral (1 SM e meio) Parciais (3 SM)
Desvinculação do Programa	Desempenho Insuficiente no SINAES* por dois anos consecutivos ou três intercalados, no período de cinco anos	Desempenho insuficiente no SINAES* por três anos consecutivos	Desempenho insuficiente no SINAES* por três anos consecutivos
Descumprimento das Regras	Multa de até 1% do faturamento anual do exercício anterior à data da infração	Retirado	Retirado
Benefícios da Transição da Natureza Jurídica de Sociedade Sem Fins Lucrativos para Sociedade com Fins Lucrativos	Não previsto	Pagar a quota patronal para a Previdência Social de forma gradual, durante o prazo de cinco anos, na razão de 20% do valor devido a cada ano, cumulativamente, até atingir o valor integral das contribuições devidas	Pagar a quota patronal para a Previdência Social de forma gradual, durante o prazo de cinco anos, na razão de 20% do valor devido a cada ano, cumulativamente, até atingir o valor integral das contribuições devidas

*SINAES — Sistema Nacional de Avaliação da Educação Superior

Tamanha influência dos interesses privados pode ser constatada a partir do total de emendas propostas pelos deputados, em sua grande maioria com claro interesse das mantenedoras: o Projeto de Lei recebeu 292 propostas de emenda. (Catani e Gilioli, 2005, p.58.)

Também Santana (2009, p.58) ao entrevistar componentes que participaram da implantação do ProUni demonstra:

> ... segundo o entrevistado 'b', na tramitação do projeto no congresso nacional houve grande participação do setor privado e nenhuma participação do setor público. Conforme relato do entrevistado no Senado, a pressão do lobby das IES privadas conseguiu vencer. Em especial, a UNIP fez pressão para que algumas mudanças fossem incorporadas. Dentre as mudanças conquistadas, a principal delas foi redução do percentual de bolsas que a IES privadas deveria ofertar.

A partir de uma articulação com a discussão anterior do peso e das forças do setor privado lucrativo na imposição do modelo do ensino de graduação do país, é possível verificar que o Programa Universidade para Todos mantém o financiamento público indireto ao segmento privado com fins lucrativos no campo da educação superior. Contudo, agora o faz trocando isenções fiscais pelas bolsas estudantis. Dessa forma, traz em sua própria estrutura elementos "velhos" — a sustentação da hegemonia na graduação brasileira do modelo privado lucrativo — e "emergentes" — permitindo uma tímida e fraca regulação dos benefícios dados a esse mesmo setor. Assim, alguns estudiosos destacam, de forma precisa, como a adesão ao ProUni possibilita vantagens comparativas justamente para as instituições com finalidades lucrativas:

> ... outro ponto polêmico foi o art. 12, segundo o qual as IES sem fins lucrativos receberão privilégios para se tornar entidades com fins lucrativos (...) tal situação apenas legitima a transferência pura e simples de patrimônio acumulado por anos de imunidade tributária para a iniciativa privada. A adesão da Universidade Estácio de Sá ao ProUni é um exemplo disso: maior IES privada do País (mais de 100 mil alunos), mudou seu estatuto de filantrópica para entidade com fins lucrativos. Com isso, passou a pagar a cota patronal do INSS e o ISS (Imposto sobre Serviços), mas passou a se beneficiar das isenções do Programa. Com a mudança, ela não precisa mais oferecer os 20% de gratuidade (10% em bolsas integrais mais 10% em bolsas parciais e assistência social), mas apenas 10% (5% em bolsas integrais e 5% em parciais). Tal mudança foi lucrativa, não teve de pagar retroativamente nenhum tributo e usufruirá o benefício de pagar 100% da cota patronal apenas dentro de 5 anos. (Catani e Gilioli, 2005, p.60-61.)
>
> ... as instituições mais beneficiadas são aquelas com fins lucrativos, já que ficam isentas, a partir da adesão, de praticamente todos os tributos que recolhiam. Além disso, a contrapartida em número de bolsas é muito baixa, estas permanecem com o mesmo *status* institucional e continuam não se submetendo à fiscalização/regulação governamental (...) deixam de recolher a COFINS e o PIS. O impacto sobre a rentabilidade deve ser importante, uma vez que a isenção da COFINS estimula o aumento de matrículas e, consequentemente, o crescimento da receita operacional

bruta, já que não há ônus tributário sobre o incremento na prestação de serviços. A isenção do PIS tem impacto muito reduzido sobre a folha salarial. No que tange às finanças públicas, o impacto principal é a redução potencial da receita tributária. (Carvalho, 2005, p.13; 2006, p.988.)

O ponto central é que o ProUni vem atacar o problema da estagnação do setor privado lucrativo, consubstanciada pelas condições estruturais conhecidas durante o estudo da evolução do ensino de graduação brasileiro, ou seja, explosão de vagas levando à saturação e inadimplência ligada aos valores das mensalidades quando cruzados com a folha salarial dos trabalhadores-estudantes brasileiros. O resultado: vagas não preenchidas, aumento dos custos e despesas da atividade empresarial. Aqui se faz necessária outra precisão conceitual. Não se trata de vagas "ociosas". São vagas não preenchidas criadas com o relaxamento para a abertura de cursos nas instituições privadas durante a gestão do ministro Paulo Renato, no governo Fernando Henrique Cardoso. Diferente do que geralmente ocorre no ensino superior público, no qual há processos de transferência interna porque a vaga existente ficou ociosa. Conforme bem alertam Valente e Helene (2004) "... a existência de vagas ociosas no setor privado é outro logro. A maioria das vagas não preenchidas serve como reserva estratégica para as instituições privadas, não havendo recursos de infraestrutura e professores esperando para atender aos estudantes". Com efeito, segundo Corbucci (2007, p.17) "... de acordo com dados do Censo da Educação Superior, coordenado pelo Inep/MEC, o porcentual de vagas não preenchidas ampliou-se de 19%, em 1990, para 47%, em 2005".

Não é por outra razão que o presidente do Sindicato das Entidades Mantenedoras do Ensino Superior de São Paulo (Semesp) e da Instituição Educacional São Miguel Paulista, mantenedora da Universidade Cruzeiro do Sul, Hermes Figueiredo, salienta a importância do programa para o setor privado lucrativo:

> ... "se não fosse o ProUni e as isenções de tributos que ele promove, teríamos tido um crescimento de apenas 3,5% no ano passado [2006], não de 7%, como ocorreu", afirma Figueiredo. A principal vantagem do ProUni é aliviar a carga de impostos, o que melhora os balanços das escolas e minimiza os efeitos da inadimplência e das vagas ociosas. Em 2006, na região metropolitana de São Paulo, o porcentual de atrasos no pagamento atingiu 30% dos matriculados. (Erthal e Perozim, 2007, p.12.)
>
> ... atualmente o setor do ensino superior particular assiste a uma preocupante estagnação. Enquanto a oferta de vagas cresceu 5,2%, o número de ingressos aumentou apenas 1%, o que resulta em um número preocupante de vagas ociosas. Este dado não considera os ingressantes pelo ProUni. De acordo com os resultados do Censo da Educação Superior de 2005, a taxa de crescimento das IES privadas, sem levar em conta os alunos vinculados ao ProUni, foi de 6,6%. Esse índice equivale à metade do crescimento de 2003, e a apenas um terço do aumento registrado no

ano 2000. Incluindo-se os alunos do ProUni, o crescimento foi de 9,2%. (Figueiredo, 2007) [grifos meus].

Nesse sentido, Carvalho (2005, p.15) vaticina[104] que "... o ProUni deverá operar, à semelhança do PROER para o sistema bancário, em benefício da recuperação financeira das instituições particulares endividadas e com alto grau de desistência e inadimplência". A tese da autora é que houve uma mudança na "gestão da política fiscal" a partir da década de 90 no Brasil, impactando na expansão dos gastos públicos. É nesse quadro que se empreende a construção do ProUni. Basicamente, efetuou-se uma transição de uma visão fiscal pautada no déficit público para um novo indicador baseado na "sustentabilidade da dívida pública" mediante elevação do superávit primário[105]. Junto a isso, um retorno das isenções fiscais, amplamente enfatizadas aqui quando da constituição histórica do setor privado lucrativo. Em decorrência, no que se refere ao impacto no ensino superior "... trata-se não mais de priorizar o caminho privado de expansão de matrículas, cursos e instituições, mas de criar condições para a sustentação financeira dos estabelecimentos já existentes (...) a renúncia fiscal torna-se *novamente* relevante como mecanismo de financiamento da política pública para a educação superior privada". (Cf. Carvalho, 2005, p.9-14; 2006, p.980) [grifo meu].

Cabe entender a posição do governo. Ela pode ser compreendida nos argumentos sustentados pelo então ministro da Educação, Fernando Haddad[106],

104 Leher (2004) também o entende, na mesma direção, como uma "operação de salvamento para o setor privado".

105 Segundo a autora, no governo Lula, tal elevação ocorreu por meio de duas medidas: aumento da carga tributária (30% do PIB, em 1998, para 35% em 2003) e cortes nos gastos públicos para adequação do orçamento, implicando cortes de despesas em custeio e capital, impactando assim na educação e nas outras áreas sociais. (Cf. Carvalho, 2006, p.981-3.)

106 Um estudo interessante seria mapear os momentos da trajetória intelectual, profissional e política de Fernando Haddad até a sua chegada a ministro da Educação. Isto não será desenvolvido aqui. Contudo, cumpre registrar brevemente que ele possui graduação em Direito pela USP — foi presidente de grêmio estudantil —, fez mestrado em Economia pela USP trabalhando a temática do cooperativismo e é doutorado em Filosofia pela USP discutindo a herança frankfurtiana do teórico Jürgen Habermas. A partir desse instante, passou no concurso para professor no Departamento de Ciência Política da USP. Quanto à trajetória profissional, foi analista de investimento no Unibanco, consultor da Fundação Instituto de Pesquisas Econômicas (FIPE). No mundo político, durante um bom tempo participou ativamente do Conselho Editorial da revista do PT Teoria & Debate. Contudo, mais estritamente, é de perfil político executivo: foi Chefe de Gabinete de João Sayad na Secretaria Municipal de Finanças no governo Marta Suplicy (2001-2004). Nessa ocasião, foi um dos artífices dos Centros Educacionais Unificados, os CEUs. Foi também assessor do Ministério do Planejamento, trabalhando com o ministro da Fazenda Guido Mantega. Sua entrada no MEC foi como secretário executivo da pasta de educação, sendo responsável pela elaboração e implementação do ProUni. Assumiu o MEC em julho de 2005, substituindo Tarso Genro, que foi deslocado para a presidência do PT quando do episódio da "crise do mensalão". Ou seja, é um acadêmico que transita no mundo executivo da política. Quando esta tese foi escrita, era o candidato preferido de Lula para a disputa da prefeitura paulistana em 2012, pois, segundo o ex-presidente, preencheria a função de ser bem-visto aos olhos da classe média da cidade de São Paulo, segmento expressivo fortemente responsável pelas derrotas petistas, no Estado de São Paulo, desde então.

que parece ser o maior idealizador do programa. Um primeiro ponto é demarcar que os embriões do Programa Universidade para Todos já estavam presentes no programa de governo e em documentos que norteavam os princípios e as diretrizes de uma futura Lei Orgânica do Ensino Superior, pensada no bojo do projeto de reforma da educação superior, hoje parado na pauta legislativa federal. Assim, temos que:

> ... no caso do sistema privado, os dispositivos pelos quais o Estado tem subvencionado o setor, no que diz respeito a financiamento, têm sido basicamente através de desoneração tributária, prevista em lei, e de financiamentos diretos aos estudantes (Fies). *Entendemos esses e outros dispositivos como legítimos, desde que não onerem os percentuais previstos legalmente (18% dos tributos da União e 25% dos estados e municípios) como aplicações mínimas em educação* (...) estamos propondo para discussão, e eventual inclusão na futura Lei Orgânica, que as atividades educacionais *sejam integralmente desoneradas de tributos*, com exigência transparente de contrapartida das instituições educacionais, admitindo-se a utilização de recursos públicos para o financiamento estudantil ou concessão de bolsas de estudos em instituições públicas ou *privadas* de educação superior. (Haddad *et al.* (2004, p.20) [grifos meus].

Conforme procurou sempre salientar nas ocasiões em que se posicionava publicamente, o ministro reforçava o tripé de sustentação da política do governo para o ensino superior "... o programa de governo que elegeu o presidente Luiz Inácio Lula da Silva articulava, no âmbito da política educacional, três eixos centrais para ampliar o acesso ao ensino superior: expansão da universidade pública e gratuita, revisão do mecanismo de financiamento estudantil e concessão de bolsas de estudo (...) não me parece contraditório ampliar o acesso à educação superior pela conjugação de três ações: a expansão da universidade pública, um programa de bolsas — aliás, previsto no programa de governo de 2002 — e o financiamento estudantil. (Haddad e Bachur, 2004; Haddad, 2006, p.20-21.)

Um segundo ponto é a defesa da tese de que o ProUni nada mais é do que uma regulamentação de um dispositivo constitucional, não provocando efeitos no tocante aos recursos da esfera pública educacional[107]:

> ... diga-se, ademais, que o Prouni foi idealizado justamente a partir do diagnóstico de que o setor privado de educação superior, apesar de movimentar quase 1% do PIB nacional, não só não recolhia impostos como gerava uma contrapartida social ínfima. Ora, 85% das matrículas se dão em instituições sem fins lucrativos, filantrópicas e não filantrópicas. O que o ProUni fez, em grande medida, *foi disciplinar*

107 Em decorrência, constituir-se-ia como uma "alternativa complementar, não antagônica, à universidade pública". (Cf. Haddad e Bachur, 2004.)

as exigências previstas na Constituição para o gozo das isenções (...) o ProUni não é um privilégio às instituições privadas, *mas a remodelagem de um pacto social e constitucional esquecido* (...) por falta de regulamentação, no período entre 1988 e 2004, mais de 1 milhão de bolsas deixaram de ser concedidas, enquanto as isenções eram usufruídas. Hoje, a situação é outra. Não estamos mais questionando a chamada *"pilantropia"* na educação superior, mas a qualidade dos cursos superiores. O ProUni pode e será aperfeiçoado. Isso só não acontecerá se prosperar a ação direta de inconstitucionalidade proposta pelo PFL, cujo sucesso restaura os privilégios pré-2004 das IES — *ou seja, isenção fiscal sem contrapartida.*
... *de 1998 a 2004,* as instituições de ensino superior sem fins lucrativos, que respondem por 85% das matrículas, amparadas pelos artigos 150, inciso VI, alínea c, e 195, parágrafo 7º, da Constituição Federal, gozaram de isenções fiscais sem nenhuma regulação do poder público. Acórdão do STF, de 1991, garantia o gozo das isenções enquanto perdurasse essa situação. *Até 2004, as IES concediam bolsas de estudos, mas eram elas que definiam quem seriam os beneficiários, em que cursos, o número de bolsas e os descontos concedidos. Raramente concedia uma bolsa integral. E quase nunca num curso de Medicina. Surge o ProUni para moralizar essa situação.*
... há setores mesmo dentro do PT que criticam o ProUni com o argumento básico de que o Estado está fazendo uma renúncia fiscal a um dinheiro que poderia ser investido na universidade pública. Como você vê essa crítica? Fernando Haddad: Em 1991 o Supremo Tribunal Federal acordou que as instituições de ensino superior gozariam das isenções fiscais previstas na Constituição sem oferecer contrapartida enquanto o Poder Executivo Federal não regulamentasse essas isenções. Durante 13 anos essas instituições gozaram das isenções sem oferecer nenhuma contrapartida. Eu não vi ninguém reclamar. Quando se regulamentam as isenções que as obrigam a oferecer essa contrapartida, e da forma mais republicana possível, porque a seleção é feita por um exame nacional de ensino médio, o ENEM, aí vem a crítica. (Haddad e Bachur, 2004; Haddad, 2006a; Haddad, 2006b.)

Em seu mestrado, realizado na Universidade de Brasília, a pesquisadora Gabriela Santana apresenta evidências baseadas em entrevistas com técnicos e gestores do Ministério da Educação — ou seja, quem participou, efetivamente, da implantação do programa, nos bastidores — que demonstram cabalmente que o ponto de partida do ProUni, seu elemento motivador, foi "regularizar" a situação "de terra sem lei" existente no setor privado lucrativo descrito:

... entrevistas com técnicos do ProUni, com o intuito de conhecer a história do programa (...) na versão dos entrevistados, o idealizador do programa foi o hoje ministro da Educação Fernando Haddad, quando ainda não trabalhava no Ministério da Educação. A ideia teria surgido quando Fernando Haddad percebeu que muitas das IES filantrópicas não ofertavam as bolsas que deveriam ofertar e a isenção fiscal era alta. Nas palavras de um dos entrevistados "a ideia era acabar com a

> pilantropia" (termo geralmente utilizado para se referir a entidades filantrópicas, mas que de fato têm finalidade lucrativa) (...) de acordo com o entrevistado "b", o ProUni surgiu "com o objetivo de cobrar a contrapartida das isenções fiscais a que muitas instituições tinham direito".
> ... conforme relato dos entrevistados, o projeto foi apresentado ao então ministro da Educação, Cristovam Buarque, que não o aprovou. Segundo um dos entrevistados, o projeto de Fernando Haddad chegou ao MEC por meio de sua esposa, Ana Estela Haddad, que naquele momento trabalhava no gabinete do ministro. O desenrolar das ações para a implantação do programa só teve início quando Haddad foi convidado a ocupar o cargo de secretário executivo da gestão do ministro Tarso Genro (...) ele aprovou o projeto e o encaminhou para o presidente da República (...) como contado pelo entrevistado "b", o presidente Lula "comprou" a ideia apresentada pelo ministro e mandou "tocar o projeto". (Santana, 2009, p.57-58.)

No entanto, a revelação maior trazida pelo trabalho da autora diz respeito à **definição da nota de corte de 45 pontos no ENEM**, nota esta que dá o passaporte para o candidato conseguir a tão sonhada vaga, indicativa da forma como foi decidida a seleção do maior programa brasileiro — e talvez até mundial — de bolsas nas universidades privadas:

> ... de acordo com o relato dos entrevistados, *não existiu nenhum grupo de estudos para a implantação do programa*, "foi tudo muito no imprevisto. Não foram feitos estudos". Um exemplo da ausência de estudos prévios foi o estabelecimento da nota de corte para o ingresso dos estudantes. Quando perguntado sobre qual havia sido o critério para estabelecer a nota de 45 pontos do ENEM, o entrevistado respondeu *"chute"*. O mesmo entrevistado disse que não houve nenhum estudo técnico para chegar a essa nota. Existia a necessidade de se ter uma nota de corte e *alguém disse 45*. Foi considerado apenas o número de alunos que estava nessa média no ENEM de 2003 e viu-se que era possível fazer o programa com o número de aprovados a partir dessa nota de corte. O único estudo, relatado por um entrevistado, foi o cálculo da renúncia fiscal de tributos e contribuições referentes às IES participantes do ProUni. O cálculo foi feito a partir de uma pré-adesão das IES. É provável que este estudo tenha sido feito devido a uma demanda do Ministério da Fazenda. Como relatado por um dos entrevistados *o Ministério da Fazenda inicialmente foi contra a ideia do ProUni, alegando que o programa seria contrário à Lei de Responsabilidade Fiscal, ao conceder isenção de impostos para as IES privadas.* No entanto, foi feito um estudo para calcular o impacto do programa, quando *foi verificado que muitas instituições já não pagavam devidamente seus tributos. O impacto seria em torno de 100 milhões de reais.* (Santana, 2009, p.59-60) [grifos meus].

Cumpre destacar que havia uma Ação Direta de Inconstitucionalidade (ADIN) nº 3379, de autoria da Federação Nacional dos Auditores Fiscais da Previdência Social (FENAFISP), a qual contestava a concessão de isenção tributária a entidades com plena capacidade contributiva. Parada desde 2008, foi recentemente julgada no bojo do julgamento ocorrido sobre a constitucionalidade das cotas raciais na UNB[108].

Tal fato é importante para contrapor visões — disseminadas pelo aparato oficial, por alguns pesquisadores e disputadas bravamente por uma série de "movimentos sociais" — que consideram como causa fundamental do ProUni o desenho benfeito de uma política pública de ação afirmativa no ensino superior. A pesquisa empírica tem muito valor, justamente, para apontar o que é causa e o que, muitas vezes, pode ser simplesmente efeito, consequência que vem a reboque de certas ações:

> ... verifica-se nesses discursos e documentos que o principal ponto de partida para a criação do programa não foi incluir a população de baixa renda na educação superior. Ao contrário, tratava-se de criar uma forma para que todas as instituições não lucrativas passassem a cumprir com a obrigação de conceder bolsas de estudo por meio de um programa que desse visibilidade a essas instituições. A concessão dessas bolsas permitiria que um grupo de estudantes ingressasse na educação superior, grupo este que não conseguiria ingressar de outra forma, ou seja, os excluídos da educação superior pública e ao mesmo tempo sem condições de pagar mensalidades na educação superior privada (...) assim, a preocupação central do programa parece não ser a equidade. O programa possui uma lógica econômica, contábil que acaba tendo por consequência o acesso da população de baixa renda no ensino superior. (Santana, 2009, p.61.)

O que Fernando Haddad sustentava, e tinha razão, era que o advento do ProUni trouxe para o âmbito governamental certo controle da contrapartida das isenções. Em outras palavras, a partir da regulamentação federal, as bolsas passaram a não ficar mais ao bel-prazer das universidades privadas — o que não quer dizer que não possa haver fraudes, desvios, dentre outros problemas,

108 No mês de maio de 2012, o Supremo Tribunal Federal, ao julgar a constitucionalidade do ProUni em Ação Direta de Inconstitucionalidade impetrada pelo partido DEM, julgou improcedente, juntamente, a ADIN da Fenafisp. Houve, a meu ver, o julgamento de demandas bem distintas, pois o que o partido alega é despropositado de partida, conforme explico mais adiante nesta tese: não existem propriamente "cotas raciais no ProUni". Pelo fato de a sessão de julgamento ter acontecido próxima à das cotas na UNB, misturaram-se aspectos distintos, dando pouca atenção justamente à questão mais controversa do Programa Universidade para Todos. Como resultante, a tese de Haddad foi vencedora. Impossível deixar de dizer aqui: curioso que dos ministros presentes no julgamento do mérito da ADIN, somente Gilmar Mendes em seu voto trouxe justamente a linha argumentativa semelhante ao proposto pelo executivo federal — os outros se detiveram nos propósitos de inclusão social e na jurisprudência aberta pela constitucionalidade das cotas na UNB que fôra votada na semana precedente. Reportagem de 04/10/2008, na revista *Carta Capital*, com o título "O empresário Gilmar", informa que o ministro Gilmar Mendes é sócio-diretor do Instituto Brasiliense de Direito Público (IDP), de Brasília. Fundou-o com mais dois sócios, cada um com capital social de R$ 402 mil reais.

conforme pude constatar empiricamente[109]. Historicamente houve tentativas de regular tais isenções seja no artigo 213 da Constituição de 1988, com a exigência de que as instituições de ensino superior que recebessem as subvenções fossem estritamente sem fins lucrativos, seja no artigo 20 da LDB/96, que as diferenciara em privadas com fins lucrativos e sem fins lucrativos (confessionais, comunitárias e filantrópicas).

A questão-chave sob discussão está na compreensão da renúncia fiscal para as universidades lucrativas. Dizer, como o ministro, que não se está mexendo nos recursos públicos é utilizar-se de efeito retórico, pois deixar de obter recursos públicos devidos é tão importante quanto não perder ou mexer nos que são constitucionalmente assegurados. Com isso, deixa de discutir o essencial: recursos de entes privados que estão auferindo lucros e deixando de cumprir — o que outras empresas, certa parcela da classe média e a massa mais pobre da população brasileira não podem fazê-lo — uma das atribuições que fundam o Estado Moderno[110], qual seja, a apropriação do excedente econômico mediante a extração de impostos. Assim, faz sentido a indagação de Carvalho (2006, p.985; 994) "... coloca-se, desde logo, uma questão que precisa ser debatida: estes recursos não poderiam ser aplicados, com maior efetividade, em instituições públicas? (...) é importante ponderar que não permitir o acréscimo da isenção fiscal às IES privadas possibilitaria um maior bolo de recursos constitucionalmente garantidos ao ensino público". Valente e Helene (2004) também destacam o quanto de recursos públicos são deixados de lado. Eles parecem bastante significativos, ao contrário do que dizem as falas ministeriais:

> ... os benefícios fiscais dados às IES privadas retiram recursos preciosos do setor público. A renúncia tributária em favor das IES privadas alcançou, em 2003, cerca de R$ 870 milhões; somada à renúncia previdenciária, de R$ 462 milhões, aos débitos previdenciários, de R$ 184 milhões (maio de 2004), e aos gastos do sistema de financiamento estudantil (Fies), de cerca de R$ 900 milhões, chega-se à cifra de R$ 2,4 bilhões. Já no custeio das 54 universidades federais o governo aplicou R$ 695 milhões. Para quem acha que as IES privadas podem quebrar ou reduzir a concessão de bolsas, vale lembrar que o faturamento do conjunto delas (com ou sem fins lucrativos) triplicou desde 1997 e alcançou R$ 10,5 bilhões em 2002.

---

109 Um exemplo: só depois de uma hora de entrevista com uma aluna de Licenciatura em Biologia de certa instituição, ao perguntar-lhe diretamente sobre o ProUni, fui descobrir que ela ganhara a bolsa da instituição sem passar pelos trâmites normais. Nesse caso, ela era bolsista da instituição e houve uma troca por bolsas do ProUni. Conforme amplamente noticiado na mídia, esses e outros casos acontecem, dado o controle ineficaz exercido pelo MEC frente às instituições. Além disso, só depois de muitas críticas e demandas de alguns estudantes é que foi instituída uma comissão de acompanhamento e controle.

110 Ele, como professor licenciado de Ciência Política, bem sabe que além do monopólio legítimo da violência física, o Estado Moderno também se caracteriza por outros elementos.

Além disso — e aqui ele se aproxima do ministro do governo anterior — dispõe certas afirmativas que, no terreno prático, são justamente o oposto. Veja a questão do Fies. A passagem dispõe uma coisa — deixá-lo para camadas sociais com renda maior que os bolsistas do ProUni —, mas não foi o que na prática ocorreu, pois bolsistas parciais[111] do ProUni podem obter recursos do Fies para pagamento das mensalidades. O Fies, no governo Lula, virou em grande parte um mero coadjuvante para, cada vez mais, acelerar a adesão e o fortalecimento do ProUni. Para confirmar isso, basta atentar para os vários regulamentos e medidas provisórias realizados:

> ... de outro lado, como as isenções fiscais do ProUni representam menos de R$ 200 milhões, basta que a inadimplência do Fies seja reduzida a patamares aceitáveis para que a diminuição do custo do programa de financiamento compense parte significativa das isenções adicionais. Além disso, com o definitivo enquadramento da filantropia, muitas instituições ditas filantrópicas, por vontade própria ou por força de uma fiscalização mais atuante, deixarão de o ser, passando a pagar a cota patronal ao INSS (...) o ProUni não compromete recursos do setor público e, ainda, requalifica o financiamento estudantil: enquanto as bolsas atenderão aos estudantes mais desprovidos, o Fies poderá ser canalizado a uma faixa de renda um pouco superior, mais capaz de restituir o financiamento aos cofres públicos, reduzindo o risco de inadimplência. (Haddad e Bachur, 2004.)

Sem dúvida, é preciso também destacar certos elementos de avanço[112] no ProUni ligados diretamente à problemática do acesso ao ensino superior brasileiro de certa fração de classe social que, conforme tive a oportunidade de desenvolver em estudo anterior sobre o percurso histórico do acesso à educação superior no Brasil[113], remete à entrada na universidade de estudantes ligados às frações da classe média baixa. O professor de filosofia da USP, Franklin Leopoldo e Silva, capta bem o processo na seguinte passagem:

> ... a proliferação das escolas privadas começou no regime militar. O famoso ministro Passarinho, num momento em que havia muito poucas vagas no ensino superior, menos do que hoje inclusive, ele, então, encorajou a proliferação de universidades privadas para que a classe média da época tivesse uma válvula de escape em relação ao ensino universitário (...) o Passarinho soube usar isso muito bem e

111 Há um alto percentual de bolsas parciais não ocupadas, o que gerou cobranças do Tribunal de Contas da União (TCU), provocando a elaboração de uma medida provisória a ser implementada em 2012 dispondo que somente sejam ofertadas bolsas integrais. Ou seja, um retorno ao que dispunha o projeto de lei original.

112 A natureza e extensão de tais avanços quando comparados com outras possíveis alternativas é que deveriam ser objeto de maior discussão. Não são simples máscaras e ocultações como algumas visões querem fazer crer.

113 Cf. Almeida (2007).

a classe média foi contentada com essa proliferação de escolas privadas. Acontece que isso foi saturado. *O governo atual segue a mesma linha. Só que agora ele está atendendo às camadas mais baixas da classe média que não tem acesso nem à pública, nem à privada.* Com esse tipo de reforma que vem agora no Programa Universidade para Todos, essa camada poderá ser contentada. Com isso, repete-se o processo, só que num *estamento [sic] social* um pouco mais abaixo e tenta-se cobrir a demanda às custas dessa confusão entre o público e o privado, fazendo com que certa iniciativa que vai na direção do privilégio da escola privada passe por iniciativa pública. Unicamente porque é uma iniciativa do governo, mas que na verdade vai beneficiar a escola privada. (Neves, Fanini e Klein, 2004, p.113) [grifos meus].

O próximo capítulo, por meio de um estudo empírico realizado com bolsistas na cidade de São Paulo procura discutir, nos tópicos que julgo essenciais, os avanços, os recuos, as tensões e os impasses do Programa Universidade para Todos.

CAPÍTULO III

Bolsistas

3.1. Metodologia: algumas considerações sobre o estudo de caso

A metodologia baseia-se em uma pesquisa empírica de cunho qualitativo, mediante a realização de entrevistas com alunos bolsistas do ProUni. Como instrumento de obtenção dos dados foi construído um roteiro para as entrevistas, com uma seleção de temas ligados às questões que se tencionava investigar[114]. Na presente investigação, cabe enfatizar, cada aluno entrevistado foi tomado como um caso. A ideia foi fazer uma *sistematização de estudos de casos* com os estudantes entrevistados, comparando-os entre si para chegar a uma visão mais clara dos diversos questionamentos[115].

Algumas palavras sobre a técnica do estudo de caso[116] no que diz respeito ao estatuto teórico e à representatividade, aspectos sempre questionados quando de seu uso.

Em sua definição, como aponta Hamel (1998, p.123), a contextualização assume caráter central e aqui já podemos afastar algumas ilações que o caracterizam como isolados ou não relacionais "... o estudo de caso consiste em relacionar um fenômeno a seu contexto e em analisar para ver como ele se manifesta e se desenvolve. Em outras palavras, trata-se, por seu meio, de compreender como um dado contexto atua sobre o fenômeno que se quer explicar".

114 Consultar Anexo II — Roteiro da Entrevista.

115 Um caso pode recobrir uma ampla gama de situações, variando em um espectro que abrange desde o estudo de um local específico, um projeto, uma família, uma comunidade ou um comportamento individual em um dado período e ambiente.

116 No nível operacional, trata-se de estudo de caso. No nível analítico, chamado de "método monográfico". Cf. Fernandes (1959).

O estudo de caso é profundamente criticado por ser "descritivo" e, em consequência, pouco científico, já que não é explicativo. Ora, é preciso questionar essa proposição, pois a descrição é fase fundamental no processo científico. Dito de outro modo, não há ciência que prescinda da fase descritiva. O problema é ficar somente nela, esse é o ponto. Além disso, não entendê-la como ligada a um todo em movimento, embora discernível em momentos. A confusão se dá porque não se consideram as etapas científicas de modo interdependente, na qual uma liga-se, inevitavelmente, à outra. Florestan Fernandes equaciona de modo preciso essa problemática que, no fundo, está ligada ao aspecto da generalização. Em sua obra *Fundamentos empíricos da explicação sociológica*[117], sobretudo em sua primeira parte, ele diz que na fase descritiva "... há a intervenção de métodos interpretativos" e que "... a natureza do conhecimento obtido no fim do processo de observação propicia um conhecimento 'descritivo' (...) sua validade é restrita ao universo empírico pesquisado. Porém, é etapa indissociável e fundamental para a explanação". Ou seja, para que se dê a explicação, requer-se a generalização, a extrapolação para outros contextos que guardem caracteres próximos aos investigados no universo de pesquisa em questão "... as evidências deixam de ser relacionadas aos universos empíricos restritos, por intermédio dos quais elas são descobertas e selecionadas, para serem referidas, *in genere*, aos fenômenos cujas propriedades e estados elas caracterizam tipicamente (explicação) (...) quanto à natureza das evidências, é óbvio que a síntese e a explicação generalizadora seriam totalmente impossíveis sem o tratamento analítico prévio dos dados de fato e a acumulação dos conhecimentos proporcionados pela reconstrução empírica da realidade" (Fernandes, 1959, p.12; 20-1) [grifo no original].

Na mesma esteira, Hamel (1998, p.136-7) baseia-se em Granger para elucidar essa questão costumeiramente confundida, porque dissociada "... a descrição é no dizer de Gilles-Gaston Granger, 'um tipo de início de inserção do objeto descrito em um sistema operatório que o prepara para a manipulação formal (...) as teorias descritivas fornecem essencialmente um quadro para a descrição dos fatos, o que é um passo considerável (...) propor princípios provisórios de classificação dos fatos e objetos, é já impor um certo método de abstração, eventualmente de hierarquização, preliminar a toda teorização mais sólida. Sob sua égide, as categorias práticas são combinadas aos conceitos em virtude dos quais se forma toda teoria explicativa". Enfim, sem a base — dados descritos a partir da coleta[118] no campo, posteriormente analisados — não chegaremos jamais à explicação. Explicação provisória, já que é ciência e não dogma.

No que tange à representatividade — vale lembrar, para qualquer técnica

117 Esta obra completou 50 anos em 2009 e continua, a meu ver, de uma atualidade sem igual quando se trata de discutir os passos, avanços e limites do processo de pesquisa nas ciências humanas.
118 Já informados pelos propósitos teóricos, interpretativos, o que marca o caráter de imbricação entre as diversas fases investigativas aqui enfatizado.

de pesquisa qualitativa — sempre é essencial distingui-la da representatividade estatística, baseada sobremaneira no cálculo de probabilidades. Nesse cálculo, o pesquisador está interessado em "... indicar em qual medida a frequência de uma qualidade pode desviar da amostra"[119]. Ora, o mestre Wright Mills já nos alertara a respeito, como sempre de forma sucinta e substantiva "... a análise qualitativa não pode proporcionar as frequências ou grandezas. Sua técnica e seu objetivo é dar a variedade dos tipos". (Mills, 1965, p.231.)

Portanto, a representatividade[120] é dada pela diversidade qualitativa das instituições de ensino, bem como pela diversidade intragrupal formada pelos alunos pesquisados, realçando suas diferenças e aproximações e tendo em vista as problemáticas surgidas ao longo do processo investigativo. Poderíamos chamá-la, então, de representatividade sociológica ou teórica, pois está fundada no propósito heurístico de *representar* casos semelhantes passíveis de ocorrer em contextos que apresentem características ou propriedades similares ou bem próximas às investigadas por mim. Como bem diz Pais (2001, p.100) "... um caso não pode representar um mundo, embora possa representar um mundo no qual muitos casos semelhantes acabam por se refletir".

Assim, apesar dos problemas de acesso aos dados, relatados no capítulo I, outros contatos foram estabelecidos no intuito de ampliar o número de casos tendo em vista não sua extensão, conforme já posto, e sim sua diferenciação em termos de carreiras (cursos mais prestigiados, menos prestigiados, de formação curta, de formação mais longa) e instituições (mais conceituadas, grandes grupos, menos conceituadas, faculdades isoladas), permitindo-nos contemplar um quadro mais sistêmico dos fatores envolvidos.

Em suma, conforme já informado no capítulo inicial, operacionalmente, para a consecução do que pretendi realizar houve duas entradas: reconstrução crítica conceitual de informações de diversas fontes; e dados primários construídos a partir da montagem de casos nas entrevistas e nos questionários.

3.1.1. Universo empírico e tratamento dos dados

Dadas as circunstâncias e os limites de acesso às informações já apontados para estruturar a investigação, o universo da pesquisa foi constituído por 28 licenciandos, sendo 23 de licenciatura em Pedagogia e cinco distribuídos nos cursos de História (2), Letras (1) e Matemática (1), Educação Física (1). Os bacharelandos perfazem 17 alunos, sendo oito cursando Administração e um Ciências Contábeis. Os oito restantes estão distribuídos nos seguintes cursos: Enfermagem (1); Psicologia (2); Economia (1); Direito (1); Medicina (1); Engenharia (1) e Publicidade (1). Por fim, os que fazem os cursos tecnológicos são

119 Cf. Hamel (1998).

120 Para um aprofundamento sobre a singularidade da amostra qualitativa e a correlata questão clássica da representatividade, consultar Pires (1997; 2008) e Granger (1977).

cinco alunos nos cursos de Produção Gráfica (1); Tecnologia em Recursos Humanos (3) e Tecnologia em Redes (1). Assim, um primeiro recorte é considerar as trajetórias a partir de sua distribuição em três subconjuntos de cursos e universidades nas quais são realizados: Licenciaturas, Bacharelados e Tecnológicos. Com efeito, isso permite visualizar traços similares, dando uma visão do perfil geral desses estudantes ligados às propriedades dos subgrupos aos quais pertencem. No entanto, mesmo considerando tais agrupamentos construídos em torno das carreiras e instituições como caminho analítico importante, mediante o cruzamento de uma série de atributos dos 50 alunos pesquisados, percebe-se fatores de diferenciação presentes na heterogeneidade dos percursos analisados. Assim, podemos ver, em determinadas situações, traços específicos de apenas alguns deles e, também, possíveis elementos particulares ligados ao trajeto de cada bolsista. Logo, é preciso ir além dos subconjuntos daquela primeira entrada para que as peculiaridades próprias de determinados indivíduos possam emergir.

Para a construção dos instrumentos de extração dos dados, recuperei aqui as elaborações e desenvolvimentos posteriores das questões centrais do projeto de investigação, o qual tem como problemática maior tentar entender como se processam as dimensões do acesso e da permanência dos bolsistas do ProUni. Quanto ao tratamento analítico dos dados, inicialmente foram realizadas a decomposição vertical e horizontal das entrevistas e das perguntas abertas dos questionários e, posteriormente, um cruzamento entre todas elas — procurando os pontos convergentes e divergentes entre os trajetos. Conjuntamente, foram extraídas informações quantitativas por meio da elaboração de tabelas. Os diversos questionamentos foram configurados em quatro eixos temáticos: família, trabalho, acesso e vida universitária. Essas quatro temáticas e seus tópicos constitutivos sintetizam um conjunto de evidências empíricas necessárias para a explicação das trajetórias estudantis pesquisadas, permitindo-nos reconstruir essas experiências de acesso e permanência no ensino superior ao captar os diversos itinerários percorridos por esse grupo particular de alunos na cidade de São Paulo.

3.2. Um novo tipo de estudante no *campus*: diálogo entre perfis de alunos

Sampaio, Limongi e Torres (2000), utilizaram duas fontes de dados, a PNAD (Pesquisa Nacional de Amostra de Domicílios) de 1997 e dados provenientes do Exame Nacional de Cursos (o antigo "Provão"), realizado pelo INEP/MEC, no ano de 1999, visando a, respectivamente, construir um panorama da educação entre os jovens situados na faixa de 18 a 24 anos, contrastando com os jovens que estavam incluídos e excluídos da educação superior no Brasil naquela década e, também, estabelecer correlações entre a nota obtida pelo graduando na Prova Geral (provas de múltipla escolha e discursiva) do Exame Nacional de Cursos e características socioeconômicas dos concluintes, região geográfica, natureza institucional e dependência administrativa do estabelecimento onde realizaram o curso. Os autores reforçam que, naquele ano de 1999, foram avaliados os concluintes de 2.151 cursos superiores, distribuídos em 13 áreas da graduação (Administração, Direito, Engenharia Civil, Engenharia Química, Medicina Veterinária, Odontologia, Engenharia Elétrica, Jornalismo, Letras, Matemática, Economia, Engenharia Mecânica e Medicina, totalizando 160.018 inscritos presentes ao exame e ponderam "... apesar de restritos aos formandos — e, portanto, não englobar a totalidade dos estudantes universitários brasileiros e, mesmo assim, somente aqueles concluintes dos cursos avaliados que se inscreveram — os dados do Provão permitem delinear um quadro geral". (Ibidem, p.7-8.)

Mais adiante, encontramos algumas passagens esclarecedoras que permitem entender, a partir de um diálogo com outras pesquisas empíricas que recobrem os perfis dos alunos, as mudanças ocorridas no interior do sistema privado no que concerne ao atendimento de certa parcela de jovens até então ausente da educação superior brasileira. Iniciamos a análise dessas pesquisas pelo seguinte trecho:

> ... *diante da inexistência de um sistema de bolsas de estudo mais abrangente*, são as instituições de ensino superior públicas, apesar das significativas barreiras no ingresso, que ainda recebem estudantes de baixa e baixíssima renda familiar; esses estudantes, a despeito de suas condições socioeconômicas desfavoráveis, lograram ultrapassar essas barreiras (...) mostra a existência de maior permeabilidade nos estabelecimentos públicos aos estudantes de origem mais pobre; em segundo lugar mostra que essa permeabilidade não se restringe a determinados cursos ou carreiras, *mas é geral a todos os cursos oferecidos pelo setor público.*
> ... conforme se constata, existe um grupo de estudantes pobres e muito pobres que estão conseguindo ultrapassar barreiras ao longo de suas trajetórias escolares, ingressar e permanecer nas universidades públicas. (...) as chances de ingresso estão relacionadas com a renda familiar e com o nível de escolaridade dos pais. Poucos são os jovens que, oriundos de famílias com baixa renda e/ou com pais com baixa escolaridade, logram ingressar em um curso superior. No entanto, *para os poucos que o fazem, os estabelecimentos públicos constituem uma alternativa para a obtenção do diploma de graduação.*
> ... uma vez que esta *sobre-representação das camadas de renda mais baixa nas universidades públicas ocorre em todos os cursos*, tal fato não pode ser atribuído somente às características dos cursos oferecidos (...) nestes termos, o ensino superior público, *na ausência de um sistema de bolsas de estudo que permita aos mais pobres financiar seus estudos adequadamente*, acaba funcionando como o instrumento possível para superar desigualdades ou, para, ao menos, diminuir a iniquidade no sistema. (Sampaio, Limongi e Torres, 2000, p.40-41; 51-52) [grifos meus].

Que lições centrais podemos extrair? Em contraposição a uma visão ainda muito disseminada nos estudos de ensino superior no Brasil, que identifica universidade pública como somente "lugar de rico, da elite econômica" e universidade privada como "lugar de pobre, dos excluídos", os autores, baseados nas evidências empíricas coletadas, a meu ver apresentam uma concepção mais próxima da realidade, qual seja, a heterogeneidade em termos de classe social do aluno presente nos cursos da universidade pública[121] e acentua que, quando comparada com o sistema privado, o setor público é mais socialmente permeável aos segmentos de baixa renda[122].

No entanto, uma década se passou e mudanças ocorreram nas políticas de acesso ao ensino superior voltadas para os segmentos socialmente mais desprovidos. Nas universidades públicas[123], políticas de cotas e sistema de pontuação (bônus). No setor privado, majoritário, a partir de 2005 surge o ProUni que preenche, justamente, as inquietações dos autores destacadas na passagem anterior referentes a um "sistema de bolsas" para os alunos "mais pobres". Conforme veremos, uma grande mutação foi a introdução do Exame Nacional do Ensino Médio (ENEM) como método de seleção em ambos os setores, seja para as vagas do ProUni, seja, mais recentemente, para as vagas das universidades federais.

Nessa parte da tese, pretendo discutir justamente essas mudanças, mediante a utilização dos dados empíricos de pesquisas realizadas ao longo do fim da década de 90 até o momento atual, contrastando perfis dos estudantes do setor público e do setor privado naquela época e algumas mudanças provocadas, a partir do governo Lula com o advento do ProUni e do uso do ENEM na rede pública federal. Cumpre ponderar, dadas a ausência de um maior número de pesquisas sobre os perfis de alunos em ambos os setores, a dificuldade de se ter dados oficiais mais precisos dos bolsistas do ProUni — principalmente os de cunho socioeconômico e a distribuição por cursos —, bem como o universo empírico de tais investigações serem muitas vezes de tamanhos bem distintos, o objetivo aqui é somente percorrer as mutações centrais ocorridas no período demarcado, ensejando elementos para situar, mais adiante, a especificidade dessa nova parcela de alunos — os bolsistas do ProUni — que agora chegam ao ambiente universitário.

Um aspecto importante é o grande contingente de jovens na faixa etária de 18

121 Há certo tempo, baseado em pesquisas minhas e de outros pesquisadores Brasil afora, venho propondo uma outra visão, mais calcada na discussão de frações de classe média tanto no ensino superior público quanto no privado, procurando compreender quais mecanismos simbólicos e materiais são manipulados por tais segmentos de classe para assegurar o "sucesso" no acesso e na permanência na educação superior.

122 Cumpre acrescentar, também o é no quesito cor/raça, pois o sistema público, em comparação com o setor privado lucrativo, absorve mais negros e pardos. Essa constatação também é destacada ao longo da referida obra.

123 Para uma discussão sobre propostas e mecanismos existentes de acesso ao ensino superior público, ver Almeida (2008).

a 24 anos no ano de 1997 — 19,6 milhões de jovens — segundo dados da PNAD, fenômeno designado como "onda jovem" e fato inédito na história brasileira, resultante da queda constante da fecundidade desde os anos 70 do século passado. Nessa constatação, cabe destacar o contraste entre o nível médio de escolaridade desses jovens em relação aos seus pais, efeito tanto das estratégias das famílias no investimento educacional quanto das políticas educacionais anteriores de ampliação do acesso à escola no Brasil "... na comparação entre as gerações, a escolaridade média dos mais jovens tem evoluído de maneira significativa. Filhos têm, em média, mais anos de escolaridade que seus pais e, provavelmente, terão filhos ainda mais escolarizados". (Sampaio, Limongi e Torres, 2000, p.24-25.)

Quando, no entanto, olhamos para as características dos concluintes, ou seja, ao tomarmos como parâmetro aqueles jovens de 18 a 24 anos que acessaram o ensino superior e o concluíram, os dados do IBGE apresentam um perfil geral bem seletivo: em sua quase totalidade eram jovens brancos (86,6%), provinham de famílias com renda elevada (renda familiar média de 3.400 reais em 1997) e tinham pais com mais anos de escolaridade (10,6 anos de escolaridade — média do pai). Esses jovens residiam predominantemente no sudeste do país (59,9%) e eram, em grande parte, residentes de regiões metropolitanas (48,3%). (Ibidem, p.26-27.)

Os dados gerais dos formandos de 1999[124] apresentam as seguintes características: hegemonia do setor privado lucrativo, pois apenas 32,7% dos alunos eram dos estabelecimentos públicos (universitários e não universitários); variações regionais, pois na região nordeste, em contraposição à região sudeste, a maioria dos formandos fizeram seus cursos nos estabelecimentos públicos; baixa presença de formandos que haviam frequentado o curso exclusivamente no turno diurno, pois correspondiam a apenas 20,6% num total de quase 30 mil formandos; a proporção de formandas (51,7%) era ligeiramente mais elevada que a de homens e a cor/raça dos formandos em que apenas 15,3% declararam ser negros ou pardos frente a 80,8% que declararam ser brancos. (Ibidem, p.30-34.)

Cabe agora contrastar as características gerais ligadas ao setor privado e ao setor público (estabelecimentos universitários e não universitários) naqueles anos finais da década de 90. No que se refere ao setor privado, basicamente entre os formandos havia grande proporção de *mulheres com mais de 25 anos e pessoas casadas*. Em contrapartida, no setor público[125], sobretudo nas univer-

124 Segundo dispõem os autores da pesquisa, o Provão do ano de 1999 abrangeu cerca de 146 mil formandos, distribuídos em 13 diferentes áreas de graduação. Administração, Direito e Letras eram os cursos com maior número de alunos participantes. Em conjunto, esses três cursos compreendem 90 mil formandos, o que corresponde a 62,2% dos participantes. (Cf. Sampaio, Limongi e Torres, 2000, p.29.)

125 Algumas lembranças: cabe reiterar que os concluintes dos cursos do setor público representam, na amostra, um terço (32,8%) do total dos formandos avaliados. Além disso, conforme já dito, grande parte deles são provenientes de cursos como Direito e Engenharia Civil, carreiras socialmente mais seletivas e concorridas. Uma mais precisa comparabilidade entre ambos os setores requereria, portanto, uma maior abrangência de cursos avaliados no setor público.

sidades públicas, eram formandos mais *jovens, do sexo masculino e solteiros*, levando os autores a concluir que "... os formandos das universidades públicas, consideradas em seu conjunto e não os separando por curso, ainda apresentam um perfil mais 'clássico', que corresponde, em grande medida, à imagem tradicional do 'estudante universitário'". (Sampaio, Limongi e Torres, 2000, p.31; 34) [grifos são meus].

Acresce-se que os formandos das universidades públicas frequentaram mais seus cursos no turno diurno que seus colegas de outras instituições (estabelecimentos públicos não universitários, estabelecimentos privados não universitários e universidades privadas). O corte de gênero também sobressai aqui pelo fato da menor presença feminina nessas universidades. Além disso, há menores proporções de formandos que trabalharam em período integral durante o curso. Logo, extrai-se que se trata de segmentos sociais muito bem posicionados, incontestavelmente; porém, os autores destacam, com precisão, o significado dessa elite estudantil, rompendo com o senso comum em tratá-los, simplesmente, como um *locus* exclusivo de uma camada "rica" e socialmente homogênea:

> ... os dados sugerem que as universidades públicas atendem a uma clientela muito seleta; os estudantes destas instituições constituem a elite do País (...) constatou-se sempre que os alunos das universidades públicas têm melhor desempenho que os demais (...) os dados conduzem a concluir que melhores alunos ingressam nas universidades públicas e nelas recebem uma formação superior à formação obtida nos demais estabelecimentos. Nestes termos, parece razoável afirmar que as universidades públicas atendem à elite dos estudantes do País ao tempo que formam sua elite profissional. Não se segue daí a inferência que apenas jovens provenientes das camadas socioeconômicas mais elevadas tenham acesso às universidades públicas, que estes jovens constituam sua clientela exclusiva; tampouco se pode inferir que compete às instituições de ensino superior privadas atender preferencialmente à demanda de ensino superior oriunda dos segmentos mais pobres da população (...) deve-se enfatizar, contudo, que o caráter seletivo e restrito do ensino superior não implica homogeneidade de sua clientela. Ao contrário, uma das principais características do grupo que conclui o ensino superior é a sua heterogeneidade. (Sampaio, Limongi e Torres, p.51; 55.)
>
> ... por outro lado, nas instituições federais e estaduais, menos estudantes trabalharam quarenta horas semanais, o porcentual dos que cursaram o segundo grau em escolas particulares e que têm pais com escolaridade superior é maior que a proporção de estudantes com esses mesmos atributos nas instituições particulares (e também nas municipais). Contudo, os resultados apresentados estão longe de sugerir a elitização dos estudantes nas instituições públicas: quase a metade faz o segundo grau também em escolas públicas e, durante o curso, trabalhou quarenta horas semanais. (Sampaio, 2000, p.263.)

Pesquisa feita pelo Fórum Nacional de Pró-Reitores de Assuntos Comunitários e Estudantis (Fonaprace), em 1997, procurou traçar o perfil dos estudantes das instituições federais[126] de ensino superior. Os dados coletados referem-se ao ano de 1996 e o método usado para selecionar os alunos da amostra de cada instituição federal foi o de amostragem por conglomerado, estratificada, onde o número de alunos escolhidos em cada estrato foi proporcional ao número total de alunos no estudo. Os estratos abrangeram cursos da mesma área de conhecimento. O tamanho básico da amostra foi de 900, com uma taxa de erro de três pontos percentuais. Foram aplicados 32.348 questionários, representando um universo de 327.660 alunos. (Cf. Fonaprace, 1997, p.5; 9; 13.)

Os resultados dos atributos pesquisados foram: quanto à classificação socioeconômica[127], 44,29% encontram-se nas categorias C, D, e E (30,54% na C; 10,50% na D e 3,25% na E). Receberam a classificação B, 43,11%. Apenas 12,6% do alunado das Ifes estava na categoria A; as mulheres são maioria nos dados nacionais e totalizam 51,44%, sendo que somente na região Sul o percentual de homens é superior (52,30%) ao de mulheres, que somam 47,70%; a faixa etária de maior concentração de alunos está entre 20 e 25 anos, com 53,77%. A segunda maior incidência está na faixa inferior a 20 anos, 21,41%; os solteiros são maioria nos dados nacionais (84,65%); 42,04% dos alunos informaram ter trabalho remunerado. Entre as regiões, há uma variação nesse percentual, onde os estudantes das universidades da região Norte possuem um índice de 70,99% contra 36% dos alunos da região Sudeste. Tanto no resultado nacional quanto nos regionais, há envolvimento dos estudantes com o mundo do trabalho, com percentuais maiores nas categorias socioeconômicas C, D e E, exceto na região Sul, onde a categoria B é maior que a E; dos alunos, 11,52% se consideram chefes de família e 7,33% apontam o seu cônjuge como tal; no que diz respeito à escolaridade dos pais, eles têm, em sua maioria, grau de instrução universitária (32,16% dos pais e 26,9% das mães). Em seguida os que têm o ensino médio, com destaque para as mães (25,43%); quanto ao tipo de escola cursada no ensino médio a maior parte foi cursada em escolas particulares por 54,96% dos estudantes, de acordo com os dados nacionais. Esta distribuição se mantém nas regiões Nordeste e Sudeste, 64,4% e 57,19%, respectivamente. Nas regiões Centro Oeste, Sul e Norte prevalecem os alunos oriundos das escolas públicas;

126 Com a adoção do Sistema de Seleção Unificada, implantado em 2010, talvez tenha ocorrido mudanças no perfil dos alunos das federais. Entretanto, não teremos condições aqui de aquilatar tais mudanças, pois se trata de fato relativamente recente. Não encontrei estudos e pesquisas a respeito. Mais à frente serão apresentados o número de vagas ofertadas e de ingressantes que se utilizaram desse novo método de seleção, todo feito com a nota do ENEM.

127 O critério utilizado foi o Abipeme, dividido nas seguintes "classes econômicas": A, B, C, D, E. Hoje, esse critério foi remodelado devido à mobilidade de segmentos sociais para a classe C, logo, houve uma subdivisão na classe A (A1, A2), na B (B1 e B2) e na C (C1 e C2). Contudo, o essencial não mudou: a forma de classificação baseia-se no poder aquisitivo medido pela presença de bens duráveis na residência familiar e na escolaridade do chefe da família.

56,06% dos alunos fizeram cursinho pré-vestibular durante pelo menos seis meses. Chama a atenção o fato de que os percentuais de alunos de escolas públicas e privadas que o frequentaram é praticamente equivalente, com 54,20% e 57,59%, respectivamente; por fim, quanto aos motivos de opção pela universidade o atributo ensino gratuito foi sempre o mais citado em todas as regiões (83,69%). A qualidade do ensino veio logo a seguir, sendo apontada por 59,03% do total de alunos. A proximidade da residência foi a terceira razão de escolha dos estudantes, com 31,95% das ocorrências. (Ibidem, p.15-18; 23-31.)

Portanto, podemos extrair desses resultados o fato de que, embora não se trate aqui da camada "rica", da "elite econômica" do Brasil, também não se pode afirmar, por outro lado, que as frações mais baixas da classe média e de baixa renda estão plenamente representadas nas instituições federais, muito pelo contrário conforme os dados empíricos evidenciam.

É justamente nos anos 1990 — mais precisamente na sua segunda metade — do século XX, período no qual ocorreram processos concomitantes de quase universalização do acesso à educação fundamental bem como uma acentuada expansão do ensino médio que haverá uma maior demanda e luta por vagas no ensino superior, ganhando proeminência as reivindicações de setores da "classe média baixa" e de baixa renda. Em uma monografia, ao analisar o percurso histórico de acesso à educação superior no Brasil, não obstante possíveis exceções que fogem à regra, agrupei, analiticamente, quatro períodos:

> ... um primeiro, que poderíamos situar até a década de trinta do século XX, no qual o acesso era exclusivo das elites; um segundo, dos anos trinta até os anos setenta, no qual os estratos superiores das classes médias predominavam; um terceiro dos anos setenta até meados da década de 90, marcados pelas camadas médias típicas, e, finalmente, um quarto, em que ocorre uma segunda onda de expansão mais acentuada do ensino superior, que ganha contornos mais definidos nos dias atuais, quando os setores de classe média baixa e de baixa renda *lutam* por acesso. (Almeida, 2007, p.181) [grifo meu].

A grande mutação ocorrida foi o uso do Exame Nacional do Ensino Médio, **o ENEM,** como **forma de acesso** ao ensino superior, efetivado somente a partir de 2004 como seleção para o ProUni e, mais tarde, já no fim dos anos 2000, com sua utilização também nas federais. É necessário entender os contornos dessa mudança.

Cabe registrar que já em dezembro de 1996, ainda no primeiro governo de Fernando Henrique Cardoso, a Lei de Diretrizes e Bases da Educação Nacional (Lei 9.394/96) já dispunha que o vestibular classificatório, modelo até então quase único como forma de seleção, passasse a ser flexibilizado. Assim, conforme Catani e Oliveira (2002, p.83):

> ... o vestibular deixa de ser a única forma de ingresso nas IES. Ao invés de uma única prova fixada em determinado período do ano, abre-se a possibilidade de processos seletivos diversificados. Nesse sentido, o governo criou o Exame Nacional do Ensino Médio (ENEM), objetivando convertê-lo em mecanismo auxiliar a ser utilizado nos processos seletivos, além de permitir uma avaliação do ensino médio e fornecer critério para a contratação dos profissionais pelas empresas. No texto da LDB, a exigência de processo seletivo, em substituição ao chamado vestibular, aparece na regulamentação da transferência de alunos (Art. 49), na matrícula por disciplina, na ocorrência de vagas ociosas (Art. 50) e na necessidade de levar em conta os efeitos dos critérios e normas de seleção de estudantes sobre o ensino médio. (Art. 51)

Ao verificarmos a evolução do número de participantes, percebemos um aumento significativo ao longo dos anos, com incrementos substanciais a partir do instante que o ENEM passou a servir como certame para acesso ao ensino superior. Para efeito comparativo, no ano de sua criação, em 1998, apenas 115.600 participaram. Em 2008, já com o ProUni existindo, 4.018.050 de inscritos e 2.920.560 participantes em 2009 e mais de 4.600.000 inscritos para a edição de 2010. Segundo dados mais recentes, 539 Instituições[128] de Ensino Superior (IES), já usam o resultado do exame como critério de seleção para o ingresso no ensino superior, substituindo (total ou parcialmente) o vestibular. (Cf. Andriola, 2011.)

Há toda uma literatura existente — seja oficial, seja de alguns pesquisadores — enfatizando que o ENEM é uma forma de seleção construída para avaliar "as habilidades e competências humanas". Logicamente, a contraposição é feita em relação ao velho vestibular das universidades públicas, tido como muito calcado nos conteúdos e na memorização. Assim, Andriola (2011, p.117; 119), ao listar motivos favoráveis ao ENEM como método seletivo, pontua:

> ... um procedimento seletivo adaptado às exigências dessa nova sociedade (...) os itens (questões) componentes da prova do ENEM buscam avaliar as *habilidades* e as *competências*, a partir de problemas cuja solução não depende unicamente do domínio do conhecimento formal do aluno sobre os *conteúdos escolares*. As questões apresentam informações que, per si, permitem ao candidato interpretar, inferir, deduzir, comparar, julgar, aplicar e resolver o problema apresentado, deixando de focar exclusivamente o conhecimento dos *conteúdos escolares*, como o fazia o Vestibular. Sob essa nova ótica, não importa, unicamente, o que o aluno sabe, mas o que é capaz de fazer com um conjunto de informações que lhe é fornecido. A ideia é simples: o aluno terá que demonstrar suas *competências* para, a partir de informações que lhe foram apresentadas, empregá-las a contento com vistas a propor soluções factíveis para problemas que envolvem conteúdos curriculares. [grifos meus.]

128 No momento em que escrevo estas linhas, divulgou-se na imprensa paulista que a tradicional Universidade Mackenzie vai reservar metade de suas vagas mediante seleção pelo ENEM.

Há avanços no ENEM no que diz respeito à maior flexibilidade exigida nos pontos curriculares cobrados, na crítica à decoreba[129] que campeia nos concursos Brasil afora e, a meu ver, é mais significativo na clássica questão da interferência do que é discutido no currículo da educação básica a partir das determinações de bancas examinadoras das fundações responsáveis pela seleção nos estabelecimentos públicos. Entretanto, como bem pondera Vianna (2003, p.21) é necessário não separar atividades que o pensamento, geralmente, associa:

> ... o ENEM foi concebido para verificar competências e habilidades, segundo a formulação de seus responsáveis, e pretende avaliar cinco competências e vinte e uma habilidades, conforme reitera a sua literatura de divulgação. (...) a situação se nos afigura bastante conflituosa, quando se observa que o próprio órgão responsável pela avaliação proclama, em alto e em bom som, que o ENEM não mede conteúdos, mas apenas competências e habilidades. Confessamos a nossa perplexidade e a forma dogmática da assertiva faz-nos lembrar a lição do mestre da Universidade de Chicago, Benjamim Bloom, injustamente esquecido entre nós, quando afirmava com bastante clareza que, ao avaliarmos um conteúdo, estamos, implicitamente, avaliando algo mais, as capacidades. Se considerarmos alguns exemplos, veremos que é impossível verificar a habilidade numérica de uma criança, sem constatar seus conteúdos de matemática; é impossível certificar a habilidade mecânica de um jovem, no conserto de um carro, por exemplo, sem considerar seus conteúdos de mecânica de automóvel.

Almeida (2009, p.41; 47-49), estudando as relações entre ensino médio e vestibular das universidades públicas, nos seus cursos mais concorridos, avança uma hipótese interessante para se pensar nessa ênfase que recobre o discurso das "competências", discurso esse predominante durante a década de 90 no campo educacional e, ainda hoje, muito presente. A autora mobiliza o estudo da circulação de agentes centrais nos espaços decisivos — no melhor estilo bourdieuseano — para captar o processo:

> ... a permeabilidade entre os dois segmentos revestiu-se ainda de um outro caráter a partir do início dos anos 1990, quando os proprietários e os diretores das escolas privadas consideradas de alto nível começaram a fazer parte das equipes estatais de planificação da política educativa pública (...) a criação do ENEM, por sua vez, contou com a participação decisiva do fundador e diretor de um dos colégios privados de melhor reputação na cidade de São Paulo, que já havia participado de forma decisiva na reorganização do vestibular da Unicamp [Jocimar Archangelo, do colégio

129 Essa crítica é parcialmente correta, pois, ao contrário do que expressam certas falas, somente memorização não é suficiente para passar nos exames vestibulares de formato mais tradicional, ao menos nas universidades mais conceituadas, com destaque nesse quesito para a Universidade de Campinas e o seu vestibular.

Equipe, da cidade de São Paulo] (...) assim como foi significativa a participação de profissionais desse tipo na produção dos parâmetros curriculares do ensino fundamental (...) em meados da década de 80, a Unicamp rompeu com esse modelo modificando o seu vestibular. Isto implicou romper com a FUVEST (fundação que administra o vestibular da USP) criando uma fundação própria para administrar o seu vestibular, a COMVEST (...) as mudanças no vestibular da Unicamp não podem ser compreendidas sem que se levem em conta as relações entre o reitor da universidade que as implementou no fim dos anos 1980 [Paulo Renato Souza] e o seu assessor que pensou a reforma, um antigo proprietário e idealizador de um colégio secundário em São Paulo que, mais tarde, ocupando um posto no INEP, foi um dos idealizadores do ENEM. Elas também não podem ser compreendidas sem se levar em conta a participação, nesse processo, dos professores do Instituto de Estudos da Linguagem desta universidade, encarregados particularmente da formulação da prova de Língua Portuguesa e Redação. Alguns relatos parecem indicar que o episódio de modificação do vestibular da Unicamp foi o resultado do encontro, por um lado, das insatisfações de um grupo de professores desse Instituto com o conteúdo do exame tal como era definido pela FUVEST com o interesse do reitor, por outro lado, em libertar-se do vínculo com essa fundação, que, pelo que esses testemunhos indicam, era bastante oneroso (...) essa ideia de competência não foi, evidentemente, inventada pelos professores dessa universidade [Unicamp] (...) ela corresponde em suas linhas gerais às abordagens pedagógicas definidoras do ensino oferecido por alguns colégios que ocupam as posições dominantes do espaço escolar secundário da cidade de São Paulo. Hoje, é essa ideia que dá consistência também aos Parâmetros Curriculares propostos pelo Ministério da Educação para a totalidade do ensino secundário nacional.

Ao fim e ao cabo, o fato é que a utilização do ENEM como método seletivo para as vagas do ProUni foi o "pulo do gato" das políticas de acesso à educação superior no governo Lula, pois, conforme veremos quando eu discutir o acesso dos bolsistas pesquisados, bem como quando eu apresentar os dados empíricos de outras investigações já realizadas sobre o ProUni, as frações de classe média baixa e de baixa renda que, conforme já dito, lutavam por acesso, a partir do uso do ENEM terão suas chances ampliadas pois, agora, possuem maiores oportunidades de ultrapassar a barreira da restrição competitiva[130] no vestibular das universidades públicas.

Em 2010, há uma **inflexão**, com o uso do ENEM nas instituições federais. Batizado de "novo ENEM", o Ministério da Educação ampliou o número de testes[131] (anteriormente eram 63 questões interdisciplinares de múltipla escolha)

130 Essa discussão é feita adiante, no item 3.5. — Acesso.

131 O sistema antigo perdurou até 2008. Cumpre dizer que os meus entrevistados na pesquisa de campo fizeram a prova no sistema antigo. Voltarei a esse ponto.

para 180, dividindo-as em dois dias de prova (antes era somente um dia). Compõe-se basicamente de testes em quatro áreas do conhecimento humano: linguagens, códigos e suas tecnologias (incluindo redação); ciências humanas e suas tecnologias; ciências da natureza e suas tecnologias e matemática e suas tecnologias. Na redação exige-se o desenvolvimento de um texto do tipo dissertativo. Outra mudança é o uso da TRI (Teoria de Resposta ao Item), técnica estatística que permite a comparação das notas dos alunos, de um ano para outro, ou seja, a elaboração de uma série história dos desempenhos no exame, inexistente no formato anterior. Entretanto, a principal transformação referente às instituições federais foi a criação do *Sistema de Seleção Unificada (Sisu)*, um sistema que permite a seleção dos ingressantes a partir da nota do ENEM, possibilitando ao candidato concorrer às vagas disponíveis nos estabelecimentos federais que participarem do sistema, ensejando assim maior possibilidade de disputa por vagas existentes nos outros estados e uma maior mobilidade[132] entre os estudantes no país. O MEC apresentou quatro possibilidades aos reitores, deixando-os livres para escolher a forma de utilização da nota do ENEM: fase única, com o sistema de seleção unificada, informatizado e on-line; só na primeira fase; combinada com o vestibular da instituição; e como fase única para as vagas remanescentes do vestibular. Segundo dados recentes, cada vez mais, há o crescimento da adesão ao Sisu com a consequente ampliação das vagas ofertadas. Conforme Orsi (2012), em 2010, no seu primeiro ano de funcionamento, houve a adesão de 23 universidades com a oferta de 38,5 mil vagas. Em 2011, 39 universidades aderiram, ofertando 62 mil vagas. Em 2012, 42 universidades participaram com a oferta de 80,3 mil vagas. No conjunto, a seleção unificada de 2012 abriu 108.552 mil vagas, sendo 80.368 para as universidades federais, 19. 828 para os institutos federais, 8.236 para as instituições estaduais e 120 para a Escola Nacional de Ciências Estatísticas do IBGE.

Conforme exposto no início da discussão desta parte da tese, o uso do ENEM como método seletivo provocou *mudanças em ambos os sistemas quando se compara com o fim dos anos 90 e primeira metade dos anos 2000.* No sistema privado, mediante o ProUni. No sistema público, mediante o sistema integrado de seleção. Não é por outro motivo que tais mudanças impactam, de algum modo, a procura pelas universidades públicas paulistas, sobretudo USP e Unicamp, as quais veem, a cada ano, queda no número de inscritos para as suas vagas. Além disso, a maior universidade federal do país, a Universidade Federal do Rio de Janeiro (UFRJ), em deliberação do seu conselho universitário[133], aderiu ao Sisu. Já para o vestibular de 2012, 100% das vagas são preenchidas pela nota do ENEM de 2011:

132 Dada a novidade da iniciativa, é preciso aguardar alguns anos para se avaliar o impacto dessa mobilidade nas instituições federais.

133 Além da adesão, o conselho aumentou a reserva de vagas destinadas aos alunos da escola pública de 20% para 30%, com o critério de que a renda *per capita* familiar não ultrapasse um salário mínimo.

... o número de calouros equivale a dez vezes o total de vagas anuais da Universidade de São Paulo (USP) e a mais de 31 vezes o que a Universidade Estadual de Campinas (Unicamp) oferece em seu vestibular. Os dados da primeira chamada do Sisu mostram a força da região Sudeste. O Rio foi a unidade da federação com o maior número de inscrições: 381.721 (...) o curso mais concorrido é o de Administração no Centro de Educação Tecnológica de Minas Gerais (Cefet-MG) com 1.248 candidatos para cada uma das oito vagas (...) já o curso que registrou o maior número absoluto de inscritos, com mais de 21 mil pessoas, foi Análise e Desenvolvimento de Sistemas, do Instituto Federal de Educação, Ciência e Tecnologia de São Paulo (IFSP). O segundo lugar também é paulista: Ciência e Tecnologia da Universidade Federal do ABC (UFABC), com mais de 19 mil interessados em cursá-lo. (Mandeli; Saldaña, 2012.)

O resultado dessas mudanças é que um novo perfil de estudante, com o ProUni, entra no "campus", no setor privado da educação superior. Cabe agora dialogar com os dados provenientes do sítio do MEC, de algumas pesquisas empíricas empreendidas nas Pontifícias Universidades Católicas de São Paulo e do Rio de Janeiro[134] e com alguns atributos coletados na pesquisa de campo que fiz com os 50 bolsistas de instituições ligadas, sobremaneira, ao setor privado lucrativo. Comparando com outras investigações, é possível visualizar certos traços que permitem apreender essa nova faceta estudantil no campo do ensino superior brasileiro. Inicio com uma característica fundamental, a categoria socioeconômica, o que inclui alguns atributos como renda, contribuição para o orçamento familiar e local de moradia. Como o MEC não divulga essa informação capital em seu sítio[135], cabe recorrer aqui a um exercício de aproximação entre as pesquisas empíricas existentes. Costa (2008), em sua dissertação de mestrado sobre os bolsistas do ProUni na PUC-SP, a partir das respostas de 18 bolsistas distribuídos nos cursos de História, Economia, Ciências Sociais,

---

134 Ao todo são quatro pesquisas, duas em cada PUC. Cumpre dizer que levantamento exaustivo sobre teses, dissertações e artigos científicos foi feito desde o início da concepção do projeto de doutorado e prosseguiu durante o andamento da pesquisa. Foi feita uma seleção e foram priorizadas as pesquisas empíricas. Cabe ressaltar que grande parte dos trabalhos existentes ou ficam em uma discussão vaga sobre "neoliberalismo" e "privatização" — pois não situam o ProUni historicamente na evolução do setor privado lucrativo, como se o programa fosse o início de tudo — ou ficam enunciando que vão "ouvir a voz do estudante", sem contudo fazê-lo, e há os que a ouvem e julgam que isso basta, sem contrastá-la com estudos existentes sobre acesso ao ensino superior, ou com a experiência e o traquejo do próprio pesquisador. Ou seja, não a confronta com as "vozes" de outros bolsistas (internamente) nem com outras perspectivas ligadas à própria temática (externamente).

135 As informações sobre os bolsistas estão atualizadas no endereço www.prouniportal.mec.gov.br. Curioso que informações principais não estão disponíveis: qualquer informação que nos permita captar, mais apuradamente, a condição socioeconômica do bolsista, em que universidade ele está e em que curso. Trata-se de uma verdadeira "caixa-preta". Há informações genéricas que não permitem maiores elaborações.

Comunicações e Artes do Corpo, Filosofia, Pedagogia, Relações Internacionais e Administração, encontrou como maior ocorrência para a *renda mensal do bolsistas* a faixa de 3 a 10 SM (48,4%), seguida de até 3 salários mínimos (31,7%). Na faixa de mais de 10 SM, há 20% das ocorrências. Do total de alunos de graduação, apenas 5,6% são bolsistas[136] ProUni, perfazendo 815 alunos. Nos dados referentes aos alunos matriculados em 2007 constata-se que dos 815 alunos matriculados, 178 (21,8%) estão no curso de Administração e 129 (15,8%) no curso de Direito, ou seja, estes dois cursos concentram 37,6% das matrículas dos bolsistas da PUC-SP. (Cf. Costa, 2008, p.81; 85.)

Como o limite de renda para o ProUni é de até 3 salários mínimos como renda *per capita* familiar (limite para as bolsas parciais), e essa é a segunda ocorrência entre os bolsistas, é possível deduzir que certamente são indivíduos que poderíamos enquadrar como pertencentes à classe média baixa, fugindo das camadas de mais baixa renda. A autora apresenta dados relativos ao local de moradia que são úteis para se pensar na caracterização social, embora não especifique o bairro, bem como outras informações mais precisas como composição familiar (número de pessoas que moram na residência) e se pagam ou não moradia "... dos 815 bolsistas, 458 (56,1%) residem na capital de São Paulo (...) a maioria (80,8%) dos bolsistas reside em uma distância entre 10 e 30 km da universidade (...) tais dados comprovam que os estudantes residem em sua maioria em bairros distantes da instituição". (Ibidem, p.83.)

Na minha amostra, quando verificamos os bairros onde moram, de forma geral, vemos que os *bacharelandos* estão espacialmente mais bem situados se considerarmos a cidade de São Paulo. Se restringirmos a análise ao *subconjunto composto pelos estudantes do MACKENZIE e da PUC-SP*, verificaremos que seus locais de moradia não distam muito do centro da capital, muito pelo contrário. Quadro oposto ao subgrupo dos *licenciandos*: a maioria mora nos bairros distantes do centro (43%), seguida de outro município da grande SP (33%) — muitos nas periferias desses municípios — e nos bairros periféricos paulistanos (25%). Logo, conforme poderá ser depreendido quando entrarmos nas condições familiares, de trabalho, acesso e a vida universitária dos bolsistas pesquisados, penso que embora o ProUni tenha possibilitado a chegada de indivíduos antes excluídos nos cursos mais concorridos nas universidades privadas mais conceituadas, não o faz de forma tão radical. A própria autora dispõe de outra informação que permite comprovar o que aqui proponho quando discorre sobre a participação na renda familiar com a ocorrência "trabalho e contribuo com o sustento da família" perfazendo apenas 28,4% dos bolsistas e "trabalho e sou o principal responsável pelo sustento da família" com apenas 12,3%. Quadro semelhante ao que encontro quando questiono sobre a *contri-*

136 Tanto na PUC-SP quanto na PUC-RJ existem outros tipos de bolsas tais como: Bolsa Restituível, Doação, Escola da Família (do governo de SP), dentre outras.

buição para o orçamento familiar: se 71% dos bacharelandos dão algum tipo de ajuda, 29% não contribuem e, dentre eles estão justamente alguns dos bolsistas mais jovens e que estão nos cursos de concorrência mais elevada, sendo 3 estudantes do Mackenzie — cursos de Publicidade, Psicologia e Engenharia. O contraste aqui é com os tecnólogos, no qual 100% contribuem com algum auxílio — seja dividindo todas as despesas da casa, seja pagando luz e/ou telefone e/ou água — ou pagando todas as despesas da casa, como provedor(a), o que perfaz 60% dos casos, sendo a maior ocorrência. Pagar todas as despesas da casa aparece em percentuais bem pequenos, quando não os menores, no caso dos licenciandos e bacharelandos.

As pesquisas na PUC-RJ[137] parecem apontar para uma configuração mais permeável aos alunos oriundos dos segmentos de renda mais baixa:

> ... quanto à caracterização da renda familiar, 32% dos bolsistas relatam que suas famílias possuem renda familiar equivalente ao valor de dois a três salários mínimos; 28% de menos de dois salários mínimos; 19% de três a quatro salários mínimos; 13% mais de cinco salários mínimos. (Faceira, 2009, p.181.)
> ... 52,8% declararam uma renda familiar mensal de R$ 750 até R$ 1.500 (...) os dados corroboram o que foi verificado para a ocupação paterna, ou seja, os bolsistas de Direito, em geral, apresentam uma condição socioeconômica um pouco mais favorável (...) posição intermediária dos bolsistas de Administração e uma situação social ligeiramente inferior dos bolsistas de Psicologia. (Santos, 2011, p.68-9)
> ... com relação à área geográfica de residência, os bolsistas residem prioritariamente nas zonas Norte (32%) e Sul (21%); 18% residem na zona Oeste; 11% na Baixada Fluminense; 9% em outros municípios do Rio (...) quanto as condições de moradia, 66% da PUC residem em comunidades de classe média mais simples; 31% em comunidades pobres; 3% em comunidades de classe média mais favorecida. (Faceira, 2009, p.177-9.)

Outra característica central que nos permite visualizar a especificidade desse novo grupo de universitários é a cor/raça. Vejamos os dados oficiais, conforme a Tabela 2:

137 Faceira (2009, p.189) pesquisou bolsistas que entraram no período de 2005 e 2006, com a seguinte distribuição por curso: 21% Comunicação Social; 11% Administração; 8% Direito; 6% Desenho Industrial; 5% Engenharia; 8% Economia; 3% Psicologia; 5% Arquitetura; 3% Relações Internacionais. Já Santos (2011, p.7) pesquisou ingressantes no período de 2005 a 2010, mediante o uso de questionários e entrevistas, com uma amostra de 163 estudantes de Administração (38), Direito (85) e Psicologia (40).

Tabela 2 — Bolsas por Raça/Cor — 2005-2011

Raça/Cor	Número absoluto	%
Branca	437.991	47,6
Parda	325.051	35,4
Preta	115.109	12,5
Amarela	16.905	1,8
Indígena	1.403	0,2
Não Informada	23.092	7,4

Fonte: www.prouniportal.mec.gov.br

As pesquisas empíricas confirmam essa distribuição dos dados gerais, ou seja, uma predominância da cor/raça branca, seguida da parda e da preta como a terceira maior ocorrência. Se somarmos as proporções entre pardo e preto, teremos 440.160, (47,9%) praticamente igual ao percentual da cor branca. Assim, Santos (2011, p.63), não obstante utilizar o termo cotas[138] para designar o sistema de bolsas do ProUni, dispõe que na PUC-Rio "... somando-se os percentuais para pretos e pardos, percebe-se que o número de bolsistas não brancos supera o número de bolsistas brancos (...) a composição racial do grupo analisado mostra, portanto, que o sistema de cotas funcionou como um mecanismo positivo de inclusão para pretos e pardos nas três carreiras analisadas, com destaque para Psicologia".

Faceira (2009, p.177) encontrou os seguintes percentuais "... 41% se autodeclaram brancos; 33% pardo/mulato; 23% negro". Os dados dos 50 bolsistas na minha amostra no que diz respeito à cor (autodeclarada) dos pesquisados, tem a seguinte distribuição para os bacharelandos: 53% branca, 41% parda e 6% negra. Entre os licenciandos, 45,4% se declararam brancos, 25% pardos, seguidos de 21,4% negros. Em proporções bem menores (cada uma

138 Dentro do texto legal que instituiu o ProUni, há parte dedicada à existência de vagas para negros e outras minorias como indígenas e deficientes. Mas cabe precisar que a seleção não funciona como o sistema de cotas raciais (cor/raça) tal qual conhecemos e que é utilizado em algumas universidades federais e estaduais. Nesse sistema, o estudante que se declara negro (cota racial) concorre com o grupo de candidatos à parte do chamado "sistema universal", ou seja, dos candidatos não cotistas. No ProUni não, o critério é se enquadrar no limite de renda estipulado e ter sido aluno da escola pública ou bolsista na rede particular durante o ensino médio. **Esses critérios, todos seguem, independente de outros atributos.** Como é sabido, existe uma relação entre renda familiar *x* cor/raça, certamente com o ProUni teremos mais indivíduos negros que estarão dentro do critério estipulado e, caso atinjam a nota de corte, serão futuros bolsistas. Logo, a informação constante no próprio site do ProUni pode induzir a erro ao chamar isso de cotas. Na verdade, ela é confusa nesse aspecto. No fundo, o ProUni mais parece com uma "cota social" (renda somada ao fato de ter passado por escola pública) do que propriamente uma cota racial. Não é à toa que as posições pessoais dos ex-ministros Tarso Genro e Fernando Haddad sempre foram favoráveis às cotas sociais, conforme depoimentos dos mesmos quando questionados a respeito das reservas de vagas de corte racial no ensino superior.

3,6%) aparecem denominações mulata e morena. Entre os tecnólogos, 80% se declararam brancos frente a 20% pardos, ou seja, não aparece, nesse subgrupo, a cor negra. Portanto, dada a baixa parcela de negros entre os bacharelandos, grupo onde estão os cursos mais prestigiados e concorridos, vê-se que, apesar dos avanços obtidos com o ProUni, ainda há um longo caminho a percorrer no que se refere a maiores oportunidades de inserção da população negra no nível superior brasileiro. Mas, indubitavelmente, se compararmos com a situação do fim dos anos 90, algo aconteceu, fazendo com que a população negra, embora, enfatizo, ainda de forma tímida, pudesse agora aceder mais ao espaço universitário privado:

> ... por outro lado, constata-se que são as universidades públicas que mais formam estudantes negros ou pardos (20,1%). Já nas universidades privadas, o percentual de formandos negros e pardos é da ordem de 12% (...) em todas as regiões geográficas, as universidades públicas apresentam uma menor proporção de formandos brancos do que as universidades privadas e os estabelecimentos não universitários (...) as universidades públicas, apesar de apresentarem maiores proporções de estudantes em cursos exclusivamente diurnos, maiores proporções de estudantes do sexo masculino e mais jovens, são elas que também estão formando uma parcela maior de estudantes negros e pardos. Resta avaliar se o que está ocorrendo deriva do modo como se dá a distribuição de renda familiar entre os formandos ou caracteriza uma especificidade da instituição pública de ensino superior no sentido de ser mais permeável ao ingresso de estudantes negros e pardos. (Sampaio, Limongi e Torres, 2000, p.35.)

A inquietação dos pesquisadores ao término da passagem pode ser respondida, pois no fundo é uma só, já que não se paga a universidade pública: basta comparar, ainda hoje, o salário médio da população negra brasileira e veremos que, sem o pesado "pedágio" da mensalidade, abre-se, ainda que sob muitas outras dificuldades, a possibilidade mais palpável de acesso ao ensino superior.

No que se refere à faixa etária dos bolsistas, novamente, não temos dados disponíveis no site do MEC. Vejamos o que as pesquisas dizem. Costa (2008, p.79-80), chega à seguinte conclusão "... no Encontro [Encontro dos Estudantes do ProUni da Capital de São Paulo], na faixa de 18 a 24 anos (609), correspondendo a 60,1%. Na faixa de 25 a 30 anos (172) (...) na PUC, dentre os alunos pesquisados, a faixa etária entre 18 a 24 anos é de 72,22%, confirmando uma tendência geral de que o grande público atingido pelo programa é de jovens".

Em 2007, mesma data do referido encontro dos bolsistas, o total de bolsas *ofertadas* — vamos supor que todas foram preenchidas — era de 163.854 em nível nacional e 19.612 para São Paulo. A conclusão parece plausível — ao menos para a cidade de São Paulo, dado o número de bolsistas dessa cidade e, também, por se aproximar do que outras investigações apontam no que se refere à presença dos jovens —, mas, será que é possível estendê-la ao território nacional? Como não dispomos do perfil etário dos bolsistas contemplados no ProUni, talvez fosse importante relativizar tal conclusão[139]. Faceira (2009, p.147-5) diz que "... 50% dos alunos bolsistas ProUni possuem de 18 anos ou menos; 24% com idade entre 19 e 20 anos; 15% com idade de 23 anos ou mais; 10% com faixa etária de 21 a 22 anos". Se somarmos os resultados considerando a faixa de 18 a 24 anos, teremos 84%.

No que eu pude investigar quanto à faixa etária temos que entre os licenciandos a predominância está situada na faixa entre *25 e 30 anos*, com 50% das ocorrências. Em seguida, com 21,4% estão os situados entre 31 e 35 anos. A faixa de 18 a 24 anos vem em terceiro lugar com 17,9 %. Aparece uma ocorrência nesse subgrupo situada na faixa acima de 40 anos. Entre os tecnólogos, 100% estão na faixa dos 25 a 30 anos. Logo, em ambos os subconjuntos, essa é a faixa etária predominante. Situação distinta é a encontrada no subgrupo dos bacharelandos: *a* faixa hegemônica, com 53% das ocorrências, situa-se na faixa de 18 a 24 anos (cabe frisar, a faixa ideal para o ensino superior). Destaca-se que esse percentual sofre grande impacto de um *subconjunto dos alunos (9) que estão situados nas universidades e cursos mais prestigiados.* Em seguida, há a faixa de 25 a 30 anos, com uma proporção também significativa, 35%. Por fim, a faixa etária que vai dos 36 aos 40 anos, com 12%.

Portanto, incontestavelmente os jovens entre 18 e 24 anos parecem possuir uma presença significativa e ao que tudo indica predominante. Dada a amostra restrita da minha pesquisa, não possibilitando realizar inferências de cunho quantitativo, não ouso afirmar categoricamente. Entretanto, seria muito interessante atentar para a *variedade existente entre os bolsistas do ProUni* (principalmente entre cursos e universidades que frequentam), com presenças de segmentos etários com perfil discrepante do jovem universitário em sua faixa ideal. Indo mais além, é preciso ter em mente essa heterogeneidade interna, pois é justamente nesse terreno que há variações e diferenças marcantes entre os próprios bolsistas nas suas trajetórias familiares, ocupacionais, de acesso e de permanência na universidade. Em outras palavras, o que configura justamente também um diferencial do ProUni, deixando à parte aqui toda a sorte de dificuldades que enfrentam para conseguir entrar e levar a cabo o curso, é justamente ter possibilitado que indivíduos mais velhos, casados, com filhos, provedores de família e moradores de bairros periféricos pudessem acessar o ensino superior.

3.3. Família: condições socioeconômicas

139 A pesquisadora lida bastante com jovens, ela foi vice-presidente da UNE. Ao longo de toda a dissertação, inclusive, há grandes passagens em que se discute "política de juventude". Que há uma relação entre ProUni e jovens isso é consensual. Contudo, não entendo que, na proposição do ProUni, essa relação foi definidora da política. Isso foi mais efeito colateral do que razão, nexo causal, conforme já dito aqui.

Nesta parte do trabalho, são discutidas as condições socioeconômicas das famílias dos pesquisados a partir da articulação de três aspectos centrais: a naturalidade, a origem geográfica dos pais (urbana, rural) e o tamanho da família; os trajetos ocupacionais e escolares dos pais e demais elementos ligados às condições culturais familiares.

3.3.1. Naturalidade, Origem Geográfica e Composição Familiar

"Entre a enxada e o livro, eu prefiro o livro que cansa menos." (André, Medicina)

Uma primeira característica que marca os cinquenta pesquisados refere-se à naturalidade paterna e materna. Os três subconjuntos (bacharelandos, licenciandos e tecnólogos) apresentam como maior ocorrência a região do nordeste brasileiro. Assim, dos dezesseis entrevistados, a quase totalidade é constituída por pais migrantes. Somente os pais da estudante Clarice[140], bolsista de Psicologia na Universidade Mackenzie, são paulistanos. Entretanto, segundo relata, sua avó materna é natural da Bahia, migrou para Santa Catarina e depois veio para São Paulo, onde teve a sua mãe. Outras ocorrências ligadas com pais nascidos na cidade de São Paulo referem-se somente às mães de José e Eduardo, também paulistanas, mas os pais destes estudantes são, respectivamente, migrantes do Rio de Janeiro e do Paraná. Dentro desse quadro migratório, onze dos entrevistados possuem pais (mãe e/ou pai) que são oriundos do ambiente rural, sendo que nove deles possuem pais migrantes nordestinos rurais. Três dos bolsistas são eles próprios migrantes. Portanto, apenas cinco entrevistados têm pais procedentes do ambiente urbano: os pais de Mônica e Clarice (estudantes de Psicologia, Mackenzie), Eduardo (Publicidade, Mackenzie), Alexandre (Administração, Unip) e a mãe de André (Medicina, Anhembi Morumbi).

Quando verificamos a origem socioespacial, os pais dos licenciandos e dos tecnólogos são, predominantemente, de origem rural. Em contrapartida, apesar de ter uma presença também significativa (47%) de pais oriundos do meio rural, os bacharelandos apresentam maior intensidade de pais provenientes do ambiente urbano (53%). Logo, tanto quando consideramos todos os pesquisados ou quando a análise se restringe aos dezesseis entrevistados, há uma forte correspondência entre pais oriundos do ambiente urbano e cursos em nível de bacharelado.

Cabe extrair alguns efeitos de tais fatos. Pesquisando a origem geográfica dos pais e avós de um grupo de estudantes com desvantagens sociais presente na Universidade de São Paulo, constatei uma presença também significativa

---

140 Os nomes dos entrevistados são pseudônimos para garantia do anonimato. Outros estudantes — aqueles que responderam os 34 questionários — que porventura vierem a ser mencionados, serão caracterizados apenas pelo curso que fazem: licenciando, bacharelando, tecnólogo. Serão colocadas combinações de letras maiúsculas no lugar dos nomes verdadeiros.

de filhos de migrantes, com ambos os pais vindos do nordeste brasileiro ou, pelo menos, com um dos pais nascidos nessa região brasileira, além de alguns deles serem também migrantes[141]. Esses dados contrastam com observações feitas, há certo tempo, por Simon Schwartzman em um estudo sobre a trajetória acadêmica e profissional de 999 alunos da USP formados entre 1979 e 1991. Embora a pesquisa feita pelo autor remeta ao início dos anos 90 e não tenha abrangido a totalidade das carreiras, penso que alguns de seus achados continuam válidos no que se refere ao "típico" ingressante da USP ao menos no que diz respeito à sua naturalidade e origem geográfica:

> ... os formados da Universidade de São Paulo descendem, em sua maioria, de imigrantes de uma ou duas gerações, e de famílias com nível educacional alto (...) com todas as limitações, mostra a importância das carreiras universitárias para a população paulista de imigração recente, nesta que é uma cidade de imigrantes. Somente 24,7% dos entrevistados são brasileiros de mais de duas gerações (...) apesar de sua origem cosmopolita, *a grande maioria dos entrevistados, 96,3%, nasceu no Estado de São Paulo, e 89,9% na região metropolitana da capital*. (Schwartzman, 1991, p.6-7) [grifos meus].

Logo, quando articulamos naturalidade e ambiente de origem dos pais, um traço geral é que são filhos de pais migrantes rurais e, em grande parte, nordestinos. Isso nos diz muito sobre a origem socioeconômica, pois, não obstante os avanços sociais obtidos no país em um tempo mais recente, o nordeste rural foi e ainda é uma região socialmente precária — com pobreza e desigualdade ainda em níveis extremos —, conforme aponta o último censo do IBGE. Esse ambiente rural permeia até mesmo bolsistas situados nas carreiras mais prestigiadas. Assim, Zélia, estudante de Direito na Pontifícia Universidade Católica de São Paulo diz "... minha mãe viveu a infância dela inteira na roça, viveu em um lugar que não tinha luz, não tinha banheiro, bem precário, ela veio para São Paulo com quinze anos".

Contudo, outras variáveis interferem nesse ambiente rural, modificando determinados aspectos. Uma dessas variáveis — a qual cabe destacar dado o seu peso para entender vários assuntos aqui discutidos, notadamente o acesso à universidade — é a escolaridade e o empenho da mãe142. André, estudante de Medicina na Anhembi Morumbi, é de família proveniente do interior paulista, de uma cidade com apenas 4.000 mil habitantes. Morou no sítio até a adolescência, trabalhou com o pai, agricultor não registrado que colhe feijão, algodão e cana, ganhando um salário mínimo. O seu destino já estava traçado de antemão "... na minha cidade, ou você vai ser trabalhador rural ou vai tra-

141 Almeida (2009, p.42).

142 Dada a importância desta variável, desenvolvo-a mais adiante nesta parte da tese. Cf. item 3.3.3.

balhar em uma usina de álcool e açúcar". No entanto, sua mãe, mulher negra, com ensino superior, ex-empregada doméstica, hoje professora de matemática na rede pública, com renda de dois salários mínimos, contribuiu para mexer no seu destino "... aprendi a ler com quatro anos por incentivo de minha mãe que trazia livro". Corrobora os indicativos de Schwartzman (1991, p.8) "... a literatura sociológica mostra que existe uma grande correlação entre educação e duas outras características que definem a posição socioeconômica de uma pessoa, ocupação e renda. As discrepâncias que existem eventualmente entre estas três variáveis têm sido objeto de atenção, já que existem diferenças de comportamento social entre grupos com alta educação e baixa renda e os de renda alta e nível educacional relativamente mais baixo".

Dessa forma, mesmo considerando os aspectos gerais que dá forma à totalidade dos bolsistas, é possível visualizar nuances e polarizações a partir do cruzamento da origem geográfica, da naturalidade, da idade e dos cursos/ universidades. Em decorrência, temos um subconjunto constituído pelos licenciandos e tecnólogos que poderíamos tipificar como sendo filhos de pais migrantes nordestinos — ou sendo alguns deles mesmos migrantes — com fortes traços familiares do ambiente rural, geralmente mais velhos, pois os tecnólogos (100%) e os licenciados (71,4%) têm entre 25 e 30 anos. Em contraposição, mesmo possuindo elementos que os ligam aos outros bolsistas, cumpre chamar a atenção para a pequena diferença relativa das mães dos bacharelandos que nasceram no Nordeste (29%) e na cidade de São Paulo (24%), quando a comparamos com os outros dois subconjuntos. Logo, quando articulamos essa evidência com o fato de que, embora a faixa etária de 25 a 35 anos para os bacharelandos também seja significativa, girando em torno de 35%, a faixa dominante (53%) está situada no intervalo entre 18 e 24 anos, ou seja, no período ideal de acesso ao ensino superior, bem próximo ao aluno das camadas médias tradicionais brasileiras.

Com efeito, diferenças aparecem, dando molde a outro subconjunto, marcado por filhos de pais nascidos na cidade de São Paulo ou mesmo migrantes vindos do interior de São Paulo ou do interior de outros estados não nordestinos, porém com traços ligados ao ambiente urbano, bolsistas bem mais jovens[143], moradores de bairros relativamente próximos ao centro paulistano e, soldando todos esses elementos, mães com escolaridade superior. É nesse subconjunto que se encontram alguns estudantes *matriculados nas universidades e cursos mais prestigiados*, o que demonstra a heterogeneidade interna existente também no Programa Universidade para Todos.

No que se refere à composição familiar dos pesquisados — entendida aqui como a quantidade de pessoas na família não considerando o próprio pesqui-

143 Um exemplo são as idades de Clarice (Psicologia, Mackenzie, 19 anos) e Eduardo (Publicidade, Mackenzie, 22 anos).

sado — há certa equiparação entre os subconjuntos: no caso dos tecnólogos 60% possuem de 3 a 4 componentes familiares. A situação dos bacharelandos é bem similar com 76% possuindo de 3 a 4 componentes familiares, 64% dos licenciandos apresentam famílias com até 4 pessoas.

Sabemos há certo tempo, no âmbito da sociologia da educação, que um dos recursos utilizados pelas camadas médias para obtenção de sucesso no terreno educacional é, junto com o ascetismo, o controle da natalidade, reduzindo o tamanho da família para propiciar maior investimento. Assim, Nogueira (1991, p.96-97) bem sintetiza:

> ... se fosse necessário resumir em poucas palavras a relação entre as classes médias e o aparelho escolar, dois termos seriam imprescindíveis: malthusianismo e ascetismo, práticas que marcam, de resto, toda a conduta social dessa categoria (...) a forte restrição da fecundidade natural característica das camadas médias só pode ser entendida quando situada no quadro mais amplo das estratégias de reprodução próprias desses grupos que — relativamente desprovidos de capital econômico e cultural mas munidos do ethos da ascensão social — veem-se obrigados a cortar os gastos e a limitar a prole para poder investir em cada filho o máximo possível de recursos (...) para essa categoria social a criança representa um investimento através do qual se garante a manutenção da posição de classe média ou se prepara o ingresso nas elites. E a escola servirá como o canal por excelência utilizado nessa empreitada de promoção social.

Em período mais recente, estamos presenciando uma queda na fecundidade em todas as classes, inclusive com forte declínio nas camadas de mais baixa renda[144]. Assim, Berquó e Cavenaghi (2006, p.12-15), analisando dados demográficos da PNAD de 2004, já apontavam "... queda mais acentuada naqueles grupos onde a fecundidade era mais elevada em 1991, ou seja, entre as mulheres mais pobres, menos escolarizadas, negras, domiciliadas nas áreas rurais, e nas regiões Norte e Nordeste (...) o número médio de filhos por mulher foi igual a 2,1, o que representou queda de 12,5% em relação ao último censo". Os dados mais atualizados comprovam as tendências salientadas pelas pesquisadoras "... as mulheres brasileiras têm tido menos filhos e engravidado mais tarde. Os primeiros resultados do questionário mais completo do Censo 2010 mostram que a taxa de fecundidade teve uma forte queda em dez anos e chegou a 1,86 filho por mulher, abaixo no nível de reposição da população, de 2 filhos por mulher". (Leal e Werneck, 2011.)

Dos licenciandos, 25% apresentam famílias com cinco pessoas ou mais. É justamente aqui que cabe destacar um agrupamento marcado por *condições fa-*

144 Cumpre dizer que, não obstante o declínio da fecundidade em todas as classes sociais, a educação e a renda permanecem negativamente correlacionadas aos níveis de natalidade.

miliares muito precárias, com família extensa, situação que engloba os trajetos familiares de Raimundo (Licenciatura em História, UNIBAN), Augusto (Licenciatura em Letras, UNIESP) e Bianca (Licenciatura em Pedagogia, UNIESP).

Raimundo é um caso exemplar da família retirante de origem rural, sob condições precaríssimas, um trajeto com muitas dificuldades materiais. Segundo filho mais velho, com cinco irmãos[145], nascido em cidade pequena e rural de uma região brasileira sem muita perspectiva de desenvolvimento — Norte de Minas Gerais —, veio para o município de Embu das Artes, na Grande São Paulo, com cinco meses de idade junto com a irmã mais velha e os pais. O alcoolismo do pai desencadeou impactos profundos na vida de todos os familiares, impelindo-o e a irmã a proverem, com a mãe, o sustento familiar:

> ... ele entrou no alcoolismo quando eu era muito jovem. Quando ele não estava trabalhando estava em casa ... Foi a vida toda dele, ele sempre teve essa dificuldade com a bebida, mas se acirrou quando eu estava lá pela minha terceira série. E passou acho que um ano, teve a separação, aí ele foi procurar morar sozinho. A minha mãe começou a trabalhar fora. E não tinha condições de dar nenhum tipo de assistência também pra gente. Aí a gente se revezava pra tentar às vezes ajudar os menores, mas a maior parte das vezes era cada um por si e Deus pra todos (...) eu trabalhava no bairro, nessas empresinhas de bairro. Trabalhei em oficina, serralheria um período. Depois trabalhei em oficina mecânica. Essa renda a gente complementava. Minha irmã também ajudava muito uma tia minha que trabalhava numa feira no Embu. Trabalhou um período também de empregada doméstica.

Os efeitos no seu trajeto escolar foram imediatos. Além do fato de não ter feito a pré-escola, é justamente nesse período que, devido à necessidade de trabalhar, passara por percalços e pelo abandono dos estudos durante certo tempo ainda na primeira parte do ensino fundamental "... então eu já entrei logo na primeira série (...) isso foi em 1980, em 1981, eu estava morando no Capão Redondo [periferia da zona sul paulistana] (...) por ali eu fiquei até a quinta série com bastante tropeço que eu tive que parar logo na terceira série de estudar. Sempre a minha família foi de muita dificuldade, morava na favela, não parava de trabalhar, essas dificuldades". Obstáculos igualmente evidentes quando o questiono sobre o acesso a livros e leitura no âmbito familiar, momento em que as condições de moradia espelham, de modo cortante, condições familiares fortemente precárias:

> ... quando a gente conseguia ter livro era sempre dentro de caixas, porque eu sempre morei na favela, então a gente pouco tinha espaço pra dormir, entendeu? O

145 Um deles foi assassinado pela Polícia Militar na zona Sul paulistana. O mais novo é irmão por parte de mãe.

> ambiente era muito pequeno, um cômodo dividido e não tinha espaço pra botar uma estante pra essas coisas (...) a gente improvisava tudo, inclusive até quando tinha algum conhecimento, alguns livros, a gente tinha que improvisar em algum canto. E, às vezes até se perdia, quando tinha alguma chuva mais forte. Eu morava ao lado de um córrego e às vezes até perdia algumas coisas.

Bianca também é filha de pais migrantes criados no ambiente rural, de família numerosa[146] com cinco irmãos, com a diferença que é a mais nova. Sua mãe veio com os seis filhos, todos ainda pequenos, da Paraíba para São Paulo. No seu caso, a morte do pai foi o fator de desequilíbrio, impondo uma dura rotina de vida para sua mãe[147]:

> ... nessa época minha mãe também trabalhava porque meu pai tinha falecido recentemente. [Quando o pai morreu Bianca tinha quatro anos.] *Ela saía de casa as 3h30 da manhã e chegava às 21h00, ia para o tanque de lavar roupa porque não tinha máquina de lavar e ficava lavando roupa até 1h30 da manhã, para acordar as 2h00 para ir trabalhar as 3h00. Sem férias, durante muitos anos, marcou muito essa época.* Porque eram seis filhos pequenos, meu pai tinha morrido recentemente, tinha muita roupa, muita criançada (...) eu lembro que ela chegava tarde, assim, 21h30. Ela chegava e fazia comida e já ia lavar roupa e ficava até 1h00, 2h00 da manhã no tanque, porque não tinha máquina. Wilson: São muito fortes essas lembranças né? Bianca: É, eu lembro muito (...) está viva, mora próximo, já teve dois infartos, ponte de safena, mas tá lá, tá firme (pequenos risos).

Do mesmo modo que Raimundo, tais circunstâncias familiares adversas impactaram o trajeto escolar de Bianca "... entrei na primeira série já com sete anos. *Pré-primário eu não fiz.* E já fui matriculada direto na primeira série do fundamental. *Repeti a primeira série porque eu não sabia nem pegar no lápis*".

Por fim, temos a situação próxima de Augusto, estudante de Licenciatura em Letras, na UNIESP. Dentre os três, possui a família mais numerosa com seis irmãos. É o filho mais novo em uma composição familiar no qual o mais velho possui cinquenta e um anos. A extensão da família repete-se entre familiares e outras pessoas ligadas ao núcleo doméstico "... aí tem a X [irmã], essa tem uns sete, oito filhos mais ou menos, família bem grande. Tenho bastante sobrinhos, já sou tio-avô. Mas ela também

146 Constituiu família também numerosa. Mora com o marido e três filhos (a mais velha tem quatorze anos, um menino de doze e uma menina de dez).

147 Hoje ela cumpre o mesmo papel de provedora que sua mãe, pois seu marido foi diagnosticado com uma doença rara que o impede de trabalhar.

não tem o segundo grau completo [ensino médio], hoje é separada e também vive de aluguel (...) quando elas não estavam casadas, éramos oito, com meu pai e minha mãe, *e mais a minha irmã mais velha, X, com os dois filhos dela dentro de casa. Isso quando o marido dela não estava morando com a gente, porque teve uma época que ele morou com a gente".*

As condições familiares marcadas por restrições econômicas impõem que os irmãos permaneçam juntos para dar conta das despesas do orçamento familiar. Assim, excetuando as duas irmãs que constituíram famílias próprias, os demais dividem o sustento, pois auferem baixos rendimentos[148]:

> porque a gente mora de aluguel e ganha praticamente ou *ganhava um salário mínimo*, então ficando junto dá para se manter, dá para manter a casa (...) hoje mora minha irmã de cinquenta e um anos, ela tem uma certa deficiência mental, não pode trabalhar e estudou até a quarta série. E a Y [nome da irmã], essa tem seus *quarenta e nove anos* mais ou menos, hoje ela está *desempregada*, tem o segundo grau completo [ensino médio]. E meu irmão que conseguiu se formar, fez agora pós-graduação, ele é psicopedagogo, estudou lá na São Judas [Universidade São Judas Tadeu] e meu pai, um senhor que vai fazer noventa anos o ano que vem. E agora ele está com problema de Alzheimer (...) é alugada[casa], deve estar hoje uns R$ 500,00 só o aluguel. Tem o gás, tem o telefone, que às vezes vem um absurdo por mais que a gente tente controlar, outro dia veio quase R$ 200,00 de telefone, então uma média aí de R$ 150,00, controlando. O gás na faixa dos R$ 50,00, luz e água os dois ficam em torno de R$ 100,00. Agora despesa, é bem variável, de R$ 200,00 a R$ 300,00.

Assim, conforme pôde ser visto, também aqui se pode delimitar claramente diferenças entre os entrevistados. Raimundo, Bianca e Augusto: todos são licenciandos, possuem idade acima dos 35 anos, são filhos de pais migrantes com experiência oriunda do mundo rural, fazem parte de núcleos familiares extensos, alguns deles já constituíram famílias (Raimundo tem um filho de nove anos e Bianca possui três) e passaram por situações precárias que provocaram impactos profundos nas suas trajetórias escolares. Contrastam com o grupo de bacharelandos formados, por exemplo, por Lúcio (Engenharia Civil, Mackenzie), Eduardo (Publicidade, Mackenzie), Clarice (Psicologia, Mackenzie) e Zélia (Direito, PUC-SP): todos são bacharelandos de universidades tradicionais, com idade até 22 anos, tendo no máximo dois irmãos na sua composição familiar e têm um

148 Voltarei a discutir esta questão do baixo rendimento do trabalhador-estudante quando refletir sobre os trajetos ocupacionais dos pesquisados. Ver adiante o item 3.4.

trajeto menos adverso, o que lhes garantiu uma regularidade na vida escolar. Em síntese, quando articulo os três aspectos discutidos, pode-se depreender que as evidências empíricas não são homogêneas entre os entrevistados. Conforme se verá ao longo dos tópicos desenvolvidos na tese, não obstante traços similares existentes entre os bolsistas, diferenças marcantes aparecem.

3.3.2. Trajetos Ocupacionais: desvalorização e declínio social

A Tabela 3 a seguir sistematiza as trajetórias de trabalho dos pais dos entrevistados. Ela apresenta características importantes que também servem para melhor apreender a configuração familiar dos bolsistas. Para alunos que preencheram os questionários, a indagação foi feita de modo fechado, solicitando que dissessem apenas o tipo de trabalho exercido pelos pais, ou seja, a função atual[149]. No entanto, depois da análise das respostas dos trinta e quatro questionários, verifiquei que não há discrepância ou quadro distinto — o que requereria reparos nas explicações propostas — em relação aos atributos que serão agora discutidos a partir das evidências dos dezesseis entrevistados. Dessa forma, além de repetir as ocupações agrupadas na tabela, de novidade apareceram somente a função de restaurador de móveis (pai de licenciando), banhista e tosadora de pet shop (mãe de bacharelanda), feirante (pai de licenciando) e quitandeiro (pai de bacharelando).. Outras três ocorrências entre pais de licenciandos estão em um nível de generalidade que não permite maior precisão: funcionário público (duas ocorrências) e um pai que possui uma firma de comunicação visual. Contudo, ao cruzar outros aspectos sociais constantes no questionário, é lícito e bastante razoável deduzir que tais funções não são de alto ou médio escalão no caso do funcionalismo público e nem média ou grande empresa, na situação do pai que trabalha com comunicação.

149 Quando dei conta desse fato, já não me foi possível revertê-lo, pois somente o retorno de todos os questionários respondidos já se constituiu um ganho. Mesmo a consistência de alguns questionários em termos de consolidar informações ou mesmo "cobrar" lacunas deixadas, exigiu-me tempo — que já estava se tornando exíguo — e muita persistência no contato com aqueles que responderam os questionários.

Tabela 3 — Trajetória Ocupacional (Tipos de Trabalhos Exercidos até o Atual)

PESQUISADOS	PAI	MÃE
José	Representante comercial, vendedor de artigos de papelaria > Aposentado.	Diarista > Faxineira > Aposentou como encarregada de **faxina** em um condomínio na zona Sul de SP.
Rodrigo	Trabalho no Engenho > Telefonia em condomínios na antiga Telesp > Telefonia **sem registro**, terceirizado > **Não aposentou**, faz serviço esporádicos na área de telefonia.	Empregada **doméstica** > Auxiliar de cozinha.
Lúcio	Trabalho com comércio, em padaria, bares > Sócio de lanchonete com parentes + ajudante geral em firmas > **Autônomo**, produz salgados em casa e vende para lanchonetes, padarias.	Trabalho em firmas > Trabalha em casa com **bicos**: costura, venda de produtos Avon e Natura, **diarista**.
Augusto	Seringueiro > **Vigia** > Aposentado.	**Faxina** > Aposentada por invalidez. Teve derrame.
Raimundo	Trabalhador rural no Norte de Minas > **Servente de Pedreiro** > Aposentado rural.	Empregada **Doméstica**.
Ana	**Vidraceiro**, tanto autônomo como registrado.	Montagem de peças de televisão em uma metalúrgica > Assistente para cortar peças e fazer acabamentos em oficina de costura > Empregada **doméstica sem registro**.
André	Trabalha em sítio.	**Empregada Doméstica** > Professora de matemática na rede pública.
Valdo	Supervisor de produção — fábrica de calçados > **Aposentado por invalidez**.	**Auxiliar de Limpeza** > Babá > **Gráfica** da Imprensa Oficial do Est. de SP.
Marcos	Operário da Caloi > Operário de empresa de peça de motor de carro > Porteiro em condomínio > Pintor autônomo > Aposentado, ainda trabalha fazendo **bicos como pintor**.	Operária > **Costureira** > Faz **bicos** de costureira, não é aposentada.
Eduardo	Pastor assalariado pela igreja > Aposentado pela igreja e **vendedor**.	**Professora eventual** (sem efetivação) de português na rede pública.
Bianca	Dirigia trator > Armador > Falecido.	Costureira > **Cobradora de ônibus** > Aposentada.
Clarice	Operador de Câmera na TV Cultura durante três anos > Bicos seis meses > Operador de Câmera na Record e **Bicos** para ESPN, GNT e MTV.	Banca de Jornal > Loja de Roupas > Consórcio > **Dona de casa**.
Mônica	Sapataria do pai >Folha de pagamento na Ford > Negócios Próprios > **Transporte de material universitário**.	Empregada doméstica/15 anos > Costureira > **Dona de casa**.
Margarida	Montagem e manutenção de elevador > **Aposentado por invalidez**.	**Dona de casa**.
Zélia	**Aeronáutica** > Aposentado pela aeronáutica > **Advogado**.	Trabalhava em firma como peão, trabalho braçal > **Dona de casa**.
Patrícia	Balconista na Drogasil > **Motorista** > Falecido.	Auxiliar de Enfermagem > **Fiscal de Caixa no Pão de Açúcar** > Falecida.

Um primeiro aspecto a destacar é a baixo *status* ou desvalorização social das ocupações paternas e maternas, o que, certamente, tem como sucedâneo baixos níveis de remuneração. As ocupações dos pais poderiam ser categorizadas, sobretudo, pelo trabalho *manual* (pedreiro, pintor, vigia, trabalhador rural, vidraceiro, motorista) e outros que exigem certo nível de conhecimento técnico geral (operador de telefonia, supervisor de produção, folha de pagamento e manutenção de elevadores), mas, também, funções nas quais o aspecto manual[150] possui presença destacada. A situação das mães vai na mesma direção, sendo que o trabalho como empregada doméstica e, em menor grau, como costureira, dão a tônica. Assim, o molde é, também, o trabalho "braçal", com destaque para a forte experiência de *trabalhadora doméstica* entre elas, até mesmo para aquela que passou a ser professora, a mãe de André, não por outro motivo, a que possui ocupação estável, com registro, melhor *status* e rendimento. As outras ocupações também não fogem à regra: fiscal de caixa, cobradora de ônibus e a mãe de Valdo, que passou a ocupar outra função em uma gráfica, porém, somente depois de trabalhar muito tempo como auxiliar de limpeza. Entretanto, permeando tais ocupações, um elemento crucial a ser salientado é justamente a condição do trabalho. São visíveis em ambas as trajetórias de pais e mães, relatos sobre "bicos" — até hoje feitos seja como fonte única para obter renda, seja como complemento para ajudar no orçamento familiar — trabalho "sem registro", "eventual". Ora, tais palavras, sabemos, são termos que remetem às condições *precárias* de trabalho[151], de se ganhar o sustento para viver:

> ... o que tem ocorrido é o aumento do trabalho em tempo parcial, do trabalho por tempo determinado ou temporário, do trabalho a domicílio ou independente, da subcontratação e maior presença de aprendizes e estagiários (...) as formas estáveis de trabalho estão sendo substituídas pelas formas precárias, geralmente acompanhadas por uma redução nos salários, sem garantias ou benefícios sociais e em condições inferiores quanto à segurança e instalações. (Martins, Mimeo, s/d.)
> ... a deterioração das relações de trabalho (...) a falta de bons empregos — de empregos que pagam e oferecem estabilidade, perspectivas de carreira, seguro-desemprego, seguro contra acidentes, enfermidades, velhice e morte (...) ao lado dos desempregados ativos, há um outro componente do exército de reserva. São os "pobres", os socialmente excluídos, que se sustentam por meio de ocupações precárias (...) talvez

---

150 Trabalho manual aqui se refere, sobretudo, àquele no qual o aspecto muscular é determinante em relação ao intelectual. Logicamente, em todas as ocupações mencionadas há um componente intelectual envolvido, umas mais outras menos. O raciocínio aqui é contrapor aos trabalhos em que a passagem pela escolaridade formal — esse o ponto — garante uma distinção socialmente reconhecida, o que implica, por sua vez, em termos gerais, melhores rendimentos.

151 Essa condição precária do trabalho está presente também na vida de muitos dos pesquisados, conforme desenvolvido no item 3.4., no qual discuto os trajetos ocupacionais dos bolsistas.

melhor do que a palavra "desemprego", *precarização do trabalho* descreve adequadamente o que está ocorrendo (...) a precarização do trabalho toma também a forma de relações "informais" ou "incompletas" de emprego (...) Os pobres raramente podem se dar ao luxo de ficar "desempregados". Os pobres ficam "parados" quando a procura por seus serviços cessa, mas eles não podem permanecer nesta situação muito tempo. Se não conseguem ganhar a vida na linha de atividade a que vinham se dedicando, tratam de mudar de atividade ou de região, caso contrário correm o risco de morrer de fome. (Singer, 1998b, p.7; 11; 24-25; 31-32) [grifo no original].

A precariedade que marca a condição laboral dos trajetos maternos e paternos fica evidente também quando analisamos a questão da aposentadoria. De um total de 29 indivíduos (mães e pais) há somente 11 aposentados. Se relativizarmos o fato de que o subgrupo que não possui nem pai, nem a mãe aposentados é composto pelos estudantes mais jovens, faixa de 18 a 28 anos, portanto, possuem pais ainda na faixa dos 50 anos, sem atingir ainda o limite para aposentadoria, veremos situações que, mesmo com a idade já acima do limite, não usufruem desse benefício social por causa da não contribuição em grande parte por falta de renda, como no caso do pai de Rodrigo, ou mesmo situações nas quais a aposentadoria não é suficiente, necessitando continuar trabalhando, caso do pai de Marcos ou, como veremos logo mais, o caso especial do pai de Mônica, lutando pela aposentadoria depois de sofrer um declínio profissional. Chama atenção também o fato de que, entre os aposentados, três o são por *invalidez*: o pai de Margarida, o pai de Valdo e a mãe de Augusto. Certamente há implicações decorrentes do tipo de trabalho que realizavam.

As sistematizações dos trajetos também sinalizam a evolução profissional de outros percursos possíveis, menos precários como os casos da mãe de Valdo que de doméstica passou a trabalhar como gráfica e da mãe de Bianca, de costureira à cobradora de ônibus e percursos mais sólidos, casos do pai da Zélia e da mãe de André, com escolaridade superior e emprego estável, afastando-nos de aparentes fatalismos e de uma compreensão monolítica da realidade. Pierre Bourdieu apreendeu tais movimentos possíveis ao dar ênfase ao que ele denomina como o "sentido da trajetória familiar":

... os membros da mesma classe podem ter disposições frente ao futuro, portanto disposições morais, radicalmente diferentes segundo façam parte de uma fração globalmente em ascensão ou em declínio; e secundariamente, conforme se encontrem eles mesmos — primeiramente enquanto membros de uma linhagem e, em seguida, enquanto indivíduos — em movimento ascendente ou descendente. (Bourdieu, 1998, p.101.)

... variações importantes podem advir da própria trajetória percorrida pela família, sua origem rural ou urbana, seu deslocamento no espaço geográfico (mudanças de cidade ou bairro) ou, ao contrário, seu enraizamento em um bairro popular; da

> presença em seu interior de membros cujo capital cultural se aproxima da posição das classes médias graças a ações de autodidaxia, de militantismo ou de educação permanente; da existência de contatos com outros modelos socioculturais, graças, por exemplo, à presença no parentesco próximo ou no círculo de relações, de indivíduos que exercem atividades intelectualizadas ou ocupam postos mais próximos das camadas médias. (Nogueira, 1991, p.93-4.)
>
> ... para Bourdieu, a posição de um agente na estrutura de posições sociais não deve nunca ser apreendida sincronicamente "de um ponto de vista estritamente estático, isto é, como posição relativa ('superior', 'média' ou 'inferior') numa dada estrutura e num dado momento", mas sim no sentido da trajetória social que o indivíduo ou o grupo está percorrendo: de ascensão, de declínio, de estabilidade. Isto é tanto mais importante quanto se sabe que as disposições (ou habitus) tendem a expressar não as posições de classe, mas sim o sentido do trajeto que percorre o indivíduo ou o grupo ao qual pertence. (apud Nogueira, 1997, p.122.)

Esse caminho analítico enseja indicativos importantes para entender os percursos singulares de três trajetos que, grosso modo, poderiam ser qualificados como de *manutenção*, evidente no caso do pai de Zélia, aposentado pela Aeronáutica e atualmente advogado; de *ascensão* social que marca a trajetória de trabalho da mãe de André, mulher negra, empregada doméstica, moradora de uma pequena cidade no interior paulista, que juntou dinheiro, pagou faculdade, fez Licenciatura em Matemática e conseguiu obter uma renda melhor para os padrões locais (dois salários mínimos) e, sobretudo, ter um papel determinante no sucesso escolar de seu filho, hoje estudante de Medicina aos 19 anos, conforme será desenvolvido no próximo tópico. Por fim, o *trajeto declinante* do pai de Mônica, marcado pela mudança de um trabalho com certo nível de qualificação para o trabalho braçal, um típico caso de mobilidade social descendente que analiso agora, dadas as suas consequências nas várias dimensões familiares.

O declínio financeiro da família de Mônica parte da situação inicial do pai provedor absoluto da casa, ocupante de uma posição relativamente estável no mercado de trabalho que é tragado, de forma rápida e irrevogável, pelas mudanças históricas, tanto no plano da gestão do trabalho quanto no nível tecnológico, ligadas ao processo de reestruturação produtiva[152]. Seu pai trabalhou durante 30 anos em um mesmo cargo — folha de pagamento — na empresa multinacional do ramo automobilístico Ford. Visando reduzir custos, a empresa lhe propôs uma demissão voluntária:

> ... na época que ele entrou não tinha essa coisa de faculdade e tudo mais. Era aquela história do emprego vitalício, que o cara fica até se aposentar e fica naquela

152 Há uma grande literatura a respeito desse processo. Uma boa sistematização encontra-se em Harvey (1989), principalmente na sua Parte II — A transformação político-econômica do capitalismo no final do século XX.

> mesma posição. Hoje em dia é totalmente diferente. Com as mudanças de tecnologia, informática, ele não acompanhou. A coisa foi afunilando e a coisa que ele fazia todo mundo que era contratado tinha superior, acho que em Contabilidade. Aí tem aquela história do pacote que eles fazem geralmente. É feito um pacote de não sei quantos mil e ... ou você vai para a linha de produção. Porque ele não se reciclou e acabou perdendo espaço. Ele não aceitou ser remanejado, preferiu sair.

Seu pai aderiu ao programa e partiu em busca do "sonho de montar negócio próprio" no interior paulista. O sonho do empreendedorismo não se concretizou, dado o insucesso nas várias tentativas realizadas: sócio de restaurante, venda de produtos terapêuticos (cogumelo do sol) e entrega de encomendas. Como resultante, toda a família — pai, mãe, Mônica e irmão — retornaram à São Paulo em busca do sustento, com o agravante do principal provedor estar na faixa dos quarenta anos, sem curso superior e, principalmente, sem aposentadoria:

> ... ele não conseguiu se estabelecer lá e ele não tinha se *aposentado* ainda (...) daí ele se viu com 40 (quarenta) e poucos anos como um passarinho que ficou preso numa gaiola 30 anos sem saber o que fazer (...) ele está há 4 meses trabalhando. Está super feliz. Ganha pouco, mas ... isso que todo mundo estava mais desesperado "meu Deus, meu pai com 55 anos, *não vai se aposentar porque não tem emprego.* Vamos se preparar para a gente sustentar nosso pai." Falta três anos para ele se *aposentar,* só que ele tem um monte de coisas atrasadas, porque ele ficou muito tempo sem pagar o INSS. Então agora que ele está correndo atrás.

Antes de conseguir o atual emprego, o pai entrou no circuito das ocupações precárias e do desemprego, sem a garantia da renda regular. A única saída foi utilizar os investimentos realizados ao longo da sua vida de trabalho, investimentos estes que deveriam ser direcionados para outros caminhos, por exemplo, aos projetos e pretensões de estudo da Mônica. Nesse instante, o único bem que restou, a casa da família, simboliza o declínio social havido:

> ... nesse meio tempo meu pai ficou desempregado, pulando de bico para bico e não conseguiu mais se estabilizar (...) aí ele ficou anos [ênfase] vivendo só de coisas que ele vendeu: ele tinha um apartamento, vendeu. Gastou todo o dinheiro. Usava o dinheiro. Vendia para poder viver, porque não tinha emprego. Aí ele torrou tudo no apartamento, torrou o terreno na praia, torrou na chácara. Tudo o que ele acumulou... Wilson: Só não a casa. Mônica: É, minha mãe falava assim "a casa eu não aceito, que é o único lugar que a gente tem para viver." (...) hoje a gente vive com a minha casa, não tem mais nada. Vendeu tudo, inclusive o carro. Agora a gente só tem a casa. A casa é uma coisa boa, quem olha de fora a casa é boa, mas você entra assim, ela ficou uns dez anos atrás, porque a gente não troca os móveis há 15 anos.

Outro instante revelador do declínio social familiar aparece quando solicito à Mônica que defina a condição de classe social da sua família. Nessa autoclassificação, é possível também ver, de modo bem claro, o sentido socialmente declinante:

> ... Wilson: Você considera sua família, desde quando seu pai trabalhava na Ford, classe média, média baixa ou baixa renda? Mônica: Não sei, eu não sei o que é ser classe média. Wilson: Como você se classificava em termos sociais "olha, aquela menina é classe média alta, esse menino é burguesinho, ah, o outro" ... Mônica: Não, classe média alta nunca porque meu pai nunca pôde pagar estudo para mim que eu acho uma coisa essencial. Eu acho que classe média baixa, morava em um apartamento de COHAB, conjunto habitacional sabe, que você paga R$ 100,00 por mês. Eu acho que eu sou de classe média baixa. Baixa renda não porque ele ganhava assim ... a gente nunca passou necessidade. Vivia de modo modesto, mas não passava necessidade. A gente viajava no final do ano, ia para Santa Catarina, ficar na praia. Tenho tio lá. Alugava casa sabe, todo ano. A gente passeava, ele tinha carro popular, comprou terreno, chácara. Se ele tivesse continuado, a gente estava bem hoje sabe? **Aí a gente ficou na baixa da baixa.**

O impacto do não trabalho na vida do ser humano, como sabido, fragiliza suas bases psicológicas[153] "... aí ficou [o pai] um tempão em casa, ficou depressivo, tipo daquele que fica no quarto, não sai, sabe?" Além da depressão paterna, cumpre destacar os impactos nos planos dos filhos — Mônica e irmão. A perda do emprego do pai constituiu um marco divisor que teve como resultante a mudança da condição de estudantes para provedores do lar "... eu e meu irmão que acabou sustentando a casa. O salário que eu tinha era para ajudar em casa. O meu irmão era casado nessa época, ele se separou e veio para casa ajudar. Foi bem na época que todas as economias do meu pai se esgotaram que meu irmão veio para casa e aí acabou ficando eu e ele, a gente acabou assumindo". Foi igualmente naquele momento que ambos, trabalhando precariamente como técnicos de raio X no mesmo hospital, experimentaram de uma só vez o trabalho precário e o desemprego "... Hospital Paulistano. Como terceirizada não tinha direito a nada. Ganhava o salário. Isso já era um transtorno para mim, porque eu não tinha o registro em carteira (...) eles fazem um contrato mentiroso (...) aí eu tinha de tirar o dinheiro para o vale-transporte, convênio médico e outras coisas, sobrava uma porcaria (...) de um emprego para outro, *meu pai sempre desempregado*, terminando as últimas economias dele (...) mandaram todo mundo embora e contrataram novos funcionários. A gente foi mandado embora ao mesmo tempo, aí a casa caiu (...) *a maioria é terceirizado.* Não tem muito para onde correr".

153 Um autor que desenvolve os impactos psicossociais decorrentes da perda do trabalho, dentre outros assuntos relacionados a esta dimensão humana, é Dejours (1992).

O plano de terminar o ensino médio e fazer uma faculdade — caminho "natural" para os setores médios — foi duramente interrompido devido à mudança na condição financeira familiar. O trabalho, necessidade premente para esses trabalhadores que estudam, já que fonte de sobrevivência inadiável, postergou seus anseios de investir nos estudos. Mônica relata com amargura:

> ... aí acabou me atrasando muito porque eu queria estudar e não tinha como — eu até ganhava uns R$ 850 (oitocentos e cinquenta reais) na época, tinha até umas faculdades que dava para fazer — mas tinha que trabalhar para ajudar em casa. Mesmo porque a minha intenção sempre foi assim ... terminar o colegial e já fazer uma faculdade. Só que como o rumo da situação financeira da minha família teve um monte de problemas, aí me vi perdida porque eu falei "agora eu vou ter que me virar". Eu só fui trabalhar efetivamente aos 18 anos, meu pai que sustentava a casa (...) porque não tinha emprego, a gente teve que voltar para SP. Foi a partir daí que a coisa começou a bagunçar tudo. Foi nessa época que eu tinha 18 anos que as coisas começaram a declinar. Foi horrível. Porque eu sempre tive vontade de estudar e para mim era certo terminar o colegial e estudar e eu me vi tendo que me virar "vou ter que ir atrás, tenho que dar algum jeito". Fiquei meio apavorada por isso.

O fato do não trabalho paterno modificar sua situação anterior de estudante e levá-la à responsabilidade de provedora, posto que sua mãe sempre fora dona de casa, provocou, de modo conjugado, impactos simbólicos profundos na imagem que tinha do pai, pois este perdera seu papel de provedor, perdendo assim o eixo que molda a dignidade social do indivíduo:

> ... quando meu pai estava desempregado, a gente sofreu uma crise familiar enorme, porque os pais são referência. O pai que trabalha, *que perdeu um excelente trabalho que tinha*, não é a mesma coisa. Parece que a renda sempre tem que vir de um provedor que é o pai, *que é referência*. Até o respeito, não que eu vá faltar com respeito com ele, mas a sua *admiração* pelo pai fica manchada, balançada. *A tua referência não trabalha*. Eu chegava em casa às 15 h e ele estava lá sentado. "Meu, o mundo tá girando e ele está parado". Então, foi uma fase horrível (...) agora que ele ... não é fácil, trabalhou no setor administrativo, agora tem que *ficar carregando peso nas costas o dia inteiro como motorista*. Não era isso que ele queria. Ele está fazendo para se aposentar (...) faz transporte de material universitário. Ele fica rodando todas as universidades públicas, particulares. *Tem muito material pesado*, ele chega exausto em casa, mas ele falou "meu, vou ter que aguentar isso até o final para pelo menos eu me aposentar".

Essas experiências levaram-na a repensar e questionar a importância dada pelos pais — sobretudo o pai — à religião. Eles seguiam os preceitos da religião evangélica Testemunha de Jeová, a qual exige grande compromisso. Se esse fato será um trunfo quando correlacionado com o papel da leitura, a qual levará a um bom desempenho na redação — conforme veremos, momento no qual a leitura da Bíblia assume um aspecto positivo[154] —, no que se refere ao desenvolvimento profissional foi um entrave, o aspecto negativo, o que a faz tecer críticas ácidas à figura paterna e questionar o tempo dedicado à religião frente a outros domínios mais mundanos. Assim, dedicar-se em demasia ao sagrado ou, na mesma linha, não ter buscado na escolaridade a manutenção e/ou crescimento profissional — garantia de uma vida estável e mais tranquila para todos — constituiu o ponto da discórdia:

> ... Testemunha de Jeová, ela tem um estilo de vida que você tem de viver de acordo com aquele modelo. Não tem muita sensibilidade sabe? Tipo, a nossa maneira de vestir, nos lugares que você vai, as suas companhias, é uma coisa bem formal. Positivo que é uma religião muito séria, tem valores e princípios muito estabelecidos, de família (...) tem uma estrutura familiar bem embasada, que eu acho bom (...) só que *toda a vida gira em torno disso*. Tem reuniões de segunda, quarta e sábado. Segunda, quarta e sábado. Eu não sei se eu queria ir na quarta, entendeu? E eles esperam que você tenha o ritmo assim. Aí foi isso que me desanimou um pouco, porque eu queria ter autonomia para ir uma vez ao mês (...) Só que assim quando você pensa em *fazer faculdade, trabalhar e estudar*, sobra pouquíssimo tempo para você se dedicar à religião, ainda mais se você tem que ir segunda, quarta e sábado. Não tem como, é impossível. No máximo dá para você ir no sábado à noite (...) *porque eu acho que se ele [o pai] tivesse tido trabalhado um pouco mais o* ***sentido prático****, ele teria sido mais prudente e não teria ficado viajando tanto só na espiritualidade.* Pensar mais no **sentido profissional**: se matado de **estudar**, por exemplo, e não ir para a religião, não ir para a igreja vamos supor, pelo menos uma parte da vida dele, entendeu?

Assim, aproxima-se da trajetória do licenciando Augusto, cujo pai, embora de outra denominação religiosa, também nutria uma valorização extrema do sagrado em detrimento do mundo terreno. Cabe dizer que a religião predominante dos bolsistas pesquisados[155] é a *evangélica*.

Interessante notar que ambas as críticas ao aspecto religioso de suas famílias, da bacharelanda Mônica e do licenciando Augusto, faz-nos lembrar do indicativo sugerido pela obra clássica weberiana[156], a qual enfatiza que os valores ligados ao ascetismo da ética protestante, sobremaneira de tipo calvinista, calcado no sucesso material no plano terreno por meio do trabalho e da frugalidade possui relação intrínseca com o desenvolvimento capitalista ocidental. Ou seja, diferentemente de outras denominações religiosas, o sucesso

154 Explorado no próximo item 3.3.3. Escolaridade e Condições Culturais.

155 Ressalta-se que entre os bacharelandos, 24% disseram não possuir religião, taxa próxima aos que se identificaram como evangélicos (29%).

156 Weber (2004) [1904-05; 1920].

no mundo material não é elemento impeditivo para alcance do sagrado, muito pelo contrário, é sua condição essencial:

> ... *talvez ela [a religião] tenha deixado a pessoa mais acomodada, de não criar grandes expectativas com uma vida material. Eles não criam grandes expectativas, o mais importante é a espiritualidade* (...) ele era Testemunha de Jeová (...) que exige um pouco mais, que você investe menos nos estudos e mais na religião. Porque se ele fosse estudar, tinha que estudar à noite e limitar muito as atividades religiosas dele. Ter ficado um pouco *acomodado* e deixado a coisa passar. (Mônica, bacharelanda, Psicologia.)
>
> ... meu pai sempre foi muito alheio até a ele mesmo, sabe, ele sempre foi muito avoado mesmo, eu acho que ele não era dono dele mesmo (risos). Porque minha família ela é muito religiosa, só que pegou por uma religiosidade assim que é muito (...) meu pai era muito espírita, ele seguia, era kardecista, só que eu acho que ele pegou por um lado, por aquela coisa da humildade, ***do desapego muito forte ao material***, *então ele nunca pensou em correr atrás de alguma coisa*, ou também pela condição dele de ter vindo de outro lugar e não ter se identificado com São Paulo, tem tudo isso, aí chegou uma hora que ele cansou, porque em São Paulo você não se identifica com nada, você também não vai conseguir outro emprego, *então quer dizer, por ali* ***ele estacionou***. Então *trabalhou de vigia, ganhando seu salário mínimo* (...) ele era muito chamado para fazer serviço de eletricista numa casa, depois de aposentado, serviço de pedreiro em outra casa, coisas pequenas, *mas por mais que as pessoas queriam pagar, ele não queria, ele dizia que era mais por amizade*. E aí esse desapego eu acho que também foi meio difícil, se ele pensasse "não, eu vou investir nisso, vou tentar trabalhar esse lado", trabalhar essa coisa da questão do buscar o que a gente precisa. (Augusto, licenciando, Letras.)

Além desse aspecto religioso, Mônica também acrescenta a variável cultural como elemento de grande peso, retomando a questão da falta de escolaridade que, conforme vimos anteriormente, é o aspecto que solda as mutações e experiências de sua família retratadas aqui a partir da figura de seu pai "... e acho que o fator da própria época mesmo, não tinha o tipo de visão que a gente tem hoje ... ter que estudar para chegar a algum lugar, sabe? É que eu acho que é o fator cultural, e ... a questão familiar também influenciou. Se eu tiver um filho vai ser diferente, a criação". São as condições escolares e culturais da família de que trato agora.

3.3.3. Escolaridade e Condições Culturais

Quanto à escolaridade paterna, predomina entre os licenciandos *o ensino primário incompleto*. Se somarmos os que terminaram o ensino primário, temos que 68% desses pais não estudaram mais que quatro anos. Para os tecnólogos, há uma equivalência entre os níveis, contemplando o espectro que vai desde o pai analfabeto ao pai com ensino médio completo. *Assim como os licenciandos, não há nenhum pai dos tecnólogos com ensino superior.* Os pais dos bacharelandos apresentam um quadro mais multifacetado: embora a predominância ainda seja do ensino primário completo, há pais com ensino médio completo e um *pai com nível universitário* — o pai do Eduardo. A escolaridade materna dos licenciandos também apresenta como maior ocorrência o ensino primário incompleto (32%), seguido do ensino médio completo (25%) *que representa, por sua vez, uma taxa duas vezes maior que a paterna.* Além disso, ainda que em pequenina proporção, há mães com ensino superior. Quanto às *mães dos bacharelandos, a maior proporção é de ensino médio completo (29%),* seguida dos níveis de ensino primário incompleto e ensino primário completo, ambos apresentando a mesma taxa (24%). Ressalta-se que assim como os licenciandos — e diferentemente dos tecnólogos — *há mães com ensino superior* (as mães de Eduardo e André), embora sejam as menores ocorrências em termos de nível escolar. Logo, podemos extrair que além de confirmar o fato da maior escolaridade feminina frente à masculina, destaca-se que os bacharelandos, ao contrário dos outros dois subgrupos, *não apresentam nem pais, nem mães analfabetas,* uma informação central, pois, como apontam estudos de educação superior no Brasil e no exterior, a escolaridade dos pais, sobretudo a materna, é ponto vital para o sucesso escolar dos filhos:

> ... os dados indicam que, em todos os níveis de renda familiar considerados, a escolaridade dos pais tem efeito muito significativo sobre os anos de escolaridade dos filhos. Neste quadro, filhos de mães com mais de onze anos de estudo tinham, em média, quatro anos de estudo a mais do que os filhos de mães com baixa escolaridade (zero a três anos) *independentemente da renda familiar* (...) constata-se que os filhos das mães com mais de onze anos de escolaridade e renda familiar inferior a cinco salários mínimos tinham uma escolaridade média superior à dos filhos de mães com baixa escolaridade (zero a três) e renda familiar mais elevada (entre 15 e 20 salários mínimos). Com efeito, para mães com mais de três anos de estudo, cada ano adicional de escolaridade parece implicar um acréscimo de meio ano de escolaridade média de seus filhos, independentemente da renda familiar. No caso dos pais, o mesmo efeito também é constatado, porém, com menor amplitude. (Sampaio, Limongi e Torres, 2000, p.22.)

O trabalho de Costa (2008, p.88) realizado na Pontifícia Universidade Católica de São Paulo, apresenta quadro próximo em termos do nível de escolaridade dos pais "... dos alunos bolsistas somente 6,3% possuem pais com graduação; já entre os não bolsistas este índice representa 67% (...) a maior ocorrência para os bolsistas são pais com o primário (primeiro ciclo do fundamental, até a quarta-série) completo, perfazem 51,1%". Já os bolsistas da Pontifícia Universidade Católica do Rio de Janeiro possuem ambos os pais com o ensino médio como maior nível escolar "... a escolaridade mais frequente entre as mães dos bolsistas é o ensino médio completo (...) Direito é a carreira com a maior proporção de mães com ensino superior (16,5%; n=14) e o único curso com mães (2) que possuem pós-graduação (...) Direito caracteriza-se por reunir as mães mais escolarizadas, havendo indícios de um grupo com condição socioeconômica mais privilegiada (...) a escolaridade dos pais dos bolsistas é semelhante (...) o ensino médio reúne a maior proporção de pais (...) é no Direito que se encontra a maior percentagem (16,9%) de pais com título universitário. Não há pais com pós-graduação". (Santos, 2001, p.64-5.)

Contudo, é preciso entender como se processa essa importância da escolaridade materna. Tê-la formalmente, por si só nada explica. É preciso todo um trabalho, um investimento, uma mobilização, aquilo que Reay (1998; 2000), utilizando-se dos indicativos conceituais de Pierre Bourdieu, denomina como um "envolvimento materno" na escolarização dos filhos, lastreado em um tipo específico de capital, o "capital emocional". Isso fica evidente quando comparo a mãe de Eduardo, professora de Letras[157] com a mãe de André — na época uma empregada doméstica que, depois, tornou-se professora de Matemática — e com a mãe da Bianca, cobradora de ônibus:

> ... sobre incentivo à leitura, minha mãe [a mãe é professora de Letras] ela nunca me incentivou muito não, **era meio desligada** nesse contexto de ensino. (Eduardo, Publicidade, Mackenzie.)
>
> ... aprendi a ler com quatro anos por **incentivo de minha mãe que trazia livros**. Meus pais não tinham tempo para me auxiliar nas tarefas. (André, Medicina, Anhembi-Morumbi.)
>
> ... a minha mãe fala que estudou até a quinta série, então ela já sabia ler, mas ela não tinha tempo de ficar vendo lição de casa, mas ela sempre falava assim: "tem que estudar, não pode deixar de estudar, tem que estudar para ser alguém na vida". Essas frases eram muito fortes. Ela cobrava muito. Ela nunca pôde ir a nenhuma reunião de escola, mas se preocupava, pedia para uma vizinha ir para ver como a gente tava e, assim, se a gente repetisse o ano, tinha castigo. Ela exigia assim, da maneira dela, mas ela exigia que a gente estudasse. (Bianca, Licenciatura em Pedagogia, Uniesp.)

Nesse sentido, cabe lembrar a advertência de Maria Alice Nogueira, ao matizar explicações de cunho estritamente macrossociológico:

> ... como explicar essas atitudes desiguais em matéria de escolaridade dos filhos [das famílias populares] quando se sabe que o lugar ocupado na escala de posições

157 Nem sempre capital escolar é sinal de capital cultural. Além disso, há todo um trabalho para que o capital possa ser efetivamente transmitido.

socioeconômicas não se altera substancialmente de um grupo a outro? É aqui que cabe insistir na necessidade de se introduzir na análise outros fatores explicativos susceptíveis de contribuir para a compreensão das realidades observadas (...) buscando nas trajetórias sociais e culturais ou nas "circunstâncias biográficas" dos grupos que compõem as diferentes frações de classe, o efeito corretor da variável classe social. (Nogueira, 1991, p.96.)

Com efeito, explorei como eram as condições culturais da família, procurando apreender, por exemplo, o papel dos pais em incutir hábitos de leitura nos filhos.

Para 71,4% dos licenciandos, os *pais não liam* para eles. Referente aos tecnólogos, 60% dos pais não liam para os filhos. Quanto aos bacharelandos, 59% não o faziam, porém *cumpre dizer que 41% liam*, apresentando uma *diferença relativa bem menor* referente aos outros dois agrupamentos.

Há nuances entre os entrevistados. Alguns deles poderiam ser agrupados em um subconjunto no qual havia um *papel ativo dos pais no incentivo à leitura*, casos ilustrativos de Clarice e Zélia:

... em casa a minha mãe sempre incentivou, tanto a minha mãe como o meu pai (...) o meu pai preferia dar livros a desenhos de VHS. Eu lembro que quando eu estava sendo alfabetizada, meu pai comprou gibis da Turma da Mônica, vários gibis, não faltava gibi em casa. Era assinatura e chegava semanalmente. E aí ele lia comigo. Ele apontava os quadrinhos, "ah, o que está escrito aqui?" e não sei o que, para atrair. Eu sempre fui incentivada a ler. E as tarefas também, o meu pai e a minha mãe sempre olharam os cadernos todos os dias. Minha mãe sempre foi muito ativa nas escolas que eu estudei. Reunião de pais, eu não me lembro de nenhuma reunião que a minha mãe tenha faltado, nem na minha, nem da minha irmã. Sempre conversou muito com os professores sobre as matérias, quando ela achava que o professor não estava dando a devida atenção, ela ia lá e conversava, ou na direção. (Clarice, Psicologia, Mackenzie.)

... quando eu era criança o meu pai comprava de vez em quando alguns jornais, então eu lia os jornais que ele comprava, sempre gostei de ler. Eu sempre li muito, a minha mãe fez a carteirinha para gente em uma biblioteca de Santo Amaro. Desde os sete anos que eu pegava livro. Minha diversão, na verdade, era ler. Eu não era aquela criança que ficava correndo, jogando pega-pega, até mesmo porque o bairro onde eu morava era muito violento, morava próximo a uma boca de fumo, então não podia ficar brincando na rua. Aí a minha mãe fez eu me apegar a isso, eu gostava e ficava lendo, tanto é que quando eu tinha dez anos de idade não tinha mais livros infantis para eu ler na biblioteca. Depois eu comecei a partir para uma leitura mais infantojuvenil, comecei a ler mais assuntos sobre drogas, violência e lembro de um livro que me marcou muito que eu li aos onze anos de idade, foi "Os miseráveis", de Vitor Hugo. Assim, eu chorei, foi a primeira vez que eu chorei, eu desabei em lágrimas (...) continuei lendo durante a quinta, sexta e sétima série. Atualmente o jornal que eu assino é o jornal do Senado. É muito legal! Porque ele fala o que está acontecendo na Câmara e no Senado. Tanto é que aquilo que estava sendo aprovado da mulher poder ficar seis meses em casa, eu já sabia antes de lançarem, porque estava no Jornal do Senado. Eu gosto de ler a Folha [Folha de São Paulo], gosto de ler a parte de política, quando tem anúncio também científico, que às vezes eles lançam na área da Medicina e Biologia, eu adoro também. Eu gosto de ler também a revista Super Interessante, meu sogro assina, mas ele não lê, aí eu levo para casa (risos). (Zélia, Direito, PUC-SP.)

Por outro lado, temos a situação de Raimundo, Lúcio e Patrícia, os quais representam pais que não tinham um papel tão desenvolvido no que se refere ao acompanhamento das atividades escolares dos filhos:

... a minha mãe, ela tinha essa mágoa de não ter conseguido estudar um pouquinho mais. Não conseguiu avançar um pouco mais no estudo, porque a cidade que ela morava não tinha escola próxima, tinha acesso de primeira à segunda série e depois para estudar tinha que se deslocar para uma escola muito longe. E não existia incentivo naquela época, dos pais, para que principalmente as meninas fizessem isso. Os meninos até conseguiam um pouco mais, iam à cavalo. Mas as meninas não estudavam. Geralmente paravam de estudar na segunda série (...) a estrutura familiar ela ajuda bastante no sentido de você ajudar a criança a ler ou não, se você já não tem isso dentro da família fica muito difícil. Eu tenho um filho hoje de nove anos na terceira série e eu falo que ele estuda mais do que eu durante todo o meu período. (Raimundo, Licenciatura, História, Uniban.)
... pouca coisa, valorizavam se a gente ia bem na escola, parabenizavam e tudo mais, *mas não existia cobrança*, assim, "você tem que ir bem". (Lúcio, Engenharia Civil, Mackenzie.)
... *minha avó era analfabeta*. Meu avô também não tinha escolaridade. Wilson: Pai ajudava nas tarefas escolares? Patrícia: É, quando eu precisava, aí eu ia lá e perguntava. *Nunca tive, assim, cobrança de "ah, você fez lição, não fez"*. Wilson: Não tinha esse acompanhamento? Patrícia: Não, não tinha. (Patrícia, Licenciatura, Pedagogia, Sumaré.)

Conforme assinalei anteriormente, a religião também pode se revestir de uma faceta positiva quando a cruzamos com os hábitos de leitura desenvolvidos, por exemplo, na família de Mônica. Os seguidores da Testemunha de Jeová leem a Bíblia em família, além de publicações próprias como as revistas Sentinela e Despertai. As crianças, desde muito cedo, são incentivadas no estudo de temas bíblicos, inclusive realizando ensaios para apresentação na comunidade. No caso da configuração familiar da estudante Mônica, esse estilo reflexivo da leitura[158] advindo dessa prática religiosa mostrou-se útil no desempenho de tarefas intelectuais e está bem expresso nos diversos momentos de sua fala:

> ... a gente lia a Bíblia em família. Um ouve, os outros leem, sabe? Tinha um texto, a gente lia um texto para comparar (...) eles incentivam que você se prepare antes, que você leia o texto, que você faça uma reflexão sobre aquele assunto (...) tem bastante estudo. Eles querem que você entenda o porquê das coisas. Por que existiam milagres naquela época, será que existem hoje, essas coisas. Eles falam de outros temas também, até de atualidades. Despertai [outra publicação] que é mais científica assim, mais temas do cotidiano, que meu pai lia com a gente. Quando a gente fundamentava na religião não era só para falar da Bíblia, tinha temas variados também. Sobre guerra, sobre temas cotidianos do Brasil, sobre a água.

No entanto, isoladamente, a religião pode não fazer muita diferença, pois devemos analisar em qual ambiente familiar ela está inserida e como ela dialoga com outros aspectos que permitem o florescimento de condições culturais mais sólidas. Assim, como contraponto, Eduardo é filho de pastor e, no entanto, não teve a mesma direção "... meu pai incentivava, mas a meu ver ele me incentivava de uma maneira errada. Porque para uma criança você ler uma bíblia numa linguagem mais antiga não é algo muito atraente. Então acabou não estimulando muito". A diferença maior é porque Mônica participa de uma *família* desde sempre *leitora*, seja a mãe que possui a quarta série primária e gosta de ler literatura, o pai que assina e "lia muito jornal, revista, era super bem informado" e o irmão — também bolsista ProUni de Contabilidade — que sempre nutriu interesse por filosofia e que "já leu trocentos livros". Assim, continua válida a observação de Bourdieu (1998, p.42) "... mais do que os diplomas obtidos pelo pai, mais mesmo do que o tipo de escolaridade que ele seguiu, é o nível cultural global do grupo familiar que mantém a relação mais estreita com o êxito escolar da criança".

3.4. Trabalho

Nesta parte da tese, por meio da análise dos trajetos ocupacionais dos pesquisados, reflito sobre como os bolsistas estão inseridos no mercado de trabalho, procurando compreender, particularmente, suas condições de trabalho, ou seja, como estão configuradas suas relações laborais e quais são seus salários, de que tipos de empregos e/ou ocupações participam e como estão confrontados com as exigências e os discursos emanados pelas empresas sobre qualificação. Antes, inicio com uma discussão a respeito de quem são esses trabalhadores-estudantes que agora frequentam o ensino superior brasileiro.

158 Relaciona-se com um bom desempenho na redação, caminho privilegiado para a conquista da vaga no ProUni dado o seu peso na nota de corte.

3.4.1. Trabalhadores que Estudam: os "trabalhadores-estudantes" ou "batalhadores"

Pesquisas sobre o perfil do alunado que frequenta o ensino superior brasileiro destacam o fato de que a maioria dos estudantes possui forte vínculo com o trabalho, notadamente para sustento pessoal, sustento de outros entes familiares ou mesmo para auxílio no orçamento doméstico. Sposito e Andrade (1986, p.11), em um estudo com alunos do período noturno de uma faculdade particular em São Paulo, constataram que "... para este aluno do curso noturno, o trabalho é uma necessidade precoce determinado por motivos econômicos ligados às estratégias de sobrevivência familiar". Sedi Hirano e outros pesquisadores (Cf. Hirano *et al.*, 1987, p.84) também na mesma época, ao investigarem características dos estudantes uspianos verificaram que "... uma parte dos alunos da USP apresentaria uma condição institucional diferenciada, anterior à condição de estudante: é estudante sendo, antes de tudo, um trabalhador". No estudo que fiz em nível de mestrado, na mesma Universidade de São Paulo, aparece também esta ocorrência, alguns estudantes exercendo uma dupla condição ao combinar jornada de trabalho e estudo à noite. (Cf. Almeida, 2009, p.56.)

Sampaio, Limongi e Torres (2000, p.36), analisando um volume maior de dados referentes ao fim do século XX, afirmam:

> ... longe de ser incomum, o trabalho remunerado, em tempo parcial ou integral, é parte integrante da realidade dos jovens, inclusive dos estudantes universitários. Dos formandos que realizaram o Provão em 1999, quase um terço trabalhou em período integral durante a maior parte do curso de Graduação; esta proporção é superior a 40% entre os formandos que frequentaram curso noturno e não atinge 10% entre os formandos que estudaram exclusivamente no turno diurno (...) deve ser notado que mesmo dentre os que não trabalharam quarenta horas semanais, boa parte (47% nas universidades públicas e 40% nas universidades privadas) teve algum contato com o mundo do trabalho, mesmo fazendo parte do grupo de renda mais elevada (...) de alguma forma previsível, os dados mostram que o trabalho em período integral é mais frequente entre os formandos de renda familiar mais baixa (0 a 10 salários mínimos) e os oriundos de instituições privadas (universidades e estabelecimentos não universitários).

Dados de pesquisas mais recentes respaldam as mencionadas acima. Com efeito, em sua tese de doutorado, Tartuce (2007, p.31) aponta a concomitância entre trabalho e estudo "... aqui reside a especificidade da realidade brasileira — a questão a ser evidenciada é que, entre nós, em se tratando de transição da escola para o trabalho, é fato que essas esferas são vivenciadas simultaneamente por boa parte dos jovens do país (...) não se trata, portanto e necessariamente, de inserção no mundo do trabalho, mas de sucessivas *reinserções*, dada a sua trajetória ocupacional precoce". (grifo no original.)

Essa concomitância também é ressaltada por Comin (2011), em pesquisa bem recente que tem como objetivo compreender os impactos da ampliação do ensino superior no mercado de trabalho brasileiro. Ainda em andamento[159], dados preliminares apontam que "... dois terços dos estudantes no nível superior trabalham e fazem graduação (...) a forma tradicional de encarar o ensino superior como uma transição da escola para o trabalho não representa adequadamente o padrão brasileiro".

Outras informações sistematizadas pelo autor são interessantes e contribuem para sustentar a tese do trabalhador que estuda, tais como: o Brasil tem produzido uma média de 1,5 milhões de empregos formais nos últimos 10 anos e 700 mil novos graduados por ano; as mulheres representam 42% da força de trabalho ocupada e 55% entre os graduados, sendo que estão inseridas sobremaneira nos serviços sociais e no emprego público; o universo masculino, por sua vez, está localizado, sobretudo, nas atividades técnicas e produtivas, funções de comando, ciências exatas e tecnologia, na alta magistratura e nas forças armadas; 11% da força de trabalho ocupada possui nível superior no Brasil, sendo que a coorte de mais velhos (acima de 40 anos) possui mais indivíduos com nível superior frente à coorte formada por mais jovens, estes apresentando menor proporção de indivíduos com escolaridade superior. Cabe lembrar que o pesquisador entende mercados de trabalho como "... uma esfera empírica, epifenômeno complexo da estrutura produtiva, do sistema educativo e de condicionantes sociais mais amplos como a demografia, a estrutura familiar, as relações de gênero, cor e diferenças regionais" e que a unidade de análise utilizada são as "... ocupações (e não os indivíduos) entendidas como descritores qualitativos e dinâmicos tanto da estrutura produtiva quanto da força de trabalho".

O trabalho do sociólogo Jessé Souza vem tentando apreender, em termos teóricos e empíricos, a emergência de uma nova classe trabalhadora no último decênio, formada por cerca de 30 milhões de brasileiros que passaram a fazer parte do mercado de consumo. Cunhada de "batalhadores" pelo autor, eles apresentam elementos gerais importantes que permitem fazer uma aproximação com o termo aqui designado "trabalhadores-estudantes". Encontramos indicativos empíricos que permitem uma visualização mais concreta desses indivíduos que, no essencial, dialogam com trajetos pesquisados na minha investigação:

159 Os dados aqui mencionados foram extraídos da comunicação oral a qual estive presente, no Centro Brasileiro de Análise e Planejamento, em 25/03/2011. Posteriormente, o autor forneceu-me os slides utilizados na ocasião e, por essa razão, deixo aqui o meu agradecimento. Sua investigação faz parte de um estudo internacional comparativo entre Brasil, Índia e Inglaterra. O trabalho em progressão refere-se à parte relativa do projeto "Assessing the impact of higher education expansion on economic restructuring, occupational change and acess to oportunities in Brazil and India" desenvolvido conjuntamente por ESRC/Warwick Institute for Employment Research/INCT/CEM/CEBRAP/USP.

... nossa pesquisa mostrou que essa classe conseguiu seu lugar ao sol à custa de extraordinário esforço: à sua capacidade de resistir ao cansaço de vários empregos e turnos de trabalho, à dupla jornada na escola e no trabalho, à extraordinária capacidade de poupança e de resistência ao consumo imediato e, tão ou mais importante que tudo que foi dito, a uma extraordinária crença em si mesmo e no próprio trabalho. Percebemos também que isso foi possível graças a um capital muito específico que gostaríamos de chamar de "capital familiar" (...) pois o que parece estar em jogo na ascensão dessa classe é a transmissão de exemplos e valores do trabalho duro e continuado, mesmo em condições sociais muito adversas. Se o capital econômico transmitido é mínimo, e o capital cultural e escolar comparativamente baixo em relação às classes superiores, média e alta, a maior parte dos batalhadores entrevistados, por outro lado, possuem família estruturada, com a incorporação dos papéis familiares tradicionais de pais e filhos bem desenvolvidos e atualizados. Essa é uma distinção fundamental em relação às famílias da "ralé" que estudamos (...) a família típica da "ralé" é monoparental, com mudança frequente do membro masculino, enfrenta problemas graves de alcoolismo, de abuso sexual sistemático e é caracterizada por uma cisão que corta essa classe ao meio entre pobres honestos e pobres delinquentes (...) o núcleo duro desse "capital familiar", qualquer que seja a origem social dos "batalhadores" pesquisados, parece se consubstanciar na transmissão efetiva de uma "ética do trabalho". É importante perceber a diferença com relação às classes médias, em que a "ética do trabalho" é aprendida a partir da "ética do estudo", como seu prolongamento natural. Os batalhadores, na sua esmagadora maioria, não possuem o privilégio de terem vivido toda uma etapa importante da vida dividida entre brincadeira e estudo. A necessidade do trabalho se impõe desde cedo, paralelamente ao estudo, o qual deixa de ser percebido como atividade principal e única responsabilidade dos mais jovens como na "verdadeira" e privilegiada classe média. (Souza, 2010, p.50-51.)

Conforme já dito no corpo desta tese, é preciso reconhecer o esforço do referido pesquisador e de sua equipe de trabalho em tentar entender, sociologicamente, o fenômeno ainda muito novo e pouco estudado de forma mais rigorosa. Contudo, faz-se necessário alguns ajustes nas suas análises, o que poderia torná-las mais ricas e consistentes. Um primeiro reparo teórico remete à sua insistência em vincular essa nova classe trabalhadora com o novo "capitalismo financeiro", discussão hoje muito em voga e dada a todo tipo de aplicação, sem mais:

... essa classe é "nova", posto que resultado de mudanças sociais profundas que acompanharam a instauração de uma nova forma de capitalismo no Brasil e no mundo. Esse capitalismo é "novo", porque tanto sua forma de produzir mercadorias e gerir o trabalho vivo quanto seu "espírito" são novos e um verdadeiro desafio à compreensão (...) dizer quem ela é e o que ela deseja ou quer significa se apropriar do direito de interpretar a direção do capitalismo brasileiro no presente e no

> futuro (...) nesse sentido, temos que deixar claro como o "capitalismo *financeiro* e/ ou *flexível*" penetra na sociedade brasileira (...) a importância do *capital financeiro* — enquanto oposto, por exemplo, ao capital industrial e comercial — já havia sido sobejamente reconhecida por diversos autores desde o "boom" do capitalismo monopolista a partir do fim do século XIX e começo do século XX. Mas a *"lógica do capital financeiro"* ainda estava subordinada à lógica do capital industrial. Era o tempo da fábrica fordista que determinava o tempo de valorização do capital empregado (...) a dominação hodierna do *capitalismo financeiro* significa algo muito diferente. (Souza, 2010, p.26; 40; 47-48) [grifos meus].

Infelizmente, ainda há muita confusão e pouca delimitação no que se refere à categoria capitalismo financeiro. Isso leva a misturar noções que podem ser combinadas, porém, são "coisas" diferentes. Por exemplo, o capitalismo financeiro enquanto face dominante do sistema capitalista, com o surgimento e a consolidação dos bancos e das financeiras que atuam como intermediadores para investimentos na economia real mediante empréstimos e outros instrumentos de crédito é uma coisa. Aqui estamos no terreno dos que muitos designam como "economia real". Do lado oposto, há outra dimensão, designada como capital especulativo ou volátil, realizado geralmente pelos "investidores especulativos" que atuam com derivativos, apostando em câmbio, opções futuras, dólar, ouro, dentre outras operações de alto risco e retorno. Exemplo emblemático deste tipo de investidor é o megaespeculador húngaro George Soros que, em 1992, fez uma forte aposta contra o Banco da Inglaterra e ganhou, em uma só tacada, U$$ 1 bilhão da noite para o dia. Ora, não é o mesmo exemplo do indivíduo que investe nas ações das empresas que estão listadas em Bolsas e que atuam no mercado "real", empresa que contrata funcionário, faz produto e/ou serviço, coloca no mercado, lucra, reinveste o lucro, expande a empresa, faz fusão com outras empresas, dentre outras operações. Logo, há duas dimensões do capital financeiro que não podem ser confundidas e isso é importante, pois o segmento social emergente que o autor tenta compreender nas suas análises está ligado a somente uma dessas dimensões, qual seja, à dimensão produtiva do capitalismo financeiro. Em suma, ao investimento produtivo na economia dos países.

O modo de produção flexível diz respeito às formas propiciadas pela reestruturação capitalista ocorrida a partir da crise do petróleo em 1973, baseadas em instrumentos de mudança na gestão do trabalho (reengenharia, *downsizing*, terceirização, dentre outros) e o uso da revolução tecnológica ocorrida, sobretudo na microeletrônica e na telemática, que interferiram nas relações de trabalho. Há uma ligação entre ambos? Logicamente que sim: os mecanismos propiciados pela revolução tecnológica permitiram uma maior fluidez para o chamado capital volátil, também chamado capital de curto prazo ou *hot money*. Diga-se de passagem, esse capital é o terror dos governos atuais, pois está ligado à vulnerabilidade externa de muitos países. As "crises capitalistas", inclusive a de 2008, a do *subprime* ocorrida nos Estados Unidos, e toda a sorte de protestos decorrentes, é justamente a consequência dessa lógica especulativa do capital em nível global.

Todo o problema da análise é subsumir capitalismo financeiro à "flexível" e, pior, tomá-lo para entender a "nova classe C". Os batalhadores são justamente aqueles que surgem em decorrência do acesso ao consumo, são os anteriormente excluídos da possibilidade de acesso ao consumo de determinados bens já estendidos às outras classes sociais brasileiras, ou seja, são aqueles que estão tendo acesso a um capitalismo em sua fase clássica, industrial. Isso o economista brasileiro Celso Furtado, em quaisquer de suas obras, já falava há muito, ou seja, trata-se de uma expansão do que ele chamava de "mercado interno de consumo de massa" — inclusive, no seu pensamento, o que seria a base fundamental para o desenvolvimento de um capitalismo brasileiro mais autônomo, dado o tamanho continental de nosso país e seu amplo potencial.

Em certas passagens o autor ainda retém o essencial "... no setor logo acima da 'ralé' [classes populares mais precarizadas] é que encontramos a nova classe trabalhadora. Essa é uma classe quase tão esquecida e estigmatizada quanto a própria 'ralé'. Mas, ao mesmo tempo, conseguiu, por intermédio de uma conjunção de fatores (...) internalizar e incorporar disposições de crer e agir que lhe garantiram um novo lugar na ***dimensão produtiva*** do novo capitalismo financeiro". (Ibidem, p.47-8) [grifo meu].

O ponto é esse, mas não consegue desenvolvê-lo, preferindo misturar termos da denominada "acumulação flexível" (David Harvey) com a natureza do "capitalismo financeiro" em seu caráter especulativo. Acaba misturando noções próximas, que podem ser relacionadas até certo ponto, mas que são diferentes, pois foram construídas tendo em vista abordar aspectos distintos da realidade. A "coisa" complica de vez quando filósofo pós-moderno[160] é chamado para dar legitimidade:

> ... todas as empresas — e não apenas as fábricas antes fordistas — refletem agora a dominação de um "olhar *panóptico*", um *olho que tudo vê*, destinado a tornar possível o controle total da empresa sem ter que pagar os controladores que antes eram parte significativa dos custos de toda empresa. Não apenas a "produção flexível", em que preponderam os trabalhadores diretamente produtivos típicos do toyotismo, ou a "organização flexível", na qual redes de comunicação pretendem substituir a organização hierarquizada anterior, mas também instrumentos contábeis de todo o tipo analisam agora a empresa de modo tal que a produtividade de cada trabalhador pode ser avaliada e julgada dispensável ou não. (Ibidem, p.47-48) [grifo meu].

160 Surpreende que ele não tenha acrescentado, também, a dita "sociedade do controle" de Gilles Deleuze e o "deserto do real" e o "cinismo" de Slavoj Zizek, este último na moda entre certa parcela de esquerda acadêmica paulistana.

É lógico que o panóptico de Jeremy Bentham, desdobrado por Michel Foucault no seu *Vigiar e Punir* são importantes enquanto ferramentas analíticas nas ciências humanas. Contudo, não se pode esquecer de discutir o ponto vital, ou seja, qual o aspecto sociológico que particulariza o que ocorre, hoje, no capitalismo brasileiro? Contribuições teóricas distintas são bem-vindas, mas não ajudam muito a compreender como o cidadão comum vende a sua força de trabalho e ainda recebe nesse Brasil imenso um baixo rendimento para isso — aspecto a ser explorado no próximo item quando aquilato as trajetórias dos pesquisados. Esquecer do "empírico", de contextualizar o que ocorre na *terra brasilis* leva a afirmações genéricas corretas, não obstante, distantes da realidade como "... a superação do fordismo também representa a superação do tipo de produção estandirzada, baseada na economia de escala da grande produção de relativamente poucos produtos". (Ibidem, p.42-43.)

Superação do fordismo, da economia de escala? Onde? Muitos dos novos milionários brasileiros que emergiram com a ascensão da "nova classe social" são donos de empresas puramente fordistas (fraldas, genéricos, construção civil, e outros produtos feitos em grande escala, propiciando preço reduzido, por esse motivo o sucesso em atingir esse novo público que valoriza e muito suas economias). As grandes empresas estão adaptando seus produtos, reduzindo embalagens, para "acessar" esse tipo de público: exemplo é a multinacional Nestlé nas comunidades de São Paulo e no Nordeste, onde abriu fábricas. Jogar o empírico fora e ficar no plano puramente lógico-conceitual — principalmente de discussões exógenas vindas do centro do capitalismo, mesmo lá são discutíveis! — tem como resultante um "real" anêmico.

Um segundo reparo é uma característica de alguns analistas[161] que utilizam o arsenal bourdieuseano no Brasil. Pierre Bourdieu é um autor extremamente importante[162], mas lê-lo sem antes passar e extrair pontos importantes dos clássicos é um desastre "... classes sociais não são determinadas pela renda — como para os liberais — nem pelo simples lugar na produção — como para o marxismo clássico". (Ibidem, p.45.)

Conforme já chamei atenção nesta tese, além de não ser simples (trata-se de como a maioria dos seres humanos vende sua força de trabalho no mundo para sobreviver), trata-se de um lugar **social** na produção ou, para ser mais preciso, nas relações **sociais** de produção. Produção não diz respeito *estrito senso* ao termo "produção fabril", utilizado por Marx porque ele retratou, no *O*

161 Lendo-os temos a impressão de que os autores clássicos eram "autistas", viviam em um mundo em que nenhum aspecto do social era relacionado até que em um belo dia surge a dita "sociologia relacional" e nos ilumina, retirando-nos da caverna platônica. Para realizar o feito tinha de ser um francês, um ser da pátria das luzes.

162 No meu pensamento, um ótimo sistematizador de teorias sociológicas: muitos dos seus "achados" se encontram em Thorstein Veblen, Weber, Marx, Thompson, Bachelard e autores de outras correntes teóricas.

Capital, as fábricas inglesas que então se desenvolviam no bojo da consolidação capitalista. Trata-se da "produção **social** do indivíduo", no português claro e direto, como um ser humano faz para obter os recursos essenciais para a sua sobrevivência, recursos que são de ordem, primeiro, física — comida, água, habitação etc. Além disso, essa produção é histórica, não importa se já passamos da era industrial, era atômica, se entramos até mesmo na "Era de Aquário" para alguns, a maioria dos seres humanos terá de vender sua força de trabalho — até mesmo para quem está no circuito ilegal, um trabalhador do tráfico, por exemplo, um trabalhador da máfia. Se ele não o fizer, outros terão de fazer por ele: pais, familiares, instituições de caridade, igreja, Estado etc. Fora disso, bem sabemos o que acontece com o indivíduo. O termo "**social**" (esquecido pelo sociólogo?) faz toda a diferença. Apesar de estarmos no século XXI, não penso que as **relações sociais de produção da vida** — e como cada indivíduo se encontra em tais relações — tenham deixado de ser essenciais para compreensão de alguns acontecimentos fundamentais do mundo, ainda que, certamente, as mesmas tenham mudado bastante desde aquela época. Por fim, não custa lembrar o que Pierre Bourdieu afirma em *A Distinção* "... o poder econômico é, em primeiro lugar, um poder de pôr a necessidade econômica a distância". (Cf. Bourdieu, 1988, p.52.)

Ora, grande parte dos seres humanos não dispõe desse poder, conforme passo agora a expor ao estudar uma parcela desses indivíduos.

3.4.2. Superexploração na Precarização

Um fato amplamente constatado nas investigações sobre o mercado de trabalho no Brasil é que os jovens brasileiros constituem o segmento social mais afetado pelo desemprego e, quando empregados, são os mais suscetíveis de estar inseridos nos trabalhos marcados pela precariedade. Com efeito, Letelier (1999, p.141) sintetiza os elementos que envolvem essa problemática "... as taxas de desocupação dos jovens representam o dobro das taxas dos adultos, qualquer que seja o nível educacional dos indivíduos (...) ou seja, a variável escolaridade não explica o desemprego juvenil. As explicações devem ser buscadas nas *condições que o mercado de trabalho oferece aos jovens* (...) a maioria dos jovens que entram no mercado de trabalho o fazem de maneira precária. Aqueles que ingressam o fazem fundamentalmente em *trabalhos sem proteção, sem contratos e, portanto, sem estabilidade*". [grifos meus.]

Martins (2001, p.68), apresenta dados que permitem visualizar o porquê dessa ligação entre jovens, desemprego e condições precárias de trabalho:

> ... de acordo com o Ministério do Trabalho, entre 1990 e 1995, o Brasil perdeu 2,1 milhões de empregos formais, sendo que 1,4 milhões (67%) referiam-se a trabalhadores com menos de 24 anos. A pesquisa sobre o emprego e desemprego reali-

zada pelo Seade/Dieese tem revelado o aumento constante da taxa de desemprego entre os adolescentes e jovens. Em dezembro de 1985, a taxa para os que tinham entre 10 e 14 anos era de 35,3%, passando em dezembro de 1997 para 46,4%. Na faixa etária de 15 a 17 anos, aumentou de 24,9%, em dezembro de 85, para 42,3% em dezembro de 1997. Para os jovens com idade entre 18 e 24 anos, as taxas são de 13,3% e 22,4%, respectivamente (...) as oportunidades de trabalho para os jovens tendem a se concentrar nas pequenas e microempresas que, no entanto, são conhecidas pelas *condições precárias de trabalho* que oferecem, além dos *baixos salários* e a *instabilidade contratual*, responsável pela alta taxa de demissão (...) o desemprego juvenil, sempre mais alto do que a média do desemprego em geral, é um fenômeno presente em muitos países, fazendo com que ocorra a banalização dessa situação, tornada comum entre os jovens. [grifos meus.]

Mennella (2008, p.17; 24), em sua pesquisa de mestrado sobre experiências de jovens paulistanos confrontados com o trabalho precário, também adianta "... outra característica importante do mercado de trabalho brasileiro é a distribuição desigual do desemprego e das ocupações precárias entre a mão de obra, sendo que os jovens e as mulheres estão entre os mais afetados por essas duas situações (...) a precarização atinge em uma escala diferente os diversos grupos sociais: afeta mais os jovens do que os adultos, mais as mulheres do que os homens, mais os menos qualificados do que aqueles que possuem qualificação. Isso não significa dizer que exista alguma categoria produtiva que seja imune aos efeitos da precarização".

A autora propicia elementos importantes no que tange ao uso sociológico da categoria precarização, chamando a atenção para o fato de que "... a pesquisa teórica revelou a dificuldade de trabalhar essa noção, que ainda que seja usada extensivamente na literatura sociológica, poucas vezes é conceitualizada. A palavra precário é constantemente empregada como adjetivo para caracterizar uma situação social. Essa utilização muitas vezes obscurece todos os aspectos que estão relacionados à ideia de precariedade (...) é preciso distinguir quando a palavra 'precário' é empregada como uma noção sociológica, que remete às transformações ocorridas na esfera do trabalho no fim do século XX, e quando é utilizada como um adjetivo para qualificar uma situação social". (Ibidem, p.18.)

Interessante que ela cita em nota a fala do estudioso da sociologia do trabalho, Didier Demazière, no Colóquio Internacional: Novas Formas de Trabalho e do Desemprego, realizado no Departamento de Sociologia da USP em 2006, o qual afirmava que "não houve uma grande preocupação dos sociólogos em dar significado analítico à noção de precariedade". (Ibidem, p.29.)

Conforme já destacado nas passagens anteriores e também como poderá ser verificado a partir da discussão que agora passo a fazer das trajetórias de trabalho dos bolsistas, condições precárias de trabalho compreendem aqui os seguintes aspectos: *relações instáveis* dos vínculos de trabalho; *baixa remune-*

ração e, discutido adiante, um terceiro elemento, qual seja, as *possibilidades de progressão* — ou não — de tais indivíduos no mercado de trabalho. Logo, o termo tenta apreender a interação desses três elementos: relação de trabalho, valor do salário e se o trabalho permite um progresso funcional aos indivíduos ou não, deixando-os socialmente "estacionados" em postos que não lhes abre perspectivas. Vejamos os trajetos ocupacionais dos três subconjuntos de pesquisados, sistematizados nas Tabelas 4, 5 e 6.

Tabela 4 — Trajetória Ocupacional dos Bacharelandos
(Trabalhos exercidos até o atual)

PESQUISADOS	TRAJETOS OCUPACIONAIS
Clarice	Caixa de Supermercado > Garçonete > Caixa de um bar.
Mônica	17 anos, estágio e trabalho 6 anos no Hospital Paulistano (**terceirizada**) > Hospital Pérola Byngton (processo seletivo, **terceirizada**).
Lúcio	Entrega de panfletos, 12 anos, esporádico > **Estágio** com 17, em 2005, em uma construtora > Estágio 2006 > Estágio, meio de 2007 (ficou parado para se dedicar aos estudos > Estágio a caminho para efetivação em uma empresa de projetos na área de engenharia, desde 2009.
Zélia	Estagiária em empresa de produtos de mergulho, 16 anos (ficou 2 meses) > Ficou sem trabalhar até 2007, estudando para tentar Medicina > Vários **estágios** > Estágio no Conselho Regional de Economia, desde 2008.
André	12 anos colhia manga > 15 para os 16 trabalhou no seringal (aguava, carpir)> 17 para 18 — plantonista no cursinho (ganhava R$ 180,00 por mês).
Eduardo	Estágio em um bureau > **Freelancer** para ilustradores.
José	Operador de supermercado (Supermercado Extra) > Recenseador IBGE (**temporário**) > União Paulista dos Estudantes Secundaristas (ajuda de custo) > Campanha eleitoral (**temporário**) > auxiliar de escritório e secretário parlamentar > estágio em RH > coordenador de Projeto, Ministério da Cultura (**temporário**) > coordenação administrativa de Projeto > Coordenador da campanha de XYZ > Centro de Documentação e Memória do PC do B.
Rodrigo	Auxiliar de Faturamento (registrado) > Estágio no departamento de contas a pagar em empresa de RH (Recursos Humanos), de serviço **terceirizado** > Saiu do Estágio.
Marcos	Auxiliar de garçom, 16 anos em Pernambuco > Dois meses no Mc Donald´s > Atendente Receptivo de **Telemarketing** em Operadora de Saúde > Atendente Receptivo em Seguradora de Saúde (está há 5 anos na empresa). Trabalha seis horas e vinte, seis dias por um de descanso, folga sábado ou domingo, intercalado.
XXX	Auxiliar de escritório > **Teleoperadora** > Estagiária (4 horas).
XXX	Recepcionista > Atendente > Caixa > Banhista de pet shop > Vendedora autônoma de cosméticos > Estagiária de atendimento.
XXX	Sapateiro > Entregador de jornal > Office-boy > Copeiro > Garçom > Carteiro > Supervisor Operacional nos Correios.

XXX	Office-boy > Auxiliar administrativo > Operador de **telemarketing** > Analista Contábil Pleno.
XXX	Auxiliar de Escritório > Assistente Administrativo > **Telemarketing** > Oficial Administrativo (Servidora Pública Estadual, concursada, regime **estatutário**).
XXX	Estágio no Banco do Brasil > Auxiliar Administrativo na Secretaria do Meio Ambiente > **Estágio**.
XXX	Estagiária na área administrativa > Analista Administrativo.
XXX	Atendente de lanchonete > Vendedora > Auxiliar Administrativo > Auxiliar de contas a pagar Jr.

Tabela 5 — Trajetória Ocupacional dos Licenciandos
(Trabalhos exercidos até o atual)

PESQUISADOS	TRAJETOS OCUPACIONAIS
XXX	Auxiliar de produção **sem registro** > Merendeira escolar (concurso) > Auxiliar de Produção (**temporário**) > Limpeza da escola > metalúrgica (**temporária**) > Professora.
XXX	Monitora em perua escolar > Berçarista em escola particular > Caixa nas Lojas Pernambucanas > Não trabalha.
XXX	Assistente de vendas > Assistente administrativo > Assistente Editorial > Digitadora > **Trabalhos informais**: Fotógrafa, Digitadora, Revisora de texto, Diagramadora, Transcritora.
XXX	Balconista > Educadora de uma creche conveniada.
XXX	Babá aos 12 anos > Operadora de **telemarketing** aos 16 > Aos 19 trabalhou numa escola particular e **foi registrada apenas nos últimos 2 anos dos 5 que trabalhou** > **Telemarketing** > Voltou para a educação na qual trabalhou 2 anos e 5 meses num CEI (Centro de Educação Infantil) conveniado > Educadora de uma creche conveniada.
XXX	Vendedora > Auxiliar Administrativa > Corretora de Imóveis > Consultora Comercial (contas a pagar e receber, organização de arquivos).
XXX	Acabamento gráfico aos treze anos > Curso de Assistente Administrativo aos 14, recebia uma **ajuda de custo** no valor de 60,00 reais > Operadora de **Telemarketing** aos dezesseis anos > Não trabalha.
XXX	Fábrica de Bijuterias > Operadora de **Telemarketing** > Funcionária pública.
XXX	**Faxineira** > Auxiliar de lavanderia > Lavadeira de roupas > Auxiliar de escritório > Oficineira > Educadora > Animadora de festa > Vendedora de sapatos > Babá > **Garçonete**.
XXX	Cobrança de clientes no Carrefour e Pernambucanas > Assistente de Relacionamento > **Assistente de Relacionamento**.
XXX	Auxiliar de Produção > Auxiliar de Educação infantil > **Estágio**.
XXX	**Revendedora** Avon, Natura, Herbalife e Amway > Serviços de Computador em Geral, de Fax, Encadernação, Plastificação, **Atendimento ao Cliente** (pessoal e telefônico) > Auxiliar Administrativa > Professora de Música (órgão e teclado) > Auxiliar de Creche
XXX	**Promotora** de automóveis e apartamento > **Auxiliar Administrativa** > **Secretária** > **Assistente Administrativa em uma ONG**.
XXX	Sempre trabalhou de **Secretária**.

XXX	Op. de **Telemarketing** > Recreacionista > Educadora.
XXX	Secretária > Professora de Informática.
XXX	Sapateiro (registrado) > Vendedor (registrado) > Propagandista (**bico**) > Educador no Terceiro setor.
XXX	Vendedora **autônoma** > Professora de ensino fundamental I > Garçonete > Auxiliar de dentista > Escriturária > Não trabalha atualmente.
XXX	**Autônomo** em empresa de pesquisa e cooperativas > Professor de Ensino Fundamental I
XXX	Recepcionista > Secretária > Auxiliar administrativo > Auxiliar administrativo em uma Unidade Básica de Saúde.
XXX	Babá > **Operadora de telemarketing**.
XXX	Auxiliar de Classe na educação infantil dos 14 aos 18 anos (**registro aos 16**) > Estágio auxiliar de educação infantil > Estágio no setor administrativo de uma faculdade pública > Assistente Técnico Administrativo da FATEC.
XXX	Balconista > Motoqueiro entregador > Garçom > Servidor público.
Raimundo	Servente de pedreiro > Eletricista Autônomo > **Ajuda de custo** do partido.
Valdo	**Sempre trabalhou com bicos** (produtos de limpeza, fiscal de provas, atendente de telefone > Atual: estágio de 6 horas no SESC.
Bianca	Auxiliar de produção em fábrica de bolsas e carteiras > **Frentista** > Recepcionista em salão de cabeleireiro > Casada (10 anos fora do mercado de trabalho) > Empregada **doméstica (4 anos sem registro**) + **faxineira** nos fins de semana > Recreacionista em colégio particular.
Augusto	Balconista em farmácia, 13 anos > Office-Boy aos 15 (6 anos) com registro > Desempregado > **Bicos**, o que aparecia pedia para estar ajudando (3 a 4 anos) > Jardineiro > **Operador de Telemarketing**.
Patrícia	Estágio na prefeitura de Osasco, dos 14 aos 18 > Caixa e setor de crédito no Carrefour > Trabalho na financeira Credicerto > Recepcionista em clínica médica > Financeira > Atendente em Posto de Saúde (concurso) > Guarda Civil Municipal de Osasco (concurso).

Tabela 6 — Trajetória Ocupacional dos Tecnólogos
(Trabalhos exercidos até o atual)

PESQUISADOS	TRAJETOS OCUPACIONAIS
XXX	Digitadora **freelancer** à Vendedora à Operadora de **telemarketing** > Assistente de crédito > Artesã > Microempreendedora (Restauradora de fotos digitais e serviços gráficos).
XXX	Trabalhou **sem registro** em locadora de games aos 16 anos > Desde os 18 anos trabalha em call center como **teleoperador**.
XXX	Assistente de Vendas.
Margarida	16 anos em uma escola de informática, **sem registro** durante dois meses >Participou do Programa Jovem Cidadão, tinha dezesseis para dezessete > Estágio de secretariado durante seis meses em uma empresa > Fiscal de Caixa aos 18 anos durante 5 anos > Estágio como assistente de criação agência de publicidade durante 2 anos > Efetivada na agência.
Ana	**O pai a manteve até os dezenove anos** > Montagem de presilhas > Serviços Gráficos > Trabalhos como **terceirizada** em prestadoras de serviços para empresas telefônicas como monitora de qualidade > Supervisora de **call center** há um ano e sete meses.

Um primeiro aspecto a destacar refere-se às *relações contratuais frágeis* encontradas e destacadas nos três subconjuntos. Assim, despontam termos como "terceirizado", "bicos", "temporário", "freelancer" e, também, vários relatos em que o/a bolsista esteve trabalhando "sem registro", além de uma miríade de "trabalhos informais" no setor de prestação de serviços. Aparece também uma forma muito disseminada no Brasil que é o trabalho de revendedora de produtos — cosméticos, sobretudo. Relação de trabalho em que o indivíduo adquire certa quantidade de produtos do fabricante e sai vendendo de porta em porta. Eufemisticamente, as empresas mascaram essa relação ao denominar tais vendedores como "consultores", casos típicos das empresas Avon, Natura, dentre outras.

Singer (1998b, p.41;43-47;49) e Martins (2000, p.24) apresentam elementos para a compreensão das mudanças operadas pelas empresas e seus profundos impactos nas relações de trabalho:

> ... neste período [1976-1981], bancos e indústria eram constituídos predominantemente por empresas operadas por assalariados (...) em 1985-93 cresce a proporção dos operadores por conta própria. Não é que estes tenham se tornado mais competitivos em relação às empresas capitalistas. *Estas é que passaram a transformar uma parcela de seus empregados em fornecedores autônomos de serviços, mediante a assim chamada terceirização.* O mesmo está sendo feito pelos bancos (...) a grande reviravolta econômica, iniciada em 1990, não consiste apenas na redução da indústria e dos bancos e no crescimento mais atenuado dos setores de serviços, mas também na contração do número de assalariados (...) a transferência de postos de trabalho da indústria para o comércio e a prestação de serviços implica também a *substituição de trabalho assalariado por trabalho por conta própria* (...) estima-se que a substituição do emprego formal pelo informal reduz em mais de 50% o custo anual do trabalhador à empresa (...) grandes empresas burocratizadas dificilmente podem se entregar a práticas ilegais como o emprego informal. Estas empresas estão reduzindo seu gasto com trabalho mediante a *substituição de empregados formais por pessoal temporário*, fornecido por empresas locadoras de mão de obra e por prestadores de serviços. Além disso, a redução do emprego formal condena quantidades cada vez maiores de trabalhadores, com os graus mais diferentes de qualificação, a se engajar por conta própria, em geral prestando serviços ou comerciando em pequena escala na rua, na própria casa ou visitando locais de trabalho etc. Esta miríade de pequenos operadores, quando utiliza assalariados, quase sempre os emprega informalmente (...) neste setor [Prestação de Serviços], o número de empregados informais é maior que o de formais desde 1981. Fazem parte deste setor os trabalhadores domésticos, cuja maioria é constituída por empregados informais. *O mesmo se deve aplicar a inúmeros pequenos prestadores de serviços de reparação, de alimentação, de beleza e higiene pessoal* etc. (...) é possível que o desassalariamento em 1989-93 tenha sido substituído pela *informalização* em 1993-1996, já que ambas as mudanças nas relações de produção dão o mesmo resultado para o

capital: *poupam-lhe os encargos trabalhistas, o chamado salário indireto.* [grifos meus.] ... é resultado também da *ausência do Estado no processo de regulamentação do mercado e das relações entre trabalhadores e empresas.* A liberdade acarretada por essa não regulamentação não é favorável aos trabalhadores, pois o interesse das empresas está voltado para a redução de custos. [grifos meus.]

Esse processo pôde ser visualizado em todos os subgrupos. Os casos de Mônica, Ana e Eduardo, um "quarteirizado", são ilustrativos dessas práticas:

... desde a época que eu terminei o curso técnico de raio X, entrei no estágio em um hospital. Peguei o diploma, continuei no hospital por seis anos. Wilson: Que hospital era? Mônica: Hospital Paulistano. Como terceirizada, não tinha direito a nada. Ganhava o salário. Esse já era um transtorno para mim, porque eu não tinha o registro em carteira. Era meio que um trabalho informal. Eles fazem um contrato mentiroso e você ganha o salário e ponto. Aí eu tinha de tirar o dinheiro para vale-transporte, para convênio médico e outras coisas que você quisesse pagar, aí sobrava uma porcaria. Até para o ProUni acabou me atrapalhando porque parece que eu ganho muito, mas se eu tirar os descontos que um empregado normal têm, cai pela metade o salário. Agora a terceirização acabou, porque eles foram obrigados a registrar os funcionários. Mas eles não queriam registrar a equipe para não ter compromisso com o passado, mandaram todo mundo embora e contrataram novos funcionários. Nessa época, eu e meu irmão trabalhávamos no mesmo hospital. Ele já morava em casa, o salário da família era meu e do meu irmão, a gente foi mandado embora ao mesmo tempo (...) eu tive muita sorte porque eu já estava sentindo que o clima estava meio estranho, então eu mandei um currículo para essa empresa que eu estou agora. Era uma terceirizada também, mas que registra como salário. Wilson: Ah, você também é terceirizada no [Hospital] Pérola Bygton? Não é ... Mônica: É, não é funcionário público não. Eu prestei meses atrás uma prova, e uma semana antes de demitir, me chamaram para uma entrevista. Wilson: Você chegou a entrar com processo trabalhista para ver seus direitos... Mônica: Não. Eu penso, penso nisso, mas ainda não entrei, não fiz. *A maioria é terceirizado. Não tem muito para onde correr.* Eles pagam um salário que é R$900, R$. 1.000,00, *e não sai daquilo.* (Mônica, Psicologia, Mackenzie.)

... foi aí que deu aquele baque sabe, eu fiquei extremamente chateada, porque eu me doava muito na empresa. Wilson: Você ficou quanto tempo? Ana: Ao todo, eu fiquei de 2004 a 2008, quatro anos. Só que assim, *lá era assim, trabalhava como terceira.* Eu nunca tirei férias nesses quatro anos. Então, primeiro ano eu estava com a empresa, com a Desempenho, depois que eu sai do call center, aí a Vivo [empresa telefônica] falou assim *"não quero mais você"*. Aí ela pegou e falou "eu quero a Call Soft", aí a Call Soft veio, pegou todos os funcionários que eram da Desempenho (...) eu tenho uma equipe de operadores, eles atendem os clientes... essa empresa eu entrei para *prestar serviço para o Bradesco, depois eu fui prestar serviço para o Real e agora presto serviço para o Santander.* (Ana, Tecnologia em Gestão de Recursos Humanos, Faculdade Sumaré.)

> ... tem muita gente que quer trabalhar, então os caras vão na editora mostrar portfólio, mostrar trabalho. A editora se vê com aquele monte de gente querendo trabalhar para ela e o que ela faz? *Ela coloca o preço lá embaixo* e ferra o mercado. Aí quem está entrando topa, porque para ele é trabalho (...) *só como "free"* [freelancer], mas é complicado porque *você não sabe quando vai receber, quando vai ter trabalho.* E é meio fora da área de Publicidade. Eu não tenho trabalho fixo. Tem um rapaz para quem eu trabalho. Ele é ilustrador e eu faço arte final para ele. *Mas ele também é freelancer,* ele é freelancer para as editoras. *Então não é sempre que ele tem trabalho, e quando tem, não é sempre que ele me chama.* Então é isso, quando ele tem trabalho me liga "oh, preciso que você faz tal coisa", eu vou lá faço e espero. Wilson: Atualmente como está? Está tendo demanda para você? Eduardo: Não, agora não. (Eduardo, Publicidade, Mackenzie.)

Outro elemento que podemos extrair quando analisamos os trajetos ocupacionais é a presença marcante de um tipo particular de ocupação que simboliza a precariedade aqui salientada. Trata-se da ocupação de *telemarketing.* Vejamos algumas características que tipificam essa atividade que, no Brasil, segundo pesquisas recentes, vem tendo um forte crescimento:

> ... situando-se em uma das ocupações que mais geraram empregos nos últimos anos (...) os dados do Ministério do Trabalho e Emprego indicam que eram 241 mil empregos formais, em 2005, com crescimento superior a 90% em relação a 2003, quando foram contabilizados 125 mil empregos. (Mocelin e Silva, 2008, p.369.)
> ... esse movimento é também acompanhado por uma crescente terceirização dos serviços. Nesse setor se concentram mais de 1.827 call centers, que correspondem aos locais de trabalho onde os atendentes de telemarketing atuam. Curiosamente é no Brasil onde os call centers mais concentram trabalhadores: 1.103 em cada empresa. O setor se encontra em grande escalada e movimentou, em 2002, 1,6 bilhões de dólares. (Souza e Visser, 2010, p.61)

O primeiro aspecto fundamental a destacar é *a baixa remuneração salarial,* que, por sua vez, liga-se à alta rotatividade no emprego. Na pesquisa com trabalhadores de um call center, em Porto Alegre, Mocelin e Silva (2008, p.377) apresentam dados extraídos do Ministério do Trabalho que permitem traçar um perfil sócio-ocupacional:

> ... observa-se um baixo grau de remuneração. No período analisado, a partir dos dados da Rais [Relação Anual de Informações Sociais, fornece dados sobre o mercado de trabalho formal], observa-se que, em 2005, mais de 80% dos empregados recebiam remuneração de até três salários mínimos, sendo que mais de 60% dos empregados recebiam até dois salários mínimos. Entre 2003 e 2005, observa-se um crescimento das faixas de menor remuneração nessa atividade laboral. Os da-

dos analisados permitem constatar que a remuneração desses trabalhadores está aquém das exigências para a inserção nas atividades de telemarketing. No que se refere ao tempo de emprego, no período de 2003 a 2005, observa-se que 80% dos operadores de telemarketing não possuíam mais do que dois anos de emprego (...) o que indica uma tendência a não permanência dos trabalhadores no mesmo emprego (...) observou-se que mais de 70% dos empregados nessa atividade são do sexo feminino, tendência que não sofre modificação no período. Chama atenção a grande participação de empregados com ensino médio, de 70%, em 2005 (...) há uma grande participação de empregados com ensino superior incompleto, o que indica, em grande parte, que estão cursando o nível superior. Em 2004, a taxa de trabalhadores com ensino superior incompleto no mercado de trabalho do Brasil é de 4%, enquanto nas atividades de telemarketing, essa taxa é de 20%.

Na investigação, as trajetórias de Augusto e Bianca exemplificam e representam aquilo que podemos denominar como aqueles que **vivem do mínimo,** indicando os baixos salários que recebem. Augusto trabalha na atividade de telemarketing:

... Augusto: É salário mínimo assim. Wilson: Você ganha hoje quanto? É R$ 510,00 bruto. É, tem o vale refeição... com desconto você vai pegar uns quatrocentos e pouco. Vamos supor que fica R$ 470,00 vai. A ajuda em casa ela é, como eu te falei, ela é muito... tá faltando alguma coisa, se eu posso, eu complemento. Eu tento me organizar de uma forma que eu quero dar pelo menos R$ 250,00 em casa, mas ainda não é essa realidade. Fico comprando aquelas coisas, né, faltou açúcar, é o pão, é o leite... faço essas compras durante a semana esporadicamente. Deveria, eu deveria, mas eu não tenho essas condições, porque não sobra, não sobra até porque assim... eu tô na faculdade e eu preciso... semestre passado eu sofri muito com trabalho e aí eu precisava ter um computador, e aí o que eu fiz, quando eu sai da CONTAX [empresa de telemarketing], eu fique dois anos na CONTAX, lá ganhava-se um pouco mais, R$ 600,00, e aí mandaram embora o povo todo, eu peguei um dinheirinho, e com esse dinheiro eu comprei o computador. Comprei um computador, tive que parcelar porque esse dinheiro foi para pagar outras dívidas, porque a gente acaba se envolvendo em dívidas. Fiz empréstimos para o próprio computador, que eu comprei impressora, mas o computador foi parcelado, aí tem sempre as roupas que a gente tem que ficar comprando, uma Renner [loja de departamentos] da vida... Wilson: Nessas empresas de telemarketing sempre ganhou um salário mínimo, é isso? Augusto: Sempre salário mínimo. Wilson: Só nessa CONTAX aí que foi um pouquinho mais ... Augusto: R$ 600,00, R$ 700,00. Wilson: Você sempre ganhou salário mínimo? Augusto: Praticamente sim, sempre ganhei salário mínimo. E ganho até hoje. É complicado! Mas você tem que tirar o seu sustento e ainda você tem que tirar roupa, porque é importante, se você entra mal-arrumado em um lugar você já é mal visto. E se você tem capacidade para fazer alguma coisa, você já é barrado. Senão te olham, né, "como é ladrão", então isso me causa uma coisa estranha né, as pessoas já te olham, já te diz coisas sem te conhecer. Então, *ganhar um salário mínimo é terrível.* (Augusto, Licenciatura em Letras, Uniesp.)

A condição social precária marcada pelo salário mínimo se revela plenamente quando Augusto contrasta sua vida com o emprego do cunhado, o qual possuiria uma "vida tranquila" já que possuidor de um emprego estável. Nesse instante, além do baixo rendimento, tem-se a instabilidade do trabalho — comum também em outros trajetos —, posto que sua vida é marcada, de ponta a ponta, pela realização de "bicos":

... Wilson: Das outras irmãs, que são casadas, você lembra alguma coisa? Augusto: O que ela trabalhou antes foi em farmácia, trabalhava com manipulação de remédio, mas depois que ela casou, ela parou de trabalhar, porque o marido tem um emprego estável, contador, tem uma vida tranquila (...) aonde que eu ia me encaixar, eu ia fazer o quê? Minha maior questão "poxa, eu não sei mexer em computador", em qualquer lugar que você vai é computador que quer no currículo... Wilson: Você sentiu dificuldade para depois voltar para o mercado de trabalho então? Augusto: Sim, muita dificuldade. Escolaridade e a computação, principalmente (...) com todas essas dificuldades, não ter emprego, chegou um momento que, como eu não estava mais bem comigo mesmo ... só que eu precisava fazer alguma coisa, e aí o que me sobra fazer infelizmente era o que eu mais temia, e isso foi ao encontro ao que eu mais temia, que era o que: carregar pedra. Wilson: O que você fez? Augusto: Aí foi o que achei assim bico para ser feito, que dava para ser feito. Foi jardineiro. Eu fui na história poética de ser jardineiro, né, "não, vou ser jardineiro, vou cuidar de plantas, coisa bonita", e ali eu só catei pedra, tomei chuva e o sol rasgando na cabeça... Wilson: Serviço para quem, para empresa? Augusto: Não, na verdade era um jardineiro do bairro. Só que ali é você trabalhar com a pessoa e aí existe aquela coisa de você não conseguir acompanhar, porque eu não tinha aquele ritmo que ele tinha, um ritmo de catar coisas pesadas e com a mão mesmo... Wilson: Quanto tempo você ficou nisso? Augusto: Com ele eu fiquei seis meses. Depois eu encontrei um emprego, uma empresa de jardinagem, de paisagismo, me contratou como jardineiro, e aí para fazer várias obras de prédios, inclusive na Estação da Luz, e foi sofrido, foi sacrificante, foi uma coisa que eu não estava contente ... Wilson: Foi para ter um sustento. Augusto: O mínimo, e outra, até comigo mesmo, essa cobrança comigo "eu não tenho mais nada, para onde que eu vou? O que eu vou fazer?" Wilson: Quanto tempo você ficou nessa empresa de jardinagem? Augusto: Cheguei a ficar quase um ano. Aí eu saí, voltei para o jardineiro do bairro, mas saí porque era aquela questão de trabalho extremamente... era outro ritmo, ele tinha um ritmo e eu não conseguia acompanhar o ritmo dele, jamais. Porque ele tinha uma história de vida e eu estava começando ali, e isso já com o quê, com trinta anos. Wilson: Você falou que nesse tempo ficou com baixa autoestima? Augusto: É, porque você não tem *dinheiro* para se vestir, você não tem *dinheiro* para contribuir em casa, **você não tem dinheiro para nada** e aí você também não tem o segundo grau [ensino médio], você já se acha que é *incapaz* de continuar, então aí você fica *parado* também.

Essa vida pautada no ganho salarial mínimo, bem como outros aspectos ligados à condição precária, também estão presentes na trajetória da estudante de Licenciatura em Pedagogia, na Uniesp, Bianca "... tinha um problema porque eu *não era registrada*. Eu trabalhei quatro anos lá e eles *não me registraram*. Aí eu saí e consegui de auxiliar de limpeza, aí foi registrado. Faxineira. Eu era *terceirizada*. Eu procurei saber de faculdade, mas 'como é que eu vou pagar?' Eu não tinha condições de pagar, eu ganhava um salário mínimo por mês. *Um salário mínimo por mês para sustentar todo mundo* e ainda tinha que fazer faxina final de semana para poder complementar a renda. Não dava. Eu fazia faxina, passava roupa para fora, nos períodos que eu tinha livre". Ora, dados estatísticos recentíssimos — do último Censo do IBGE — sobre a desigualdade social no país ajudam a compreender o predomínio do baixo rendimento salarial auferido por grande parcela das camadas sociais brasileiras:

> ... um brasileiro que está na faixa mais pobre da população teria de guardar tudo o que ganha durante três anos e três meses para chegar à renda mensal de um integrante do grupo mais rico. Embora as pesquisas apontem quedas sucessivas na desigualdade de renda no País, dados do Censo 2010 divulgados ontem pelo IBGE mostram que os 10% mais ricos têm renda média mensal 39 vezes maior do que os 10% mais pobres. Os dados valem para a população de 101,8 milhões de habitantes com 10 anos ou mais que têm algum tipo de rendimento. A renda média desses moradores é de R$ 1.202 mensais. Os 10% mais pobres recebem em média R$ 137,06. Os mais ricos, R$ 5.345,22. A parcela do 1% mais rico chega a R$ 16.560, 92 mensais, em média. Levando em conta os habitantes de todas as idades, o IBGE calculou a *renda média mensal de R$ 668 mensais*. Metade da população, no entanto, recebia até R$ 375 mensais, no período em que o salário mínimo era de R$ 510 (a data de referência do Censo é julho de 2010). A renda na população feminina é equivalente a 70% da media mensal masculina. Na população de 10 anos ou mais que tem algum tipo de renda, a média das mulheres é de R$ 983,36 mensais e dos homens, R$ 1.293,69. A distância entre as raças é ainda maior. Os negros têm renda mensal equivalente a 54% da média dos brancos. Entre os negros, a renda média mensal era, em 2010, de R$ 833,21 e a dos brancos chegava a R$ 1.535,94. A parcela dos 10% mais pobres entre os negros tem renda mensal de apenas R$ 120,05, mais de 57 vezes menor que os 10% mais ricos entre os brancos, que têm renda de R$ 6.919,46. Ou seja, o negro mais pobre teria de guardar toda a renda por quatro anos e nove meses para chegar a um mês de rendimento do branco. (Leal e Werneck, 2011) [grifo meu].

Na maior cidade brasileira, o quadro também é socialmente perverso:

> ... no mapa, 38 quilômetros separam Marsilac, o distrito mais pobre de São Paulo, de Moema, o mais rico. No extremo da cidade, *a renda média mensal per capita é de R$ 600*. Na área nobre, chega a R$ 5 mil. Segundo retrato da desigualdade divulgado ontem pelo Instituto Brasileiro de Geografia e Estatística (IBGE), com base no Censo 2010, *para cada paulistano considerado rico há um grupo de nove pobres* (...) o morador de Marsilac tem de trabalhar oito meses, em média, para alcançar o ganho obtido em 30 dias por quem mora em Moema (...) as periferias das zonas Sul e Leste concentram os dez distritos com mais pobres da capital. Nesse universo, a variação de renda não é alta: R$ 150. Já entre os mais ricos, que estão espalhados pela zonas Oeste, Sul e Centro, a diferença no rendimento mensal chega a R$ 2 mil. Mas a desigualdade não é determinada em São Paulo apenas pelos dados econômicos. Para quem mora na periferia e vive *com até um salário mínimo, a qualidade de vida está relacionada também às condições de infraestrutura oferecida pelo poder público*. Em Marsilac, a maioria dos moradores não tem comprovante de endereço. (Ferraz, 2011) [grifos meus].

Outra faceta são as muitas exigências empresarias que submetem os trabalhadores a grandes cobranças. Na situação de Augusto são as metas a serem atingidas "... é bem estressante, porque é cobrança, então é puxado, é muito puxado". No caso de Ana, é forçoso lembrar do conceito de "mais-valia absoluta" proposto por Marx, típico dos primórdios capitalistas, para entender a jornada extensa que, caso não haja freios, são impostas aos trabalhadores "... o trabalho absorve muito as minhas energias, aí o meu chefe às vezes quer que eu fique um pouco mais, e não dá, eu tenho uma faculdade para fazer. Porque nas outras faculdades que eu comecei também, um dos pontos que eu desisti foi esse, porque ou eu atendia a empresa ou eu fazia faculdade. As empresas hoje exigem tanto que se o funcionário ficar lá vinte e quatro horas ... ela quer isso, entendeu?". A experiência de Margarida também aponta para as cobranças empresariais excessivas — o eufemismo "multitarefa" do capitalismo flexível se encaixa aqui — que, em contrapartida, não trazem nem vantagens salariais nem benefícios sociais:

> ... fui correndo atrás de estágio e, assim, eu vi que o mercado é muito exigente (...) eu fui muito a entrevistas, muito a entrevistas mesmo, nossa! A minha área é formada da parte gráfica, só que eu ia lá em entrevista e eles exigiam que você soubesse web, multimídia ... que, assim, tá relacionado, só que é específico o meu curso, vamos dizer, quem faz web, faz só a parte de site web, quem faz parte gráfica ... só que o pessoal quer um profissional que manje das duas áreas, que faça tudo (...) Chegou uma hora que eu fiquei meio desesperada (...) **eles queriam que você já tivesse um nível profissional muito alto. Para pagar um salário muito baixo, sem benefícios nenhum, nem garantia** (...) tinha que fazer produção, não era nem

criação, era produção (...) para você criar um material, criar um folheto, criar um cartaz, você tem que ter um tempo para fazer isso, você tem que pensar, tem que ter ideias. Lá não, era *linha de produção*: "te dou dez tipos de trabalho e você tem que fazer os dez hoje".

Souza e Visser (2010), analisando os "batalhadores" do telemarketing, dispõe de pontos analíticos importantes para a compreensão do que eles designam como "trabalho formal precário". Os autores tecem críticas aos conceitos[163] de "trabalho informacional" e "infotaylorismo", tidos como inapropriados para dar conta do fenômeno dos trabalhadores de telemarketing, críticas consistentes e com as quais estou de pleno acordo, não obstante insistirem em asserções altamente questionáveis quando tentam estabelecer a lógica dominante nesse setor "... o telemarketing é um verdadeiro porão da dominação financeira (...) beneficiam-se as classes dominantes especuladoras do capital financeiro, que exploram radicalmente o trabalho precariamente qualificado". (Souza e Visser, 2010, p.66; 82.)

Será que as classes do capital especulativo estão aqui ou nas searas mais convidativas, com menos riscos, como os títulos da dívida pública brasileira? Telemarketing está na esfera produtiva do capitalismo, no setor de serviços, na economia real. Mas, cabe destacar o empenho dos autores em bem situar, empírica e teoricamente, como se exercem as funções ligadas a essa atividade, evitando confusões conceituais ainda presentes nesse campo de estudo:

> ... no decorrer do dia de trabalho, é inevitável a presença de dores pelo corpo: dores de cabeça, dores nos olhos, tendinite e o estresse emocional derivado das relações com clientes mal-humorados, bem como a sobrecarga de trabalho. Também são comuns distúrbios psicológicos, como o aumento do comportamento agressivo e cansaço mental (...) desse modo, pode-se questionar até que ponto, mesmo exigindo alguma qualificação, o telemarketing é um emprego puramente intelectual. O fato de não ser um trabalho considerado "sujo", "degradante", isto é, ter que lidar com insalubridade e sujeira, de não ter que carregar peso e de ser considerado um emprego de escritório não quer, necessariamente, dizer que a ocupação de telemarketing seja puramente intelectual ou "virtual" (...) enquanto trabalho minimamente qualificado, ainda que pouco especializado, existem habilidades intelectuais em jogo. Não se pode diminuir o telemarketing a um trabalho desqualificado, no qual o indivíduo é reduzido a puro corpo, pura força física. Neste sentido, um trabalho como esse congrega duas dimensões. O lado intelectual dessa profissão também não pode ser idealizado, pois exige competências intelectuais gerais, certo nível de conhecimentos gerais em informática e que em nada se assemelha às ocupações altamente qualificadas, em que as competências intelectuais em questão

163 Conceitos desenvolvidos pelo professor do Departamento de Sociologia da USP, Ruy Braga.

são muito mais especializadas, utilizadas para a concepção de novas mercadorias, serviços, tecnologias etc. (Ibidem, p.67-69.)

O fato sociológico é que o telemarketing é um trabalho intelectual — com componentes de trabalho manual facilmente identificáveis — basicamente repetitivo e, importante para a discussão aqui em tela, ponto de entrada no mercado de trabalho para os indivíduos que possuem, sobretudo, baixa renda e escolaridade média ou que esteja cursando universidade. Formam o "exército de reserva minimamente escolarizado para o trabalho precário" conforme denominam Souza e Visser (2010, p.63).

Os trabalhadores desse ramo têm um perfil etário preponderantemente jovem segundo Mocelin e Silva (2008, p.378) "... entre 2003 e 2005, ocorre o crescimento da participação dos empregados na faixa entre 18 e 24 anos, que passa de 46% a para 52%. Em consequência, há uma redução constante nas duas faixas seguintes de idade, ou seja, nas faixas de 25 a 29 anos e de 20 a 39 anos. Isso indica uma tendência de esses empregados saírem do emprego quando atingem uma determinada faixa de idade, o que parece coincidir com o crescimento da formação". Entretanto, não raro presenciamos pessoas mais velhas encontrando no telemarketing o único "refúgio" para trabalhar. Assim, embora seja consistente a hipótese de Mocelin e Silva (2008, p.365; 368) de que "... os trabalhadores estão nesses empregos 'temporariamente', e os call centers têm se constituído como empresas de passagem (...) hipoteticamente, supõe-se que as atividades de telemarketing configurariam empregos-trampolim, ou seja, postos de trabalho temporariamente ocupados pelos trabalhadores, mas que não são atrativos profissionalmente, sendo descartados quando eles encontram uma melhor oportunidade ou concluem seus estudos, sua formação ou sua graduação", conforme a situação de Augusto bem expressa significa, também, o que restou para fugir do trabalho de carregar pedra "... Wilson: E sempre você trabalhou nos últimos, posso falar três, quatro anos, você trabalhou com telemarketing, é isso? Augusto: Isso. É porque também eu não consigo ver outros horizontes aí, não consigo ver".

É preciso aqui salientar que as condições precárias do trabalho estão presentes mesmo nos ditos trabalhos formais[164]. Muitos dos pesquisados estão alocados nos empregos formais, porém tal situação não os exime de exercerem funções que, conforme vimos, são marcadas por baixos rendimentos, instabilidade, altas cobranças e, sobretudo, poucas possibilidades de ascensão ocupacional, de progressão no emprego[165] "... a oposição entre formal e informal

---

164 É preciso lembrar que, para o caso do telemarketing — ao contrário das décadas de 80 e começo dos anos 90, em que muitas empresas ainda conservavam um setor próprio de telemarketing — hoje predominam empresas terceirizadas que prestam esse serviço.

165 Para os trabalhadores de telemarketing, Mocelin e Silva (2008, p.375) apontam que "... há uma proposta de plano de carreira, mas a possibilidade é pequena: de operador para supervisor e raramente coordenador ou gerente".

também não ajuda a perceber que a formalidade tem um lado de extrema exploração". (Souza e Visser, 2010, p.78-9.)

Tais evidências levam ao questionamento: a maior parte dessas trajetórias é marcada pela mobilidade social ou por certa estagnação social, não obstante participarem de ocorrências que lhes propiciaram acessos a determinados bens sociais? Discuto esse ponto a seguir.

3.4.3. Mobilidade na "Imobilidade" Social: escola necessária e insuficiente

"... Com o diploma se tem quase nada, mas, sem o diploma, nada". (Passeron, 1982, p.560.)

O que está acontecendo nos dias atuais no que diz respeito à conexão entre escolarização e empregos/trabalhos? Essa é uma das questões mais essenciais, pois toca em pontos sensíveis tanto no âmbito da pesquisa sociológica quanto nos aspectos mais profundos da vida em sociedade, dadas as suas consequências práticas e simbólicas. Cabe percorrer os contornos teóricos e empíricos da questão para, em seguida, melhor equacionar os casos que investiguei.

Há certo consenso nas ciências humanas que o período que se estendeu depois da Segunda Guerra Mundial até o início dos anos setenta do século XX foi marcado, dentre outras características, pela ligação estreita entre a ampliação da escolaridade e o avanço social obtido por meio de empregos relativamente estáveis no mercado de trabalho. Assim, conforme apontada no primeiro capítulo desta tese, a metáfora proposta por Wright Mills da escola como o "elevador" que fornecia o passaporte para a ascensão social, sobretudo para os setores médios da população, era perfeita. Já a partir da primeira metade dos anos 70, com as mudanças estruturais ocorridas na sociedade capitalista, entramos no momento histórico no qual a escolarização passa a ser condição necessária, porém insuficiente, para garantir o acesso às condições sociais mais elevadas. Logo, muitos autores questionarão a relação direta entre tais dimensões:

> ... a economia mundial conheceu uma mudança sem precedentes. A revolução informacional e a mundialização das trocas estão fazendo nascer nos países industriais avançados um novo tipo de sociedade onde os empregos tradicionais, estáveis e em tempo integral vão pura e simplesmente desaparecer (...) a esfera da produção capitalista emprega um volume cada vez menor de trabalho para produzir um volume crescente de riquezas. Ela não tem uso para uma proporção crescente da força de trabalho, qualquer que seja a qualificação desta última. (Gorz, 1995, p.135-6.)
>
> ... aquilo que é chamado de mobilidade social foi um produto de condições específicas do desenvolvimento econômico da América em um momento particular — o primeiro quartel do século vinte (...) a estagnação econômica que tem afligido a economia americana por mais de três décadas deteriorou as condições do merca-

do de trabalho. Porém, ainda a mitologia da mobilidade detém o controle sobre a mente popular. (Aronowitz, 2004, p.17.)

As explicações para entender a "crise da mobilidade social via escola" (Sposito, 2004, p.124), a "... volitilização do poder de mobilidade social ou mesmo de garantias de emprego ligadas ao diploma" (Passeron, 1982, p.552), estarão baseadas nas metamorfoses da escola e da estrutura do mercado de trabalho, ou seja, em ambas as dimensões que compõem a relação.

Passeron (1982, p.557) aponta causas múltiplas para o crescimento dos fluxos escolares, as quais interferirão, decisivamente, na questão da mobilidade social. Basicamente, o autor divisa três fatores: políticas educacionais expansionistas, no período entre 1960 e 1974, que proclamavam ser a educação o fator prioritário para o crescimento econômico dos países; pressões familiares, sobretudo das classes médias, projetadas sobre o sistema escolar visto como esteio para a elevação do nível de vida e um último — hoje bem visível —, que ele denomina, metaforicamente, como "efeito bumerangue da desvalorização dos diplomas", sinalizando a "... tendência dos adolescentes e dos pós-adolescentes depois dos 20 anos de prolongar o tempo de estudos na falta de encontrar no diploma obtido uma incitação à entrada na vida ativa":

> ... a concentração da atenção sobre a baixa dos rendimentos profissional, financeiro e simbólico do diploma constitui uma característica surpreendente dos anos 1970 (...) aconselhado durante quase vinte anos pelos economistas como "o investimento" mais produtivo de uma estratégia de desenvolvimento, justificado pelos políticos como o instrumento decisivo da igualdade das oportunidades sociais entre os indivíduos, colocado em prática com perseverança por todas as camadas sociais, mas, sobretudo, por aquelas mais inquietas no que diz respeito à mobilidade social de seus filhos, o crescimento do "estoque de educação" vê hoje seu interesse posto em causa em relação a todos os seus objetivos, isto é, tanto ao que concerne à produção das qualificações produtivas quanto ao nivelamento das disparidades de renda ou à maximização da mobilidade social. (Idem.)

O fio condutor de sua argumentação — assim como a de seu companheiro de análise Pierre Bourdieu — é uma analogia com a inflação econômica, no sentido de que o aumento ocorrido no número de diplomas a partir dos anos 70 do século XX tem como efeito um decréscimo no seu valor social "... a multiplicidade dos diplomas cria continuamente um deslocamento sistemático da correspondência estatística entre um título escolar e sua vantagem social — isso se aplica para qualquer critério que está sob medida: oportunidades de emprego ou segurança, níveis de salário ou rapidez da carreira, influência, honra social etc.". (Passeron, 1982, p.552; p.555.)

Como base de sustentação da análise, tem-se o conceito de "reprodução social", utilizado na crítica — dele e de Pierre Bourdieu — à tendência de igualdade das oportunidades escolares das diferentes classes sociais. Assim, cabe destacar que no registro conceitual desses autores, reprodução não significa simplesmente uma situação social que se conserva, sem mais, tal qual era antes e, sim, podemos dizer, uma relação social desigual *transformada*, ponto que muitos críticos ainda não compreenderam quando analisam a sociologia da educação proposta por esses sociólogos franceses e tacham-na, sem maiores explicações, de "reprodutivista":

> ... designa e interroga a continuidade no tempo das relações de força e de sentido entre classes que fundam o essencial das diferenças e dos antagonismos coletivos observáveis em uma sociedade, a variação ou a repetição das trajetórias que conduzem, de uma geração à outra, os indivíduos às posições diferentes ou idênticas àquelas de seus pais (...) é um fato: desde que a demanda escolar de novas categorias sociais encontrou os meios de se exprimir e de transformar o recrutamento da escola, é todo o sistema das relações entre certificação escolar e estratificação social que, em se *transformando*, tendeu a minimizar os efeitos sociais da primeira transformação (...) chamar "reprodução" a atitude (constatada, descrita e medida) de uma estrutura desigual que *incorpora o processo de igualdade* em uma *forma transformada* de *desigualdades*. (Passeron, 1982, p.565-567) [grifos meus].

Ora, o aumento das taxas de escolarização em todas as classes sociais, assentado em um novo arranjo de disparidades, acaba por despotencializar o movimento possível da mobilidade social:

> quando as oportunidades sociais (de emprego, de salário, de segurança no emprego) condicionadas pelos títulos escolares se deslocam tão sistematicamente e tão rapidamente, o aumento generalizado das oportunidades escolares tende a ser enganoso. Em semelhante sistema de deformação global das relações entre mercado escolar e mercado de emprego, toda interpretação da translação em direção ao alto das oportunidades escolares de todas as categorias (ou mesmo de uma translação mais rápida das categorias mais desfavorecidas) em termos de aceleração ou intensificação da mobilidade social é arriscada: os títulos que se tornam acessíveis às categorias sociais excluídas só são nominalmente idênticos àqueles que tiravam valor de sua raridade, ou o que significa o mesmo, tiravam eficácia desta mesma exclusão. (Ibidem, p.566.)

Na mesma época, no Brasil, estudos e pesquisas também procuravam se debruçar sobre o descolamento, cada vez maior, entre o ambiente escolar e o mercado de trabalho. Ressalta-se aqui os trabalhos de Cláudio Salm e Reginaldo Prandi. Ambos — embora com algumas divergências

— procuraram na economia política, sobretudo em Marx, indicativos para compreensão do processo. Salm (1980) tratou das relações entre escola e capitalismo, procurando criticar — a partir da discussão marxiana sobre a revolução do processo de trabalho no regime capitalista e sua derivação maior, qual seja, a desqualificação e intensa especialização do trabalho —, tanto a vertente liberal manifestada na teoria do capital humano e sua paixão cega pela educação como cálice sagrado para o desenvolvimento dos povos — hoje novamente muito em voga — quanto a vertente radical norte-americana, marcada pelo maniqueísmo ao ver na escola o instrumento diabólico da exploração do capital. No centro de sua análise está a compreensão de que o sistema educacional sempre foi acessório, do ponto de vista econômico, para o capital, e que é no âmbito da empresa e de suas hierarquias que devemos discutir questões como qualificação e outras correlatas:

> ... estamos convencidos de que recuperar a análise de Marx sobre o sentido do progresso técnico no capitalismo e sobre a empresa como arena singular da luta de classes representa a melhor saída para o impasse (...) o capital não cria obstáculos à sua valorização. A suposta dependência das empresas face a um sistema educacional que se expande sem cessar vai contra toda a lógica da evolução capitalista. A história do mercado de trabalho é outra. É a história de como o capital vai se libertando dos entraves que o trabalho possa lhe trazer. Se é tão lido e repetido que "a produção capitalista é produção e reprodução das relações de produção especificamente capitalistas" [capítulo VI, inédito, do Livro I do *Capital*], por que a insistência em procurar no sistema educacional o *locus* onde o capital vai buscar a reprodução da sua força de trabalho? Essa visão é de fato intrigante. O capital, que libertou-se das limitações impostas pelo tamanho da população, que internalizou suas fontes de financiamento resolvendo também os problemas da mobilidade desses recursos, que controla seus mercados, que regula e orienta o fluxo de inovações tecnológicas, enfim, o capital que vai dominando (e destruindo) a própria natureza, dependeria dessa instituição pesada chamada escola para resolver seus problemas com a força de trabalho! Se a finalidade da produção capitalista é a reprodução e ampliação das relações capitalistas de produção, é no seio da produção mesma que devemos buscar a formação das qualificações requeridas e não numa instituição à margem como é a escola (...) a grande empresa irá internalizar toda uma gama de processos, inclusive o de tentar moldar o comportamento dos trabalhadores. Não irá confiar na escola nem para isso. (Salm, 1980, p.21; 25-26.)

Logo, em decorrência, a questão substantiva a seu ver é a falta de sintonia entre o agigantamento da escola e a demanda empresarial "... o sistema educacional retém um contingente crescente de pessoas por um número cada vez maior de anos, enquanto, simultaneamente, se esvazia o conteúdo e o sentido do trabalho para a maioria (...) crescente desvinculação entre educação e trabalho e não, como querem os críticos, a subordinação da escola ao capital. Esta separação leva o planejamento educacional, como é pensado entre nós, a uma contradição insolúvel entre o objetivo de democratização das oportunidades educacionais por um lado e a adequação ao mercado de trabalho por outro. Se se atende ao primeiro, não se atenderá ao segundo, pois o mercado requer um mínimo de educação para a maioria e o máximo para a minoria. E atender ao mercado de trabalho é também discriminar o acesso à educação". (Cf. Salm, 1980, p.28; 35-6; 51.)

Prandi (1982), também se utiliza de categorias desenvolvidas por Marx. Sua análise está centrada na mudança promovida pelo grande capital que agora passa a utilizar, largamente, o trabalhador assalariado em detrimento da estrutura anterior, dominada pelo trabalhador por conta própria ou profissional liberal. É nesse bojo que ele relaciona a perda do status do trabalhador ocorrida na passagem da universidade de elite para a universidade de massa:

> ... é no momento em que a universidade deixa de ser de elite para se transformar em universidade de massas que duas coisas acontecem conjuntamente: rebaixa-se o custo social do ensino e a sua qualidade. Esta deve descer aos níveis socialmente necessários, estimulando sempre de forma crescente a competição entre os trabalhadores e alimentando em termos relativos o fetiche da mobilidade social como elemento de negação do antagonismo das classes sociais fundamentais. O rebaixamento do custo, como o de qualquer outra mercadoria, é uma questão meramente econômica, conquanto que suas consequências se extravasem o plano da economia (...) nas últimas décadas, a tendência crescente de assalariamento do trabalhador urbano atingiu fortemente o profissional de nível superior, com a consequente destruição paulatina do profissional liberal. As mudanças nas relações de produção não alteram as relações de trabalho simplesmente (...) ela é concomitante com outros tipos de transformações das quais, na perspectiva da teoria do valor, a queda na qualidade do ensino, está associada, primeiro, à formação de um exército de reserva de trabalhadores de nível universitário e, segundo, à alienação deste trabalhador, no sentido tal que ao exercer o seu ofício o profissional perde inteiramente a capacidade de controle que até então detinha sobre o seu processo de trabalho (...) grosso modo, portanto, há dois aspectos nucleares, a considerar na questão da universidade hoje: o aspecto do número de trabalhadores no mercado e o aspecto da qualidade exigida destes profissionais. Ambos só podem ser explicados quando se tem em mente que o exército de reserva é um regulador do custo e da qualidade do exército na ativa, de sorte que pensar hoje a universidade fora da produção capitalista é o mesmo que pensar a ilha fora da água (...) sendo obrigado ao assalariamento — uma vez que as relações de produção se transformam nessa direção —, encontrando dificuldade para obtenção de emprego que o remunere privilegiadamente, em termos relativos aos padrões de poucos anos atrás, mas não encontrando como referência de status a situação anterior (...) a crise do ensino superior nasce — como problema da classe média — na situação do mercado de trabalho. Via de regra, os elementos que descrevem quantitativamente o quadro do ensino superior são questionados, sem que se perceba que a expansão do ensino

e a queda na qualidade do ensino são elementos constitutivos da nova universidade. A velha universidade está morta. (Prandi, 1982, p.20; 36; 38;42.)

Na época o autor compilou dados que já mostravam a realidade de subemprego que passou a afetar grande parte das profissões universitárias[166]. Com certa ironia, ele dispõe:

... agrônomos dão ótimos vendedores de fertilizantes. Excelentes os engenheiros-químicos na distribuição de tintas. Muito bom o desempenho dos bancários economistas, talvez melhor os matemáticos. Arquitetos fotografam muito bem. Analistas de sistemas operam eficientemente, com uma mão na frente e outra atrás, qualquer computador de quarta geração. A queda nos padrões de qualidade de vida e todo o conjunto de informações e frustrações gerados pelo sentimento de distanciamento entre o que a escola ensina (quando ensina), como promessa, e as atividades que na vida do trabalho rotineiramente realiza são fenômenos já experimentados pela classe trabalhadora há muito tempo: a proletarização e a alienação do trabalho (...) no Estado de São Paulo, em 1979, 29% dos empregados em cargo de secretaria tinham escolaridade acima do 2º grau [ensino médio]. Para os datilógrafos esta taxa era igual a 14%. Os caixas e auxiliares de contabilidade, por sua vez, em 17% dos casos já havia cursado ou estavam cursando uma faculdade. No ramo do comércio também se verificaram porcentagens elevadas, como 15% para os representantes comerciais. (Cf. Prandi, 1982, p.74-5; 131.)

Com o transcorrer dos anos e décadas de 80, 90 e nos anos 2000, as pesquisas e os estudos confirmaram, cada vez mais, os indicativos dos autores relacionados anteriormente. Acresce-se o fato de que, em cenário marcado por crises econômicas, a situação torna-se ainda mais preocupante. Assim, discutindo os dados da pesquisa "Perfil da juventude brasileira", Sposito (2004, p.96-97; 102; 104) contrasta o crescimento do acesso à escola ocorrido na década de 1990 e sua fraca ligação referente à conquista do emprego, sobretudo para jovens menos privilegiados "... não há uma relação linear entre a elevação do nível de escolaridade da população jovem e o emprego. As oportunidades de inserção ocupacional dos jovens continuaram a ser escassas nos últimos anos, independentemente da elevação de sua escolaridade".

Tartuce (2007, p.15-17), em pesquisa de doutorado, aponta a "dissonância" entre a formação escolar e o mercado de trabalho, pois há uma série de elementos que tornam mais complexa a passagem entre ambos os espaços sociais:

... a passagem da escola ao trabalho não depende apenas de características de tipo aquisitivo (a formação escolar), mas é igualmente influenciada por princípios classificatórios assentados em qualidades adscritas (tais como sexo, idade, cor etc.) que fixam barreiras de acesso e/ou de mobilidade profissional. A literatura aponta

166 É dessa época o fato bem conhecido na cidade de São Paulo sobre uma lanchonete chamada "O Engenheiro que Virou Suco", aberta por um engenheiro em plena Avenida Paulista, na altura do cruzamento com a Avenida Brigadeiro Luiz Antônio. Isso marcou época e serve até hoje como símbolo dos tempos econômicos sombrios da década de 1980 no Brasil.

que os jovens, as mulheres e os negros são as categorias que mais sofrem com os mecanismos discriminatórios de distribuição dos empregos (...) se a qualificação é em grande parte determinada no quadro do sistema escolar, *ela escapa largamente à escola*, pois não pode se manifestar e ser sancionada senão em relação ao trabalho (...) uma qualificação só se *concretiza* quando é reconhecida socialmente, vale dizer, *quando se realiza no mercado de trabalho*. Logo, qualificações sem emprego, sem reconhecimento, deixariam de ser, socialmente, qualificações. [grifos meus.]

Conforme pode ser facilmente extraído, seja em algumas passagens já relacionadas e outras que também serão a partir de agora apresentadas, a esfera-fim, o mercado de trabalho, assume importância decisiva na relação entre as dimensões escola e trabalho.

Letelier (1999, p.137), pesquisando a relação entre escolaridade e inserção no mercado de trabalho na Grande Santiago (Chile) e na Grande São Paulo (Brasil), alerta para o fato de que "... a preponderância que adquire o tema educacional e as exigências de maior investimento social e individual em educação, deslocam o foco do problema ao atribuir à educação a solução de problemas que tem suas origens em condições estruturais e históricas, cuja superação excede tanto a suas funções quanto a suas possibilidades".

Em paralelo, Baudelot (2004, p.25), em análise lúcida sobre a centralidade — e sua transformação com a metamorfose capitalista — do sistema educacional na sociedade francesa, também acentua o papel determinante do mercado de trabalho "... as escolas estão no núcleo do sistema social. Tudo o que acontece na sociedade se reflete instantaneamente nas escolas: seja a imigração, o desemprego, a expansão descontrolada das cidades ou os fechamentos de fábricas. O que ocorre nas escolas só pode ser explicado pelo que ocorre no mundo mais amplo, nos sistemas econômico e social. Os problemas que envolvem as escolas não são problemas propriamente educacionais (...) os problemas enfrentados pelas escolas são, em sua maioria, problemas externos, diretamente relacionados à estrutura do mercado de trabalho e às mudanças pelas quais este passou nos últimos trinta anos".

Algumas pesquisas, inclusive, reforçam que grande parcela dos indivíduos obtém sua formação no próprio âmbito do trabalho, repudiando dessa forma o discurso da qualificação tão disseminado por uma grande parcela das empresas. Assim, Salm (1980, p.91) na década de 1980 já dispunha "... fica evidente que a adequação da mão de obra é basicamente um produto natural do próprio processo de trabalho, que é, ao mesmo tempo, portanto, processo de formação do trabalhador. Para os colarinhos de todas as cores, de longe a maior proporção das qualificações é adquirida no próprio trabalho". Letelier (1999, p.136) também refuta esse discurso empresarial "... segundo o discurso dominante, o mercado de trabalho está demandando uma mão de obra mais escolarizada para o desempenho no trabalho. Contudo, se fosse certa esta afirmativa, deveria estar ocorrendo certo grau de homogeneidade em determinadas ocupações.

Entretanto, quando associamos anos de estudo a categorias correspondentes da estrutura do mercado de trabalho, os dados mostram que a escolaridade não é uma condição determinante para o desempenho de certas funções, o que questiona a hipótese". Martins (2000; 2001), tendo como foco uma pesquisa sobre o jovem operário nas indústrias metalúrgicas da cidade de Osasco, na região metropolitana de São Paulo, também apontou elementos que rechaçam semelhante discurso emanado pelas empresas:

> ... o discurso da reestruturação produtiva, entretanto, tem enfatizado a necessidade de um novo tipo de trabalhador, mais qualificado, com nível maior de escolaridade, assumindo mais responsabilidade, mais participante e comprometido com os objetivos da empresa (...) o gerente de uma das empresas pesquisadas disse-me que, diante da necessidade de produzir cada vez mais e com mais qualidade, não contratava para ajudante de produção quem não tivesse pelo menos o segundo grau [atual ensino médio]. Na verdade, verifiquei posteriormente que vários jovens operários da empresa não tinham nem o primeiro grau completo [atual ensino fundamental] (...) a formação e a especialização do trabalhador parece se dar no trabalho (...) poucas são as empresas que fornecem algum curso inicial preparando o operário para o trabalho. Na maioria dos casos, esses jovens foram ensinados por empregados mais experientes, e depois de um período de observação, com duração variável, às vezes após algumas horas ou dias, eram colocados na produção (...) podemos concluir, depois dessas informações sobre o trabalho dos jovens metalúrgicos de Osasco, que as empresas não exigem muita qualificação deles aos contratá-los, preferindo realizar um treinamento *on-the-job*, mas com muito pouco investimento na qualificação de seus profissionais. (Martins, 2001, p.63; 72; 74) [grifo no original].

Sílvio Bock, orientador educacional com larga experiência, em um debate sobre juventude e reestruturação produtiva, dispõe:

> ... sobre a questão da adequação da formação em função do mercado de trabalho (...) o capital não precisa muito da escola para formar a sua mão de obra. Trata-se mesmo de um discurso ideológico que acaba até justificando o desemprego. Isso pode se aplicar a alguns escalões, mas não à educação como um todo. Quando se introduziu a máquina de escrever elétrica nas empresas, nos cursos ainda se usavam as velhas e pesadas máquinas de escrever mecânicas. Atualmente, enquanto as empresas usam computadores de última geração, nos cursos de informática os alunos tentam aprender alguma coisa em máquinas já obsoletas. As empresas, todavia, nunca dependeram muito disso: se houver necessidade, elas atualizam rapidamente seus funcionários, ou os demitem e contratam outros com os conhecimentos e habilidades requeridos. (apud Martins, 2000, p.29.)

É preciso extrair o essencial. Conforme pôde ser visto, a estrutura do mercado de trabalho possui um peso decisivo. Entretanto, seria precipitado pensar que a escola tornou-se "desnecessária". O que houve foi uma mudança também na esfera da escola, reitero, de condição suficiente à condição necessária para grande parte dos que perseguem o caminho da mobilidade social. Como bem demonstra Erlich (1998, p.75), citando J-P. Terrail "... enquanto o período de 1960 a 1972 foi aquele da possibilidade escolar (mediante a obtenção de um diploma, aceder às categorias mais qualificadas), o período que se abre a partir de 1972 é aquele da 'necessidade escolar'. Assim, o que era possibilidade nova tornou-se, em vinte anos, mínimo necessário".

Esse mínimo necessário escolar é o que permite à maioria, hoje, mais do que galgar postos que levem a uma mobilidade ocupacional ascendente, apenas a manutenção do emprego ou a base para competição no mercado de trabalho, conforme apontam alguns estudos e bem evidencia o relato da bolsista Ana:

> ... dados demonstram que a mão de obra precisa cada vez mais de maiores graus de escolaridade, não porque sejam necessários para desempenhar as funções demandadas pelo posto de trabalho, mas, principalmente, para competirem em melhores condições por um emprego (...) ter um certo nível de instrução muitas vezes só faz com que o trabalhador consiga se manter no emprego, sem progredir (...) o importante, contudo, é que a pressão sobre a mão de obra é feita no sentido do aumento da escolaridade. A tentativa de continuar estudando significa não só a vontade de ter um emprego melhor, mas, principalmente, manter o que tem. (Martins, 2000, p.20; 31; 2001, p.69.)
>
> ... até a década de 1970, quando os preços do petróleo subiram sensivelmente, o desemprego era praticamente inexistente. A ênfase, na época, estava em adquirir *know-how*. Hoje em dia, a ênfase está em assegurar um emprego, por meio de diplomas. Os altos níveis de desemprego mudaram as coisas. Todos entendem agora que a escola é o funil pelo qual um indivíduo inevitavelmente deve passar para realizar suas aspirações. (Baudelot, 2004, p.24.)
>
> ... Ana: Não é nem para subir de cargo, é para se manter no mercado, porque se começam a surgir supervisores que tenham mais qualificação que eu, vou perder *status*, então eu estou aqui [fazendo universidade] por isso.

Comin (2011) em sua pesquisa aponta "... os 'novos graduados', entre os quais se destacam jovens, mulheres e negros, se dirigem principalmente para ocupações "não graduadas". Retornando à metáfora do elevador, podemos dizer com Langouët (2002, p.136) "... a transição da educação para o trabalho não tem tido o mesmo sucesso, dado o contexto de crise econômica e desemprego (...) a educação como um elevador social está estagnada".

Quando os alunos pesquisados discorrem sobre as perspectivas que nutrem no que tange às inserções futuras no mercado de trabalho, *a necessidade de continuar estudando* — principalmente a busca por *"fazer especialização", "pós-graduação"* — aparece como desejo importante, independentemente dos subgrupos aos quais pertencem[167]. Logo, o diploma de graduação também não é visto, entre os bolsistas, como suficiente. O relato de uma bacharelanda em Administração da Faculdade Sumaré bem sintetiza "... a graduação é o mínimo. Para se destacar é preciso se especializar e *diversificar o conhecimento*". Em consequência, isso traz ainda mais vantagens para as universidades particulares de cunho lucrativo, ciosas em trabalhar a retenção desse imenso público desejoso de "mais educação", agora em "outro nível". Não por outro motivo "chovem" diversas opções de cursos em nível de "pós-graduação" nas instituições particulares, algumas muito inusitadas em que o aluno entra em uma graduação curta, passado um tempo mínimo recebe um diploma de graduado e, no intervalo de dois a três anos, conjuntamente, já faz a "sua pós".

Embora as evidências estejam bem fundamentadas no que diz respeito a relativizar o poder estrito da escola na promoção da mobilidade social, saliento o fato da escolarização ser requisito necessário. Cabe precisar que além de servir como vantagem competitiva dos que estão procurando emprego e manutenção do trabalho para aqueles que já o possuem, outros elementos também devem ser considerados para marcar essa necessidade escolar. O fato de que o desemprego torna mais vulneráveis os que possuem baixa escolaridade ou escolaridade incompleta, sobretudo em nível de ensino médio, já que com a oferta maior de trabalhadores escolarizados em um cenário de criação de poucos postos de trabalhos com qualidade, as empresas aumentam os requisitos educacionais, mesmo para as ocupações que pagam baixos salários. (Cf. Letelier, 1999, p.142; 145.)

Baudelot (2004, p.29; 35-36) empreende análise semelhante "... há um fato grandemente negligenciado. A principal disfunção não ocorre no topo do sistema educacional — como é mais frequentemente lamentado —, mas na base. A situação é muito pior para aqueles que deixam a escola sem qualificação (...) é ainda pior para jovens sem qualificações. A crítica situação dos empregos significa que ter uma qualificação é ainda mais necessário — mesmo não sendo mais tão valioso".

Tal evidência é bem nítida na situação vivida pela Bianca, no qual a busca pela escolaridade foi condição necessária para ter acesso ao emprego e a busca pelo diploma de ensino superior constitui o passo para a mobilidade funcional no seu atual trabalho:

---

167 Outras ocorrências aparecem: o desejo entre os licenciandos (dos 28, 15 o mencionaram) de "prestar concurso público". Entre os bacharelandos, Zélia, Clarice e Marcos também manifestaram esse interesse; "obter cargo efetivo", "trabalhar na área", "ser uma boa profissional" foram os desejos expressos por bacharelandos em Administração de Empresas da Faculdade Sumaré.

> ... eu já tinha os três filhos. Eu não consegui trabalho como recepcionista. Estava exigindo estudo e eu não tinha. Eu tinha só até a quinta série. Foi onde que eu acordei, falei "meu Deus, eu tenho que voltar a estudar, tenho que fazer alguma coisa". Comecei a fazer supletivo. Fui estudando e só consegui arrumar emprego de faxineira, auxiliar de limpeza. Trabalhava de dia e estudava à noite (...) trabalho atualmente em um colégio particular na zona Norte, na própria Freguesia do Ó [bairro], e eu comecei a trabalhar tem seis meses. Só que lá eu sou recreacionista e como não sou formada ainda em Pedagogia ... para ser professora tem que ter esse diploma e eu não tenho. Posteriormente, quando eu me formar, eles me passam um novo registro como professora. Eu trabalho lá registrada e o horário é das 7h30 às 17h30 de segunda a sexta.

No caso de Ana, a reinserção do seu marido no mercado de trabalho e o desejo dela de ascensão social necessitavam, imprescindivelmente, do acesso à universidade:

> ... só que aí aconteceu um imprevisto, nesse período todo o meu marido continuou desempregado. De abril até o final do ano, continuando sempre desempregado. Ele só começou a trabalhar mesmo, ter um emprego, tem mais ou menos uns três meses atrás, porque foi difícil a recolocação dele no mercado. Ele não conseguiu por causa da qualificação. Ele tinha trancado [a faculdade] (...) aí eu comecei a trabalhar em telemarketing, trabalhando nessa função eu fiquei quatro meses, depois eu já fui promovida e eu não tinha faculdade. Eu perguntei para minha supervisora "e aí, como que eu vou fazer para subir nessa empresa, para subir de cargo?" Ela falou "você precisa ter faculdade". Wilson: Eles exigem que você tenha para conseguir galgar... Sem a faculdade dá para você... Ana: Não, o supervisor sem faculdade lá, não consegue, pelo menos eu não conheço alguém que não tenha faculdade. Eu já conheço pessoas que cresceram na empresa, eles eram operadores, se tornaram supervisores, aí eles não têm, mas contratados do mercado, eles exigem que tenha que ter faculdade. Então, eu tive aí a sorte de ser contratada porque eu tinha o curso trancado, então eu podia ... surgiu a oportunidade de eu prestar o ENEM, eu falei "eu vou prestar". (Ana, Tecnologia em Gestão de RH, Faculdade Sumaré.)

Ora, além dos elementos já apontados de inserção e reinserção no mercado de trabalho, manutenção no emprego e relativa proteção contra o desemprego, é preciso considerar também o fato do retorno salarial dos que possuem ensino superior no mercado de trabalho. Fato historicamente comprovado. Assim, na década de 1980, Passeron (1982, p.560) dispunha que "... o investimento em educação (busca do diploma mais elevado) permanece racional visto que, na média e sobre o conjunto da população ativa, existe uma ligação estatística entre o nível de instrução e o lugar na hierarquia das profissões e das rendas, isto é, entre diploma e oportunidades sociais. Prandi (1982, p.131), não obstante as críticas contudentes explicitadas, também reconhecia "... de todo modo, o pessoal de escolaridade de 3º grau [ensino superior] tem rendimentos muito superiores em relação ao conjunto dos demais trabalhadores". Sampaio, Limongi e Torres (2000, p.16), ao relacionarem a renda média familiar dos jovens brasileiros de 18 a 24 anos com a escolaridade encontraram "... é a partir do sexto ano de estudo, entretanto, que a variável renda familiar começa a se fazer presente, crescendo a cada ano de escolaridade adicional. Assim, enquanto a renda média familiar dos jovens com seis anos de estudo estava em torno de 500 reais em 1997, a renda daqueles com onze anos de estudo atingia 1.500 reais. Isto significa que, entre seis e onze anos de estudo, a cada ano adicional de estudo do jovem corresponde um acréscimo de 200 reais na renda familiar média (...) em outras palavras, apesar de a renda média familiar apresentar correlações com os anos de escolaridade dos jovens, é no momento do ingresso na universidade que o aumento da renda média se faz sentir de forma mais significativa".

Carvalho (2011, p.85-86), utilizando o modelo quantitativo de regressão logística com os microdados do censo demográfico de 2000 do IBGE[168], incluindo somente as pessoas de 25 a 64 anos com pelo menos o ensino médio completo e que faziam parte da população economicamente ativa, ou seja, que estavam trabalhando na semana de referência da pesquisa ou que estavam procurando emprego, corrobora o retorno financeiro propiciado pelos níveis escolares mais elevados:

> ... a taxa de desemprego [calculada como a razão entre o número de pessoas à procura de emprego sobre o total de pessoas economicamente ativas] dos indivíduos com ensino superior é a metade daquela dos com ensino médio. O rendimento médio por hora dos concluintes dos cursos de graduação (R$ 54,36) é 2,6 vezes maior que o rendimento médio dos trabalhadores com ensino médio (R$ 21,07). Para aqueles que avançaram ainda mais nos estudos e completaram o mestrado ou doutorado, o salário médio por hora é R$ 91,53, cerca de quatro vezes maior do que aqueles que pararam os estudos no ensino médio. Observe que, independentemente do curso de graduação concluído, o rendimento médio por hora é maior que o rendimento dos trabalhadores com ensino médio (...) podemos observar que o *fato de ter ensino superior aumenta o salário em 153,75% comparando-se ao que recebem os trabalhadores com ensino médio. Esse é o "efeito diploma"*. [grifos meus.]

Quando a autora (Ibidem, p.94) compara as informações do Censo com dados bem recentes, extraídos da Pesquisa Nacional por Amostragem de Domicílios (PNAD) de 2009, tem-se que "... a participação de pessoas com ensino médio no mercado de trabalho aumentou de 22% em 2001 para 33% em 2009. O mesmo

168 Os microdados de 2010 ainda não estavam disponibilizados pelo IBGE na data de apresentação do artigo.

aconteceu com o ensino superior: um aumento da oferta de 7% da população ocupada em 2001 para 11% em 2009. Contudo, *como a participação do ensino superior ainda é pequena*, comparada a outros países, a razão entre o rendimento médio do ensino superior e do ensino médio continua elevada, variando de 2,9, em 2001, para 3,2, em 2009". Em outra passagem (Ibidem, p.96) "... comparando-se os resultados brasileiros aos de 16 países europeus, observa-se que o retorno da educação terciária é, em média, apenas uma vez e meia a do nível médio. Isso significa que no Brasil o retorno médio da educação superior é 73% superior a seu equivalente para países europeus. Na França e no Canadá, o retorno é de 1,4, na Itália, de 1,6 e na Hungria, 2,1. *Isso ocorre porque nesses países o percentual médio de adultos com nível superior é de 22%;* no Canadá e nos EUA, mais de 35% da população adulta possui ensino superior". [grifos meus.]

Não obstante as conclusões possuírem respaldo na realidade no que se refere à lei da oferta e da procura no ensino superior, base de seu argumento, ou seja, leva-se em conta o percentual de indivíduos com formação superior, uma hipótese bastante plausível não considerada pela autora é que o maior retorno do ensino superior no Brasil também pode indicar que nos países europeus tomados para comparação há uma melhor distribuição da renda salarial, ou seja, as diferenças salariais, de acordo com o nível escolar atingido, são bem menores em relação à situação brasileira, como vimos, extremamente calamitosa para grandes contingentes de sua população.

O ProUni muda a condição social dos pesquisados? Para responder de forma completa a essa indagação, necessitaríamos dispor de pesquisas longitudinais que permitissem o acompanhamento do bolsista ao longo de determinado período, para, dessa forma, refletir, de modo mais claro, se a passagem pela universidade teve como efeito uma mudança efetiva no seu nível social. Até onde pesquisei, não dispomos de tais pesquisas, mesmo porque o programa possui pouco tempo de existência no que se refere às turmas formadas. Além disso, sabemos, pensar em mobilidade social ascendente requer considerar qualidade da educação recebida, capital social, tipo da inserção no mercado de trabalho, reconhecimento social do diploma, estrutura do mercado de trabalho — há processos de fechamento social (o *social closure* pensado por Max Weber) como reservas de mercado mediante exames e outros tipos de restrições de acesso às carreiras profissionais? —, dentre outros elementos que podem dar novos rumos a partir do instante em que o indivíduo recebe o seu certificado de conclusão do ensino superior[169]. Dos entrevistados, apenas Margarida terminara o curso de Tecnologia em Criação e Produção Gráfica. No seu relato, ela afirma que o ProUni foi um diferencial para que ela obtivesse melhores ganhos monetários em relação à sua anterior situação de trabalho:

169 Alguns desses elementos serão discutidos adiante no item 3.5.4. Cursos e Universidades: limites da democratização do ensino superior.

... isso me ajudou muito, eu consegui fazer a faculdade, me formei, consegui entrar na área, estou *ganhando bem sabe*, e se eu não tivesse feito eu não estaria ganhando o que eu estou ganhando, eu não estaria trabalhando na área (...) a área de mercado [ela trabalhava como fiscal de supermercado] é uma área saturada, então *paga muito pouco*. Wilson: Comparado a tua situação anterior ao ProUni, você acha que houve um ... Margarida: Melhorou, melhorou bastante, deu um pulo muito grande. (...) Wilson: Você já constituiu família, fala um pouco do seu marido, do teu filho de um ano? Margarida: Ele tem 32. *Ele tá desempregado*. Ele não tem uma profissão, uma formação. Trabalhava como porteiro. *Ele tem ensino médio*.

Temos nesta passagem vários dos aspectos até aqui discutidos e os complexos contornos que envolvem o questionamento delineado anteriormente, não permitindo nem visões glorificantes sobre o ProUni, visto acriticamente por alguns como tábua de salvação, nem tampouco desprezar o sentido que a posse do diploma do ensino superior possibilita, principalmente para indivíduos de mais baixa renda. Ser possuidora de um diploma de ensino superior lhe permite ser provedora do lar e ter certa proteção contra o desemprego quando comparada à situação do marido, como vimos, menos competitivo para uma melhor inserção no mercado de trabalho — já que apenas com o ensino médio —; entretanto, repõe, no mesmo movimento, toda a problemática da desigual distribuição de renda, secular entre nós brasileiros: um "ganhar bem" em relação ao "muito pouco". Forçoso trazer à baila registro do diário de campo quando fui entrevistá-la: depois de algumas estações de trem, desço, pego uma lotação, chego rapidamente a seu bairro, rua sem asfalto — mas nada que lembre as muitas favelas paulistanas —, chão batido, entro na pequena residência, um quarto que divide com o marido e o recém-nascido, uma pequena cozinha, uma pequena sala onde conversamos. Embaixo desse pequeno sobrado, mora um de seus irmãos. A casa é fruto da herança dos pais, migrantes que hoje já retornaram ao Nordeste. Houve mobilidade social? Há estagnação social? Retornemos ao título e à epígrafe que abre esta parte da tese, pois ela é uma tentativa de resposta. Não há estagnação social, há movimento. Mas é um movimento, sobretudo, de certo modo, ocupacional, possibilitado pelo contexto socioeconômico relativamente seguro em que o país se encontra. Há mobilidade na "imobilidade", é a pura contradição. Para grande parte desses indivíduos houve melhoria salarial que precisa de uma maior sustentação no tempo, para que se possa, com isso, preencher lacunas acumuladas durante anos e gerações. No caso de Margarida, a chegada à sua residência diz muito: não é a periferia que marca os bairros mais afastados do centro paulistano, houve movimento, mas continua o chão de terra batida ... olho em volta na vizinhança: casinhas modestas, simples, de certa forma arrumadas. Margarida me acompanha até o ponto em que passa a lotação que me levará à estação de trem. É próximo e rápido chegar à estação de trem, mas, ao mesmo tempo, estou tão distante de "outras" São Paulo.

3.5. Acesso

Nesta parte da tese discuto, inicialmente, o período do ensino médio dos bolsistas e os caminhos utilizados para conseguir a bolsa que lhes permitiram ingressar no ensino superior, com destaque para o papel assumido pelo Exame Nacional do Ensino Médio (ENEM). Em um segundo instante, faço a discussão sobre os cursos e as universidades aos quais os pesquisados têm acesso, procurando explorar alguns padrões de diferenciação e nuances entre eles. Como resultante, elaboro uma reflexão sobre a "democratização" do ensino superior.

3.5.1. Ensino médio público: problemas, desilusão e esperanças

> "A maioria dos professores só cumpria hora na escola. A escola era como as de hoje, com recursos precários, professores mal pagos e estudantes sem nenhuma perspectiva, nem para fazer o Enem. Eu comecei de fato estudar em cursinho popular, depois de terminar o ensino médio." (Licenciando em Pedagogia.)
> "No período de 1976 a 1991. Acredito que peguei o último período razoável do ensino estadual antes da escola pública ser totalmente destruída." (Licenciando em Matemática.)

Carvalho (2011, p.99) traçou um perfil geral dos que completaram o ensino médio no Brasil "... as pessoas com ensino médio completo no Brasil são, em sua maioria, mulheres (53,9%); solteiras (61,6%); com trabalho (73,9%); com rendimento mensal familiar per capita de R$ 721; com idade média de 27 anos, residentes na região Sudeste (46,9%) e 55% delas pertenciam ao grupo de 40% das famílias mais ricas do Brasil (renda familiar de R$ 1.530 em 2009).

Na minha investigação, o tipo de ensino médio predominante é o comum ou regular, com uma minoria de bolsistas que fizeram cursos técnicos. O subgrupo dos licenciandos cursou o ensino médio no período noturno. Para os bacharelandos e tecnólogos, o período de realização apresenta a mesma proporção tanto no noturno quanto no diurno. Cabe agora percorrer os relatos dos pesquisados a respeito do ensino médio público por onde passaram. Independentemente dos subgrupos, pode-se constatar uma série de problemas similares presentes no espaço da escola pública que marcam as trajetórias dos bolsistas e que nos permite entender algumas implicações posteriores quando do ingresso na universidade. Sobretudo, poderiam ser sintetizados como problemas ligados ao papel dos professores e outros ligados à infraestrutura do equipamento escolar.

Os relatos negativos sobre o professorado apontam, em um primeiro momento, para a constante falta[170] de docentes que gera, em cadeia, profundos efeitos como aulas vagas, as quais interferirão no preparo para a competição futura, seja nos concursos vestibulares, seja em concursos públicos. Com efeito, muitas falas apontam para a contínua ausência durante o período letivo e suas funestas consequências:

> ... bem, o que eu me lembro do ensino médio era que não tínhamos professores". (Licencianda.)
> ... faltou ver muita coisa na escola, matérias que posteriormente senti falta ao prestar concursos, vestibulares. Um exemplo é na parte de matemática: nunca tive uma aula de trigonometria, e a parte de geometria também foi defasada. (Bacharelanda.)
> ... não tive quase nenhuma bagagem para prestar o Enem. (Licenciando.)
> ... resolução de questões de vestibulares, ou até mesmo esclarecimentos sobre geometria, já que não participamos de aulas com esse conteúdo. Isso me causa até hoje uma dificuldade, pois não tenho a menor ideia de como calcular o Pi. Outra dificuldade foi por causa da falta de professores de física, ficamos quase um semestre sem professor. (Bacharelanda.)
> ... aluno só percebe essa defasagem ao prestar uma prova tanto de ENEM quanto vestibular ou algo do gênero. (Tecnólogo.)
> ... professores das matérias mais complicadas como física e química não tinham muita didática, o que prejudicava nosso aprendizado. Aliás, quase não tive aulas daquelas matérias. (Licencianda.)
> ... o que restava era ficar jogando baralho, conversar, ou fazer alguma matéria que não tinha nada a ver com a série que estava cursando, ao invés de progredir, regredíamos. (Licencianda.)
> ... lembro que os professores faltavam demais lá. (Margarida, Tecnologia em Criação e Produção Gráfica, Unip.)

Um segundo elemento comum, também ligado à figura do professorado, refere-se à sua formação, vista com reservas por grande parcela dos bolsistas. Professores que não tinham o instrumental para elaboração das aulas e, aspecto mais frequente, formados em disciplina completamente distinta das que ministram. Soldando toda a situação, a figura do "professor eventual", verdadeira chaga existente no ensino médio público paulista, indicativo da

170 Esta ausência é devida aos momentos de greve, fato regular para todo o ensino público há muito tempo e, primordialmente, pela possibilidade prescrita em lei de o professor da rede pública se ausentar. Recentemente, houve um maior rigor na fiscalização de algumas redes de ensino públicas no intuito de coibir o excesso de faltas, muitas das quais, sem justificativas fundadas, extrapolavam os limites legais a que o professor tem direito. Há, também, falta de professores em certas disciplinas como física, química, biologia e sociologia, fato que levou a Secretaria Estadual de Educação de São Paulo a recrutar professores mesmo entre aqueles que haviam sido reprovados em prova pública de ingresso na carreira docente.

precariedade que se instalou nas últimas décadas na educação básica pública. Se a falta tinha como efeito imediato não dispor de certos conteúdos importantes da grade curricular, agora, a resultante maior é o fraco conteúdo do que é transmitido:

> ... alguns professores que só enrolavam e não nos ensinavam absolutamente nada. (Licencianda.)
> ... alguns professores entravam na sala só por entrar. (Bacharelanda.)
> ... a escola que eu estudei deixa a desejar na parte pedagógica, pois os professores são na maioria das vezes recém passados no vestibular. (Licencianda.)
> ... o fato de ser um ensino superficial. (Bacharelando.)
> ... a maioria dos professores era estagiários, assim, professores que a gente percebia que tinham certa dificuldade de transmitir o conhecimento para o aluno. (Marcos, bacharelando, Enfermagem, Unip.)
> ... eu fui para o Maria José (Escola Estadual Maria José), que é na Treze de Maio [rua localizada no bairro da Bela Vista, centro de São Paulo]. A escola era um terror também, o ensino era muito fraco (...) quando eu entrei no cursinho comecei a ver que no Maria José eu não tive nem em História, nem em Geografia nada profundo. (Clarice, Psicologia, Mackenzie.)
> ... já tinha uma dificuldade muito grande nesse processo todo, de quem estuda e trabalha (...) as escolas são desestruturadas, a gente já chega sem condição nenhuma pra estudar. Então a gente finge que aprende e o professor finge que ensina e assim vai tocando a vida dentro da escola pública. (Raimundo, licenciatura em História, UNIBAN.)

No ensino médio noturno, justamente o que atende os trabalhadores-estudantes, a situação é ainda mais precária, sobretudo nos bairros mais afastados do centro:

> ... eu trabalhava de manhã e estudava à noite. À noite tem os professores eventuais, não são professores efetivos. Assim, aprendi muito pouco, deveria aprender mais. O ruim é que à noite tinha muito professor eventual, que eram aqueles professores que estavam terminando de se formar. Eles não davam aquela atenção. Também porque tinha muita gente que bagunçava. Um ou outro que estava lá para estudar, mas muitos estavam lá só para ter o certificado. Wilson: Você achava que o nível era fraco? Margarida: Era. Muito fraco. Muito, muito mesmo! Assim, chega a ser mais fraco que a oitava série (risos). O período da noite, horrível! Porque parecia que os professores iam lá só para fazer chamada, só conversavam e não davam aula. Devido ao trabalho eu tive que mudar para noite. (Margarida, Tecnologia em Criação e Produção Gráfica, Unip.)
> ... eu queria trabalhar de qualquer jeito, então o que eu fiz, transferi para a escola "Salvador Rocco", que fica aqui no Carrão [bairro da zona Leste paulistana], para es-

tudar à noite. Mas foi a pior coisa que eu fiz. Nossa Deus! Porque se eu achava que a escola já era ruim a que eu estudava, estudar à noite, então, foi pior ainda, porque eu sempre estudava de manhã. Seis meses finais, padeci, Meu Deus! Wilson: Você acha que houve uma diferença? Ana: Houve uma diferença. Porque todos os livros que eu já tinha lido no primeiro semestre, eles ainda iam ler no segundo. (Ana, Tecnologia em Recursos Humanos, Faculdade Sumaré.)

No que concerne à estrutura do equipamento escolar, destacam-se condições materiais deterioradas, com estrutura antiga, mobiliários velhos e sem manutenção, paredes pixadas e mesmo "lixo na sala de aula, apagões". Cenário que se espalha Brasil afora, conforme podemos apreender na fala de Marcos, o qual teve parte de sua escolaridade média feita em outro estado:

... eu mudei para Gravatá, uma cidade do interior de Pernambuco. Fiquei lá dois anos. Eu terminei o ensino médio aqui em São Paulo. O ensino em Gravatá, não estava muito boa a escola, inclusive foi até condenada pelos engenheiros de lá: fiquei quatro meses sem aula, fazendo trabalho, porque a gente não tinha como utilizar as salas, estava com iminência de desabar. Então, o rendimento caiu bastante por conta disso. A gente não tinha aula, só trabalho, trabalho, trabalho. A prefeitura cedeu uma espécie de fábrica, assim, desativada e... as salas foram divididas e a gente não perdeu o ano todo. Eu fiquei até preocupado, eu ia prestar o ENEM e não tinha preparo nenhum. (Marcos, Enfermagem, Unip.)

Esse abandono físico e formativo da escola pública — aspecto estrutural, de fundo, quando se pensa em qualquer questão da educação brasileira — também envolve outros fatores ligados à problemática urbana como violência escolar e a questão das drogas conforme pode ser extraído do relato de uma licencianda "... alguns caras vendendo drogas na porta da escola, o que me incomodava muito". Nesse bojo, aparecem, em algumas escolas públicas, "soluções" que procuram preservar, do caos, certa qualidade de ensino, gerando enclaves e segregações no interior do espaço educacional público. Os casos de Rodrigo e Zélia ilustram essas enganosas soluções tentadas no fim do ensino fundamental e início do ensino médio:

... nossa oitava série, a escola experimentou fazer diferente. Da quinta à oitava série era à tarde, o ensino. Então, eles resolveram montar uma turma de oitava série no período da manhã. Foi só a nossa turma mesmo de oitava série de manhã. Foi para fazer um teste. E nessa oitava série a gente tinha uma turma muito boa. Eram poucos os problemas costumeiros de disciplina. Então, alguns alunos, acho que na sala somavam quase quarenta, cerca de quinze também prestaram vestibulinho, inclusive dois amigos próximos meus. Só um conseguiu passar (risos). A gente prestou para regiões diferentes. Não fomos todos para a mesma escola técnica. Eu e outro amigo meu, tentamos na ETESP [Escola Técnica Estadual de São Paulo], outros tentaram em São Bernardo, outros também na Camargo Aranha, na GV (Escola Técnica Estadual Getúlio Vargas). Só um passou, inclusive era o meu melhor amigo. Passou na ETE São Bernardo, foi fazer o ensino médio lá. (Rodrigo, Administração, Mackenzie.)

... na oitava série a diretora me mudou de sala. Eu lembro que cinco oitavas foram para manhã, e uma oitava só ficou à tarde, que foi a minha. Excluiu total a oitava da tarde né, a oitava da tarde ficou com a quinta, sexta e sétima série. Wilson: Mas por que ela deixou você na sala da tarde? Zélia: Porque ela queria fazer uma sala com alunos bons. Mas na sala tinha alunos que não eram tão bons, como em toda sala, só que foi uma sala bem mais forte do colégio. Sabe, aquela sala que os professores esperam mais resultados, que os professores acreditam mais. (Zélia, Direito, PUC-SP.)

Esse abandono também pode ser visualizado quando analisamos trajetos que passaram pela escola pública regular e pelo ensino técnico público, este com melhor qualidade pedagógica e melhor estrutura física. Aqui os relatos de Lúcio[171] e, principalmente, Rodrigo, com um deslumbramento sem igual, são ilustrativos:

... eu estava acostumado de quinta à oitava série, como era o dia a dia na escola? A tia gritando na entrada (risos), chamando os alunos para entrar, a gente entra. Na escola não tinha nem maçaneta, era um ferrolho. Ou seja, os professores trancavam e a gente não podia sair, só o professor podia abrir a porta. Ficava lá trancado até a hora do intervalo, a gente saía, tinha nossos quinze minutos que a gente brincava que era o nosso banho de sol, que a gente ia tomar, e depois voltava para a sala. Era trancado lá de novo numa sala com a infraestrutura fraca, muita carteira rabiscada, quebrada. Uma coisa simples: como lá tinha ensino de quinta à oitava série, as mesas eram menores. A gente era do ensino médio, grande, e utilizava a mesma mesa que as crianças menores utilizavam (...) meu bairro, a Cidade Ademar [zona Sul paulistana] é um bairro de periferia. As escolas têm pouca capacitação, estrutura. Os alunos, muita dificuldade. É realmente um bloqueio social. Porque o aluno desde a primeira série ele recebe menos instruções do que numa escola particular. Isso lá na frente vai fazer uma diferença, vai criar um bloqueio muito grande para ele. Tanto pela parte dos alunos, como professores, infraestrutura das escolas. Eu tive a oportunidade de fazer o ensino técnico na ETE Lauro Gomes de São Bernardo. Escolhi fazer o técnico lá, em Administração, um ano e meio (...) foi uma oportunidade muito boa para mim. Lá a gente tinha acesso à infraestrutura, é um modelo de ensino totalmente diferente do ensino médio de bairro. Em relação à estrutura a diferença é 100% (...) querendo ou não o vestibu-

171 Primeiro e segundo anos do ensino médio realizados no ensino técnico estadual. No terceiro, feito parte na escola técnica federal e parte no ensino regular público.

linho [prova feita para ter acesso às escolas técnicas estaduais], ele corta não é? Já faz um processo seletivo. Então, os que passam já... por exemplo, os alunos que eu mencionei que tinham dificuldade na primeira à quarta série, quinta à oitava série, e que não conseguiam se desenvolver, eles não conseguem passar no vestibulinho. Os professores também possuem um nível maior de ensino, a infraestrutura, a ETE é muito grande. (Rodrigo, Economia, Mackenzie.)

... os professores incentivavam pouco os alunos a pensarem. É mais cumprir o programa e cada um segue a sua vida, não tinha tanta preocupação de formar cidadãos, de formar pensadores, de ter um plano de futuro para de lá o pessoal poder, por exemplo, entrar numa escola técnica, tanto que, quando eu me formei na oitava série, muitos alunos prestaram escola técnica, para fazer o ensino médio, mas somente eu e uma menina conseguimos entrar. Dá para ver que o ensino não era tão de qualidade, era mais quem se preocupava em estudar, que se esforçava (...) O Camargo Aranha [Escola Técnica Estadual Camargo Aranha, bairro da Mooca, zona Lesta paulistana] e o CEFET [Centro Federal de Educação Tecnológica, atualmente denominado Instituto Federal de Educação, Ciência e Tecnologia, corresponde à escola técnica federal] dá para avaliar que, como eles tem vestibulinho para entrar, seleciona os alunos, então... e os professores também de certa forma tem uma certa qualidade para poder dar aula lá. Então foi o ensino que eu acho que contribuiu muito para minha formação como pessoa, foi onde eu pude me desenvolver mais intelectualmente. Então o Camargo Aranha era outra situação, comparada com a escola que eu vinha anteriormente. É um impacto. A origem minha era mais humilde e o pessoal de lá já tinha condições de... por exemplo, quando eu entrei no primeiro ano tinha que comprar uma porrada de livros, o pessoal comprava sem pensar, eu tive que juntar dinheiro, esperar, tirar xerox. O ensino do Camargo Aranha eu considero muito bom. Entrei no CEFET, no técnico, também era bom. Técnico em Construção Civil e Edificações (...) porque o Catalano [colégio público regular no bairro do Tatuapé, zona Leste paulistana] era uma porcaria mesmo, era um lixo. Wilson: Você sentiu essa diferença? Lúcio: Muito, comparado com o Camargo Aranha, é um abismo! Eu diria até que a escola que eu fiz o fundamental era melhor, mais organizada. O Catalano não tinha sala de aula certa para ter aula, tivemos aula improvisada no laboratório, os alunos que estavam lá eram muito bagunceiros, professores pouco interessados, tanto que eu passava sem estudar: o que eu tive durante os dois anos no Camargo Aranha foi suficiente para passar no Catalano sem muito esforço. Aí eu me dedicava só ao técnico mesmo. O técnico era mais puxado, e cursinho também, preparando para o vestibular. (Lúcio, Engenharia Civil, Mackenzie.)

No caso de Raimundo, a partir de uma tragédia familiar, podemos entender que a sombria realidade na qual se encontra a escola pública, quando articulada com condições sociais precaríssimas, pode levar à desilusão escolar e a caminhos tortuosos:

Wilson: Você quer falar alguma coisa sobre o seu irmão que foi assassinado, ou não? Raimundo: Sim. Ele parou de estudar na quarta série. E daí ele perdeu a perspectiva de estudo e se envolveu com a molecada da favela. O meio, ele não conseguiu sair do meio. Ele perdeu na verdade. Ele via muito a gente... Na nossa trajetória, tanto a minha irmã que terminou o ensino médio primeiro e eu que terminei em seguida, ele não sentia é... naquilo um avanço, sabe? "**Terminou o ensino médio, mas e aí? Tá desempregado, com dificuldade.**" Eu trabalhei um bom período também de servente de pedreiro. A minha irmã também como empregada doméstica. Ele tentava trabalhar e não achava espaço. Ele não via na escola, não conseguiu enxergar na escola que ele frequentava o primeiro espaço pra ele. Ele não via perspectiva. E no mundo que ele começou a viver ali dentro da favela, ele começou a ver que naquela estrutura da marginalidade ele conseguia ter mais, mesmo que fosse a curto prazo, sabia disso, tinha consciência disso, que é uma questão de ter um *status* maior. Porque inclusive existe esta questão da inversão que o mal acaba sendo bom, e o bom acaba não tendo valor nenhum dentro da estrutura que é colocada pra juventude hoje (...) ele colocava de forma clara, eu hoje "tô roubando", inclusive quase foi assassinado num assalto, ele tomou um tiro num braço, um tiro nas costas e um tiro na cabeça... De cima pra baixo, o tiro pegou no meio da cabeça. Ele conseguiu sair, aí isso tem coisa de três anos mais ou menos, dois três anos. Aí ele conseguiu se recuperar, perdeu a visão esquerda. Ele ficou um período, quase todo esse período acho que ele não voltou mais a fazer assalto, **mas ele não perdeu os laços.** E foi esses laços que ele manteve que levou ele a ser assassinado. Wilson: Vocês não tentaram "resgatá-lo"? Raimundo: Lá era onde tava essa toda amizade dele mais forte, assim no final de semana ele acabava voltando pra lá pra ver os amigos. Aí num dia desses, ele tava lá, acho que era próximo ou em frente a um ponto de tráfico, a polícia chegou pra pegar o amigo dele que era o traficante. Aí bateram nele, espancaram, a velha trajetória de sempre que a polícia faz com os moleques na periferia. Ele não disse onde estava o amigo e ele foi assassinado três horas da tarde na frente de todo mundo (...) o que aconteceu com o meu irmão eu já tinha visto acontecer com boa parte dos moleques que estudavam comigo, os meus amigos de primeira a quarta série. Wilson: E você chegava a bater esse papo com ele assim, mas ele... Raimundo: Ele não tinha, e **quando perde a perspectiva, perdeu tudo, não tem jeito.**

No entanto, não há somente relatos negativos sobre o ensino médio público. Embora com menor frequência entre os pesquisados, houve várias manifestações de apreço e lembranças muito positivas sobre o período vivenciado na escola pública, abrindo brechas de esperança, não obstante os imensos problemas que afligem essa esfera social. Assim como nos depoimentos negativos, a figura do professor recebe destaque, agora, todavia, com sinal trocado:

... bons professores que mesmo em face das limitações econômicas e sociais que nós apresentávamos nos incentivavam a buscar nossos objetivos, inclusive alguns deles me deram aulas de reforço nas férias. (Licenciando.)
... tive excelentes professores, em especial a de química, o de história e a de língua portuguesa. (Licencianda.)
... o ensino era bom. O meu período de estudo no ensino médio foi bem proveitoso. (Licenciando.)
... professores vinham dispostos a dar aula. Foi a primeira vez que fui para uma escola acreditando que ela teria algo de bom para me oferecer. (Licencianda.)
... professores que acreditaram na minha capacidade e me motivaram a dar continuidade aos estudos no ensino superior. (Licencianda.)
... os professores eram ótimos. O ensino é forte, aprendi muitas coisas. (Bacharelanda.)
... gostava dos professores e alguns nos incentivavam a dar opiniões críticas, a falar em público, a discutir sobre temas da atualidade e a realizar trabalhos de pesquisa bem estruturados. (Licencianda.)

Menções a respeito de uma boa estrutura escolar foram bem escassas, porém, cabe aqui mencioná-las. Uma delas, extraída do relato de uma aluna, expõe, com detalhes, o que sabemos há certo tempo sobre a existência de boas escolas públicas, ainda que em menor número e espacialmente localizadas nos bairros mais centrais da cidade de São Paulo, servindo a uma clientela de melhores condições sociais:

... ótimas aulas e ótimos professores, ótimos equipamentos da escola. (Licencianda.)
... cursei o ensino médio em uma escola distante da minha casa, no bairro de Pinheiros. Dentre as escolas públicas, era considerada uma das melhores. Lembro-me que tínhamos **ótimos professores, uma biblioteca com boa estrutura, laboratórios, ou seja, tínhamos o que necessitávamos para nossos estudos**. Meu maior problema era a distância entre a minha casa e a escola. Para chegar no horário correto, 7h00, precisava sair de casa entre e 5h00 e 5h30, o que tornava tudo muito cansativo. Um outro fator negativo era o preconceito que sofri por ser na época **uma das poucas alunas negras que estudavam naquela escola e por morar na periferia**, visto que a maioria dos alunos morava na região de Pinheiros e Vila Madalena. Certa vez desejei mudar para uma escola mais próxima a minha residência, mas ao visitar o lugar vi que teria um prejuízo no aprendizado e que a melhor escolha seria enfrentar o preconceito, o que fiz mesmo depois de sofrer agressão por **parte de um aluno que dizia não suportar a minha cor. A escola onde estudei o ensino médio procurava preparar o aluno para o vestibular. Nossas provas no 3º ano eram baseadas em questões da FUVEST** [fundação que faz o vestibular da USP] o que ajudou muitos alunos a ingressarem em universidades públicas. Nunca tentei vestibular para universidade pública, hoje reconheço que foi por falta de "autoconfiança". (Licencianda em Pedagogia, Faculdade Sumaré.)

3.5.2. Restrições sociais: à distância das universidades públicas

> ... existem alunos de escola pública que conseguem, que correm atrás, vai e consegue. Eu tenho um amigo que conseguiu passar na USP para Matemática, mas são casos isolados. Eu não consegui, né? (Marcos, Enfermagem, Unip.)

É preciso reconhecer e destacar que o ProUni apresenta-se como alternativa para esse tipo de estudante marcado por uma *restrição financeira*, pois mesmo trabalhando, como fazem muitos alunos que constituem a maioria das instituições privadas, não conseguiriam pagar pelo curso escolhido e dar conta das obrigações de sustento próprio e/ou familiar[172]. Esta restrição da capacidade econômica — ligada a aspectos discutidos quando vimos as trajetórias familiares e de trabalhos dos bolsistas — para fazer frente às altas mensalidades, é facilmente perceptível. Pode ser visualizada logo depois da conclusão do ensino médio, na circunstância em que os estudantes ficam determinado tempo sem prosseguir os estudos, bem expressa na situação de Eduardo "... não tinha dinheiro para entrar na faculdade na época, para variar (risos). Aí fiquei dois anos parado, até que eu consegui entrar aqui pelo ProUni" e de Patrícia "... faculdade paga nessa época estava fora de cogitação, porque eu terminei o ensino médio e estava com dezoito para dezenove anos, e eu ganhava como estagiária um salário mínimo. Então, imagina, como que eu vou pagar uma faculdade?". Além disso, é também visível nos trajetos daqueles estudantes que já tinham iniciado o curso superior e tiveram de abandoná-lo por não suportar o pagamento das mensalidades, casos de José e de Mônica. O caso de José é sintomático, pois fez durante três anos o curso de Psicologia na Universidade Nove de Julho (Uninove). Ao ficar desempregado em meados do ano de 2005, acabou acumulando dívidas que o levaram a desistir do curso. A situação vivenciada pela Mônica e seu irmão, ambos hoje bolsistas do ProUni, é reveladora da limitação da capacidade de pagamento e de outros obstáculos para seguir o curso:

> Wilson: É a primeira universidade que você está fazendo? Mônica: Não, eu tentei muito fazer Educação Artística. Fiquei morando na casa sozinha e meus pais no interior. Eu continuei em São Paulo trabalhando como técnica de raio X. Eu ia para o emprego e fazia Belas Artes [Centro Universitário Belas Artes] à noite, na Vila Mariana. Queria porque queria. Fiz um semestre. Wilson: Por que não terminou, cansaço ou alguma outra coisa? Mônica: Eu trabalhava em dois empregos de 4 horas, saía desesperada de um para chegar ao outro. Outro exigia muito de mim, era um ambiente superpesado e não me adaptei, odiei trabalhar lá. Saía correndo para a faculdade, chegava todo dia meia-noite em casa. Chegava muito tarde, acordava no outro dia muito cedo. Não tinha ninguém para fazer nada por mim. Tinha 21

172 Costa (2008, p.90), em sua dissertação de mestrado sobre os bolsistas do ProUni na PUC-SP, também encontrou esse limite da condição financeira dos alunos.

anos. Um emprego não dava para pagar a faculdade. Aí eu consegui, desesperadamente arrumei outro. Consegui pagar, só que não consegui sustentar. Eu tinha que fazer a comida, lavar roupa, cuidar da casa e trabalhando nesse outro emprego eu não estava suportando mais. Eu saí do emprego "e vou tentar continuar a faculdade". Aí eu não consegui sustentar financeiramente, porque só com um trabalho não estava dando (...) um monte de trabalho, custo de material para comprar. Sabe quando você começa a desanimar? Resolvi parar. O dinheiro começou a ficar curto de novo porque meu pai não mandava dinheiro para São Paulo, eu tinha que pagar tudo. Aí eu já procurei o ProUni. Foi minha única alternativa (...) ele [irmão] entrou na faculdade três vezes para tentar pagar. Também não conseguia, sempre entrava e parava. Agora ele conseguiu pelo ProUni [Contabilidade] também, com vinte e nove anos acho.

Intimamente ligado ao ponto da limitação financeira que os distinguem dos estudantes pagantes das universidades privadas, são portadores, também, de uma *restrição acadêmica ou competitiva*. Oriundos, predominantemente, da escola pública regular brasileira, ao longo do processo de socialização escolar que tiveram foram afastados dos conteúdos mínimos que pudessem prepará-los para disputar, em condições senão semelhantes ao menos não tão díspares, as vagas das universidades públicas. Com efeito, estão afastados das instituições públicas, embora, conforme veremos, alguns as tenham colocado nos seus horizontes. Necessário aqui lembrar a afirmação consciente e que vai ao nó da questão emitida por Bosi (2000, p.22-23) "... há duas décadas, a proporção de ingressantes na USP que tinham cursado colégios estaduais era de 57%, logo, quase três vezes mais alta do que a proporção atual (...) o ensino secundário estadual que se deteriorou, a ponto de vir perdendo pontos para o ensino particular (...) escola secundária pública, *que não manteve o grau de qualidade necessário ao jovem para enfrentar o vestibular da universidade pública*". [grifos no original.]

Quando questionados se tentaram a universidade pública, as maiores proporções dos licenciandos (46,4%) e dos tecnólogos (60%) apontaram que não o fizeram. Os relatos de Ana, Bianca e Raimundo retratam estas estatísticas:

... eu achava que a USP era um sonho muito longe. Como eu não via ninguém próximo a mim entrar na USP, não acreditava (...) nunca tentei (...) tenho certa indignação, porque eu acho assim: o nível de escolaridade, o tipo de ensino que eles põem para os alunos na escola pública é assim extremamente fora do comum que eles cobram na prova, não existe (...) porque alguns professores, às vezes, levava simulado e era uma dificuldade para responder. Todo mundo tinha dificuldade, e das pessoas que estudou comigo eu não sei de ninguém que fez USP. Eu falava assim "eu não, vou para lá fazer o que, me sacrificar numa prova muito difícil para depois eu receber um não". (Ana, Tecnologia em Recursos Humanos, Faculdade Sumaré.)

... Wilson: Você já chegou a tentar uma universidade pública? Bianca: Não, não, nem cheguei a tentar. Me falaram muito da USP, que era muito difícil para entrar e tal. Wilson: Mas quem falava da USP ou de outras públicas? Bianca: Os professores no ensino médio. Falavam que a USP era a melhor universidade pública que tinha, que era muito difícil ir para lá, tinha que ser muito inteligente, tinha que estudar muito, tinha que ser empenhado demais para poder entrar e, assim, estudar praticamente de dia e de noite para conseguir entrar. (Bianca, Licenciatura em Pedagogia, Uniesp.)

... mesmo o período em que eu fiquei afastado da escola, por causa que eu não conseguia ir para a universidade. Eu fiz no Centro Paula Souza [Centro de Educação Tecnológica Paula Souza, vinculado à UNESP e responsável pelos cursos técnicos estaduais e as FATECS, faculdades de tecnologia do Estado de São Paulo], quando eu perdi a perspectiva na época de fazer universidade, porque a universidade pública era uma coisa tão inacessível pra mim na época que eu nunca tentei um vestibular na USP. E pagar uma universidade privada eu também não tinha condições. Fiz o curso porque não entrava na universidade. Wilson: Mas por que não entrava? Você chegou a prestar ou você nem prestou a... Raimundo: Não. Eu via que amigos meus que eram mais centrados e tal não conseguiam passar na USP. Eu nem tentei. (Raimundo, Licenciatura em História, UNIBAN.)

Quando relaciono o curso que atualmente fazem com o curso tentado na universidade pública, entre os licenciandos, apenas três pesquisados tentaram carreiras diferentes e de maior concorrência em relação aos cursos que fazem — as carreiras de Engenharia Ambiental, Psicologia e Medicina. O restante (25) tentou o mesmo curso e/ou cursos próximos em termos de nível de disputa pela vaga. Exemplos: faz licenciatura em História e prestou nas públicas estaduais paulistas Ciências Sociais, faz Pedagogia e tentou Letras. Dos licenciandos entrevistados que tentaram a universidade pública, Patrícia e Valdo relatam experiências de insucesso. Margarida, tecnóloga, também passou pela mesma experiência:

... naquela época, todo mundo falava assim: "ah, você vai prestar USP? Quem estuda em escola pública nunca vai passar na USP". Então, você tinha aquela visão que está muito longe de você. Wilson: Quem falava isso? Patrícia: Todo mundo sempre falou, os próprios colegas que até eram mais velhos, todo mundo sabe que USP é só para quem estuda em escola paga. Então você já vem com aquele pensamento: "ah, vou prestar USP? Não vou entrar" (...) Patrícia: Eu cheguei a prestar uma vez na USP viu? Mais ou menos foi quando eu estava no posto de saúde, acho que prestei Letras. Wilson: Como é que foi? Patrícia: Horrível! (Risos) Wilson: Passou na primeira fase? Patrícia: Não, não passei. Wilson: Mas a primeira foi mais ou menos quanto, foi muito abaixo? Patrícia: Não, foi razoável. Wilson: E depois não tentou mais? Patrícia: Depois não tentei mais. (Patrícia, licenciatura em Pedagogia, Faculdade Sumaré.)

... sempre fiz cursinho porque tinha vontade de estudar na USP. Prestei USP três vezes, fui para a segunda fase em 2005. Prestei a UNESP [Universidade Estadual Paulista] cinco vezes (...) as pessoas de classe baixa não conseguem entrar nas federais. Não conheço ninguém.(Valdo, licenciatura em Educação Física, Unip.)
... fiz prova para a USP e para Design na Unicamp. Wilson: E como foi nessas públicas, como é que foi sua pontuação? Margarida: Nossa! Na USP foi muito pouco! Acho que foi 50% de acerto. Não, não deu, não deu nem para passar para a segunda fase. Na Unicamp eu só fiz a prova e falei "eu nem vou ver o resultado". (Margarida, Criação e Produção Gráfica, Unip.)

Já entre os bacharelandos, a proporção maior é daqueles que tentaram a universidade pública uma vez e não passaram (53%), quase o dobro dos que não concorreram a uma vaga nas instituições públicas (29%). Ou seja, depreende-se que, ao contrário dos outros dois subgrupos de pesquisados, grande parte dos bacharelandos ao menos colocou no seu horizonte a universidade pública. Dos 10 bacharelandos que tentaram as públicas, apenas três tentaram cursos diferentes dos que atualmente fazem e de maior concorrência: Fisioterapia (faz Administração), Engenharia (faz Administração) e Artes Cênicas (faz Psicologia). O restante (7) tentou o mesmo curso e/ou cursos relativamente próximos em termos de nota de corte para conseguir a vaga. Os relatos dos bolsistas[173] entrevistados retratam tais tentativas:

... prestei Economia também. Na FUVEST, com uma prova objetiva que exige muito, eu não consegui passar. Wilson: Você lembra o seu desempenho na USP? Foi quando que você fez isso? Rodrigo: No ano que eu fiz foram 90 (noventa) perguntas. Das 90 (noventa), acertei 40 (quarenta) questões. Eu tinha a nota do ENEM e tinha os 3% (três por cento) por ser de escola pública [bônus para o aluno da escola pública]. No total eu fiquei com 48 (quarenta e oito) pontos. A nota de corte foi 58 (cinquenta e oito). Wilson: Por dez. Você não chegou a pensar "ah, vou tentar de novo no outro ano?" Rodrigo: Não porque eu já tinha iniciado o curso aqui no Mackenzie. (Rodrigo, Economia, Mackenzie.)
... foi uma única vez, eu prestei FUVEST para Enfermagem também. Prestei a primeira fase e não passei e, como eu prestei também o ENEM e depois de um ano acabei passando, eu não prestei mais (...) caíram situações problemáticas que eu não tinha condições de solucionar: física, química, matemática... e aí que eu me perdi (...) as escolas públicas hoje não têm um suporte adequado para preparar o aluno para passar numa FUVEST ou numa Unicamp. Eu falo isso porque eu tinha um professor de biologia na escola pública e ele dava aula também na escola particular. Ele falava que o conteúdo que ele passava na escola pública era um terço do

173 Cumpre dizer que, dos 50 pesquisados, André, estudante de Medicina, passou em 2008 no curso de Engenharia Civil na USP e Zélia, estudante de Direito, também já havia passado para Enfermagem na USP.

que ele passava na escola particular, então vai ter já essa deficiência. Se ele não tiver oportunidade de ganhar uma bolsa na escola particular, jamais vai entrar numa pública. (Marcos, Enfermagem, Unip.)

...USP, Unicamp e UNESP. Na USP eu lembro que eu não consegui passar na primeira fase, mas faltou pouco. Unicamp eu não passei na primeira fase. UNESP eu nem cheguei a ver qual foi o resultado, mas eu lembro que ao corrigir o gabarito eu não tinha ido muito bem. (Lúcio, Engenharia Civil, Mackenzie.)

... USP para mim era complicado porque mesmo que eu tivesse grana para pagar um cursinho eu não ia ter tempo para estudar. Eu teria que trabalhar para pagar o cursinho. Ia estudar como? Para você entrar numa USP tem que estudar de verdade (risos). Tentei Artes Plásticas e Artes Visuais, na USP e UNESP. Tentei logo que eu saí. Não consegui passar. (Eduardo, Publicidade, Mackenzie.)

... Wilson: Então, só voltando, Medicina, você alimentou esse desejo, mas não chegou a tentar? Zélia: Eu tentei quando eu saí do colégio, aí eu fiquei arrasada porque eu tirei vinte e oito na FUVEST. Eu era a melhor aluna do colégio e tirei essa nota. Aí que eu falei "não, é a escola que é uma porcaria, o ensino está uma droga, não sei o que, não dá para confiar em nada". Aí eu já tinha conseguido o cursinho, aí eu me dedicava ao máximo.Wilson: Você não pensou em prestar Medicina pelo ProUni? Zélia: Eu tentei, mas a minha nota não dava. Eu tentei Medicina, na Santa Casa. Minha ideia era fazer Medicina. Quem foi chamado para Santa Casa ficou com noventa e pouco e eu tinha ficado com oitenta e pouco, aí não deu. Eu acertei cinquenta e oito questões [de um total de 63] e oitenta na redação. Aí eu peguei Direito na PUC (...) é desigual demais, é muito desigual. Eu concorro com gente que estuda no Bandeirantes [colégio particular de alta classe média, localizado na zona Sul paulistana, bairro do Paraíso], não tem cabimento, o pessoal sai de lá quase pronto, eles fazem um ano de cursinho e conseguem entrar. Eu, se eu fizer isso, vou fazer quatro anos de cursinho, não dá. Não tem cabimento, eu vou ter que trabalhar, não vou ter tempo de estudar, como é que eu vou fazer? Por isso que eu não me atirei para fazer cursinho. (Zélia, Direito, PUC.)

3.5.3. Caminhos para o ingresso: o ENEM como porta de entrada

O Exame Nacional do Ensino Médio — ENEM —, implantado em 1998 como uma avaliação do ensino médio brasileiro, nos dias atuais, ao fim e ao cabo, foi direcionado para servir como exame de entrada no ensino superior. Alguns dados referentes ao acesso dos bolsistas permitem compreender o forte significado que o ENEM representa para essa parcela como passaporte para a educação superior. Entre os licenciandos, nota-se que 50,0% estudaram sozinhos e 21% não fizeram nenhuma preparação, apenas prestaram o ENEM. Os tecnólogos apresentam quadro similar, pois 60% estudaram sozinhos, sendo que 20% não fizeram nenhuma preparação prévia. Quanto aos bacharelandos, a maioria não fez nenhuma preparação prévia (35%). Para melhor apreensão dessas informações, é preciso entender a singularidade do ENEM como método seletivo mais *permeável* a esse tipo de estudante, constrangido pelas restrições sociais anteriormente delineadas. Na minha investigação foi necessário extrair dos relatos as percepções dos bolsistas sobre o exame quando comparado aos vestibulares das universidades públicas paulistas e, também, extrair nos seus hábitos de estudo e leitura elementos que me permitissem antever possíveis características importantes que poderiam servir como vantagens competitivas para bom desempenho e conquista da vaga. Basicamente, toda a estruturação do ENEM está calcada no fato de cobrar mais interpretação de textos (enunciados que requerem leitura) e situações ligadas à vida cotidiana (conhecimento geral e experiência de vida) e menos os conteúdos das oito disciplinas obrigatórias[174] que sempre foram o objeto dos vestibulares das instituições públicas. Nesse sentido, é lícito supor que é menos discriminador — no sentido do grau de dificuldade das questões — do que o certame das universidades públicas paulistas. Com efeito, quando faço uma articulação das falas referentes ao desempenho na prova do ENEM, os bolsistas têm muito claro a diferença no que diz respeito ao tipo de seleção, tanto para aqueles que disputam as carreiras menos ou mais disputadas:

> ...porque o meu desempenho foi muito além de qualquer um da escola. Eu acertei 46 (quarenta e seis) questões. O máximo que outra pessoa chegou perto foi 33 (trinta e três). A média ficou entre 20 (vinte), 22 (vinte e dois), 19 (dezenove), que para mim é superbaixa. O ENEM é totalmente diferente do vestibular da USP. A USP é totalmente técnica, o ENEM já exige mais um conhecimento geral. O vestibular da FUVEST (Fundação Universitária para o Vestibular) é mais objetivo. E é mais fácil realmente o ENEM. Então se o aluno já tem dificuldade com o ENEM (risos), ele não tem nenhuma chance na FUVEST. (Rodrigo, Economia, Mackenzie.)
>
> ... não é tão difícil porque o ENEM não é uma prova tão elaborada. Achei fácil. Em 2008, das 63 questões, acertei 61. Errei duas, uma sobre bactéria e outra sobre Getúlio Vargas e tirei 89% na redação. (André, Medicina, Anhembi Morumbi.)

Logo, é preciso ter certo distanciamento crítico para que não se perca o que, de fato, ocorre. É lícito reconhecer que os bolsistas são a "nata" do grupo de onde provêm, pois passam por seleção de verdade, ao contrário dos "falsos"

174 Conforme já falado aqui, há dois lados: um é o fato de a escola pública não conseguir cumprir a grade curricular do ensino médio exigida na maioria dos vestibulares, o que coloca em desvantagem seus alunos frente a algumas escolas de ponta da rede privada de ensino. Outro lado é o fato amplamente conhecido de que muitos conteúdos cobrados no vestibular têm efeito somente para competição, servindo como funil. Excetuando conteúdos fundamentais que serão exigidos futuramente na universidade — leitura, escrita, argumentação, senso crítico, raciocínio abstrato, dentre mais alguns de acordo com a área de estudo — há muita coisa acessória e despropositada. Todavia, dizer isso não significa pensar, segundo certo discurso corrente que "vestibular é só decoreba e nada mais".

exames vestibulares do segmento privado lucrativo brasileiro. Mas, é preciso, também, não perder de vista que são parcelas distintas provenientes de um mesmo grupo social mais amplo: alunos das escolas de nível médio cada vez mais distantes, em sua maior proporção, do ensino superior de qualidade — público ou privado —, conforme discutido adiante.

O fato é que o padrão seletivo do ENEM é distinto. Quais os elementos utilizados pelos bolsistas para enfrentar o ENEM? Pode-se afirmar que *conhecimentos gerais e leitura* formam a base exigida do candidato. O primeiro elemento fica patente com a reconstrução dos seus hábitos de estudo. Notadamente prestar atenção nas aulas — atividade que, parece-me, atualmente na educação básica brasileira, de requisito mínimo passou a ser um *diferencial*, um trunfo —, fazer as tarefas, cuidar para não repetir o ano, em síntese, realizar o básico, conforme demonstram várias passagens articuladas, dão o tom. Alguns vão além, casos de André e Zélia, estudantes dos cursos mais concorridos:

> ... mais **participação em sala** de aula mesmo. Memorizar o que foi colocado em sala de aula, que eu acho que é um lado mais interessante. (José, Administração, Unip.)
> ... eu prestava mais **atenção na aula** e anotava tudo o que tinha que anotar e fazia os exercícios, não deixava aquela coisa de ficar para última hora. (Margarida, Tecnologia em Criação e Produção Gráfica, Unip.)
> ... prestava **atenção na aula**, e depois não estudava. Só agora na faculdade que eu aplico mais assim porque todo mundo fala "ah, vou estudar para prova hoje". (Ana, Tecnologia em Recursos Humanos, Faculdade Sumaré.)
> ... eu nunca fui muito estudioso (pequeno riso), mas sempre fiz aquilo que tinha que fazer. Fazia o basicão. Mas nunca fui de ficar estudando para prova essas coisas, porque eu sempre prestava **atenção na aula**, então não precisava estudar muito assim. (Eduardo, Publicidade, Mackenzie.)
> ... da primeira até a quarta série sempre fui disciplinado. A partir da quinta, tive mais dificuldade. As causas estão relacionadas com o começo da adolescência, o fato da irmã que ajudava nas lições de casa ter ido trabalhar. Acabou declinando um pouco a nota. Porém, **nunca repeti** nenhum ano. (Valdo, Licenciatura, Unip.)
> ... eu sempre tinha que prestar mais **atenção na aula** para evitar precisar ler. Ou eu não presto atenção na aula e leio, ou eu presto atenção na aula e não preciso ler. E sempre foi assim, sempre funcionei assim desde o cursinho até hoje na faculdade, ou é uma coisa, ou é outra. Porque eu tenho uma dificuldade muito grande em ler e decorar. Não é bem decorar, porque eu leio, e acabei de ler eu vou ter que ler de novo porque eu já esqueci. Eu acho que **prestando atenção** já é mais produtivo, já pega e fica. (Clarice, Psicologia, Mackenzie.)
> ... eu não tinha o costume de estudar fora a escola. Todo o meu estudo era feito das sete da manhã ao meio-dia. Apenas **fazia os deveres**. (Rodrigo, Administração, Mackenzie.)

... Ah, eu sempre fui um aluno assim reservado, **focado nas aulas**. (Marcos, Enfermagem, Unip.)

... eu nunca fui muito CDF. **Nunca reprovei.** (Mônica, Psicologia, Mackenzie.)

... Wilson: Hábitos de Estudo. Lúcio: desde o começo eu **presto muito atenção na aula**, que isso poupa tempo de estudo também. Até o primeiro ano da faculdade para trás, sempre que tinha uma tarefa para fazer, eu fazia o quanto antes, não deixava para última hora. Depois, do segundo ano da faculdade em diante, mudou um pouco, sei lá, valorizar mais outras coisas e, agora, eu faço mais coisa de última hora, mas continuando me preocupando em prestar atenção na aula. Eu considero que tenho facilidade em assimilar: vejo o professor falando, depois pego e não fico batendo muito a cabeça. Acho importante aproveitar o momento que está com o professor na aula, isso é mais importante. (Lúcio, Engenharia Civil, Mackenzie.)

... eu sempre tinha o hábito de chegar em casa, **rever a matéria** que eu tinha tido na escola e **ler**. (Zélia, Direito, PUC.)

... prestar atenção na aula e **fazer o "intocável"** que era a tarefa complementar. (André, Medicina, Anhembi Morumbi.)

No que diz respeito ao segundo elemento, há uma forte correlação entre o papel da leitura na vida dos pesquisados e o desempenho no exame para conseguir a bolsa, sobretudo pelo fato de que a redação responde pela metade da composição da nota de corte do ENEM. Em alguns casos, sem uma boa nota na redação dificilmente conseguiriam a vaga, mesmo nos cursos menos concorridos. É preciso salientar que há nuances entre os pesquisados também nessa esfera. Com efeito, a análise qualitativa permite entrever algumas diferenciações. Aqueles que não tinham o hábito de ler desde a mais tenra idade foram justamente os que apresentaram notas menos altas na redação, bem representados nos casos de Rodrigo com 67%, Valdo com 63% e Eduardo com 69%. Estes alunos adquiriram o hábito de ler no cursinho pré-vestibular (Valdo), a partir do ensino médio e muito centrado na internet (Rodrigo) ou até mesmo a partir da universidade como demonstra Eduardo "...Wilson: Hábitos de leitura. Eduardo: eu gostava muito de desenhar. Sempre gostei muito de quadrinhos. Leitura mesmo de livros, eu lia pouco. Eu comecei a ler mais agora aqui na faculdade (...) só comecei a começar essa leitura depois que eu entrei na faculdade mesmo". Quando questionados a respeito se liam e leem livros não escolares, este subgrupo está mais voltado para as leituras específicas, basicamente relacionadas ao curso que fazem. Em síntese, podemos caracterizá-los como leitores pouco frequentes durante a escolaridade básica e, já no ensino superior, sem muita variação de leituras. Um caso bem particular é o de José, pois "sempre foi preguiçoso para ler" e, não obstante, teve o maior desempenho na nota de redação entre os pesquisados, atingindo 97%. Certamente, atividades do movimento estudantil e atividades partidárias (é militante do PC do B e atualmente funcionário trabalhando no setor de memória do partido) foram definidoras para tal ocorrência.

Dois dos entrevistados estão ligados ao movimento estudantil: José e Raimundo. A hipótese é que pelo fato de terem participado de cursos de formação política, lido jornais específicos do partido e, sobretudo, a militância diária baseada em uma série de reuniões e contato com pessoas as mais diversas, influenciaram e influenciam a capacidade de discussão e, consequentemente, servem como auxílio na escrita da redação. O relato de Raimundo é salutar a respeito:

> Wilson: Hábitos de leitura. Raimundo: pra mim se deu depois da sétima série, que foi também quando eu tive acesso a outras informações que veio de fora da escola. Quando eu comecei a participar lá do grêmio, eu conheci a UMES [União Municipal dos Estudantes Secundaristas] de São Paulo, a UBES [União Brasileira dos Estudantes Secundaristas] que veio mostrando outro apoio, outra porta pro mundo. E foi a partir daí também que eu passei a gostar mais da escola, valorizar a escola. Até então a escola pra mim era uma coisa que eu fazia por obrigação, não era coisa que eu gostava de fazer. Então isso me levava também a não estudar. Então foi a partir daí que eu comecei a gostar mais da escola, a me interessar mais pelas aulas. Conheci alguns professores. Um professor na sétima, ele era também o pároco da paróquia local e ele era um professor muito avançado. Ele se preocupava, incentivava a gente a ler, essas coisas todas (...) mas mesmo assim eu não tinha muita leitura de jornal, não era muito corriqueira, eu lia de vez em quando. Eu me prendia mais na questão dos estudos que a gente às vezes tinha fora da escola, nas conversas, nas informações que a gente tinha dali, e fazia um contraponto com o que a gente via na televisão. Eu via a televisão e comparava com o que a gente tava vendo nas palestras e debates nos cursos ativos (...) a partir já da minha oitava série, eu também já fazia parte dessa organização política que eu participo hoje, que é o PC do B. A partir daí a gente teve acesso à imprensa alternativa, o próprio jornal do partido A Classe Operária, tive acesso à revista Princípios, que também é órgão informativo do partido (...) na verdade o que eu digo é o seguinte, eu acho que o que me ajudou, o meu grupo de estudo e o meu pré-vestibular que me ajudou a passar no ENEM foi o movimento estudantil, foi o movimento social e foi o partido político que me abriu uma visão de mundo. (Raimundo, licenciando em História, UNIBAN.)

Outro subgrupo é marcado pelo hábito mais precoce da leitura, frequente desde o ensino fundamental e, também, já na universidade, pelas leituras de assuntos variados, representados aqui nos casos de Zélia, Lúcio, Marcos e, também, Mônica[175]:

> ... sempre gostei muito de ler. Sempre pegava livro da biblioteca e lia pelo menos seis por semana, livros da biblioteca infantil. Aprendi a ler rápido também, assim que eu entrei na primeira série. (Zélia, Direito, PUC-SP.)

175 Já discutido quando abordei seu "estilo reflexivo de leitura", na parte relativa às condições culturais das famílias.

> ... leio com certa frequência esses jornais que são distribuídos na rua, que tem um conteúdo que considero sério e importante. Acesso também os portais de notícia da internet. Leio revistas da minha área, do meu curso, revistas técnicas. Gosto de ler livros de ficção, sobre filosofia também, mas é com pouca frequência. (Lúcio, Engenharia, Mackenzie.)
>
> ... então, sempre procurando ler. E sempre me interessei por leitura, eu nunca gostei muito de matemática. Tinha mais dificuldade em matemática, sempre gostei mais de português. A minha questão de perfil mesmo para estudar era sempre ler (...) lia literatura, sabe aqueles livro: Camões... gostava bastante de literatura, apesar de ter um pouco de dificuldade, mas a gente às vezes tem que aprender a gostar das coisas né? Wilson: Dificuldade em quê? Marcos: Sabe, literatura, filosofia, essas coisas, questões assim de interpretação, eu tinha bastante dificuldade. Aprendi a gostar de interpretação, agora eu tenho mais facilidade. (Marcos, Enfermagem, Unip.)

Importante destacar que entre tais polos, há situações de dificuldade com a leitura entre os pesquisados durante seu trajeto escolar:

> ... na primeira série o que hoje me traz mais a lembrança, até mesmo na questão da faculdade, é que eu tive muita dificuldade para aprender a ler. Eu odiava aula de leitura e toda vez que a professora falava que tinha que sentar do lado dela para ler eu tinha um pavor (...) mais gaguejava e não saía, quando falava aula de leitura, eu queria morrer! Depois que também aprendi a ler não tive muita dificuldade. (Patrícia, pedagogia, Faculdade Sumaré.)
>
> ... a leitura, ela tem que me pegar logo no começo. Se já nos três primeiros parágrafos é massivo, já não vai. Vai me dar sono, eu vou começar a prestar atenção na conversa da minha irmã ou na televisão lá do quarto da minha mãe, ou em alguma coisa que está acontecendo, se mexendo (...) não vou entender nada do que estou lendo, vou ter que voltar, vai se tornar uma leitura massiva, uma leitura cansativa, e acaba não rolando. Mas eu já li bastantes livros que foram devorados em uma semana. Mas de ficção, de conto policial. Da faculdade, eu estou pegando o gosto agora, eu comecei a pegar o gosto o semestre passado, por Psicologia Social. E artigos, eu estou começando agora a ter o prazer de ler. Eu sempre preferi ler coisas mais fáceis ou ouvir histórias do que eu mesma ler. (Clarice, Psicologia, Mackenzie.)

Em suma, conforme esses depoimentos, dispor de conhecimentos gerais adquiridos ao longo da vida e ter um bom desempenho na redação são os elementos cruciais para obtenção da vaga, aspectos também sintetizados nas falas abaixo:

> Wilson: Estudou sozinho? Raimundo: a dificuldade maior que eu tive mesmo foi na parte de (risos), de inglês. Eu não sabia exatamente nada o que estava escrito ali.

Mas as outras partes foram... a gente vai com a nossa vivência de estudar, conhecer um pouco de tudo (...) A outra parte, que é metade da prova, que é redação, então essa questão da leitura que a gente vai fazendo individual sobre muita coisa, ajuda muito a desenvolver. (Raimundo, História, UNIBAN.)

... o que me ajudou foi porque eu tirei uma nota muito boa na redação. Eu lembro que eu tirei 85 na redação. Eu sempre gostei de escrever. Na escola eu ganhei livro de melhor redação, sabe, coisas que o professor promove. Na [prova] objetiva, não lembro. Somando com a redação eu fiquei com 68% de média. E ainda assim porque eu não li nenhuma vez **a estrutura de uma redação, porque se eu tivesse sabido quais eram os critérios de uma redação, acho que eu teria tirado uma nota melhor.** Porque depois que eu fui me informar, você tem que abordar o tema, discorrer sobre o tema, fazer uma crítica e a conclusão tem que dar meio que uma solução, uma proposta de solução do seu problema [elementos exigidos na dissertação do ENEM]. (Mônica, Psicologia, Mackenzie.)

Embora aparecendo com as menores proporções entre todos os pesquisados, alguns bolsistas fizeram cursinhos preparatórios: entre os licenciandos, 25% fez algum tipo de cursinho pré-vestibular (seja de tipo comunitário, seja comercial), 29,4% dos bacharelandos o fizeram e no subgrupo dos tecnólogos apenas 20%. Santana (2009, p.66), em sua pesquisa de mestrado, também aponta "... nas faculdades que possuem o ProUni, cai drasticamente a proporção dos que fizeram pré-vestibular: a grande maioria, 89%, não realizou curso preparatório e apenas 8% realizaram pré-vestibular".

Entre os entrevistados, Valdo e Clarice fizeram o cursinho pré-vestibular comercial Etapa no período noturno e Margarida frequentou durante seis meses o pré-vestibular MED, hoje extinto. André, estudante de Medicina, ganhou bolsa integral no cursinho COC, em São José do Rio Preto, pois obteve pontuação de 95% na prova de bolsas. No ano de 2009, fez oito meses de preparação no cursinho, sendo convidado para trabalhar como plantonista. Foi solicitada durante a pesquisa informação a respeito da existência de cursinhos comunitários como via de preparação para acesso ao ensino superior. Todos os subgrupos apresentam como maior ocorrência o não conhecimento[176]. Todos os tecnólogos não sabiam da existência de cursos comunitários. Entre os licenciandos, há uma menor diferença relativa entre os que não sabiam (54%) e aqueles que sabiam (46%), o que contrasta com o caso dos bacharelandos. Estes apresentam uma diferença relativa muito maior (76% não sabiam e 24% sabiam). Os cursinhos comunitários — também chamados de alternativos ou populares em alguns registros — estão voltados para a preparação de indivíduos

176 Junto com a já discutida defasagem da escola pública em termos de ensino do conteúdo cobrado nos vestibulares, esse desconhecimento é também uma das causas que coloca o estudante de baixa renda cada vez mais distante do "sonho" de estudar nas instituições públicas de educação superior, notadamente naquelas de maior prestígio.

de baixa renda que não suportariam pagar mensalidades de um curso pré-vestibular comercial — algumas mais caras do que as mensalidades de grande parte das universidades privadas brasileiras. Há diversos modelos dessa experiência no Brasil, desde os mantidos por igrejas, organizações não governamentais, grêmios estudantis das universidades, empresas, movimentos sociais, até outros formatos. Um desses formatos é mantido pelas universidades públicas. A UNESP — Universidade Estadual Paulista — é a instituição pública que mais avançou nesse terreno, com a existência de cursinhos espalhados na quase totalidade dos seus *campi*. Durante o fim da gestão do ministro Paulo Renato Souza, houve a tentativa de desenvolver um apoio a tais empreendimentos "... final de 2002, o Ministério da Educação assinou contrato de empréstimo com o Banco Interamericano de Desenvolvimento (BID) por um total de dez milhões de dólares com esse propósito específico, e foram também assinados os primeiros convênios de repasses de recursos a entidades não governamentais e a universidades que realizam esse trabalho". (Cf. Souza, 2005, p.181.)

Durham (2003b, p.20-21) é uma das entusiastas dessa forma de acesso ao ensino superior, a seu ver de cunho mais meritocrático do que outras propostas para ingresso na universidade, além de propiciar outros ganhos educacionais:

> ... o que se pode fazer na universidade é reunir especialistas capacitados na área de educação de jovens e adultos para, junto com especialistas das diferentes disciplinas que integram o vestibular, criar um curso pré-universitário gratuito, inovador, estimulante, criativo e eficaz, que permita aos jovens sem recursos suprir suas deficiências e competir em melhores condições pelas vagas oferecidas no vestibular. Para essa população, que em geral não adquiriu hábitos de estudo autônomo e disciplinado, o ensino a distância não é uma solução adequada, mas bons programas inspirados nas novas tecnologias de informação e comunicação, apresentados e discutidos em aulas presenciais, podem facilitar enormemente a aprendizagem. O talento criativo da universidade poderia ser empregado para a produção desses programas, os quais poderiam também ser oferecidos à rede pública e utilizadas no ensino presencial regular como um poderoso instrumento de aprendizagem e melhoria da formação dos alunos. Uma equipe desse tipo pode organizar e supervisionar um curso pré-vestibular formalmente integrado nas atividades de extensão com aulas ministradas por alunos da graduação e da pós-graduação, especialmente os da área de licenciaturas. Para estes, tal atividade pode até mesmo ser assimilada às exigências do estágio obrigatório e constituir uma excelente oportunidade de formação pedagógica e familiarização com novas tecnologias educacionais (...) recentemente o governo federal implantou uma linha de apoio financeiro a esses cursos, mas tal iniciativa, tomada de forma atabalhoada, no apagar das luzes da última gestão de Fernando Henrique Cardoso, sem os estudos e a preparação necessários, não pode ser tomada como paradigma (...) dificilmente um curso pré-u-

niversitário gratuito poderia abrigar todos os interessados, mas seria perfeitamente possível, como se trata de superar as deficiências de formação, favorecer os candidatos das escolas públicas e de menor renda familiar, que não têm opção de pagar cursinhos particulares.

Entre os entrevistados, Bianca, Lúcio e Zélia passaram pelos cursinhos comunitários. Há também aqui experiências de preparação mais estruturadas do que outras, de acordo com o peso financeiro dos patrocinadores:

> ... no primeiro ENEM que eu fiz eu acertei vinte questões, das sessenta e três. Na redação acho que eu tirei seis. Eu falei "não, é muito difícil, tenho que me preparar melhor. Eu busquei "cursos alternativos, de graça, consegui no Instituto Henfil, que fica na Avenida Paulista. Paga uma taxa de apostila, uma taxa de quinze reais. Ganhava apostila e era um curso no domingo. O dia todo, das 9h00 às 19h00. O dia inteirinho lá. Aí foi quando muito coisa eu já tinha esquecido, me clareou bastante as ideias, eu lembrei de muita coisa. No terceiro ano do ensino médio eu prestei de novo, estava mais preparada: tirei sete e meio na redação e acertei trinta e cinco questões. (Bianca, Pedagogia, UNIESP.)
>
> ... eu tinha essa vontade de ingressar na faculdade em seguida do terceiro ano. Então, com o terceiro ano que eu estava fazendo eu sabia que não era suficiente, então eu corri atrás de cursinho pré-vestibular e encontrei oportunidade através de uma ONG, o Movimento Humanista. Então, tinha aulas preparando para o vestibular de sábado. Eles usavam o espaço de uma escola pública na Penha [bairro da zona Leste paulistana]. Era das oito às cinco e uma hora de almoço. Todo sábado. Eram professores voluntários da USP e de outras faculdades. Eram voluntários e levavam matérias, questões, textos para a gente ler. Levavam em xerox e a gente da turma se organizava para tirar xerox, alguém no trabalho tirava e a gente pagava, coisa do tipo. Não tinha nada regular. Como o pré-vestibular tem várias matérias, nesse horário das oito às cinco não dava para ter todas as matérias num dia só. Então, algumas matérias: redação, português, literatura, a gente tinha todo sábado. Outras, como história e geografia, um sábado sim e um sábado não, alternados. Wilson: Você pesquisou somente esse cursinho comunitário ou outros? Lúcio: Eu cheguei a fazer simulados para ter desconto em cursinhos pagos, mas não quis pagar. O Técnico era puxado... de certa forma por ter tido os dois anos de Camargo Aranha e o técnico, foi uma forma de me preparar para o vestibular. E esse cursinho pré-vestibular, como ele tinha ênfase para você se preparar para redação e questões específicas de vestibular, então contribuiu para eu me preparar. (Lúcio, Engenharia Civil, Mackenzie.)
>
> ... eu queria fazer cursinho pré-vestibular desde o segundo colegial [segundo ano do ensino médio], mas eu nunca tive condições. Quando eu estava no final do terceiro, tem um banco Santander em frente do colégio onde eu estudava, uma das sedes do banco. Ele sempre fazia projetos sociais com a escola e tem um cursinho

pré-vestibular patrocinado por esse banco. Aí a diretora da escola tinha que indicar alguns alunos, ela pegou uns dez alunos do terceiro colegial e eu fui uma das escolhidas. (...) é uma união de outras instituições... na verdade é o Banco Santander, o Banco J. P. Morgan, a Fundação FIA/USP e a Fundação Aprendiz. Tem um na Cidade Universitária [onde se localiza um dos campi da USP, na zona Oeste paulistana] e tem outro que eu fazia aqui em Pinheiros, na [rua] Belmiro Braga. Aí eu fiz uma prova de conhecimento do ensino médio. Depois dessa prova teve uma dinâmica de grupo, depois teve outra dinâmica, aí a entrevista com a psicóloga. Wilson: Quatro fases? Zélia: É, quatro fases. Dos dez que prestaram, cinco passaram na prova. A gente teve que fazer um desenho livre, depois pediram para a gente explicar o desenho, depois uma redação e depois falar com a psicóloga. Então foram quatro fases, a prova, o desenho, a redação e a entrevista. Eu consegui entrar no cursinho. Aí o que o cursinho oferecia? As aulas eram das oito da manhã às seis da tarde. O cursinho oferece o café da manhã, o almoço, um lanchinho da tarde — que é o café, o chá e umas bolachinhas... ele oferecia uma bolsa de trezentos reais, mais o vale transporte e todo o material didático do cursinho do Objetivo. Eles ofereciam todo o material: fichário, caneta, lápis, folhas de fichário, tudo, não precisava gastar dinheiro com nada, era só você sentar lá e estudar. De segunda a sexta. Às vezes também tinham aulas de sábado, não era todo sábado. Assim, até o meio do ano, a cada dois sábados é que a gente tinha aula, era quinze, quinze. Só que quando chegou do meio do ano para frente, que ia ter a FUVEST e outros grandes vestibulares, era todo sábado. Wilson: Você ficava o dia todo lá? Zélia: Depois das seis podia ficar até sete e meia estudando, eu ficava. Aí eu chegava em casa, tomava banho, jantava e ficava estudando até uma hora da manhã. Aí dormia, acordava e ia para o cursinho novamente. Wilson: Certo. E você recebia a bolsa de trezentos reais, para que eles pagavam essa bolsa? Zélia: Como um auxílio para a gente ficar estudando, porque pelo fato do cursinho só pegar aluno de baixa renda, normalmente o aluno de baixa renda precisa de um sustento, ele precisa trabalhar, então eles davam esse auxílio para o aluno não precisar trabalhar, só estudar. Wilson: Quando foi isso? Zélia: 2006 inteiro. Pelo fato do cursinho dar toda essa estrutura, você tinha que apresentar resultado. O cursinho ele faz uma pressão psicológica enorme. A pressão psicológica que eles fazem é que você tem que entrar numa universidade pública. É assim, a gente fazia vários simulados e nos simulados vinha a coordenadora do cursinho e ela ajudava a fazer essa pressão (...) então ela deixava a gente numa pressão de que ou a gente passa numa faculdade pública ou a gente vai morrer. Era essa a sensação que dava para todo mundo. (Zélia, Direito, PUC.)

Em síntese, no que se refere à trajetória de ingresso ao ensino superior, é fundamental reconhecer o papel do ProUni como opção real na vida do estudante brasileiro. Quando inquiro sobre como souberam da *existência do programa*, para os três agrupamentos, o conhecimento foi obtido em sua maior proporção por conta própria/sozinho (a) mediante *propaganda na TV, rádio, internet, revista e jornal impresso*. O que contrasta com as universidades públicas paulistas que, apesar de disporem de inúmeros programas informativos sobre os seus cursos e formas de ingresso, os mesmos permanecem, sobretudo, intramuros, disponibilizados para seus estudantes de graduação e pós-graduação — que já conquistaram suas vagas! — ou, quando muito, aparecem, timidamente, em eventos esparsos e sem ampla divulgação, principalmente entre os jovens de baixa renda, estudantes das escolas públicas e moradores das distantes periferias.

Quando a análise refere-se ao *número de tentativas realizadas para obtenção da vaga do ProUni*, para os bacharelandos, 70,6% tentaram uma única vez e 23,5% duas vezes e os licenciandos 57,1% uma única vez e 28,6% duas vezes. Para os tecnólogos, 40% fizeram apenas uma tentativa e outros 40% duas vezes. Santos (2011, p.99), em sua pesquisa de mestrado com bolsistas na Pontifícia Católica do Rio de Janeiro também encontra que "... a maior parte dos bolsistas, principalmente de Direito e Administração, foi aprovada em sua primeira tentativa no processo seletivo do ProUni". Com efeito, o Programa Universidade para Todos, apresenta-se sem maiores "riscos", com uma maior garantia para o estudante da escola pública assegurar o seu passaporte para o ensino superior:

> ... pensei "eu inicio no ProUni. Posso fazer ProUni, me formar numa universidade que não vai ser top, mas eu vou estudar aqui perto de casa e vou ter a oportunidade de trabalhar ao mesmo tempo" ou eu poderia atrasar um ano a minha formação, me dedicar a cursinho e prestar vestibular contando que eu ia passar, **mas isso não é certeza. Eu preferi ProUni mesmo**, porque eu ia me formar antes, ia ter a oportunidade de trabalhar ao longo do curso também e isso é bom. (Lúcio, Engenharia Civil, Mackenzie.)
> ... Wilson: Você pensou algum dia em sua vida fazer uma universidade pública? Mônica: Já pensei, mas eu sempre achei que não fosse passar. Wilson: Por quê? Mônica: **Porque eu estudei em escola pública, não fiz cursinho.** Wilson: Mas nunca pensou em fazer cursinho e tentar, não? Mônica: Eu pensei, mas como eu acabei fazendo um curso técnico e arrumei emprego na área, ficou distante, acabou fugindo. Fazer um cursinho de dois anos, **arriscar, talvez eu não passe**, sabe? (Mônica, Psicologia, Mackenzie.)

3.5.4. Cursos e universidades: limites da democratização do ensino superior

Com efeito, conforme já pontuado, é preciso considerar outros elementos para se ter um maior discernimento dos aspectos envolvidos na questão do ingresso no ensino superior brasileiro, especificamente no caso dos bolsistas do ProUni. A discussão sobre a qualidade dos cursos e das universidades que frequentam, sem dúvida, constitui elemento fundamental. Logo, além de chegar, de poder ingressar na educação superior, é preciso também ver aonde se chega, ou seja, refletir sobre a efetividade social das carreiras a que os pesquisados tiveram acesso.

De partida, é possível visualizar nitidamente uma diferenciação entre o que denomino *cursos distintos ou seletos*, geralmente alocados nas universidades mais prestigiadas, com formato mais tradicional em termos de duração (quatro a cinco anos), tendo como alunos bolsistas mais jovens, moradores dos bairros mais próximos do centro paulistano, dentre outras características que os torna socialmente melhor posicionados. Na investigação, são os cinco bolsistas que cursam o bacharelado na Universidade Presbiteriana Mackenzie, a bolsista Zélia da Pontifícia Universidade Católica de São Paulo (PUC-SP) e o estudante de Medicina André. Embora este último frequente uma universidade que não está entre as mais prestigiadas no reduzido campo paulistano da Medicina de excelência, o seu curso é de alta concorrência e elevado prestígio social, o que acaba por justificar sua inclusão. Do lado oposto, temos os *cursos* socialmente *desclassificados*, alocados nas instituições menos prestigiadas, com formato menor de duração do curso universitário — alguns, com duração bem enxuta em termos de carga horária —, cuja concorrência pelas vagas não é tão acirrada e marcada por bolsistas com desvantagens sociais: geralmente em idade mais avançada, moradores de bairros mais afastados do centro paulistano — alguns periféricos e moradores de outros municípios da Grande São Paulo —, dentre outros traços sociais que serão aqui analisados. Esse subgrupo de bolsistas, que constitui a maioria dos investigados — e, é minha hipótese, a maioria dos bolsistas do Programa Universidade para Todos — está representado, sobretudo, nos licenciandos e tecnólogos das instituições pesquisadas UNIESP, Faculdade SUMARÉ e no bolsista de licenciatura em História na UNIBAN. Além disso, os trajetos de bolsistas do curso de Administração de Empresas da Faculdade Sumaré também podem ser incluídos aqui, dada a disparidade quando comparado com os bacharelandos dos cursos seletos. Entre tais polos, há quatro bolsistas da Universidade Paulista (UNIP) apresentando características de ambos os agrupamentos anteriores quando consideramos a qualidade dos cursos e o prestígio da universidade.

Para trabalhar essas subdivisões é preciso ter como parâmetro o *reconhecimento social* atribuído ao curso e à universidade. Ora, falar em valorização social pressupõe como condição básica entender que o valor do diploma de ensino superior é composto por duas dimensões intimamente relacionadas: uma instrumental no sentido de servir como título que possui um determinado valor econômico no mercado de trabalho e, primordialmente, um valor simbólico, no sentido de que, colado a essa possibilidade de rendimento financeiro, há um simbolismo social envolvido. Esse simbolismo é peça importante, pois os elementos que o compõem podem tanto aumentar quanto diminuir o retorno econômico do "instrumento" que é o diploma. Penso que o conceito de capital simbólico[177] e, notadamente, *como ele opera* no mercado de trabalho pode servir como base teórica para refletirmos sobre alguns elementos empíricos produzidos. Em sua definição capital simbólico sinaliza um "... conjunto de significações alcançadas pelo comportamento ou pela pessoa, suscetíveis de serem socialmente reconhecidas como tendo valor" e compõe-se de dois aspectos "... o 'capital escolar', conjunto de efeitos sociais suscetíveis de serem produzidos pela certificação escolar e o 'capital cultural', conjunto dos efeitos sociais suscetíveis de ser produzidos por outros aspectos da competência simbólica". (Cf. Passeron, 1982, p.573-4.)

Ora, o subgrupo considerado mais seleto são portadores tanto do reconhecimento na dimensão escolar, já que pertencentes a cursos e universidades tidas como mais prestigiadas (PUC e Mackenzie) e, a um só tempo, possuidores de atributos que os colocam com vantagens na dimensão "cultural" do capital simbólico. Assim, referente à primeira dimensão, quando percorro as opiniões dos bolsistas sobre a universidade e o curso que fazem, qualificadores socialmente positivos como "bom curso", "a boa qualidade", "a boa universidade", a *tradição* e aceitação — reconhecimento! — aparecem para definir o certificado escolar que será futuramente emitido. Os relatos de Lúcio e Mônica vão nessa direção:

> ... eu passei seis anos estudando, fiz um ano na São Judas [Universidade São Judas Tadeu, privada lucrativa] e cinco anos no Mackenzie. Eu tive essa preocupação de, por ser Engenharia Civil, queria arrumar uma escola de qualidade, tanto que eu tentei o Mackenzie por duas vezes, na segunda eu consegui, porque meu curso é tradicional, principalmente na cidade de São Paulo: foi uma das primeiras, é **bem-visto** no mercado, então tem **fácil aceitação** no mercado. Descobri isso pelo curso técnico, alguns professores eram do Mackenzie. (Lúcio, Engenharia Civil, Mackenzie.)
> ... eu não conhecia muito o Mackenzie. Sempre ouvi falar que era uma boa faculdade. Psicologia: PUC e Mackenzie que são boas faculdades. Todo mundo dizia que o Mackenzie era bom. Colegas diziam "o Mackenzie **é diferente**" (...) todo mundo ficou falando "meu, nunca mais você vai ter oportunidade de estudar no Mackenzie. Que é uma **faculdade de nome**, cara". (Mônica, Psicologia, Mackenzie.)

A boa infraestrutura propiciada pela instituição universitária, também, configura-se como elemento distintivo conforme Mônica "... a estrutura da faculdade é muito boa". Nesse quesito — e contrastando fortemente com a situação precária da universidade frequentada pelo subgrupo dos licenciandos, adiante discutida — Rodrigo, entre os entrevistados, parece ser aquele que apreende mais fortemente essa ocorrência, pois, lembremos, vem da escola pública de bairro periférico e já passou por mudança substantiva quando da entrada na escola técnica estadual:

---

177 Nos vários escritos de Pierre Bourdieu e, na época, de seu colaborador Jean Claude Passeron.

> ... a infraestrutura do prédio, já é o primeiro choque para mim. Nós temos uma sala de aula ampla, uma lousa totalmente, não sei se perfeita, mas completamente em ordem que pode possibilitar uma aula superagradável. Infraestrutura, ar condicionado, as cortinas são persianas, nós temos Datashow em todas as salas, tem computadores, tem acesso à internet. Os recursos ajudam no Power Point, internet, o Excel a gente faz na sala, utiliza a sala. Aqui na faculdade também tem várias salas de computação, tem acesso à impressão gratuita, a gente pode usar folha. (Rodrigo, Economia, Mackenzie.)

Quando a estrutura não é destacada, o valor distinto do conhecimento ganha realce "... ela [a Pontifícia Universidade Católica de São Paulo] é mais voltada para a pesquisa, não é voltada para o capital, ela não é uma FAAP [Faculdade Armando Álvares Penteado], que é um *shopping* na faculdade. Você não vê estrutura de mármore, ar condicionado na sala. Você tem o professor transmitindo conhecimento e o dinheiro, ao invés de estar sendo aplicado na sala, está sendo investido em conhecimento". (Zélia, Direito, PUC.)

No que diz respeito às condições culturais, os bacharelandos desse subgrupo estão mais bem equipados. Além de outros indicadores como a presença de pais com formação em nível superior (pai de Zélia, mãe de André, pais de Eduardo) quando questionados sobre o conhecimento de línguas estrangeiras (ler, falar ou compreender), vemos que a grande maioria dos licenciandos não tem conhecimento ou possuem, em nível básico, o inglês e o espanhol. Outros bacharelandos e tecnólogos também apresentam a mesma situação, porém, com um aspecto diferenciador: aparece o conhecimento, em nível intermediário e avançado de inglês para justamente três alunos situados nas carreiras mais concorridas, Direito, Engenharia e Medicina (Zélia, Lúcio e André, respectivamente) pertencentes aos bacharelandos dos cursos seletos, com destaque para André, aluno de Medicina, que congrega as três capacidades (leitura, escrita e fala) aprendidas durante a fase de cursinho pré-vestibular ao cultivar um *hobby* — jogos on-line de videogame.

Um elemento diferenciador desse subgrupo e que aponta para a singularidade frente aos outros agrupamentos formados pelos licenciandos, tecnólogos e pelos bacharelandos de Administração da Faculdade Sumaré diz respeito ao fato de que quando questionados acerca dos motivos para a "escolha" do curso[178], entre outros aspectos, sobressaem os ligados à *distinção e prestígio* propiciados pela carreira e/ou universidade que frequentam. Junto a isso, *fizeram pesquisas* antes de se inscreverem para disputarem as vagas:

---

178 Sociologicamente, a escolha deve vir entre aspas para não dar a impressão de que se parte de alternativas disponíveis e abertas a todos, turvando, assim, os diversos atributos sociais que constrangem grande parte de indivíduos.

... grade curricular, infraestrutura, qualidade de ensino. Já tinha feito Técnico em Administração. Já tive o começo de como seria o curso. (Rodrigo, Economia, Mackenzie.)
... pesquisa prévia de quais universidades são "boas" na área e ofereciam bolsa pelo ProUni. Gostei da área [fizera curso de Técnico em Construção Civil]. Tinha facilidade com exatas. (Lúcio, Engenharia Civil, Mackenzie.)
... prestígio no mercado de trabalho. (Zélia, Direito, PUC.)
... mais conceituada. (Eduardo, Publicidade e Propaganda, Mackenzie.)

Houve casos, todavia, em que tal situação não se configurou, conforme a situação de Marcos, estudante de Enfermagem da Unip, não pertencente ao subgrupo seleto, porém com características próximas "... conhecimento de pessoas que estudaram, nota do MEC" e André, vindo do interior paulista e sem conhecimento do campo do ensino de Medicina na cidade de São Paulo "... tinha cinco opções para escolha do curso: Anhembi Morumbi, Uninove, Santa Casa, Unoeste e outra que não me lembro (...) caí meio de paraquedas [na universidade que frequenta]" ao colocar a Faculdade da Medicina da Santa Casa de São Paulo como segunda opção.

Santos (2011, p.96-97), em estudo recente sobre a Pontifícia Universidade Católica do Rio de Janeiro, também encontrou, entre bolsistas do curso de Direito, Administração e Psicologia daquela instituição, uma maior consideração sobre a "escolha" da universidade:

> ... os resultados relativos à escolha das IES sugerem que o desejo de ascensão social dos bolsistas, expresso nas motivações para ingresso no ensino superior, também está intimamente relacionado à escolha da PUC-Rio como opção de instituição no momento da inscrição no ProUni. A "qualidade do ensino" foi um motivo muito importante ou a razão principal para praticamente a totalidade dos bolsistas. Outras dimensões da qualidade institucional, como sua infraestrutura e seu prestígio social, também foram levadas em conta no momento da escolha da PUC-Rio (...) mesmo após conseguirem uma bolsa do ProUni e ingressarem em outros estabelecimentos privados, estes bolsistas realizaram novas provas do ENEM com o intuito de conseguir uma nota suficiente para conseguir uma bolsa na PUC-Rio ou pediram transferência de sua instituição original. (...) cinco estudantes tentaram dois ou mais processos seletivos do ProUni até chegar à PUC-Rio (...) pode-se afirmar que para os bolsistas de nossa amostra, a excelência do ensino da PUC-Rio, ao estar diretamente relacionada ao prestígio social da instituição, é reconhecida como um capital simbólico capaz de potencializar o valor do diploma no mercado de trabalho (...) 70% dos bolsistas de Direito e Administração não tentaram bolsa do ProUni para outros estabelecimentos privados. Essa porcentagem foi de 54% para Psicologia.

As lições e esclarecimentos de Jean Claude Passeron há exatos 30 anos, quando discutia a "irredutibilidade" do título escolar — valor ao mesmo tempo social e cultural — ao título econômico e chamava atenção para a eficácia do "valor simbólico do diploma" são ainda salutares:

> ... o que, sobre um mercado simbólico, faz o valor de um bem cultural (obra, estatuto legítimo de uma pessoa ou de uma prática) supõe sempre propriedades sociais ou relações de forças entre os atores sociais (...) é precisamente a eficácia simbólica que se torna incompreensível quando se reduz a posse de um bem simbólico ao tipo de posse que caracteriza os bens econômicos *stricto sensu*. As metáforas econômicas ou mecânicas da posse ("capital", "título", "bens", "transmissão" etc.) impedem então de formular completamente os efeitos sociais que estão associados à apropriação por interiorização, processo cujo efeito é precisamente de conseguir fazer esquecer, aos possuidores como aos não possuidores, os mecanismos e as relações de força que têm permitido uma apropriação simbólica. Assim, o recurso ao conceito analógico de "capital" cultural ou escolar é frequentemente criticado sem razão: os críticos são os únicos a tomar esta designação ao pé da letra. Esta nominação analógica preenche funções heurísticas (...) para só tomar um exemplo desenvolvido por Pierre Bourdieu, vê-se que a "incorporação" do capital cultural e escolar à pessoa (...) faz-se precisamente, sobre um mercado simbólico, o valor do capital escolar e cultural. Tal "capital" revela, portanto, uma propriedade bem paradoxal: ele só toma todo seu valor de troca à medida que ele consegue se fazer reconhecer socialmente como propriedade intrínseca da pessoa privada e, correlativamente, a se fazer esquecer como produto ou privilégio social. (Passeron, 1982, p.575-576) [grifos no original].

Como resultante, para a discussão em tela, é preciso reter que o mercado de trabalho funciona, também, como um "mercado simbólico", legitimando, ou seja, reconhecendo valor simbólico ao bem sob questão, os tipos de diplomas obtidos, ou não, deslegitimando-os conforme veremos principalmente nas situações dos bolsistas de cursos tecnológicos de curta duração e nas licenciaturas com baixa carga horária. A proposição de Passeron dialoga com o relato de Rodrigo e permite iluminar a mudança de universidade efetuada pela Zélia:

> ... o mercado de trabalho é também, para alguns de seus mecanismos de funcionamento, um mercado simbólico. A contratação não é jamais só uma resposta calculista do empregador ao valor da qualificação profissional que certifica tecnicamente o título escolar, mas também, leva em conta, simultaneamente, todas as raridades culturais que o simboliza ou que simboliza o seu portador (...) o mercado de trabalho revela, nesse momento privilegiado da primeira contratação, seu pertencimento ao grande jogo social da marcação simbólica. (Ibidem, p.578.)

> ... bom, eu tenho noção que é um dos melhores cursos do país, do estado de São Paulo, o curso de Economia do Mackenzie é um curso de elite. As próprias empresas procuram muito PUC, Mackenzie, FGV, Ibmec e USP. Minhas expectativas são ótimas. Só por ter um diploma em um curso do Mackenzie, as empresas já chamam. Diferente de uma faculdade de menor nível. Por exemplo, muitas empresas no primeiro processo de seleção vão analisar o currículo para analisar a faculdade. (Rodrigo, Economia, Mackenzie.)
>
> Wilson: Você ficou quanto tempo na Unip? Zélia: Um ano, 2007. Eu percebi que se você tentasse concorrer no mercado de trabalho com a Unip, você não tinha boas oportunidades. Wilson: Com diploma da Unip? Zélia: É. *Estágio de quinhentos reais é muito.* Wilson: Quais são as faculdades que eles geralmente querem? Zélia: PUC, USP e Mackenzie. Não é? Então tchau. Wilson: Você percebeu isso quando? Zélia: Logo que eu comecei a procurar estágio. Mas nas pesquisas por internet, os estágios melhores exigiam *faculdade de primeira linha.* Se não tivesse, *você nem era qualificado, nem adiantaria mandar o seu currículo.* Então, eu percebi que tinha mais dificuldade para entrar no mercado de trabalho. Porque aí eu pensei "eu quero uma faculdade boa pelo menos". Se for para fazer Direito [refere-se à carreira], vou fazer bem feito né? E eu percebi também, *nas entrevistas de emprego que eu fiz,* eu fiz uma entrevista e eu contei que eu fiz um cursinho e que entrei na Unip, aí o entrevistador, que era o dono do escritório, ele olhou para mim e falou "você tem a cara de pau de fazer cursinho e entrar na Unip!" (...) eu vejo assim muitas oportunidades no curso, ainda mais Direito na PUC. Você fala que faz direito na PUC o olho da outra pessoa que está te ouvindo brilha, sabe, e se você falar que faz direito na Unip, torce a cara, é sério. Wilson: Você sentiu isso quando foi procurar estágio? Zélia: E com amigos mesmo, família, gente que você não conhece, vizinho, é tudo assim. E, assim, o curso é um curso bom, não posso negar, Direito na PUC é puxado pra caramba: eu estou sem vida, estou me sentindo quase no cursinho (...) então a chance de você estar no quarto, quinto ano em um estágio que pode te registrar é muito alta. Ou a chance de conseguir um *trainee* [cargo ocupado por jovens recém-formados ou em vias de formação, geralmente após processos seletivos concorridos] em qualquer empresa grande, também. (Zélia, Direito, PUC.)

Além desse "aspecto simbólico", há a importância de outro tipo de capital pensado pelos referidos sociólogos franceses, qual seja, a interveniência do "capital social". Passeron (1982, p.573-574) bem o define e precisa "... conjunto dos meios não monetários suscetíveis de favorecer uma apropriação de renda ou de *status* (...) pode-se supor que uma das características da inflação universitária é que tende a crescer, na composição do capital não econômico mais rentável sobre o mercado do trabalho, o peso do 'capital social' em detrimento do 'capital escolar' propriamente dito, ou mais geralmente sobre todos os mercados sociais, o peso dos componentes não escolares do 'capital cultural' a partir da difusão, através das classes, da posse do capital escolar". Também Bourdieu

(1998, p.94) acentua o que ele designa como capital de relações "... o capital associado ao pertencimento à classe dominante ('relações'), que permite maximizar o rendimento econômico e simbólico dos certificados escolares no mercado de trabalho, permite também minimizar as perdas em caso de fracasso". Não é outro o significado da passagem a seguir, principalmente no que diz respeito à maximização do valor do diploma:

> ... a PUC dá ótimas oportunidades de estágio, ótimas mesmo, tanto é que eu estou fazendo estágio no Corecon [Conselho Regional de Economia] e me ligaram do maior escritório processualista de Direito Civil do Brasil, o De Marco, para fazer entrevista. Foi um menino que trabalha lá e que divulgou só para algumas pessoas que estava na sala na hora, eu cheguei e ele comentou, aí chegou mais umas quatro pessoas, ele falou "ah, se vocês tiverem interesse, é só mandar um currículo, porque eles estão precisando", e foi embora. (Zélia, Direito, PUC.)

Em síntese, a hipótese aqui sustentada é que é lícito supor que esse subgrupo, pelos aspectos sociais aqui expostos, possui mais condições efetivas de realizar uma mobilidade social sustentável, dada a maior qualidade da formação socialmente percebida dos cursos e universidades que frequentam. Para esses bolsistas, o diploma reveste-se tanto de valor simbólico positivo quanto valor instrumental como título escolar em contraposição aos outros agrupamentos de pesquisados, mais calcados no "puro" valor instrumental da posse do diploma, ou, se quiser, marcados por uma menor distinção simbólica do título que possuirão. Quando dialogo com pesquisa empírica realizada em espaço universitário similar, porém localizada em outra geografia, como a PUC-RJ, esta proposição torna-se ainda mais consistente. Assim, conforme também já dito, esse subgrupo possui um perfil etário menor, uma trajetória escolar sem sobressalto e não contribuíram, durante a fase em que se preparavam para o ingresso na universidade, para o orçamento familiar. Santos (2011, p.61-62) também dispõe para os bolsistas cariocas "... a significativa presença de alunos jovens nas três carreiras sugere uma trajetória na educação básica sem muitas irregularidades de transição e um ingresso na faculdade logo após o término do ensino médio (...) nas três carreiras analisadas predominam bolsistas do sexo feminino (...) a maior parte, 80%, concentram-se nas duas coortes de idades mais jovens [até 21 anos; entre 22 e 24]. Na primeira coorte [até 21 anos], indicativa de uma trajetória escolar sem grandes atrasos, encontram-se 52% dos bolsistas de Direito, 42% de Administração e 40% de Psicologia (...) o pertencimento às faixas etárias mais jovens explica o fato de 93,3% do total de bolsistas serem solteiros, o que significa menores responsabilidades econômicas no domicílio e maior disponibilidade para os estudos".

É sustentável que o Programa Universidade para Todos, para esse segmento específico e menor, funcione como um *acelerador do processo* de ingresso no ensino superior tendo em vista a busca de mobilidade social. Na pesquisa, Lúcio possibilita entrever tal asserção. Santos (ibidem, p.61; 101) também encontra algo parecido em sua investigação:

> ... Wilson: Se você não tivesse o ProUni, você ainda insistiria para tentar... Lúcio: Se eu não tivesse o ProUni eu teria ingressado no curso de tecnologia. Eu cheguei a me matricular no curso de tecnologia do CEFET [Centro de Educação Tecnológica, instituição técnica federal]. Mas eu não teria feito no CEFET, teria feito a FATEC [Faculdade de Tecnologia de São Paulo]. Tem casos de gente conhecida minha que fez o técnico junto comigo, entrou na FATEC. Vai lá, faz o curso, trabalha na área, tá trabalhando como tecnólogo (...) Eu ia ingressar no curso de tecnologia e arrumar um emprego, ia ter essa oportunidade de cursar Engenharia logo em seguida, ou de repente fazer o curso tecnológico e, ao mesmo tempo, estudar para o vestibular e prestar o vestibular novamente, ia atrasar um pouco mais a formação, digamos assim, mas ia atingir o mesmo objetivo, mesmo sem o ProUni. Pelo fato de eu me preocupar com estudos desde quando eu comecei a estudar, desde criança, isso foi bom, porque aí eu tive facilidade... eu consegui passar no vestibular, no curso de tecnologia e é escola boa, FATEC, CEFET, então, tem aceitação no mercado, são reconhecidas, então sem o ProUni, particularmente eu não seria prejudicado, digamos assim. Com o Prouni foi melhor, porque já é engenheiro e não tecnólogo, então facilitou. (Lúcio, Engenharia Civil, Mackenzie.)
> ... nota-se que o ProUni não assume o sentido de uma única chance de acesso ao ensino superior. "Eu não entraria em 2007 sem o ProUni, mas eu continuaria tentando". (bolsista de Direito) (...) é provável que em muitos casos o ProUni tenha se mostrado como a alternativa mais viável para a realização do projeto de transição do ensino médio para a universidade de forma imediata ou em um curto período de tempo.

Cabe agora um olhar sobre o que denomino *cursos desclassificados*. Nestes, a história é bem outra. Quando discutimos a "escolha" do curso, a fala da estudante de tecnologia em Recursos Humanos da Faculdade Sumaré, Ana, sintetiza muitos relatos dos licenciandos e tecnólogos e já contrasta fortemente com o subgrupo já delineado "... não foi minha primeira opção, foi a única". Ora, cabe reiterar, a "escolha" do curso é limitada pela condição objetiva que marca quem escolhe e o que lhe é dado, concretamente, escolher "... se os membros das classes populares e médias tomam a realidade por seus desejos, é que, nesse terreno como em outros, as aspirações e as exigências são definidas, em sua forma e conteúdo, pelas condições objetivas que excluem a possibilidade de desejar o impossível (...) as estatísticas globais que mostram um crescimento da taxa de escolarização secundária dissimulam o fato de que as crianças das classes populares devem pagar seu acesso a esse nível de ensino com um estreitamento considerável do campo de suas possibilidades de futuro". (Bourdieu, 1998, p.47; 51.)

Com efeito, levando em conta tais limites objetivos, foram também questionados os motivos para a "escolha" do curso que atualmente fazem. Entre os licenciandos e tecnólogos entrevistados, despontam a *"proximidade da residência"* como fator predominante, este o motivo maior dos licenciandos Raimundo, Bianca, Patrícia, Augusto e da tecnóloga Ana. A Tabela 7, a seguir, apresenta as demais motivações emitidas pelos licenciandos, tecnólogos e bacharelandos de Administração de Empresas da Faculdade Sumaré. Conforme fica patente, em contraste com o grupo seleto anterior que valoriza a posição de prestígio e reconhecimento social do curso e da universidade, pesquisando-os previamente[179], outros elementos aparecem, girando basicamente em torno de três eixos, a saber: **a oportunidade em si** de fazer um curso superior, mesmo não sendo uma carreira desejada inicialmente, com maior nota de corte. Como desdobramento, disputa-se os cursos com maior número de vagas para ter uma maior probabilidade de consegui-las; o mercado de trabalho como fulcro, seja para ingresso em áreas que despontam, exigindo assim qualificação profissional ou a exigência de diploma como requisito essencial para os que já atuam na área; por fim, aqueles que se identificam e gostam do curso.

Tabela 7 — Motivos para Fazer o Curso — Licenciandos, Tecnólogos, Outros Bacharelandos

	PELA OPORTUNIDADE, MAIS VAGAS COM NOTA DE CORTE MENOR
1	Porque era de graça e na época era a que dava para fazer. (Licenciando, Pedagogia.)
2	Pela oportunidade. (Licenciando, Pedagogia.)
3	Eu queria mesmo fazer Psicologia, mas minha nota não foi o bastante para entrar. Depois fui selecionada na segunda chamada para Pedagogia. (Licencianda, Pedagogia.)
4	Porque foi a oportunidade que falou mais alto. (Licenciando, Pedagogia.)
5	Porque eu achei que teria melhor chance de conseguir por ser um curso mais barato do que o curso de Direito que eu gostaria de fazer. (Licenciando, Pedagogia.)
6	Para não ficar desatualizada e conseguir uma oportunidade melhor. Não foi o curso que mais desejava, mas gosto muito da área de RH e por isso resolvi apostar. Havia muitas vagas à disposição, às quais teria mais chances de obter a bolsa. (Tecnóloga em Gestão de RH.)
7	O que me motivou foi ter uma faculdade primeiramente no currículo. (Licenciando, Pedagogia.)
8	Porque consegui a bolsa e talvez não tivesse a oportunidade em pouco tempo em fazer uma faculdade e ainda ser bolsista. Por isso resolvi assegurar o que tinha na mão e encarar um curso que não era o favorito. (Licenciando, Pedagogia.)
9	Tinha mais vagas e as notas eram mais baixas (Valdo, Licenciatura em Educação Física — Unip.)
10	Por causa da nota. (Licencianda, Pedagogia.)
	MERCADO DE TRABALHO
1	Porque engloba várias áreas. Mercado de trabalho. (Bacharelando, Administração de Empresas.)
2	A minha primeira escolha era a área de produção de games e redes estava como segunda alternativa, mas tinha interesse nas duas. As duas são áreas que crescem bastante e tem muita vaga no mercado. (Tecnólogo, Tecnologia em Redes.)
3	Mercado de trabalho e por gostar de pessoas. (Tecnóloga, Tecnologia em Gestão de RH.)

179 "... não escolhi por classificação no ENADE (Exame Nacional de Desempenho do Estudante), isso eu vi depois". (Patrícia, Pedagogia, Faculdade Sumaré.)

4	Qualificar-me profissionalmente. (Bacharelanda, Administração de Empresas.)
5	Trabalhava na área da educação, em escola particular, porém não tinha o magistério. Isso era problema para eu prestar concurso — meu principal objetivo. (Licencianda, Pedagogia.)
6	A busca por melhorar a minha situação financeira e para ter uma carreira. O mercado de trabalho na área contábil oferece muitas vagas. (Bacharelando, Ciências Contábeis.)
7	Por exigência do mercado de trabalho, por questões de melhoria de renda. (Bacharelando, Administração de Empresas.)
8	Percebi que enquadrava com meu perfil e que oferece várias alternativas no mercado de trabalho. Aceitação do mercado e possibilidade de empregos. (Bacharelando, Administração de Empresas.)
9	Curso que tem facilidade no mercado de trabalho, muitas vagas, e é possível se especializar em várias outras áreas. (Bacharelando, Administração de Empresas.)
10	É um curso amplo que abrange muitas áreas e por isso dá a oportunidade de conhecê-las e identificar por quais me sinto mais realizada. (Bacharelando, Administração de Empresas.)
	JÁ ATUAM NA ÁREA
1	Já estava na área. (Licenciando, Pedagogia.)
2	Sempre estive no meio educacional., (Licenciando Pedagogia.)
3	Porque já trabalho na área fazendo serviço comunitário. (Licenciando, Pedagogia.)
4	Já trabalhava na área. (Licencianda, Pedagogia.)
5	Eu trabalho como professora, então resolvi fazer Pedagogia. (Licencianda, Pedagogia.)
6	Curso voltado para a minha área de atuação. (Bacharelando, Administração de Empresas.)
7	Escolhi o curso de Pedagogia, pois já trabalhava com educação de crianças desde os 14 anos e queria seguir a carreira. (Licencianda, Pedagogia.)
	"PAIXÃO", GOSTA DA ÁREA, AFINIDADE
1	Gosto da área de educação infantil, já tinha feito um curso de extensão e gostei. (Licencianda, Pedagogia.)
2	Porque amo a disciplina e pretendo ser professor. (Licenciando, Pedagogia.)
3	O amor que tenho pela alfabetização. (Licencianda, Pedagogia.)
4	Ser na área da Educação como eu sempre desejei. (Licencianda, Pedagogia.)
5	Afinidade (Licenciando, Pedagogia.)
6	Afinidade com toda a parte de arte, de criação. Sempre me destaquei muito em desenhar, em pintar, em fazer essa parte toda de comunicação visual. (Margarida, Tecnóloga, Produção Gráfica.)
7	Acho linda a profissão de professora. (Licencianda, Pedagogia.)
8	Administração é um curso que eu gosto. (Bacharelando, Administração de Empresas.)

Assim, na disputa pela vaga do ProUni, desejos inicialmente cultivados não puderam ser realizados tal como a situação de Margarida "... eu tentei SENAC, tentei Anhembi Morumbi e tentei Belas Artes, em 2006. Eu tentei nessas que, vamos dizer assim, tem mais referência nesse curso, nessa área de design. A exigência delas são maiores para realmente ganhar bolsa. Aí no próximo ano eu falei 'não vou tentar mais nessas porque eles exigem demais, assim, o nível, né?'. Aí eu tentei Unip, a Unip eu acho que foi uma das últimas que eu tentei. Aí eu consegui na Unip", o que reforça ainda mais o caráter de agarrar a oportunidade existente.

Há uma série de aspectos inter-relacionados que marcam os cursos desclassificados: faculdades desprestigiadas, formato curto do curso, baixa avaliação no Exame Nacional de Desempenho de Estudantes — ENADE —, baixo retorno financeiro, menor ou quase inexistente diferencial simbólico, estrutura precária, baixa percepção social da qualidade da formação obtida. Cabe percorrê-los.

Quando percorremos as opiniões emitidas sobre a universidade e os cursos que frequentam, relatos críticos sobre a infraestrutura disponível para consecução das atividades, instalações precárias e improvisadas, qualidade precária dos professores, dentre outros, aparecem. Destaca-se aqui o paralelo efetuado por Raimundo entre os professores universitários de determinada instituição e os professores da escola pública do ensino médio e a correspondência que ele faz sobre as antigas atividades realizadas no espaço onde atualmente funciona seu curso:

> Wilson: Qual é a sua opinião sobre a universidade? Por que a escolheu? Raimundo: Ela é fechada, despreocupada com o conhecimento de fato. É como se fosse uma fábrica. Visa só o diploma, o conhecimento é secundário. **Inclusive aqui era uma antiga fábrica** da Metafio, era uma fábrica de fios que faliu. São três anos de curso (...) agora as expectativas, eu já sabia, que não está atendendo, mas eu já tinha mais ou menos uma noção dos alunos da primeira turma que se formou no ano passado. Aí já tinha algumas informações da dificuldade do curso, a qualidade. O curso, ele tem uma qualidade um pouco baixa. Aí você precisa avaliar por conta da universidade. E a universidade, ela não se preocupou em investir nos cursos. A UNIBAN [Universidade Bandeirante de São Paulo, recentemente comprada pelo grupo Anhanguera], ela tem uma linha e essa linha é colocada de forma muito clara e muito aberta que é o seguinte: aqui a gente passa o básico pra jogar pro mercado. Aqui não é lugar de reflexão. Porque a qualidade também dos professores não é aquela qualidade. Porque não tem uma preocupação da universidade de ter bons professores, e de preferência os mais qualificados. Tem professor inclusive que, não esse ano, mas o ano passado, por exemplo, ele era da área de Letras. Entendeu? (risos) Professor formado para dar aula de Letras e estava dando aula... Wilson: De História? Estava sendo alocado para dar aula de história? Raimundo: Mais ou menos como se fosse uma escola pública de ensino médio, onde você pega, eu, que estou aqui inclusive apto na visão do Estado para dar aula como eventual [professor eventual]. Aí você tem lá a falta de um professor de matemática e você vai lá dar aula de matemática. A UNIBAN também é a mesma coisa. Se faltar um professor, bota qualquer um lá na sala de aula. Não estou satisfeito com o conteúdo. (Raimundo, licenciando, História, UNIBAN.)

Quando abordei o histórico da constituição do ensino superior privado lucrativo no segundo capítulo desta tese, já apontei a utilização de espaços improvisados como uma das características dessas instituições, conforme pode ser percebido no relato de uma licencianda em Pedagogia "... minha faculdade está utilizando o espaço de um colégio, o qual à noite não tem funcionamento e por isso acaba disponibilizando-o para a Sumaré. [trata-se do colégio particular católico de educação básica Maria Ward, na Vila Carrão, bairro da zona Leste paulistana]".

Se o relato do bacharelando de economia Rodrigo exaltava a estrutura da Universidade Mackenzie, Augusto, licenciando em Letras da Uniesp, possui outra visão:

> ... hoje o banheiro é bem melhor, antes as portas lá não tinham maçaneta. Começou péssimo, tudo exposto, você anda por alguns lugares que tem a construção [ocupa o prédio da antiga loja de departamentos Mesbla, bem próximo ao Teatro Municipal de São Paulo, no centro da capital], a internet não funciona, não adianta você usar porque só tem computador, mas não funciona. Você tinha que rezar para estar no computador e ele não apagar, porque ele apagava, ele desligava. Tinham dois computadores que permaneciam, então era uma disputa para sentar naquele computador.

Cabe ponderar que, entre tais polos, há nuances. Assim, para determinados cursos, a estrutura encontrada na universidade foi considerada muito positivamente, destoando dos demais relatos negativos a respeito:

> Wilson: O curso atendeu às suas expectativas? Margarida: Assim, quando eu entrei lá na Unip... é que tem muita gente que fala mal da faculdade "ah, essa faculdade só tem nome, ela não tem qualidade". Wilson: Quem falava isso? Margarida: Pessoas conhecidas falavam isso, principalmente quando eu fiz o cursinho pré-vestibular, aí o pessoas falava ah, "a Unip é isso..." Wilson: Você já queria prestar para a Unip? Margarida: Não, não, eu não queria (...) aí quando eu entrei lá e comecei a fazer o curso, eu vi que era bem diferente, eu gostei muito porque eu não imaginava que eles têm uma estrutura boa, com laboratório de fotografia, tem toda aquela parte de você aprender o processo, e informática, tal, nossa!, lá eu aprendi muito, eu não tenho o que reclamar de lá, uma estrutura muito boa mesmo! ... Wilson: Opinião sobre a universidade que você estudou. Margarida: Porque assim, a gente tinha uma boa relação, a gente tinha secretaria, o que a gente precisasse a gente entrava em contato e tinha um retorno da secretaria. Horário também, a gente tinha certa tolerância de horário, era bem flexível, às vezes eu me atrasava, mas eles permitiam entrar, então a gente não perdia a aula. Ponto negativo nenhum não. (Margarida, Tecnologia em Criação e Produção Gráfica, Unip.)

Outros questionamentos negativos giram em torno da comparação com as universidades públicas e as universidades privadas mais conceituadas:

... o nível de qualidade das universidades particulares é muito menor do que as universidades públicas, sendo assim ainda existe uma diferença técnica entre as pessoas que estudaram em universidades públicas e as que estudaram em universidade privada e essa diferença é percebida pelo mercado. (Bacharelando, Administração, Faculdade Sumaré.)
... a dificuldade em conseguir vagas em universidades tradicionais. (Bacharelanda, Faculdade Sumaré.)
... a dificuldade de conseguir vagas em faculdade privadas de nível mais elevado (PUC, Mackenzie, SENAC), que normalmente oferecem pouquíssimas vagas, e por isso a exigência quanto ao número de acertos das questões é bem alta. (Bacharelanda, Administração, Faculdade Sumaré.)
... as universidades participantes do programa não tem nível de excelência de uma USP ou UNICAMP por exemplo. Maior fiscalização dos conteúdos das universidades particulares para melhorar o nível acadêmico das mesmas. (Licenciando, Matemática, Uniesp.)
... as faculdades públicas continuam servindo apenas a uma camada específica da população e seu caráter público perde o sentido, tendo em vista que a maior parte dos sujeitos não consegue adentrar e frequentar seu espaço. (Licencianda, História, Faculdade Sumaré.)

Uma ocorrência entre os pesquisados, sobretudo os pertencentes aos *subgrupos dos licenciandos e tecnólogos*, é a existência de cursos com menor duração horária. O fraco reconhecimento no mercado de trabalho, devido ao *pouco diferencial* representado pelo diploma, é ressaltado pela tecnóloga Ana, vivendo na linha de fogo para responder às exigências empresariais:

... então se eu estou no mercado hoje, trabalhando como supervisora, o mercado me pede uma faculdade em tempo rápido, né? Eu preciso fazer um curso pequeno. Na hora de uma seleção, vão olhar isso. Então eu fui e me preparei, eu falei "vou fazer esse curso para pelo menos ter um curso universitário, se bem que se eu quiser prestar, por exemplo, para o Santander, que é um banco, eles não olham com bons olhos esse curso de dois anos e meio não". Wilson: Por que, onde você viu isso? Ana: Isso pessoas ligadas à empresa, com essas internas você conhece muita coisa. Pessoas que já prestaram processos e, inclusive, estão fazendo outra faculdade de graduação maior, para poder entrar no [banco] Santander, ou em outras empresas, porque essas **empresas grandes** elas não valorizam as pessoas que tem esses **cursos pequenos**. Wilson: Quais são suas expectativas em relação ao curso superior, o que mais espera dele? Ana: A minha expectativa é que esse curso me dê pelo menos algum conhecimento, que eu quero ser uma profissional que tenha pelo menos uma portinha no mercado para mim. Eu vejo que hoje, que nem eu te falei, esse curso hoje é um curso que não é bem-visto, curso de dois anos e meio, as pessoas não veem com bons olhos. E até mesmo quando você vai colocar o currículo num site de vagas, alguma coisa assim, ou as vagas até mesmo na empresa que eu trabalho, na própria empresa, quando eles vão pedir para ser analista de RH, se você está cursando um curso de graduação normal, você pode estar, vai, no primeiro ano, mas se você estiver no tecnólogo, você tem que estar a partir do terceiro semestre, quarto semestre, então eles acham que o aluno — é a percepção que eu tenho — que o aluno que estuda um tecnólogo é mais burro. Wilson: E como é que você lida com isso? Ana: Ah, eu lido, assim, eu aceito. Wilson: Mas você pensou em fazer um de quatro anos, ou não? Ana: Pensei... Wilson: E por que não fez? Ana: Eu não fiz porque eu não passei, senão teria feito. (Ana, Tecnologia em Gestão de RH, Faculdade Sumaré.)

A questão da duração do curso chega ao paroxismo no caso aqui sintetizado pela estudante Patrícia, um formato "diferente", proposto pelo ensino superior privado lucrativo para formar os que serão os formadores[180] da educação básica brasileira:

... acabou saindo e quando saiu eu tinha posto à noite, mas eu não sabia que o curso aqui era **sexta e sábado**. E lá não falava, na época eu fiquei meio decepcionada. Eu tinha vergonha de falar que estava fazendo faculdade de sexta e sábado. Wilson: Por quê? Patrícia: Porque é uma coisa nova. Você demorou tanto tempo para fazer faculdade, aí quando você vai fazer, você faz sexta e sábado, os outros não valorizam. Teve gente lá no meu serviço que trabalha comigo que falou: "ah, faculdade de sexta e sábado, não é faculdade, isso aí não presta!". Mas é porque tem EAD [Educação a Distância] também. Tem a distância também. Wilson: Quantos por cento em EAD? Patrícia: 20% em **EAD.** Então, aí eu fiquei meio chateada, tinha vergonha. Depois, quando eu já estava com um ano, aí lá na **Anhanguera** [maior grupo privado nacional] a maioria dos cursos que o pessoal está estudando, ou é só na sexta-feira, ou também é sexta e sábado. Aí eu fiquei com menos vergonha e comecei a falar, porque antes eu não falava. Se me perguntassem eu falava que era de segunda a sexta. Eu não queria que as pessoas desmerecessem o curso e eu não podia fazer a opção de troca. Wilson: **Qual é o seu horário de aula mesmo?** Patrícia: É sexta e sábado. É assim: **sexta das 18h00 ás 23h15 e sábado das 8h00 às 13h15.** E tem sábado que a gente tem aula de PPI que é Projeto Interdisciplinar. Aí quando tem essa aula a gente fica até as 16h00. **Essa aula a gente só tem quatro no semestre. Não chega a ser uma por mês.** (Patrícia, Licencianda em Pedagogia, Faculdade Sumaré.)

180 Não entendo certas falas dos empresários do ensino quando reclamam da baixa formação dos alunos que recebem. Ora, se formação de professor é elemento destacado nas pesquisas para que se tenha uma boa educação e se, excetuando algumas universidades estaduais e municipais, o grosso dos professores têm sua formação inicial no segmento privado lucrativo, será que a lógica formal, em um silogismo simples, poderia nos ajudar a desvendar tal enigma?

Reportagem recentíssima aborda justamente os vários protestos dos estudantes do grupo Anhanguera, descontentes em relação à estruturação das atividades dos cursos que fazem:

> ... alunos do grupo educacional Anhanguera fazem hoje à noite mais uma manifestação contra o que classificam de "abandono e precarização do ensino". Os estudantes reclamam de problemas de infraestrutura, da demissão de professores e da implementação de atividades online que deixam os campus vazios, sobretudo nas noites de sexta-feira. Desde o início do ano protestos semelhantes têm ocorrido em várias unidades da instituição. Desta vez, a mobilização será na Uniban da Rua Maria Cândida, na Vila Guilherme, zona Norte de São Paulo. A Anhanguera Educacional, cujas ações são negociadas em bolsa, é o maior grupo privado de ensino superior da América Latina. A companhia fechou 2011 com *valor de mercado de R$ 2,93 bilhões*. No ano passado, comprou a Uniban, na maior aquisição da história do setor no País. Ultrapassou a marca de 400 mil alunos e consolidou a posição de liderança com 73 campus e 500 polos de educação a distância espalhados pelo Brasil. *O modelo pedagógico do grupo se baseia na utilização do Ambiente Virtual de Aprendizagem (AVA) como ferramenta de apoio a todos os seus cursos.* No site, os alunos têm acesso a videoaulas, apostilas e exercícios e *devem discutir os assuntos em fóruns e chats* (...) as avaliações têm de ser presenciais. Mas os estudantes da Anhanguera reclamam da *qualidade das atividades, de problemas para acessar o material e da falta de acompanhamento de professores e tutores*. Os sindicatos de docentes, por sua vez, falam de demissões em massa, corte de custos e subversão das orientações do MEC (...) o aluno do 3º ano de Educação Física Gunther Hager, de 37 anos, diz que o seu link da AVA só foi habilitado há 15 dias. Segundo ele, a própria coordenação do curso avisou à turma que não se preocupasse com o tempo perdido. "Falaram que era só fazer um trabalhinho depois. Você acha que eu vou me matar para assistir a 30horas de aula para depois fazer um trabalhinho?". Como as atividades são online, os estudantes não se sentem obrigados a ir à faculdade às sextas-feiras. Os colegas de Hager até alugaram um campo de futebol para jogar bola no "horário livre". *Enquanto isso, o campus fica praticamente deserto*. Segundo o presidente da Federação dos Professores do Estado de São Paulo, Celso Napolitano, cerca de *1,5 mil docentes, a maioria mestres e doutores, foram demitidos da Anhanguera nos últimos meses*. "Os professores são a matéria-prima que dão qualidade ao ensino superior", reclama. (Lordelo, 2012) [grifos meus].

Outro aspecto encontrado em algumas falas diz respeito ao nível de conhecimento dos colegas de sala dos bolsistas, os demais alunos do ensino superior privado lucrativo. Zélia, bacharelanda que frequentou o curso de Direito da Unip durante um ano e os relatos de Augusto e de uma licenciada expressam essa questão:

> Wilson: Por que essa mudança para a PUC? Zélia: Porque na Unip os professores são bons, os professores têm muita vontade, eu não peguei professor ruim na Unip, mas a sala não ajuda... Wilson: Em que sentido? Zélia: O interesse dos alunos, o conhecimento dos alunos é muito defasado, tem erro ortográfico terrível, erro de concordância, não sabe a diferença de mau e mal, são coisas simples, primário mesmo. Em trabalhos, em caderno, porque assim: eu entrei em outra sala, então tinha vez que eu pegava caderno de outro emprestado, eu falava "ah, me deixa ver se eu perdi alguma coisa, se eu deixei de anotar alguma coisa", aí eu ia lá e olhava, é terrível, não dá, falta conhecimento, falta espírito crítico, não tem nada, eles são programados para receber aquilo e ir embora. Eu conversava só com três pessoas da minha sala da Unip. Uma era mais crítica também e as outras duas, porque elas eram legais. Porque eu não fico discriminando "ah, você sabe mais, você não tem espírito crítico, ah, você não", eu converso tranquila, mas tinha gente que não dava para conversar. Para você ter uma ideia, quando eu entrei na sala eu sentei no fundo, eu fui para a última carteira, aí sentou um menino do lado e me deu uma equação de primeiro grau para fazer, de primeiro grau!, "você sabe fazer isso aí?" O nível, o pessoal não sabe fazer equação do primeiro grau, não sabe nada. São os alunos, eles não estão preparados para ter a matéria, não têm preparo. Eu também estava defasada, eu não sabia diferenciar pessoa jurídica, eu não sabia nem o que era pessoa jurídica. É assim, não é brincadeira. (Zélia, Direito, PUC.)
>
> ... tem gente lá que não sabe escrever (...) ele era da PM, ele fazia seminário comigo, mas um senhor bem mais velho do que eu, tem uma idade, acho que ele deve estar com os seus quase sessenta anos, mas assim, você vê a dificuldade realmente dele de não saber ler, de não saber escrever, entendeu? Ou pegar resumos na internet e falar que aquilo é trabalho (...) eu vejo que tem muita gente simples, que quer apenas uma vaga de trabalho em algum lugar, que querem melhorar... e isso realmente dificulta, acho que o próprio professor fica desmotivado a passar, porque ele verifica que o que ele vai passar, os alunos não vão absorver. Você acaba vendo isso. Então os professores simplificam muito (...) não sei se é por serem pessoas trabalhadoras e têm essa oportunidade de estar numa faculdade, mas eles não têm essa preocupação de "vamos estudar, vamos marcar um encontro". (Alan, Licenciatura , Letras, Uniesp.)
>
> ... sempre tive um sonho de cursar uma faculdade, porém quando eu vi o nível cultural das pessoas que frequentavam, me decepcionei. (Estudante, Faculdade Sumaré.)

Referente ao desempenho no Exame Nacional de Desempenho dos Estudantes (ENADE), parâmetro existente para medir a qualidade das instituições e cursos brasileiros, os resultados concretos — ao menos aqueles que eu consegui ter acesso, pois o MEC, novamente, não divulga nada que diga respeito às universidades participantes — referentes às instituições participantes do programa não são favoráveis, ao contrário:

> ... quanto à qualidade dos cursos, verificou-se que existem 77,9 mil alunos do ProUni em cursos que nunca foram avaliados pelo ENADE, e que dos cursos que foram avaliados, 20,9 receberam nota inferior a 3. Este fato compromete a qualidade da formação dos beneficiários, **corre-se o risco de formar uma massa de profissionais com escassa qualificação para o mercado de trabalho brasileiro**. (Tribunal de Contas da União, 2009.)
>
> ... cruzamento feito pelo Estado com os dados do Índice Geral de Cursos (IGC) — anunciado pela primeira vez em setembro de 2008 e que permite comparar o desempenho das instituições — mostra que 22,9% das que oferecem vagas no ProUni têm desempenho de 1 e 2, o que pode ser traduzido como cursos com **baixíssima qualidade**. Ou seja, de 991 instituições no programa, 227 tiveram desempenho baixo. Os conceitos do IGC variam de 1 a 5 (...) mas, se forem retiradas da conta as 332 instituições que ainda não têm avaliação suficiente para fazer parte do IGC, esse índice sobre para 40%. A maior parte das instituições tem conceito 3 — 58 universidades, 52 centros universitários e 289 faculdades isoladas (...) **são poucas as que podem ser consideradas de excelência, com bons cursos em todas as áreas e IGC 4 ou 5. No total são seis universidades, quatro centros universitários e 23 faculdades isoladas**. (Paraguassu, 2009) [grifos meus].

Em síntese, como resultante, a hipótese também sustentada aqui é que para esses subgrupos de bolsistas, grande parte de licenciandos e tecnólogos e outra parte relativa de bacharelandos de Administração, pelos aspectos sociais aqui expostos, possuem menos condições efetivas de realizar uma mobilidade social sustentável, dada a baixa qualidade socialmente percebida dos cursos e universidades que frequentam. Para esses bolsistas, o diploma reveste-se unicamente de um valor instrumental — cabe ponderar, importante, como vimos anteriormente, pois ainda faz diferença ter ensino superior — como título escolar, sem maior distinção simbólica dos certificados que possuirão depois do término do curso. Penso que é sustentável dizer que o Programa Universidade para Todos, para o segmento predominante de estudantes, acrescenta um diploma de ensino superior com peso menos efetivo. E é justamente nesse ponto que se justifica entender, plenamente, a estrutura do ensino superior privado lucrativo brasileiro, pois é nesse terreno que está sendo formada a maioria dos bolsistas.

A qualidade do diploma recebido e a dos empregos a que têm acesso os egressos do ensino superior nos EUA, oriundos das classes sociais de mais baixa renda, foram retratadas por Aronowitz (2004, p.19; 21) com as seguintes palavras:

> ... na realidade, somente um quarto de pessoas oriundas da classe trabalhadora consegue ingressar em carreiras técnicas, profissionais e administrativas mediante o sistema "credencial". Eles encontram nichos ocupacionais, mas não o topo de seus respectivos domínios. A maioria obtém *diplomas gerais*. Tipicamente graduados em universidades de "terceiro nível", que não têm pesquisas, eles não adquirem o conhecimento que está conectado com *o trabalho intelectual substantivo:* teoria, escrita frequente e pesquisa independente (...) consequentemente, estudantes da classe trabalhadora são até mesmo estimulados a entrar em universidades que estão na *base da hierarquia acadêmica,* desta maneira preenchendo o compromisso formal da igualdade de oportunidade, pois a maioria dessas instituições suprime o conteúdo intelectual necessário para a busca da mobilidade social (...) pobremente preparados para o trabalho acadêmico nos níveis primário e secundário e tendo poucas alternativas para adquirir algum tipo de credencial, muitos que permanecem nos cursos, inevitavelmente, são confrontados com escolhas ocupacionais severamente limitadas — ou nem isso. Suas oportunidades de vida estão pouco acima daqueles que não completam um curso superior. [grifos meus].

Não obstante a pesquisa retratar os Estados Unidos da América em um contexto de crise econômica e estagnação penso que, com alguns ajustes — hoje vivemos em um contexto brasileiro economicamente mais favorável —, tais assertivas servem para melhor situar o acesso ao ensino superior da maior parcela dos bolsistas do ProUni. É preciso perguntar: um ProUni restrito às instituições, de fato, com melhor qualidade de ensino, não propiciaria uma maior efetividade social para os bolsistas? Não é outro o significado que alcanço ao refletir sobre uma passagem de Lúcio, estudante de Engenharia Civil no Mackenzie, no qual ele traz um relato sobre uma parente, também bolsista do ProUni:

> ... Lúcio: Analisando que você vai ingressar no curso, vai se formar e vai ter oportunidade de emprego, se você escolher um curso bom, uma universidade boa, funciona sim. Como o ProUni abriu em todas as particulares, tem muito curso ruim por aí. Eu tenho uma prima minha, de mais idade, trinta anos, que fez um curso de tecnologia, **não vejo muita mudança na vida dela**. Ela se formou em dois anos. Wilson: Foi bolsista do ProUni? Lúcio: Foi bolsista do ProUni. Fez algum curso de curta duração, **a faculdade não é muito renomada**, eu não sei avaliar porque eu não estava lá, mas a impressão que se tem é de que é ruim. Wilson: Que universidade é? Lúcio: Não saberia te dizer agora, eu acredito que foi Uninove [Universidade Nove de Julho], mas não tenho certeza. Tecnologia dois anos, alguma coisa assim. Alguma coisa relacionada à Administração, porque ela trabalhava numa empresa já e continuava na mesma empresa.

> ... não se terá conseguido tal democratização, mesmo quando possam as camadas menos favorecidas frequentar cursos superiores, enquanto os filhos de industriais se concentrarem em faculdades de Medicina, Arquitetura e Engenharia, e os filhos de operários, em cursos de Economia e Direito de segunda categoria. (Gouveia, 1968, p.244.)
>
> ... equidade, portanto, significa também maior controle sobre a qualidade da oferta de ensino superior no sistema. Com efeito, a relativa democratização do acesso ao ensino superior, propiciada pela própria diferenciação do sistema, apresenta um lado perverso que é o de reproduzir desigualdades iniciais (de entrada do jovem) ao término da formação superior. (Sampaio, Limongi e Torres, 2000, p.58.)

São necessárias algumas considerações a respeito da categoria "democratização do ensino superior", à luz da reconstrução empírica feita e, também, mediante uma análise conceitual a partir de trabalhos sobre essa temática. Destaca-se aqui a subdivisão em um aspecto quantitativo e outro qualitativo, necessário para uma precisão no uso do conceito, tendo em vista seu tratamento sociológico mais rigoroso.

Há uma profusão de termos entre os pesquisadores, todos, porém, confluindo para uma mesma significação. Assim, Merle (2000, p.16) cita Antoine Prost, historiador do ensino francês, que em sua obra *O ensino é democrático?* distingue uma democratização *quantitativa*, a qual aponta um crescimento da taxa de escolarização entre as camadas sociais. Aqui democratizar significa difundir a instrução. Erlich (1998, p.57-8), para marcar o aspecto quantitativo, designa-o como "democratização uniforme". Langouët (2002, p.122) qualifica-o como "massificação ou demografização escolar". A ideia básica aqui é o alongamento dos estudos. Por outro lado, quando centrada na diminuição das desigualdades sociais dos percursos escolares, ou seja, da redução das diferenças, na escola, ligadas à origem social, teríamos uma democratização *qualitativa*, aspecto socialmente mais nobre e eficaz, posto que expressa o enfraquecimento da ligação entre diploma e condição social do indivíduo, conforme as palavras de Fernandes (1966, p.123-4) "... em termos sociológicos, o aspecto central do processo de democratização do ensino está na distribuição equitativa das oportunidades educacionais. Um país tende a democratizar seu sistema de ensino quando procura atenuar ou abolir as barreiras extra-educacionais que restrinjam o uso do direito à educação e o convertam, aberta ou disfarçadamente, em privilégio social".

É justamente aqui que se encontra o nó da questão. O fato é que o processo de relativa abertura das oportunidades de galgar níveis educacionais mais elevados, desde os anos 60 do século XX, foi objeto de críticas e ponderações baseadas em diversas pesquisas empíricas, sobretudo aquelas voltadas para a verificação dos mecanismos de seleção social operados no meio escolar. Obras de Pierre

Bourdieu e Jean Claude Passeron[181], naquela época, funcionaram como análises que demonstravam a cautela com a qual deveria ser apreciada a expansão do ensino então em curso, devido à questão das oportunidades diferenciadas de acordo com a origem social do estudante. Discutiam as estratégias mobilizadas pelas frações de classes dominantes em sua luta para manter ou reconverter o prestígio simbólico e material dos diplomas face à entrada de segmentos que até então não circulavam nos ambientes universitários. Em termos de sistematização no âmbito sociológico, extrai-se que esses estudos e pesquisas realizadas apontaram os vários entraves que interromperam e interrompem fortemente o desejo do acesso e da permanência dos segmentos mais desprovidos econômica e culturalmente, relegando-os aos ramos e carreiras de menor prestígio, geralmente envoltas em processos de desclassificação simbólica. (Cf. Bourdieu e Passeron (op.cit); Desaunay (1974); Gouveia (1968); Ribeiro e Castro (1979); Ribeiro e Klein (1982), dentre muitos outros.)

O espírito da questão é bem captado por Passeron (1979, p.44) "... retornar ao debate que se instaurou no início dos anos 60 em torno do ensino superior dá a impressão desconcertante de um panorama profundamente transformado e, entretanto, rico de *dejá vu*". Talvez, à semelhança de outras questões estruturais e que tocam fundo na análise social, o tema da democratização carrega sempre esse tom de algo já visto, mudado, renovado e, no entanto, não superado. Ou seja, o processo de democratização de ensino não consegue realizar-se por completo — resta inquirir, é possível e passível de sustentar-se em sociedades marcadas por profundas desigualdades? — ou ao menos avançar mais na sua face qualitativa. Por fim, como também apontam vários analistas como Merle (op cit, p.16), Passeron (1979) e Florestan Fernandes (1966), o termo "democratização" é derivado da linguagem política, ou seja, significa tornar democrático. E aqui se encontra o impasse maior, pois, mesmo naquelas sociedades em que os ideais da democracia social e política mais avançaram, as diferenças entre os indivíduos no meio escolar foram remodeladas ou pouco atacadas. Nessa direção, é salutar o estudo de Garcia e Pompeau (2003) sobre os vieses dos indicadores estatísticos no debate sobre a democratização: a ocultação das hierarquias entre as fileiras[182], o esquecimento das condições sociais da certificação e o uso tendencioso de métodos estatísticos no sentido de sugerir reduções de desigualdades entre os estudantes. Para os casos empíricos analisados, penso que algumas reflexões de Jean Claude Passeron ainda permanecem relevantes:

> ... considera-se a universidade nas suas relações com o conjunto da estrutura social, isto é, com um sistema tendencialmente estável de desigualdades entre os indivídu-

181 Refiro-me à Bourdieu e Passeron, 1964; 1970.

182 Termo bem francês. Trata-se dos tipos de ensino aos quais os indivíduos têm acesso. Para o caso em tela, o tipo de universidade.

os e os grupos, conduzindo a examinar a ação da escola em referência a esse sistema de desigualdades (de poder, de renda e de prestígio) (...) as definições sendo livres, não se pode impedir ninguém de chamar "democratização" o fato de que os "benefícios" sociais da educação (a inventariar) sejam difundidos "a um maior número"; ainda é necessário precisar, também, que a expansão das taxas de escolarização não empreende *ipso facto* a redução da desigualdade de oportunidades de acesso entre os estudantes em função de suas características sociais (...) dito de outro modo, há mais translação em direção ao topo da estrutura das desigualdades de oportunidades segundo a origem social sem deformação decisiva dessa estrutura (...) os dados históricos tanto quanto o rigor sociológico obrigam distinguir dois fenômenos: da maior ou menor mobilidade social [inter ou intrageracional] dos indivíduos entre os grupos ou classes de uma sociedade e da maior ou menor desigualdade (de poder, de renda, de prestígio) entre os grupos ou classes consideradas coletivamente. A questão das relações da escola e da democracia não se reduz à questão do nível ao qual ela favorece a mobilidade social dos indivíduos (...) a análise estatística da evolução do recrutamento social das universidades e das relações entre os diplomas e as carreiras profissionais pode esclarecer as funções da universidade no primeiro sentido, mas somente a análise, menos imediata, das funções culturais e ideológicas permite compreender o papel que jogam o trabalho pedagógico de formação das personalidades sociais e o processo de legitimação escolar das diferenças sociais, no conjunto dos mecanismos pelos quais se opera a reprodução social e cultural de uma sociedade (...) o fato de que os filhos do ministro têm tantas chances de tornarem-se gari quantos os filhos do gari de tornarem-se ministro não é suficiente em si para mudar a relação pré-instituída do ministro ao gari. (Passeron, 1979, p.49; 53-54.)

... a ideia de uma translação homotética das situações escolares sem que as diferenças ulteriores de sucesso sejam fortemente modificadas. Desse ponto de vista, parece que as diferentes fileiras do ensino superior constituem sempre embates de discriminação (...) aspecto da seleção ilustrado pela hierarquização social das diferentes formações, que P. Bourdieu e J. C. Passeron nomearam de "restrição das escolhas". (Erlich, 1998, p.57-58.)

3.6. Vida universitária

Nesta parte da tese, discuto a vida dos bolsistas nos cursos e nas universidades que frequentam. Procura-se percorrer aspectos como dificuldades de adaptação ao curso, possíveis pensamentos de desistência, a questão do tempo e a rotina de horários, as relações de sociabilidade com colegas de nível social mais elevado para aqueles que frequentam cursos mais seletos, a discussão crítica sobre o critério de renda estabelecido pelo programa e, por fim, uma avaliação das posições emitidas pelos bolsistas sobre o ProUni como programa de acesso ao ensino superior, procurando dispor seus méritos e limites à luz da experiência dos pesquisados.

3.6.1. Dificuldades, sociabilidade e desempenho

A escassez do tempo, estritamente relacionada às condições sociais de existência pelo fato de ser, sobretudo, um trabalhador que estuda, constitui para todos, sem exceção, a dificuldade maior para levar adiante o curso que fazem. Assim, analogamente à discussão que fiz na pesquisa de mestrado sobre alunos socialmente desfavorecidos que estudavam na Universidade de São Paulo (Cf. Almeida, 2009), a falta de tempo configura-se como elemento crucial para a compreensão das trajetórias de estudantes com desvantagens socioeconômicas que têm acesso à universidade pública e privada brasileiras, pois evidencia claramente — junto com outros aspectos apontados — a condição social desse tipo de aluno, marcado pela necessidade inadiável do trabalho para manutenção da vida.

Quando percorremos a rotina diária de horários de todos os bolsistas, é-nos possível verificar, precisamente, como o tempo exíguo emerge como o maior constrangimento para dar conta das tarefas familiares, profissionais e estudantis, formando uma tripla responsabilidade. Tive a oportunidade de sistematizar os instantes desde quando acordam até o momento em que chegam às suas residências após o retorno da universidade. Esse périplo compreende um período marcado pelo *acordar bem cedo e chegar bem tarde*, ou seja, acordar antes de o sol aparecer e chegar à escuridão da noite tardia, já avançada, alguns chegando próximo à madrugada. Isso se deve ao fato de que a maior parte dos pesquisados — conforme já exposto aqui na tese — residirem em bairros afastados do centro paulistano, muitos em bairros mais periféricos e em outros municípios da grande São Paulo, o que exige pegar conduções para o trabalho que sempre ultrapassam ao menos uma hora de duração, além do fato — complicadíssimo nas metrópoles brasileiras — de ter de se utilizar de várias conduções, combinando ônibus, metrô e trem. Para aqueles que possuem vários filhos, acresce-se o fato de deslocarem-se para levá-los e buscá-los nas creches e escolas conforme a situação de uma licencianda em Pedagogia "... acordo 5h40. Arrumo filhos, levo os três filhos para a escola, cada um em um lugar (...) pego os filhos na escola (...) 16h20, pego meu filho menor na creche". Como resultante, os licenciandos iniciam suas atividades no intervalo[183] de 5 horas às 5h40, finalizando-as no intervalo entre 22 horas até o caso limite de uma licencianda que chega a sua casa já na madrugada "... acordo 5h15, saio de casa 5h45, o trajeto dura em média 2 horas, trabalho das 8 às 14, das 15 às 19 faço estágio; saio direto para a faculdade, estudo na biblioteca da faculdade das 19 às 20h30, chego às 0h24. Moro na Estância de Embu das Artes [município da Grande São Paulo], trabalho na Armênia [estação do metrô, localizada na zona Norte, próxima do principal terminal rodoviário paulistano, o Tietê] e estudo no Imirim [bairro na zona

183 Há alguns casos que acordam às 4 horas todos os dias. Todavia, em menor quantidade.

Norte de São Paulo]. Quando o cansaço fala mais alto, fico no prédio onde trabalho, pois dispomos de uma área de hospedagem".

Quando analiso os relatos sobre o "lazer", o pouco tempo livre que dispõem também aparece. Para as mulheres, a questão do gênero revela-se aqui de forma profunda, pois têm de conciliar as demandas de *provedora*[184], *mãe, mulher, profissional e estudante*, sintetizadas nas posições de Bianca e Patrícia:

> ... de segunda a quinta é a mesma coisa: eu levanto 7 horas e entro às 8 horas no meu serviço... eu tomo café lá, não tomo café em casa. Então, eu me levanto, tomo banho e me troco e já vou **trabalhar**. Aí no decorrer eu tomo café, almoço. Eu fico até às 17 horas. Isso quando eu saio às 17h00. Aí quando eu saio as 17 horas eu vou direto para casa. Quando chego em casa, tem que **fazer janta**. Faço janta, tem que ver ele [o filho] tomar banho, tem que **arrumar a casa**. Wilson: Seu filho fica com quem? Patrícia: Ele fica sozinho. **Mas ele fica sozinho faz tempo, tadinho!** Quando tem atividades da faculdade, tem que fazer as **lições da faculdade**. Agora o meu marido está terminando o ensino médio. Antes, quando ele não estava estudando, ele chegava em casa por volta das 20 horas, 20h30, aí eu **tinha que dar atenção**. Então, eu tinha que fazer as coisas. Eu chegava em casa por volta das 17h30, até 20h30, três horas, então você tem lição para fazer, cuidar da casa, fazer janta, tinha que fazer tudo nesse horário, porque daí "ah, tem que pôr janta, tem que fazer isso, tem que separar roupa para amanhã, aí tem que...". Ah, às vezes tem também **escala extra**. Aí eu vou para rua. Que nem, sete de setembro, tem desfile, a gente tem que desfilar. É obrigatório. "Ah, vai vim um cantor fazer alguma coisa", aí a gente tem que ir lá, fazer segurança na festa, tem tudo isso também. "Ah, vai ter inauguração de uma escola", daí tem a convocação. Wilson: Você tem algum parente que ajuda? Patrícia: A minha madrasta, ela passa roupa para mim. Ela vai a cada quinze dias e passa minha roupa. (Patrícia, Pedagogia, Faculdade Sumaré.)
>
> ... Wilson: O que você faz no seu tempo livre, quando você tem esse tempo? Bianca: Quando né (risos), porque acaba sendo só o domingo (mais risos). Então, a gente vai em parque, Hopi Hari, Playcenter, cinema, no teatro, às vezes a gente vai na casa dos amigos também, mas, assim, como eu estudo no sábado, isso acaba atrapalhando um pouco, porque daí só fica o domingo livre. E, na verdade, **o domingo livre entre aspas** né?, porque daí é quando eu tenho que lavar roupa. E *shopping*. Muito *shopping* (risos). É o que está mais acessível, mais próximo. (Bianca, Pedagogia, Uniesp.)
>
> ... não costumo ter muito tempo livre. (Licencianda, História, Faculdade Sumaré.)
>
> ... não tenho tempo livre. No meu "tempo livre" faço trabalhos, pesquisas, TCC... Leio e-mails e, muito raramente, quando posso respirar, gosto de tocar teclado e órgão. (Licencianda, Pedagogia, Faculdade Sumaré.)

184 Bianca é provedora única do lar. Sua renda é para ela, o marido e os três filhos. O marido está impedido de trabalhar devido a uma doença rara.

... seis horas, seis e meia eu já tenho que está saindo de casa. Entro no trabalho oito horas, saio duas e vinte. Aí eu estou livre (...) ainda sou privilegiado porque trabalho seis horas, mas tem gente lá na sala que trabalha oito horas. Wilson: Você trabalha de plantão, escala, de segunda a sábado ou não? Augusto: de segunda a sábado, seis por um e eles estão abrindo a oportunidade de fazer para ganhar uma grana a mais, hora extra. **Só que essa hora extra, se você se compromete, você não pode faltar, então vira obrigatório.** Então também de domingo. Então semana inteira, sábado, aí eu dobro, que eu faço hora extra. Wilson: Você está fazendo atualmente? Augusto: Cheguei a fazer isso, é meio desgastante, porque você fica a semana inteira, aí sábado, na parte da manhã e a tarde também, até nove horas. (Augusto, Pedagogia, Uniesp.)

Os bacharelandos e tecnólogos possuem horas e minutos a mais de sono, geralmente iniciam o seu dia no intervalo que varia das 6 horas — predominante — às 8h30, além de parte deles — em menor proporção — que chegam mais cedo em casa, com horário de retorno às 21 horas. Assim, esses dois subgrupos possuem uma pequena vantagem comparativa por disporem de mais tempo em relação aos licenciandos pesquisados. Isto não quer dizer que todos estejam nessa situação, pois há casos similares ao grupo dos licenciandos "... chego em casa às 24 horas. Vou comer, arrumar a casa, fazer janta. Vou dormir umas 2 horas da manhã". Com efeito, é aspecto que atravessa a vida de todos. Assim, mesmo os estudantes dos cursos mais concorridos e frequentadores de universidades mais conceituadas, vivenciam a luta diária contra o tempo exíguo, seja na situação de Clarice que, em alguns dias da semana, "emenda" trabalho com estudo, ou na situação de Lúcio, fato comum na cidade de São Paulo para grande parte da classe trabalhadora, com emprego distante do local de moradia:

... eu trabalho há dois anos. Eu comecei trabalhando só aos sábados. Todo mundo entra como garçom e garçonete, eu fui garçonete por quatro meses [hoje ela é caixa de um bar noturno]. Eu vou terça ou quarta, sexta e sábado. Geralmente quinta ou sexta-feira. Essa semana, por exemplo, eu vou trabalhar amanhã, quarta, quinta, sexta, sábado e domingo. Porque eu estou precisando de dinheiro, então eu vou trabalhar mais vezes. Mas quando eu não preciso de dinheiro eu vou terça, sexta e sábado, ou quarta, sexta e sábado, ou domingo, sexta e sábado. Wilson: Que horas você entra aqui no Mackenzie? Como é que você faz? Vem direto? Clarice: (risos) Não faz, não é? Então, como sábado e domingo a gente não tem aula eu vou para casa e durmo. Agora nos outros dias eu volto para casa, que nem, quinta-feira eu trabalho das oito até umas **quatro da manhã. Eu vou para casa, durmo das quatro as seis, acordo, tomo banho e venho para cá. Aí eu fico aqui, luto contra o sono, chego em casa e durmo.** Chego em casa e durmo porque eu chego aqui na sexta-feira. Aí chega na sexta de tarde eu **durmo porque à noite eu vou ter que trabalhar de novo.** É assim. Wilson: Está conseguindo? Clarice: Então, no começo foi bem mais difícil.

Agora acho que o corpo já acostuma também. Agora é bem mais fácil trabalhar assim sem parar. Eu fiz um curso de sábado às oito horas da manhã. Se eu saísse do serviço e fosse para casa dormir eu não ia aguentar vir para cá. Então eu saia do serviço e ficava por aí na rua até dar o horário de começar o curso aqui. Eu vinha para o curso aqui, aí ficava um pouco, **começa a me dar sono, eu não aguentava e ia embora**, um dia eu ficava mais, um dia eu ficava menos. Não dava, e eu tinha que trabalhar à noite ainda, não tinha condições de eu ficar sempre das oito a uma aqui. Eu ficava só algumas vezes, só quando dava. (Clarice, Psicologia, Mackenzie.)
... Wilson: Onde que é a empresa? Lúcio: É longe de casa. Wilson: Fala um pouco disso para mim, você mora no Jardim Marília, Parque Savoy City, ali perto da região do *Shopping* Aricanduva [zona Leste paulistana], confere? Lúcio: Justamente. A empresa que eu estou agora fica no Morumbi [zona Sul paulistana] Wilson: No Morumbi? Lúcio: É, é difícil chegar lá. Por sorte, teve essa lei de estágio junto, seis horas, alivia a carga horária, é bom! Wilson: Eles cumprem lá, seis horas? Lúcio: Cumprem, é rígido isso. Foi uma opção, porque eu queria empresa desse tipo, por exemplo, quem trabalha em obra, as construtoras não respeitam isso, forçam o aluno a trabalhar de sábado, de domingo, mais de seis horas... Lá é projetos. Eu trabalho em escritório, é seis horas. Eu acordo cedo, por volta das seis horas da manhã, me preparo, saio, duas horas para chegar no estágio. É perto do Shopping Morumbi. É de difícil acesso para mim. Eu pego lotação até o Metrô Arthur Alvim [bairro da zona Leste], pego o Metrô, desço no Anhangabaú [Centro de São Paulo], pego o ônibus no corredor, chego lá. **Duas horas é quando dá tudo certo, geralmente quando tem algum atraso, duas horas e meia.** Daí, venho para o Mackenzie, é uma hora de lá até aqui. Eu saio do estágio por volta das quatro, quatro e meia, venho para cá, chego um pouco antes da aula, dá tempo para, sei lá, comer alguma coisa. A aula começa às seis e meia e vai até ás até as onze. Volto para casa, é mais uma hora, uma hora e meia o metrô e depois lotação. Wilson: Que horas você chega em casa? Lúcio: Devo chegar depois da meia noite. Wilson: De segunda a sexta você faz isso? Lúcio: É, isso. Esse semestre, por ser o décimo, a carga horária é menor, daí sexta-feira eu não tenho aula à noite, eu tenho aula de manhã, é mais flexível, mas basicamente a rotina é essa. Wilson: Teve algum ano que foi mais puxado, mais complicado? Lúcio: Sim, os primeiros anos são mais complicados. O ano anterior a esse, a gente desenvolveu o TGI, trabalho de graduação, então também era puxado. Daí a rotina de dormir pouco é ruim. (Lúcio, Engenharia Civil, Mackenzie.)

Mesmo aqueles que estão a uma distância relativamente próxima entre trabalho e universidade, também correm "contra o tempo" conforme a situação de Mônica, estudante de psicologia no Mackenzie "... eu trabalho no Hospital Pérola Byngton [situado na Av. Brig. Luiz Antônio, Centro paulistano], na parte de raio X. Trabalho 4 horas, das 9 horas às 13 horas. Saio às 13 e entro às 13 aqui. Impossível, né? Wilson: E como é que você faz ... Mônica: Eu saio correndo que nem uma louca. Eu fico tentando implorar para os professores me darem presente. Wilson: Chega atrasada todos os dias? Mônica: todos os dias, 13 horas. Todos os semestres foram assim [o Mackenzie situa-se na Rua da Consolação, também no Centro paulistano] (...) segunda-feira tem a primeira aula de um professor que é muito exigente '13h15 faço a chamada e ponto final'. Eu vou ter problema porque eu não chego".

Há situações mais flexíveis como a vivenciada por Marcos, estudante de Enfermagem "... eu entro às 10h40 e saio às 17 horas. É horário comercial, mas aí, quando eu tenho um dia de estágio, eu entro mais tarde. Eu saio às 17 horas e vou direto para a faculdade, fica próximo... quando tem estágio, a gente vai para o hospital. Uma vez por semana eu faço estágio, aí quando eu faço estágio, eu entro cedo no estágio, no hospital, e entro mais tarde lá no serviço". Ou, com mais tempo, como a vivida por André, estudante de Medicina "... pego o trem na Estação Santo André até a Estação Mooca, dura 25 minutos".

A rotina diária dos bolsistas permite retomar o ponto que vem sendo sustentado aqui da heterogeneidade entre as situações e a maior possibilidade de certos trajetos alcançarem um maior "avanço" social. Dos três pesquisados que estão em carreiras e universidades mais concorridas, dois fazem estágio e o outro não trabalha, nem faz estágio. Com menor carga horária, há maior tempo disponível para dedicação ao curso, o que não significa por outro lado, dizer que seja fácil, pois há também esforço diário despendido para levar adiante o curso e outras exigências postas pelo mercado de trabalho. A situação de Zélia, estudante de Direito na PUC-SP evidencia "... eu entro às 9 horas no estágio e saio às 15 horas, aí eu venho para PUC, fico estudando a matéria de Direito, minha aula começa 18h50, aí eu saio daqui 23 horas, vou para casa e durmo. Eu acordo de novo... de segunda a sexta. No sábado, de manhã, eu acordo, vou para o espanhol, saio 10h40, vou para casa, almoço, entro às 14 horas no inglês, saio às 16h30. Wilson: Onde você faz espanhol e inglês? Zélia: Lá no Arthur Alvim [bairro zona Leste], na CNA. Aí eu saio, vou para casa, respiro, assisto um filme, como, durmo e, domingo, eu estudo e monto quebra-cabeça".

Se a maior dificuldade é o tempo suficiente para o cumprimento, no prazo, das tarefas acadêmicas que englobam leitura, seminários, estágios, trabalhos de campo, dentre outras, estratégias para enfrentar a situação passam pela utilização dos momentos de outras atividades "... as minhas horas de almoço e os fins de semana para dar conta das atividades", "... para não falhar nos estudos, normalmente reduzo o período de sono e, se necessário, perco algumas noites de sono para produção de trabalhos e/ou estudos". Mônica, estudante de Psicologia no Mackenzie, utiliza o próprio horário de aula "... meu único obstáculo é o tempo. Falto na faculdade para fazer uma atividade É essa questão de tempo... eu conto com elas [colegas] para fazer à noite, marcar uma coisa no horário da aula". Zélia, estudante de direito na PUC-SP, questiona sua singularidade de trabalhar e estudar frente às exigências universitárias "... o tempo que você tem é curto. É muita matéria que você tem que estudar, eu tenho dez matérias e os professores dessas dez matérias não perdoam, eles acham que ninguém trabalha. Então eles lascam matéria e não estão nem aí. É o tempo, meu problema é o tempo". Quando questionados sobre se já pensaram em uma possível desistência[185] do curso, foi justamente o fator "cansaço", "estar sobrecarregada", "desgaste físico e mental", decorrente do acúmulo entre trabalho e tarefas exigidas, o principal motivo apontado "... muita matéria, a dificuldade de conciliar mentalmente, porque você se perde com tantas coisas. Eu vou muito para exame porque eu não dou conta dos trabalhos a serem entregues. É muita coisa, eu não consigo. Pede muitos seminários". (Augusto, Pedagogia, Uniesp.)

Além do recurso tempo, há alguns obstáculos para acompanhamento do curso. São principalmente dificuldades ligadas ao nível de conhecimento obtido durante o ensino médio e relacionadas com os conteúdos que serão agora solicitados no espaço universitário. Trata-se, também, de aspecto que atravessa todos os subgrupos de pesquisados, conforme se pode depreender:

> ... as matérias de exatas, devido à rapidez das informações e a pouca base de minha parte no assunto. Micro e macroeconomia foram disciplinas difíceis. (Bacharelando, Administração, Faculdade Sumaré.)
> ... base em exatas e hoje tenho ainda muita dificuldade com estas matérias. (Bacharelando, Administração, Faculdade Sumaré.)
> ... a única dificuldade que eu estou [tendo] é de estatística, nossa, eu estou extremamente preocupada com essa disciplina (...) o que eu gostei da grade aqui da Sumaré é que no primeiro semestre nós temos aula de matemática aplicada e aula de informática. Aula de matemática a gente aprende equação, expressão numérica. (Ana, Tecnologia em RH, Faculdade Sumaré.)
> ... eu tive dificuldades com bioquímica. Por conta do que eu tive no ensino médio, não teve um bom conteúdo, não foi suficiente química e física. (Marcos, Enfermagem, Unip.)
> ... em questão de estudos, eu tive que me dedicar muito para acompanhar. O nível de exigência era maior. E como eu falei, eu não me preparei para o vestibular durante o ensino médio, então meu conhecimento de matemática pelo nível de exigência daqui, ficava um pouco aquém. Matemática eu tive que correr atrás (risos). No ensino médio, várias vezes eu fiquei sem professor de Química, sem professor de Física, sem professor de Matemática (...) eu estava acostumado no ensino de escola pública da periferia, um ensino fraco: se os alunos não estão conseguindo acompanhar a gente baixa o nível do ensino para eles acompanharem. Eu passei praticamente, desde que eu entrei na faculdade, os finais de semana, não todos — tirando as férias, no Centro Cultural de São Paulo. Eu tive que passar estudando. Desde que eu entrei, há dois anos, eu tive que começar a separar muito tempo para estudos. (Rodrigo, Economia, Mackenzie.)

185 Uma minoria, dentre todos os cinquenta pesquisados, já pensaram em fazê-lo. Cerca de oito pessoas.

... hoje eu vejo que não sei quase nada, mesmo com as coisas que eu aprendi, eu vejo que ainda foi pouco. Coisa de história mesmo, história do Brasil, do mundo, matemática (...) é como se você fosse traído, né (risos)? Língua Portuguesa também. Nós tivemos aqui um semestre de Língua Portuguesa. A questão de gênero textual, nossa, eu estudei, mas parecia uma coisa de outro mundo! Muito difícil de assimilar, de conseguir acompanhar o conteúdo, dissertação, resenha, tudo isso (Patrícia, Pedagogia, Faculdade Sumaré.)

Oriundos que são dos estratos de renda média baixa e de baixa renda de uma sociedade muito desigual como a brasileira, o pouco dinheiro para compra de material didático e transportes são constantes. Assim, respectivamente, Bianca e Augusto, ambos licenciandos de Pedagogia na Uniesp, localizada no Centro paulistano, sintetizam "... dificuldades financeiras, porque quando eu entrei estava trabalhando de faxina, ganhava super pouco (...) condução, que eu venho de ônibus, e até eu conseguir a carteirinha para pagar meia passagem demorou um pouco. Até sair eu tive que colocar do bolso, **tirar da onde não tem** (...) o dinheiro com condução é uma das minhas maiores dificuldades, querendo ou não são quase R$ 200,00 de condução, isso se não pegar metrô". Um desdobramento refere-se aos bolsistas que frequentam as universidades voltadas para a camada média e alta. Mais estritamente, às relações de sociabilidade (Simmel, 1983) entre camadas sociais distintas, marcadas por desigualdades abissais entre os bolsistas do ProUni e seus respectivos colegas oriundos da classe média alta[186]. Tais desigualdades manifestam-se, de forma imediata e espantosamente, nos preços das mensalidades, ultrapassando, em muito, rendas de muitas famílias brasileiras — na época das entrevistas, no Mackenzie, Psicologia e Publicidade, respectivamente, tinham valor de R$ 1.070,00 e R$ 1.100,00 por mês; Direito na PUC, R$ 1.400,00 e Medicina na Anhembi Morumbi, R$ 4.500,00 por mês[187]. As passagens que demarcam a interação com os colegas pagantes pertencentes aos estratos economicamente privilegiados dão a precisa dimensão das disparidades existentes em termos de renda, causando espanto e certa indignação. O forte contraste existente entre o bolsista, um trabalhador que estuda, e os pagantes, indivíduos que não trabalham e podem dispor de mais tempo, vêm à tona:

... o universo delas é bem diferente do meu. Elas [as colegas] não têm preocupação alguma com ... chegam as férias vão viajar para n lugares, tem uma prova difícil

186 Durante a investigação foi questionado se houve preconceito declarado ou qualquer tipo de discriminação sofrida pelos bolsistas do ProUni. Não houve relato a respeito, provavelmente pelo fato de os bolsistas terem um bom desempenho em termos de nota conforme discutido adiante. Por esse motivo, são "respeitados" nas suas turmas.

187 Segundo André, uma DP — caso o aluno ficasse de dependência em uma matéria — custava R$ 8.000,00.

"vamos ficar a semana inteira no laboratório estudando". Eu não, tenho que adaptar os meus horários. Quando trabalhava no outro emprego, tinha plantão de 12 horas. Tinha uma prova na terça, tinha que estudar no domingo (...) tem uma matéria que a gente aplica testes fora do horário da faculdade, ler manual porque não pode levar manual para casa, não tem na biblioteca disponível. Eu tinha que ficar me adaptando para tentar conseguir os horários e a compreensão dos colegas do grupo também. E assim ... elas são muito novinhas, não têm preocupação com nada, não têm compromisso em casa. Têm 19 anos, entraram com 18 anos na faculdade. Eu acho que para esse público **fazer uma faculdade é uma coisa natural**, eu encaro de uma maneira diferente. Wilson: Como é que você encara? Mônica: Foi uma coisa difícil assim para eu conseguir. Para eu comprar um livro ... eu tenho que fazer uma programação para comprar um livro de R$ 200,00. Se eu tenho que ficar aqui até às 22 h, eu tenho que comer aqui, entendeu? Eu tenho que ter grana para comer, ter grana para tirar um monte de xerox (...) a estrutura deles é diferente (...) ela falou e tudo [refere-se a uma bolsista que possui bolsa de 70% do próprio Mackenzie] e tem um Sportage [carro], "eu falei meu pai!, tem carro importado, 19 anos, ela quer ter bolsa!" Tem outra menina na sala que ela tem bolsa, mora em um apartamento lindo, gasta de gás R$ 400,00, sabe? (...) o que me incomoda é que só tem curso de manhã ou tarde, não existe curso à noite. Eles colocam bem de maneira pontual que quem trabalha não tem condições de estudar Psicologia no Mackenzie. Wilson: Como assim eles colocam isso? Mônica: Porque uma vez teve uma reunião com a coordenadora do curso, no primeiro semestre, para falar do curso, e tem pessoas que trabalham questionaram "por que não tem à noite?" e aí ela falou "não, o perfil do aluno do Mackenzie é de uma pessoa que tem disponibilidade de tempo para estudar, **não é para trabalhar"**. (Mônica, Psicologia, Mackenzie.) ... Wilson: Como é para você se relacionar com pessoas de outro nível social? Qual a sua visão sobre isso? Zélia: A visão que eu tenho é de uma desigualdade social. Choca um pouco, porque eu não passo fome nem nada, porque eu estou trabalhando, mas tem gente que não tem nem o que vestir. Enquanto eles têm para fazer o que quiser, sabe, eu fico muito chocada. Wilson: Você participa de festas, ou então já foi na casa de algum deles? Zélia: Não. Tem um menino na minha sala que ele mora num flat aqui em baixo, eu acho um absurdo... a minha visão é que é muito desigual, não deveria ser assim, entendeu? (...) Wilson: Quantos trabalham na sua sala? Zélia: No geral, em porcentagem, **5% trabalha, que faz estágio**. Wilson: O resto? Zélia: A maioria é da "Vasp". Wilson: Como assim? Zélia: Vagabundos sustentados pelos pais. (Zélia, Direito, PUC.)
... aluno de uma universidade paga, que é o Mackenzie, que não é barata e ainda à tarde: é playboy. (Eduardo, Publicidade, Mackenzie.)
... classe média alta, possuem carros de 50 mil para cima. (André, Medicina, Anhembi Morumbi.)

Alternativas são criadas para contornar os altos preços das refeições e demais custos relativos às cópias de textos exigidos nesses espaços estudantis socialmente exclusivos:

> ... comer aqui é muito caro. Wilson: Como é que você faz para se virar para comer? Zélia: Ah, eu trago de casa... assim, eu pelo menos não como quase nunca na PUC, eu sempre trago algum lanche de casa. Eu, na hora que eu vou sair, já faço um pãozinho com manteiga, alguma fruta (...) não há bolso que aguente, pelo menos o meu não aguenta, então tem xerox que eu não tiro, eu pego emprestado, aí eu vou me virando assim, não é todo livro que eu compro. Agora já tem quatro livros para comprar, eu não sei de onde eu vou tirar dinheiro. Eu tentei a monitoria remunerada (risos), aí eu consegui, para ganhar dinheiro e poder comprar os livros da faculdade. (Zélia, Direito, PUC.)
>
> ... o custo de vida daqui é alto. Coisa para você comer aqui é muito cara. Uma coxinha é R$ 3,00 [valor de 2008]. Se eu sou bolsista é porque eu não tenho condições de ficar pagando este valor. Se eu morasse longe, é que eu moro aqui perto, como seria o dia que eu pretendesse ficar aqui até mais tarde? Eu não ia poder ficar extorquindo o meu pai "oh pai, preciso de dinheiro para comer". É que aqui eu tenho como ir para casa almoçar e voltar para cá. Os livros que são pedidos pelos professores, muitos deles são caros. Xerox para você tirar fica caro também. É por isso que eu trabalho à noite, porque eu precisava me manter (...) quando eu me interesso muito pelo livro eu prefiro comprar para eu ter. É na base da xerox mesmo, às vezes tem que xerocar quase o livro inteiro. E aí vai vinte, trinta reais de xerox. Teve semana que eu gastei R$ 50,00 (cinquenta reais) com xerox, não tem como pedir para o pai "oh pai, me dá cinquenta reais" e ele está tirando de uma coisa para me dar. (Clarice, Psicologia, Mackenzie.)

Com efeito, a asserção de Carvalho (2005, p.16) ainda se mantém quando pensamos nas questões mais profundas que ultrapassam a garantia do acesso, envolvendo a permanência[188] no curso "... a população de baixa renda não necessita apenas de gratuidade integral ou parcial para estudar, mas de condições que apenas as instituições públicas, ainda, podem oferecer, tais como: transporte, moradia estudantil, alimentação subsidiada, assistência médica disponível nos hospitais universitários, bolsas de pesquisa, entre outros".

Cabem algumas considerações, de ordem histórica e metodológico-operacional, relativas ao desempenho acadêmico dos bolsistas, sempre ressaltado tanto na defesa mais entusiasmada desse programa de acesso ao ensino superior e, por isso, às vezes, acrítica, quanto nas críticas mais implausíveis de que

188 O ProUni dispõe de uma bolsa permanência no valor de R$ 300,00 (trezentos reais) somente para os cursos integrais, leia-se, Medicina. Até o presente instante, desde a criação do programa, em 2005, esse valor permanece o mesmo, sem reajuste.

o "nível do ensino universitário vai baixar com a entrada dos bolsistas", proposição falha, pois pautada em especulação, mesmo antes do funcionamento efetivo do programa[189].

Inicialmente, em perspectiva histórica, antes do surgimento do Programa Universidade para Todos, Sampaio, Limongi e Torres (2000, p.42-43; 45-46; 48-49; 52), ao compararem o desempenho, no antigo Provão, dos formandos nas universidades públicas com aqueles das universidades privadas — sobremaneira das instituições de cunho lucrativo que constituem a maioria —, encontraram os seguintes elementos:

> ... embora as universidades públicas não possam ser consideradas a "elite" do ensino superior em termos do perfil socioeconômico de seus alunos, elas, de fato constituem a "elite" universitária brasileira do ponto de vista dos indicadores de desempenho avaliados no Provão em 1999. Para todos os cursos avaliados em 1999, a média de desempenho dos formandos das universidades públicas na Prova Geral [envolve duas provas de conhecimento: a de múltipla escolha e a discursiva] foi melhor (...) embora as universidades públicas apresentem — na comparação com as universidades privadas — maiores proporções de estudantes pobres em todos os cursos, seus formandos também apresentam melhores médias na nota da Prova Geral para todos os cursos (...) constata-se, assim, que os *formandos oriundos de famílias com renda familiar mais baixa* (inferior a 10 salários mínimos) *que estudaram em universidades públicas* apresentam — em quase todos os cursos considerados — *melhor desempenho que os formandos oriundos de famílias com renda familiar mais elevada (superior a 20 salários mínimos) das universidades privadas* (...) para a maior parte dos cursos, os formandos oriundos de instituições públicas na faixa mais baixa de renda (0 a 10 salários mínimos) e *filhos de pais com baixa escolaridade* (nível de ensino fundamental ou menos) obtiveram notas superiores às obtidas pelos formandos provenientes de instituições privadas, na faixa de renda mais elevada (20 salários mínimos e mais) e filhos de pais mais escolarizados (nível de ensino médio ou superior). As exceções ocorrem nos cursos de Matemática, Engenharia Mecânica (pequena diferença a favor dos concluintes de instituições privadas), Economia, Jornalismo e Administração (...) nota-se, porém, que *as diferenças de desempenho entre formandos das universidades públicas e das universidades privadas são mais pronunciadas do que as diferenças de desempenho entre os estudantes que cursaram exclusivamente turno diurno e aqueles que cursaram algumas disciplinas*

189 Há aqui um pararelo com a questão das cotas, recentemente julgadas constitucionais pelo STF. Uma mínima reflexão sobre a sessão permite facilmente reconhecer que grande parte da argumentação dos defensores foi direcionada justamente para esse ponto frágil proposto pelos que eram contrários às cotas. Assim como todo assunto polêmico, há argumentos válidos e inválidos de ambos os lados e, independentemente de ser favorável ou contrário, não podemos deixar de apontá-los. Falar que o nível vai baixar, antes mesmo da existência prática do programa é como se em uma partida de futebol soubéssemos, de forma certeira, o vencedor e o placar de antemão. É preciso dizer: o jogo precisa ser jogado.

no noturno (...) deve ser notado, contudo, que *a variável renda familiar é secundária para explicar o desempenho dos formados no Provão*. Os formandos das instituições públicas do Sudeste, oriundos de famílias de mais baixa renda, têm, em média, notas mais elevadas do que os formandos, posicionados em qualquer grupo de renda, das instituições privadas de qualquer região geográfica. Com efeito, *as variáveis que melhor parecem se relacionar* com o desempenho dos formandos em termos de notas obtidas na Prova Geral — mesmo quando controlada por renda familiar, turno do curso ou região geográfica — *são a dependência administrativa e a natureza institucional do estabelecimento, ou seja, o fato de ele ser público ou privado, universidade ou estabelecimento não universitário de ensino superior* (...) os alunos egressos das universidades públicas apresentam um desempenho médio, considerando-se a média na Prova Geral, superior ao de seus colegas dos demais estabelecimentos, não importando suas características socioeconômicas. Assim, independentemente de sua origem social, o formando das universidades públicas tem melhor formação que os demais. [grifos meus.]

À luz de tais elementos empíricos é possível extrair que o forte condicionante é o papel das instituições por que passam os alunos, com vantagem para os estabelecimentos que são *universidades* e *públicas*. Em outras palavras, o espaço onde tais estudantes recebem a sua formação, a qualidade da formação recebida, é o fulcro. A questão que se põe é a seguinte: tal quadro muda com o ProUni? Se sim, o que ou quem muda, o aluno, as instituições? Pelos indicativos que venho aqui tentando realçar e que agora será retomado para melhor equacionar a questão do desempenho, o que mudou é o novo perfil de estudante.

Houve uma mudança na forma de avaliação do desempenho do estudante com a criação do substituto do Provão, o Exame Nacional de Desempenho do Estudante (ENADE). O próprio MEC (2009, p.16) alerta que "... seria necessária a existência de uma avaliação do ensino superior cujos resultados fossem comparáveis ao longo do tempo, como é o caso do Sistema Nacional de Avaliação da Educação Básica (Saeb). Desse modo, seria possível verificar qual a variação nas notas médias dos cursos com a inclusão de alunos bolsistas. No entanto, esse ainda não é o caso do Exame Nacional de Desempenho de Estudantes (ENADE), cujos resultados somente são comparáveis entre alunos da mesma área, que tenham realizado o exame no mesmo ano". Depois de situar essa ponderação e para responder ao questionamento de possível queda na qualidade de ensino dos cursos superiores com a entrada de bolsistas do ProUni — cabe reiterar, proposição frágil de partida, conforme aqui já exposto, pois parte de premissa infundada — fez-se um estudo comparativo do desempenho no ENADE dos bolsistas integrais e parciais com o desempenho de alunos pagantes das instituições privadas de ensino superior, pegando como recorte os ingressantes e concluintes de ambos os grupos. Os números de alunos utilizados na amostra utilizada na comparação da nota foram 4.437 para os ingressantes bolsistas do

ProUni e 41.312 para os pagantes. Para os bolsistas concluintes foram 892 e 23.628 pagantes concluintes. Foram analisados os seguintes cursos: Agronomia, Biomedicina, Enfermagem, Farmácia, Fisioterapia, Medicina, Medicina Veterinária, Odontologia, Serviço Social, Tecnologia em Radiologia. Os resultados encontrados foram:

> ... os resultados da comparação mostram que, para os ingressantes, em todas as áreas analisadas os alunos com bolsa ProUni possuem média maior no ENADE do que aqueles sem bolsa ProUni. Essa diferença positiva em favor dos bolsistas foi em torno de 5,5 pontos — numa escala de 0 a 100 pontos (...) já para os concluintes, os resultados mostraram que, na maioria das áreas avaliadas, não houve diferença estatisticamente significativa entre os alunos com bolsa ProUni e aqueles sem bolsa ProUni. Desse modo, não há como atribuir conclusões sobre os resultados encontrados para os alunos concluintes dessas áreas. Apenas duas áreas apresentaram coeficientes estatisticamente significativos: Biomedicina e Tecnologia em Radiologia. E aqui sim, pode-se afirmar estatisticamente que os concluintes com bolsa ProUni possuem média maior que os alunos concluintes sem bolsa ProUni (...) de uma maneira geral, os resultados indicam ser muito pouco provável que a inclusão dos alunos bolsistas tenha piorado a qualidade dos cursos de um modo geral, já que o desempenho deles parece ser igual ou superior ao de seus colegas de curso. (Ibidem, p.17-18.)

Conforme já discutido e amplamente sabido entre estudiosos do acesso das camadas populares ao ensino superior — seja para os indivíduos que fizeram cursinhos comunitários, cotistas, os que recebem bônus, que entraram mediante avaliação seriada no ensino médio —, no Brasil e no exterior, dúvidas não restam sobre a inteligência, o senso crítico e a capacidade de superação dos indivíduos de baixa renda frente a uma miríade de adversidades — os vários relatos aqui selecionados são provas cabais. Mas a incógnita continua sendo para onde essas pessoas estão indo e, forçoso dizer, a pesquisa aqui em tela busca dar indícios e iluminar justamente esse ponto, pouco discutido e apresentado tanto nas pesquisas existentes sobre o ProUni quanto as divulgadas pelo Ministério da Educação. Em outras palavras, a qualidade acadêmica dos bolsistas do ProUni é uma coisa, a qualidade das instituições para aonde vão os bolsistas do ProUni, é outra, bem diversa e heterogênea como venho aqui ressaltando, a despeito de limites objetivos que restringem maiores explorações de informações sobre essa política pública.

Barbosa e Santos (2011, p.541; 545), empreenderam estudo recente sobre a articulação entre políticas de financiamento dos estudos de graduação como o FIES e o ProUni, o desempenho e a permanência em oito cursos que compõem as três grandes áreas — Biologia, Fisioterapia e Medicina; Engenharia Civil, Engenharia Eletrotécnica e Física; Ciências Sociais e Direito. O procedimento foi cruzar a nota final da prova do ENADE com as informações referentes à condição socioeconômica dos estudantes e aos tipos de bolsas e financiamentos recebidos. Assim, como no estudo do MEC já apontado, as autoras fazem, inicialmente, comparações dentro de um mesmo curso, independentemente da instituição onde ele é ministrado. No entanto, avançam na construção de um indicador de qualidade das instituições — fato que o MEC passa ao largo —, advertindo que "... deve-se levar em conta que essa é uma simples distribuição ordenada das instituições segundo o desempenho médio dos alunos e que cada nível de qualidade representa (...) aproximadamente um quarto delas, 25% (...) apesar de discutível, esse é um indicador usado normalmente entre os economistas (...) não há qualquer princípio explicativo envolvido". Seus achados dispõem que:

> ... dentre essas formas de financiamento, destaca-se o ProUni, em sua forma integral, por estar associado a desempenhos mais elevados na maioria das áreas. Esse efeito positivo, no entanto, é bastante variável segundo *a qualidade da instituição de ensino* (...) o FIES associa-se aos melhores desempenhos em dois cursos fortemente profissionalizantes: Direito e Fisioterapia. Em todas as demais áreas, com exceção de Medicina, é o ProUni integral que apresenta alunos com melhor desempenho global, mesmo que isso aconteça com proporções extremamente reduzidas de estudantes (variando de 1,4% em Física e até 3,7% em Biologia) (...) os piores desempenhos [em Direito e Ciências Sociais] estão sempre associados aos alunos que tiveram acesso ao ProUni parcial. No quadro das ciências exatas, todos os cursos têm melhores níveis de desempenho associados aos alunos com bolsas do ProUni integral, e o pior desempenho também aparece entre aqueles que tiveram bolsas parciais no ProUni, com exceção de Física (...) posição dúbia do ProUni. Em se tratando de *bolsistas integrais, há forte associação com bons resultados, ao passo que o ProUni parcial parece associar-se significativamente com os desempenhos menos satisfatórios.* As maiores proporções de alunos com pior desempenho encontram-se entre os que recebem bolsas parciais do ProUni (...) um problema aparece quando se analisam as diferenças de desempenho entre os distintos tipos de financiamento segundo a qualidade das instituições. O ProUni integral parece ter importantes efeitos na melhoria de desempenho nos cursos de Direito, Engenharia e Biologia nas instituições de baixa qualidade. *É como se essa política pública fosse um incentivo ao aprendizado*, mesmo que as condições institucionais sejam desfavoráveis. (p.535-6; p.544; p. 547; p.550) [grifos meus].

Algumas considerações. No artigo, as autoras ressalvaram que não fizeram afirmações a respeito da situação dos bolsistas do ProUni nos cursos de Medicina e Fisioterapia por não disporem dos dados do ENADE. Cabe acrescentar, conforme o estudo do MEC já delineado, também nesses cursos, ao menos quando comparados com os alunos pagantes — no estudo do MEC não fica claro se entre os alunos pagantes foram incluídos aqueles com bolsa do FIES, programa avaliado juntamente com o ProUni por Barbosa e Santos —, os bolsistas do ProUni possuem melhor desempenho. Concernente à questão das bolsas parciais já foi aqui indicado que, na própria concepção original do programa, elas não estavam previstas, porém as pressões do segmento privado lucrativo fizeram-nas existir. Retorno a esse ponto adiante, pois está ligado justamente à alta porcentagem de bolsas parciais ociosas, abandonadas, motivo de questionamento pelo Tribunal de Contas da União junto ao executivo federal, o que, ao menos por enquanto, em tese, gerou pressão para que o programa passe a oferecer bolsas somente no formato integral.

Continuo sustentando a hipótese que julgo plausível: é o aluno, *o bolsista do ProUni que é diferente*. Assim como os estudantes que entram com bônus no sistema da Unicamp, os cotistas de algumas universidades federais[190] e os estudantes da USP que tive oportunidade de estudar no mestrado — sem dúvida, se houvesse o ProUni à época, com grande chance, penso que esse programa estaria sendo considerado como um dos caminhos para ingresso no ensino superior por uma parte dos alunos de baixa renda uspianos. Não é o ProUni, em si, enquanto política pública. O estabelecimento do ENEM como forma de acesso para esse segmento de alunos é que fez, sim, diferença em termos de política pública, algo até então inédito no Brasil ao possibilitar, mesmo com todos os limites aqui e alhures apontados, uma alternativa viável para esse tipo de estudante, constrangido pela baixa renda e excluído de grande parte das carreiras da universidade pública. Penso que o diferencial desse bolsista decorre de aspectos ligados à sua trajetória para conquista da bolsa. Depreende-se das situações empíricas analisadas a constatação de que se trata de alunos diferenciados em relação aos alunos das escolas públicas regulares e, já no nível superior, também de parte significativa dos alunos das universidades particulares, estes também oriundos, em sua magnitude, de escolas públicas. Com efeito, é preciso, a um só tempo, realçar e relativizar o desempenho dos bolsistas, sob pena de não entendermos completamente o que se passa na educação brasileira, acrescento, como um todo: sem dúvida, encontram-se entre os alunos mais diferenciados da escola pública regular, são a "nata" do grupo de onde provêm, pois passam por seleção, ao contrário dos "exames de seleção" das universidades particulares lucrativas; porém, não percamos de vista que a educação básica brasileira, tanto na sua maior rede que é a pública e mesmo no seu segmento privado, conforme apontam testes internacionais — PISA — e as avaliações nacionais — SAEB — não é um mar de rosas, muito pelo contrário, como bem sabemos. Logo, é preciso ver qual é o filtro que se utiliza e com qual grupo faço a comparação: bolsistas do ProUni — e, agora, cada vez mais, algumas univer-

190 Como ambos fazem o ENEM como exame para ingresso, um estudo futuro interessante seria comparar esse mesmo segmento social que frequenta espaços distintos: o setor público federal e o setor privado de ensino superior.

sidades federais como o SISU — fazem o ENEM; grande parte do ensino privado lucrativo aplicam "seleções" pouco eficazes — lembremos, elas precisam do aluno para pagar! — e as pouquíssimas instituições públicas, confessionais e universidades socialmente bem restritas como a Fundação Getúlio Vargas aplicam vestibulares com nível de dificuldade mais estruturado em conteúdos não vistos ou vistos de forma precária pelo estudante da educação básica brasileira.

Algumas questões de ordem operacional também são úteis para reflexão. Uma primeira questão operacional[191] é que enquanto o Provão abrangia a quase totalidade dos alunos, portanto mais universal, o ENADE é amostral. Cabe lembrar que, embora a amostra dos estudantes (ingressantes e concluintes) seja representativa, o fato de não termos todos os estudantes fazendo o exame abre brechas que são exploradas pelas universidades avaliadas.

No começo do ano de 2012, uma série de reportagens cobriu justamente a fraude efetuada pela Universidade Paulista — Unip — no ENADE. A irregularidade consistia em que a Unip somente deixava participar do certame os seus melhores alunos, impedindo os demais — a grande massa — de participar. Com isso, obtinha "altas notas" no ENADE e, em seguida, usava tal artifício nas suas conhecidas campanhas de marketing para atração de novos alunos. Vejamos:

> ... segundo relatório enviado ao presidente do Instituto Nacional de Estudos e Pesquisas Educacionais, Luiz Cláudio Costa, e repassado ao ministro da Educação, Aloizio Mercadante, *a universidade "esconde" seus alunos com notas mais baixas, para que não façam o ENADE*. Três professores e um ex-funcionário da Unip confirmaram ao *Estadão.edu* que existe uma orientação nesse sentido. Estudantes de desempenho médio para baixo ficam com notas em aberto na época da inscrição para o ENADE (...) no curso de Odontologia de Campinas, por exemplo, *só cinco alunos prestaram o ENADE 2010. Tiveram nota média de 4,79 — a máxima é 5*. O curso passou a ser considerado o melhor do Brasil, superando universidades estaduais e federais. E *depois do período de inscrição para o ENADE, os alunos de médio/baixo desempenho recebem a nota que faltava*. Segundo os professores ouvidos pelo *Estadão.edu*, isso geralmente acontece após a entrega de um trabalho de pesquisa ou alguma tarefa individual. Ocorre, então, um fenômeno curioso: **alunos que não prestaram o ENADE (a maioria da turma) se formam com os colegas que fizeram o exame**. *"Uma coisa é você dar prêmio, pen drive para quem vai bem no ENADE. Esconder o aluno e devolvê-lo à turma depois do exame é fraude", diz um ex-dirigente do MEC que pediu anonimato* (...) em 2007, a Unip tinha três cursos com nota 4 e 5 no ENADE. Em 2010, esse total saltou para 69 (...) em 2007, a melhor unidade de Enfermagem da Unip no ENADE ficou na 150ª posição. Três anos depois, passou a liderar o ranking

191 Procuro acompanhar, dentro de certos limites, pois existe toda uma área de "estudos de avaliação educacional" em que ocorre a discussão sobre as particularidades do Provão e do ENADE — críticas, avanços, limitações —, mas julgo que essa discussão "técnica" do instrumento avaliativo, embora importante, não é tão significativa para os aspectos que nesta parte da tese estão sob escrutínio.

do setor (...) no curso de Farmácia em Bauru, por exemplo, só 9 dos 44 dos formandos fizeram exame em 2010. A nota deles foi 4 (boa), e a dos 18 concluintes em 2007 havia sido 2 (ruim).
(Pompeu, Lordelo, Silva, 2012) [grifos meus].

Diante de fato como esse (uma exceção?), pode-se concluir que *o único* — e frágil — controle que o Estado ainda possui frente ao setor privado lucrativo, sem maior cerimônia, não é levado em conta e sumariamente descumprido. Verificando os procedimentos tomados pelo Ministério da Educação diante desse fato, constata-se a lentidão e certa debilidade no enfrentamento de burlas desse tipo. Em vez de adotar uma postura preventiva, estratégica, antecipando-se às ocorrências ao aproveitar os erros e acertos de um processo complexo como é o processo avaliativo, tem-se uma postura reativa que resulta, muitas vezes, em complacência. Assim, vejamos a sequência dos acontecimentos do caso Unip. Depois de receber denúncia e após a divulgação na mídia impressa, o Ministério pede agora "explicações sobre as irregularidades" à citada universidade. Causa espanto que não tenha apurado a denúncia desde a data em que foi feita (2009) e, mais surpreendente, o motivo de não o fazer: "... o Ministério da Educação recebeu e respondeu em maio de 2009 a uma denúncia de que a Universidade Paulista (Unip) selecionaria seus melhores alunos para fazer o Exame Nacional de Desempenho dos Estudantes (ENADE), obrigatório para todos os convocados. A pasta apura agora por que não tomou providências à época. Estudantes de Direito da Unip de São José dos Campos enviaram à Ouvidora do MEC, em 19 de maio de 2009, um e-mail com a mensagem de que lá havia "uma regra de não passar para o próximo semestre toda a sala com intuito de não fazer o ENADE, devido às péssimas notas e falta de preparação desses alunos". Seis dias depois, a Secretaria de Educação Superior respondeu que procedimentos como dependências e critérios de avaliação "são de autonomia da instituição". O e-mail da secretaria nem menciona o ENADE". (Cf. Silva, 2012.)

Por fim, depois da divulgação, o MEC fez uma mudança no ENADE: basicamente estendeu o prazo para "pegar" possíveis alunos que antes, devido às manipulações descritas, eram "segurados" para não fazer a avaliação. Quanto ao caso Unip[192], foi instaurada uma auditoria. É forçoso perguntar: a lei vai ser cumprida? Segundo o disposto na legislação do SINAES, universidades que não inscrevem alunos habilitados ao ENADE podem ser proibidas temporariamente de abrir processos seletivos para os cursos avaliados em cada edição da prova.

Volto a chamar a atenção para a necessidade de refletir profundamente a respeito da efetividade da avaliação do ensino superior. Editorial do jornal O Estado de São Paulo, em 16/03/2012, na página A3, repercutido a reportagem,

192 Saldaña (2012) aponta que outras 30 instituições são suspeitas de inflar as notas do ENADE. O MEC não divulgou a lista de tais instituições.

diz que "... para as autoridades educacionais e para outros especialistas, a Unip não fraudou a avaliação — ela só 'maximizou' as regras do ENADE. Conhecida pela expressão inglesa 'gaming', essa estratégia é usada por empresas em todos os setores da economia. Em outras palavras, a Unip nada mais fez do que melhorar sua classificação no ENADE, jogando de acordo com as regras vigentes. Os meios usados podem ser eticamente condenáveis, mas não são ilegais". A avaliação do sistema superior de um país vira um "jogo" e a ética, como ultimamente anda fora de moda, não serve mais como parâmetro. Assim, livremente, tal como um "jogo de azar", truques, macetes, negaças, enfim, induções ao erro são plenamente aceitáveis, podendo ser convenientemente praticadas pelas instituições privadas lucrativas. Só há um problema: a vida dos muitos indivíduos e, por extensão, os projetos de ascensão social neles depositados por seus familiares — lembremos, que não tiveram acesso ao ensino superior — não pode contar com o azar, nem com a sorte nesse "jogo". Aqui, perder ou vencer assumem significados bem diferentes e, na maioria das vezes, não há "outra partida" para jogar.

Acresce-se o fato de que desde o surgimento de tais avaliações nacionais, instituições públicas e as universidades confessionais mais prestigiadas não participam. Cumpre dizer que há um movimento de algumas confessionais e universidades federais que passaram a participar. Contudo, trata-se de algo ainda recente. Por tudo isso a minha insistência na qualidade da formação propiciada pelas instituições participantes do ProUni e por esse motivo que esta tese se inicia com uma visão sobre a estrutura do setor privado lucrativo. Certamente, não considerar para onde estão indo tais estudantes, não permite maior profundidade, a meu ver, no debate sobre a ampliação do acesso e da permanência no ensino superior brasileiro, travado por grandes diferenças tanto no setor público e, principalmente, no setor privado[193].

Na minha investigação, não tive como aquilatar, de forma mais precisa — por não dispor das notas dos alunos pagantes e dos bolsistas e de entrevistas com docentes das instituições pesquisadas — o desempenho dos bolsistas. Não obstante suas limitações para maior aferição de fidedignidade, no entanto, o estudo crítico das percepções dos alunos pode servir como elementos para reflexão. A percepção de que o aluno do ProUni é mais "esforçado", "comprometido", que leva mais a sério o curso quando comparado com o colega pagante, é a tônica nos relatos:

193 O ex-presidente do INEP, Reynaldo Fernandes, em depoimentos e esclarecimentos à imprensa, sempre apontava que a variável mais robusta para explicar a qualidade, segundo estudos internos do INEP, é "professores doutores" nas universidades. O setor privado lucrativo, cada vez mais, agarra-se à letra — brecha? — da lei e ao operador lógico "ou", para dizer que mestres ou doutores são suficientes, embora, conforme já disposto, mesmos esses, cada vez mais, têm o seu número reduzido em virtude das demissões sucessivas para redução de custos nos grandes conglomerados listados na Bolsa de Valores.

> ... olha, da minha sala posso dizer o seguinte, dos cinco do ProUni, três têm o desempenho melhor do que o restante da classe, em relação aos que não são do ProUni. Dois têm um desempenho igual, menor não têm. Pelas notas, pelos exames, que você sabe quem fica de exame e quem não fica. Wilson: E qual é o seu desempenho? José: Melhor ou igual, menor não. E nas outras salas que eu avaliei algumas pessoas também que eu conheço, o desempenho geralmente é melhor. E pela fala dos professores, alguns professores dizem que os alunos do ProUni são mais empenhados. (José, Administração, Unip.)
>
> ... na verdade, eu acho até que sou melhor do que muita gente que está lá, que estudou em escola particular. Pediram meu caderno emprestado, para eu explicar coisas para elas (...) eu percebo que outros alunos do ProUni na minha sala acompanham muito bem, acho que até são mais comprometidos do que muitos do que estão lá. (Mônica, Psicologia, Mackenzie.)
>
> ... é possível notar que quem é bolsista valoriza mais a oportunidade de cursar a faculdade, tira mais proveito do curso. Você percebe que os bolsistas aproveitam mais, tiram notas melhores e, em geral, dá para generalizar bem, quem não é, estuda pouco ou não presta muita atenção na aula, deixa as coisas para última hora. Os prounistas eu diria que têm um perfil similar ao meu, assim, origem e tudo mais e, sei lá, digamos que se destacam da turma em relação ao aproveitamento do curso, em notas que se tira. Como valorizam a postura em sala de aula, como se dedicam ao curso, é outra situação, outra realidade, outra experiência, outra vivência, então sabem que aqui é uma forma de você conseguir melhorar de vida. Wilson: Por que você acha que quem faz ProUni é bom aluno? Lúcio: Porque, por exemplo, quem faz ProUni é pobre, e a oportunidade que tem seria ou arrumar algum emprego ou, sei lá, não sei que tipo de emprego para ganhar dinheiro fácil, roubando sei lá o quê, ou parar de estudar e trabalhar em qualquer emprego e daí continuar estagnado, ou estudar. Quem escolheu essa oportunidade de estudar valoriza isso. E por ingressar no ProUni já é selecionado porque teve o critério da nota do ENEM, então ele é inteligente, digamos. Então, sabendo que é a oportunidade de crescimento social e tem preparo e é inteligente, então aproveita a oportunidade e se destaca na turma. (Lúcio, Engenharia Civil, Mackenzie.)
>
> ... há três alunos prounistas na sala. O desempenho é melhor, o que pode ser visto no site da faculdade. Dos 50 alunos da sala, 15 no máximo estudam. 11 pagantes estudam para valer. Há desinteresse, cola via celular, conversas em grupos. (André, Medicina, Anhembi Morumbi.)

Logicamente, o "embasamento" para o melhor desempenho dos prounistas é uma visão negativa a respeito dos colegas pagantes, os quais seriam pouco afeitos à disciplina nos estudos. Afora os exageros que incorrem tal polarização tão rígida, é lícito reconhecer que algumas das percepções sobre os estudantes pagantes das universidades privadas são realmente verídicas, o que tem a ver, penso, com problemas que até mesmo extrapolam o conteúdo propriamente pedagógico e estão ligados a uma série de outros fatores[194]. Lúcio e Marcos, dentre os pesquisados, foram os que mais realçaram tal ponto:

> ... por exemplo, algo que se nota, cola, esse tipo de coisa, existe, com frequência. Percebe-se que muita gente não tem interesse. Pelo menos metade da sala não se dedica. Eu diria que não mereciam estar no décimo semestre. Assim, passam porque usam cola. Geralmente para você passar, a nota é composta de prova e trabalho. Trabalho geralmente é em grupo, então às vezes nem participam. Em prova também, sei lá, passa com a nota mínima, enfim, consegue acertar uma questão ou outra e passa. Percebo que falta interesse e que a preocupação deles é se formar logo, não necessariamente absorver o que o professor está falando. A impressão que dá é que o pessoal quer se formar logo para ganhar dinheiro. Não existe preocupação de ser um bom engenheiro, com a formação, é mais preocupação de sair da faculdade logo, seja lá por qual meio for: se for colando, pedindo para colocar o nome no trabalho. Por exemplo, se o professor fala que não vem na semana que vem porque, sei lá, vai participar de um congresso, esses 50% que eu falei, comemora. Eu, por exemplo, lamento, é uma aula a menos. Se o professor dispensa mais cedo, o pessoal comemora. Esses outros 50% que eu falo, como não tem as mesmas dificuldades e necessidades, não valorizam isso, porque sabe que vai se formar e já têm emprego certo. Tem exceções, mas dá para generalizar bem, que quem não é bolsista não valoriza. A gente tem acesso à nota de que outro aluno tira (...) devido à falta de interesse dos alunos, os professores se limitam a ensinar o que está no programa, às vezes nem isso. É recíproco, mas eles esperam primeiro o interesse dos alunos. Se os alunos estão interessados, eles se empenham na aula e vai ao máximo. Se vê que os alunos estão desinteressados, passam o mínimo necessário para aplicar uma prova e fazer o curso (...) porque a universidade te dá a possibilidade de se formar, de ter uma boa formação, mas também se você quiser empurrar com a barriga, ela te dá chance de passar. Você consegue passar fazendo um esforço mínimo e sem mudar muito a cabeça da forma como você entrou. Isso é um problema, mas não sei como melhorar isso. (Lúcio, Engenharia Civil, Mackenzie.)
> ... o que eu vejo nas universidades, principalmente lá onde eu estou, é que existe uma minoria que leva a sério. De sessenta, uns quinze, vinte, por aí. Wilson: Um terço? Marcos: Exatamente. Então é complicado isso, ainda mais essa área da saúde, né? Wilson: A que você acha que se deve isso aí? Marcos: Não sei, eu acho que... existem alguns alunos que são filhinhos de papai, né?, são patricinhas e mauricinhos, então eu acho que eles são bancados, talvez seja isso, não sei. E por mais que

194 Além de estudar esse assunto como pesquisador, tive a experiência de ser professor universitário no setor privado durante determinado período e dialogo com muitos colegas que ainda o são. Além disso, para acentuar o que aqui proponho, no ensino médio — particular e público — tais problemas são recorrentes: indisciplina, destrato com a figura do professor, não respeito entre colegas, violência escolar, pouco estímulo para os estudos, dentre outros aspectos bem conhecidos. Isso não exime também a universidade pública, pois tais problemas percorrem, em alguma medida, todo o sistema educacional brasileiro.

> o professor seja rigoroso e tudo mais, eles não respeitam. Essa é a verdade, então o professor tem que ter muito pulso forte, firme mesmo, e mandar sair, botar para fora da sala. Wilson: Eles chegam a atrapalhar as aulas lá, como é que é isso? Marcos: Sim. Inclusive nesse último semestre a gente teve uma reunião com os professores e tudo mais, para justamente estudar como que a gente vai conter isso daí (...) é complicado, a gente estudar no meio de... porque você é minoria, você tem que se impor e, às vezes, você se vê mal assim diante das outras pessoas, sabe? ... a gente senta na frente para tentar entender melhor. (Marcos, Enfermagem, Unip.)

Entretanto, por outro lado, muitas vezes desprezam a figura de outros estudantes que, também, são "batalhadores", caindo em generalizações indevidas e, mais complicadamente, sendo incoerente no seu próprio relato:

> ... o aluno do ProUni é mais interessado, porque de certa forma **ele não tem a vida feita**, ele sabe o que está fazendo aqui. Ele vem aqui para conseguir um emprego para poder se manter e fazer uma carreira e tal. Então ele ver as coisas de um modo diferente (...) é mediano [o aluno do Mackenzie, não bolsista]. Ele faz o que tem que fazer. Não vai além, não procura se informar. É lógico que *não é todo mundo, mas no geral é*. Igual eu te disse que no fundamental eu era assim, eu fazia só o que tinha que fazer (risos). Então, as pessoas continuam sendo assim aqui. Wilson: E você já mudou? Eduardo: eu tive que mudar. Porque você tem que fazer as coisas (...) porque como eu entrei dois anos depois, e eu já trabalhei e tal, eu senti uma diferença da sala muito grande. Então o pessoal vem, termina o médio e fala "putz, eu vou fazer faculdade" e não tem nem noção de nada (...) aqui, o pessoal termina o médio e "putz, vou fazer o quê?", aí o cara não sabe o que vai fazer da vida, ou ele faz Administração ou Publicidade (risos). "Ah, eu vou fazer PP [Publicidade e Propaganda]", mas não tem noção de nada. Acho que por conta disso a universidade acaba ficando meio... Ela se segura um pouco, ela não pode sair dando muito conteúdo porque a molecada não entende. *E também eles vêm aqui para bagunçar também.* Eles não vêm aqui para aprender. Isso nos primeiros anos. Agora no quarto semestre eu vejo que o pessoal já está se ligando, muita gente saiu (risos), e a coisa já vai entrando no eixo (...) Wilson: Como é que está o sustento da casa? Eduardo: É minha mãe. A minha mãe e a pensão que ela recebe. Wilson: E dá para levar? Eduardo: O acordo é que o meu pai dê um salário mínimo para ela e pague o aluguel. Então com aluguel a gente não precisa se preocupar tanto. E com mais esse salário mínimo já dá para pagar algumas contas e **minha mãe paga o resto. É meio apertado**, mas está dando para levar. **Às vezes aperta porque às vezes a minha mãe fica sem aula** também [mãe é professora eventual na rede pública]. E eu também, **é só para mim.** (Eduardo, Publicidade Mackenzie.)

Em síntese, essa questão do desempenho precisa ser um pouco mais refletida e equacionada para se ter entendimento, evitando tanto a visão glorificante dos gestores e defensores ("é melhor!", esqueçamos o resto) quanto a afirmação infundada, posto que estritamente especulativa, dos detratores ("o nível vai cair!"). Os bons desempenhos dos bolsistas do ProUni e de outros estudantes que ingressaram mediante outras formas de acesso[195], os que "levam a sério" os estudos, que "agarram" as pequenas oportunidades abertas em uma sociedade bem desigual como a brasileira, estão assegurados. Costa (2008, p.93-94), apresentando dados empíricos da Pontifícia Universidade Católica de São Paulo e o Tribunal de Contas da União na auditoria do programa, também o atestam:

> ... do total dos alunos matriculados em 2005 e 2006, somente 6% foram reprovados nas disciplinas cursadas; 30% estão dentro da média, e 64% apresentam rendimento acima da média, conforme dados obtidos no Expediente Comunitário da PUC-SP. Ao analisarmos os dados do ENEM em 2007, a nota do último candidato classificado na primeira chamada das vagas de ampla concorrência na PUC-SP foi de 81,27. A nota mínima que o candidato precisa obter para se classificar no programa é 45 (...) os dados do ENADE demonstram que o desempenho dos bolsistas quando comparados com os não bolsistas têm um certo equilíbrio, e em alguns cursos como Administração, Ciências Sociais, Comunicação, Enfermagem, Engenharia, Geografia e História, a média dos bolsistas ultrapassa a dos não bolsistas. Mas há ainda cursos em que o desempenho dos bolsistas é bem inferior ao dos não bolsistas, tais como: Medicina, Fonoaudiologia, Física e Pedagogia. A maior diferença de rendimento é em relação ao curso de Medicina, o que revela ainda uma certa dificuldade dos alunos bolsistas (...) desempenho do curso de Direito no ProUni foi de 47,9% e dos não bolsistas foi de 52,8%.
>
> ... em relação ao desempenho acadêmico dos beneficiários do programa, verifica-se, por intermédio dos índices de encerramento de bolsas por não cumprir esse requisito, que os bolsistas apresentam aproveitamento de acordo com a condição emanada da legislação. No período 2005 — 1º/2008, foram encerradas 2,8% das bolsas por rendimento acadêmico insuficiente. Em visita às IES, houve relato de que não há diferença entre o desempenho médio dos bolsistas ProUni e os demais estudantes da instituição de ensino. (TCU, 2009, p.54.)

3.7. ProUni em "balanço": méritos e limites à luz das experiências estudantis e outros fatores intervenientes

> ... a gente vê as propagandas institucionais, mas elas são muito artísticas, pouco informativas: a menininha que chorou lá [refere-se à propaganda do ProUni na televisão], aquilo ali vira piada para todo mundo, forma de tirar um barato da gente, o pessoal brincar com a gente que é do ProUni. Aquela menina chorando foi

195 Para o rendimento dos cotistas na UNB, ver o artigo de Veloso (2009). Para o desempenho dos ingressantes do sistema de bônus na Unicamp, ver o artigo de Pedrosa *et al.* (2007).

> uma coisa ridícula, muito feio. Porque, na verdade, o aluno do ProUni é um aluno como outro qualquer. Todo mundo de universidade particular ... o cara acorda cedo, o cara trabalha, o cara estuda, o cara se ferra, tem uma série de dificuldades que todos os alunos têm, e só ela tá chorando, então... ninguém chora no dia a dia. Tem pessoas que eu conheço que vendem o vale refeição para poder inteirar a mensalidade e não choram por isso. Eu acho que as propagandas devem informar melhor as pessoas e não fazer um lado artístico disso. (José, Administração, Unip.)
> ... dá chance para quem pensa que não tem. (André, Medicina, Anhembi Morumbi.)
> ... não é o mais correto, mas é o que está salvando a pele de muita gente. (Zélia, Direito, PUC.)

Cabe agora uma apreciação das posições emitidas pelos pesquisados a respeito do programa como um todo, enquanto política que visa a favorecer o ingresso do jovem de baixa renda no ensino superior. Posteriormente, outros elementos que também interferem no andamento do programa. Penso que tais aspectos são úteis para aprofundar a discussão em torno da ampliação do acesso à educação superior brasileira, já que calcado nas reais circunstâncias que, cotidianamente, envolve essa política pública específica.

Inicio com um balanço crítico a partir da discussão, com todos os pesquisados, sobre os méritos e as limitações do Programa Universidade para Todos. Cabe ressaltar que todos, mesmo aqueles que fazem ressalvas, veem-no como o passaporte que lhes garantiu o acesso ao ensino superior. Com efeito, mesmo os mais questionadores das bases dessa política pública, entendem-na como um passo fundamental em termos de possibilitar-lhes cursar uma universidade. Basicamente, três posicionamentos podem ser divisados.

Um primeiro posicionamento, o qual congrega a maioria dos pesquisados, poderia ser qualificado como mais *entusiasta*, não tecendo maiores questionamentos quanto à sua estrutura, ao contrário, são aqueles que o defendem mais abertamente. Dentre os investigados, são os que não veem limitações no programa ou, ao apontá-las, estas se revestem de reivindicações por maiores benefícios: poder fazer mais de uma graduação, o que atualmente é proibido, pois somente quem não teve acesso à universidade pode se candidatar à bolsa; criar bolsa de pós-graduação; ampliar o número de vagas e das universidades participantes. A visão positiva se expressa nos qualificativos emitidos, com destaque para a palavra **oportunidade**, bastante mencionada quando falam sobre a importância da existência do ProUni: "maravilhoso", "fantástico", "excelente programa", "uma oportunidade de qualificar os jovens de classe baixa", "um projeto muito bom", "oportunidade aos menos privilegiados", "divisor de águas na educação do país", "acho fantástico, pois favorece pessoas que têm vários sonhos e que não têm a renda suficiente para pagar uma universidade", "muito interessante", "tornou a universidade mais popular", "pôde dar a oportunidade a muitas pessoas de realizar sonhos", "ótima oportunidade", "um bom passo", "melhora da capacidade intelectual da população mais carente", "incentivo às classes menos favorecidas", "a faculdade era um sonho desde minha infância e graças ao ProUni estou realizando", "iniciativa muito boa que já deveria ter sido feita há muitos anos", "resolve no curto prazo o problema do acesso à educação superior para aqueles que não podem pagar e que não tiveram uma boa base até o ensino médio", "pioneiro", "um propulsor social", "eu tinha este desejo de fazer ensino superior há pelo menos 10 anos". Importante reter que é justamente para esses pesquisados que o Programa Universidade para Todos, conforme antes mencionado, aparece como *caminho único disponível* para acessar o ensino superior, como a "porta" real e factível para fazer uma universidade no Brasil, dadas as limitações de cunho educacional e, sobremaneira, financeiras para arcar com o pagamento das mensalidades:

> ... uma forma de pessoas como eu, desprovida financeiramente, possam cursar a faculdade. (Pedagogia, Uniesp.)
> ... uma oportunidade de estudo para as pessoas que têm interesse em estudar, porém não têm condição financeira. (Pedagogia, Faculdade Sumaré.)
> ... sem este eu jamais conseguiria cursar uma faculdade, por conta também do péssimo ensino médio que tive. (Administração, Faculdade Sumaré.)
> ... o ProUni foi importantíssimo porque até então eu nunca pensei na universidade, eu não ia ter condições. Não fosse o ProUni eu não teria como entrar na faculdade. Não teria outro meio. (Bianca, Pedagogia, Uniesp.)
> ... se não fosse pelo ProUni eu não estaria fazendo curso superior hoje. Então, tem muito mérito. Foi uma forma de a camada menos favorecida na questão salarial. Na questão de estudo, só na escola pública você não tem visão de um dia fazer USP na vida, porque o seu conhecimento é mínimo perto do que você necessita para poder entrar lá. Mesmo que você entrar, vai ser difícil você se manter, porque você não detém o conhecimento necessário para você acompanhar o conhecimento na questão da educação. (Patrícia, Pedagogia, Faculdade Sumaré.)
> ... se eu não tivesse feito o ProUni, não conseguiria entrar numa faculdade, desde questão de nota para entrar numa pública ou mesmo por questão de pagar a faculdade, porque não é só mensalidade, faculdade você paga mensalidade, material didático, é questão de condução, questão de alimentação e eu não teria condições. Acho que ele vai aumentar mais a questão de profissional formado no mercado, porque muita gente às vezes tem capacidade, mas não consegue entrar numa faculdade pública, mas consegue cursar uma [particular], atingir um bom nível, entrar no mercado e fazer a diferença. (Margarida, Tecnologia em Criação e Produção Gráfica, Unip.)

Como desdobramento, o passaporte que lhes garantiu o acesso à universidade será o suporte que proporcionará o progresso econômico necessário para superar sua origem social, ultrapassando seus antecedentes familiares, elementos sintetizados nas falas de Rodrigo, Marcos e José. Articulado a este ponto, o fato de entenderem que a vaga foi conquistada com o mérito de ter passado em um exame nacional:

> ... eu acho o ProUni um programa brilhante, muito inteligente nessa questão de acesso da baixa renda. Porque os alunos do ProUni não estão aqui de favor, a gente passou por um processo seletivo do ENEM. Então, não são alunos ruins que estão aqui. Nós tivemos nossas dificuldades pelo nosso passado escolar de escolas que estavam aquém de qualidade, mas nós passamos por processo seletivo. Então eu acho isso muito inteligente, porque, futuramente, por exemplo, eu que vim de um bairro pobre, de uma escola de bairro pobre, e hoje eu estou aqui na faculdade Mackenzie tendo acesso às principais empresas da cidade. Minha renda futuramente vai ser bem maior do que seria se não tivesse esse acesso. Tem um impacto muito forte o programa. Acho que é muito inteligente e eficaz. Porque ele pega um aluno de baixa renda, coloca no ensino superior. Lá ele vai ter acesso ao mercado de trabalho, ele vai se qualificar, ele vai ter uma renda maior. E na próxima geração dele, os filhos dele, o que vão ter como referência? Os pais que cresceram ao longo da vida devido ao ensino. Então, valoriza o ensino. (Rodrigo, Economia, Mackenzie.)
>
> ... a ideia é fenomenal. Partindo do pressuposto de que nenhum governo havia feito isso antes, vale o adjetivo fenomenal. Acho legal a ideia do processo seletivo, o ENEM, porque não é assistencialismo, premia quem tem interesse. (Valdo, Educação Física, Unip.)
>
> ... criar mecanismos para poder tentar minimizar as desigualdades sociais, como eu disse, e as desigualdades econômicas também, porque a pessoa para ter uma condição econômica e financeira ela precisa hoje ter um trabalho digno, que consiga suprir suas necessidades, para isso é necessário ter ou experiência, estudo, ou então os dois. (José, Administração, Unip.)
>
> ... eu estou na universidade hoje por conta desse programa, ele é responsável pela minha inserção na universidade, assim como para milhares de jovens de baixa renda. Está contribuindo para a inserção do jovem que jamais iria entrar numa universidade de ensino superior, e isso melhora a educação, melhora a renda dessa pessoa que vem de baixa renda. Consequentemente, se ele tem um ensino superior, ele vai ter um emprego com uma remuneração melhor, isso vai contribuir para melhoria da renda dele, da qualidade de vida dele e da família dele. Então eu acho que isso economicamente também é positivo. (Marcos, Enfermagem, Unip.)

Ainda dentro desse agrupamento mais aguerrido em termos de defesa, há um subtipo formado pelos estudantes que questionam um possível desvirtuamento do ProUni ao contemplar pessoas que seriam financeira ou, também, pedagogicamente melhor posicionadas. Assim, para eles, o processo seletivo do ENEM é tido como difícil. Interessante notar que tais questionamentos partem, em sua totalidade, dos licenciandos e dos tecnólogos. Nos cursos do Mackenzie, da Pontifica Universidade Católica e nos cursos de Administração da Faculdade Sumaré não houve menção a tal aspecto. Tal ocorrência reforça o que aqui venho discutindo sobre a heterogeneidade do estudante que é bolsista do ProUni. Nesse sentido, o programa não difere das demais políticas de acesso existentes, tanto do vestibular tradicional quanto de políticas afirmativas como cotas e bônus, marcadas também por uma segmentação em termos do nível de preparação dos candidatos e das carreiras que lhes são abertas:

> ... não ter uma forma de seleção mais apurada de forma a não conceder bolsa a pessoas com poder aquisitivo elevado. Infelizmente, por conta do critério de seleção e da falta de fiscalização, existem pessoas que conseguem a bolsa sem ter a necessidade dela, pois teriam condições de pagar. (Pedagogia, Uniesp.)
>
> ... a única falha do programa é que têm muitos bolsistas que podem pagar uma faculdade enquanto pessoas que não podem estão fora do programa. (Pedagogia, Faculdade Sumaré.)
>
> ... concordo que o programa favoreça muito o acesso das camadas mais pobres ao ensino superior, porém acredito que favoreça muito mais aqueles que já são favorecidos socialmente. Não na minha faculdade e nem no meu curso, mas conheço um universo de pessoas que não trabalham, estudaram em escolas públicas e faziam curso preparatório o dia inteiro para se preparar tanto para a FUVEST quanto para o ENEM, e estando matriculados em escola pública poderiam concorrer às bolsas em boas faculdades. (Pedagogia, Faculdade Sumaré.)
>
> ... vejo que o Prouni nada mais é que uma oportunidade para quem está preparado, ou seja, mais uma vez quem tem dinheiro para investir em cursos preparatórios, especialmente quando se trata de cursos como Direito, Medicina, entre outros considerados os "cursos". Atende uma minoria de quem realmente necessita — os contemplados, geralmente, se preparam em cursos preparatórios para atingir nota no ENEM, uma vez que o conhecimento exigido nas provas são fora da realidade de muitos estudantes do ensino médio, especialmente, das escolas públicas. Muitos conteúdos eu nem sabia do que se tratava. (Pedagogia, Faculdade Sumaré.)
>
> ... com a inclusão dos testes de língua estrangeira, tenho certeza que muitos egressos terão dificuldades por não terem de forma consistente esta matéria no ensino médio. (Tecnóloga em RH, Faculdade Sumaré.)
>
> ... acho muito difícil o acesso para alguns cursos, tentei varias vezes e tenho amigos que nunca conseguiram. Minha irmã de 24 anos também sonha em estudar e ainda não conseguiu. Tive muita sorte. (Tecnóloga em RH, Faculdade Sumaré.)
>
> ... uma fiscalização um pouco mais rígida para a distribuição destas bolsas, pois nós, pessoas de classe média baixa, não temos oportunidade de nos prepararmos em tempo integral para os programas sociais, devido nossas obrigações familiares, e desta forma o que foi criado visando nos recompensar pelas faltas de oportunidade, acabam sendo desviado para aqueles que já são mais favorecidos socialmente (Pedagogia, Faculdade Sumaré.)

Um segundo posicionamento é mais *questionador* de suas bases, apontando mais claramente para limitações e entraves existentes. Essa visão mais questionadora desdobra-se, por sua vez, tanto em críticas *mais veementes* de um lado, quanto *mais cautelosas*, de outro. O substrato argumentativo comum que as embasam entende o Programa Universidade para Todos como um paliativo, devendo ser priorizado o investimento nas vagas das universidades públicas e, em alguns relatos, na educação básica brasileira, no sentido de permitir uma maior equalização da competição educacional. A parte mais ácida está presente nos relatos dos entrevistados Valdo[196], Clarice, Zélia e Lúcio:

> ... agora, a bolsa do ProUni é apenas uma forma de populismo, apenas para dizer que faz alguma coisa na área de educação para a mídia e a sociedade. Não basta colocar o aluno, é fundamental proporcionar subsídios para mantê-lo. Isso sim é inserção na educação, na universidade. Você consegue a bolsa, mas depois você fica jogado — dificuldades de transporte, apostilas, xerox, livros, cursos, alimentação, enfim. Se você consegue uma bolsa integral, está implícito que a renda é baixa. Ou seja, logo, a pessoa tem que trabalhar para se manter na faculdade e não tem a vivência ampla da universidade. Isso é inserção na educação: ter tempo para estudar, se ambientar no meio acadêmico. Trabalhando e estudando não atende a demanda de desenvolvimento do aluno e, no caso, ele consegue só o certificado de conclusão do curso. (Valdo, Licenciatura, Educação Física, Unip.)
>
> ... por mais que eu seja aluna do ProUni, eu ainda acho que como política pública é como um Band-Aid [marca de curativo], é tipo uma *remendinha*, só uma sensação de tapar um pouquinho essa ferida. Eu acho que ao invés de abrir novos cursos e vagas no ProUni, acho que devia usar esse dinheiro para abrir novas vagas nas universidades públicas e novas oportunidades para o ensino público. Porque eu acredito que o ProUni não vai poder existir para sempre. Eles ganham o desconto de imposto, não é de graça, está sendo pago. E eu penso que uma hora vai ter uma demanda muito maior do que o governo pode oferecer e vai acabar rompendo. Então, por mais que eu seja uma bolsista do ProUni, eu ainda acho que isso é apenas um Band-Aid e tem que haver algum projeto, alguma iniciativa pública para melhorar o ensino público, para que esse dinheiro que está sendo investido na faculdade particular, ele seja investido na pública e os alunos que são do ProUni, eles possam ter acesso a faculdade pública também. De igual para igual. (Clarice, Psicologia, Mackenzie.)

---

196 Um dos aspectos mencionados pelo estudante Valdo, a "vivência ampla da universidade", dialoga com um dos objetos centrais que pude discutir na minha dissertação de mestrado, qual seja, a fruição ou, também, o que denomino permanência efetiva. Esta envolve aspectos simbólicos e materiais, interrogando sobre o usufruto efetivo do ensino superior pelo indivíduo, não se confundindo estritamente com o acesso ou com a permanência em seu sentido puramente material (alimentação, moradia, dentre outros). Liga-se a aspectos estruturais e singulares da questão universitária: tempo de dedicação aos estudos, capital cultural, papel do auxílio da universidade na complementação dos estudos para lidar com indivíduos que trazem certas lacunas. Para maiores detalhes no que se refere aos estudantes de baixa renda na USP, ver Almeida (2009), sobretudo o capítulo VI.

... não é algo extraordinário, é o mínimo. O ProUni, digamos que ele resolve o problema mais das universidades, das vagas remanescentes das universidades. Tem vaga sobrando na universidade, ocupada por alunos carentes, assim, capacitados, inteligentes e com isso ela tem isenção de impostos. Enfim, resolve esse problema, mas o problema educacional do país, não resolve porque... eu saí do terceiro colegial com essa possibilidade de ingressar na faculdade, mas se avaliar toda a turma que se formou comigo no colégio, o percentual é baixo de quem ingressou na faculdade, então não resolve o problema educacional. Aumenta a oferta de vagas para o ensino, mas não diria que é algo tão significativo, talvez seja mais ocupar as vagas que sobraram nas faculdades particulares. (Lúcio, Engenharia Civil, Mackenzie.)

... não tiro o mérito do ProUni porque já que não tem essa educação de base, que precisa, então eles têm que dar um jeito, que é para pelo menos quem tem algum conhecimento estudar (...) eu acho a política do ProUni uma forma de disfarçar a defasagem que tem no ensino fundamental e médio, porque qualquer pessoa que está no ensino fundamental e médio público não vai conseguir entrar numa universidade pública. Não consegue, pelo menos para cursos mais concorridos, não vai conseguir mesmo. Eu acho que na verdade deveria ter um investimento maior na educação de base e não em programas como o ProUni, mas, se não fosse o ProUni, eu não estaria estudando. Eu acho que o ProUni deve continuar, não deve acabar o ProUni porque tem muita gente boa, mas que não tem oportunidade, então eu acho que deve continuar, mas acho que deve ser priorizada a educação de base, o ensino fundamental e o ensino médio, que é a mesma coisa que nada. Eu lembro que na sétima série tinha um menino que não sabia ler, na minha sala, e era uma das melhores escolas públicas, então, é complicado!, eles têm que melhorar a educação. Eu acho que o Estado não pode ficar só pensando em mostrar o ensino superior, porque a defasagem não é no ensino superior, ela está lá atrás, e com essa defasagem vão se formar médicos carniceiros, advogados que não sabem defender, engenheiros que não sabem construir prédio, e por aí vai. Vai complicando a coisa. Só que não interessa. (Zélia, Direito, PUC.)

... é uma medida que o governo encontrou para abafar a vergonha das condições da escola pública, pois na realidade os bolsistas do ProUni deveriam ocupar as vagas nas universidades públicas. Mas nos vestibulares são exigidos conteúdos nunca apresentados em escolas públicas. (Licenciatura, Faculdade Sumaré.)

... a limitação talvez não seja exatamente em relação ao ProUni especificamente, mas o entorno dele: investir no acesso ao ensino superior também significa, obrigatoriamente, investir nas bases, nos ensinos fundamental e médio para que seja possível a participação dos sujeitos que têm formação completa em escola pública no ensino superior público, o que também significa investir em uma reforma dos vestibulares, por exemplo. (Licencianda, História, Faculdade Sumaré.)

Por fim, o posicionamento questionador, ainda que expresso de forma mais suave, ressaltando a alternativa que o programa é ao modo dos entusiastas, entretanto, criticando seu aspecto tampão, embora de forma mais atenuada, à semelhança dos questionadores. Dois dos entrevistados, ambos oriundos do movimento estudantil, materializam essa posição:

> ... não deve ser uma política permanente. O correto é a valorização desde o ensino infantil para que você se prepare, tenha boa base no ensino público, para chegar a uma escola superior sem precisar do ProUni. Tem que se criar mais universidades públicas, porque ainda é um funil, as estaduais e municipais. (Raimundo, Licenciatura, História, Uniban.)
>
> ... eu acho que nesse sentido o ProUni é um projeto que supre as necessidades que são mais imediatas, mas que também são necessidades que tem que ser tratadas de forma mais ampla. Apesar de ser um projeto grande, que atende um número grande de pessoas, é necessário criar mais universidades públicas. Porque eu acho que o caminho da universidade pública é o ideal para poder ter uma formação acadêmica da população em maior número, maior quantidade, maior qualidade também. E também como um projeto estratégico para isso, porque o papel da universidade eu acho que não é só formar um profissional, como virou hoje, as universidades são grandes bolsões para as pessoas se formarem e buscar emprego, mas é para se desenvolver também ciência e tecnologia e ajudar no progresso político, financeiro, tecnológico do país. Eu acho que nesse sentido o ProUni ele chega a dar um pouquinho de ajuda, mas muito pouco. Tem algumas universidades que o aluno do ProUni não pode participar de projetos de extensão universitária, não pode participar de alguns projetos de pesquisa. Eu acho que isso limita bastante. O ProUni é um projeto que seria como se fosse um bolsa-família, ele ajuda a pessoa que não tem condição de estudar, mas o ideal é que a pessoa tenha condições de estudar por sua conta ou numa universidade pública, que hoje é quase irreal, porque as pessoas que estudam em universidades públicas a grande maioria são oriundas de escolas particulares e foram preparadas para aquilo. Ele hoje supre uma necessidade imediata. (José, Administração de Empresas, Unip.)

Ou seja, é preciso contrastar, empiricamente, as aspirações desses jovens e o seu quase completo descolamento de alternativas viáveis para a entrada nas instituições públicas, seja mediante políticas de corte conjuntural como cursinhos comunitários, bolsas, cursos de reforço, dentre outras formas possíveis, seja devido às políticas mais estruturais de qualidade da escola básica. Para os que criticam pura e simplesmente o programa como arauto da "privatização" e nada mais, ele abre, ainda que timidamente, uma porta para certa fatia da juventude de baixa renda que almeja o ensino superior e não está sendo contemplada nem pelas universidades particulares lucrativas voltadas para a classe média estabelecida (capital econômico), tampouco pelas instituições públicas, tidas como espaços distantes e exclusivos devido ao capital econômico e escolar requerido na preparação para o acesso.

Costa (2008, p.96), em sua dissertação de mestrado com bolsistas da Pontifícia Universidade Católica de São Paulo, encontrou que "... a avaliação em relação ao ProUni é muito positiva. Dos alunos que responderam as questões no encontro [refere-se ao 1º Encontro dos Estudantes do ProUni da Capital de São Paulo], se somarmos as respostas, teremos uma excelente avaliação do programa, pois 94,96% dos estudantes consideram o programa entre bom e ótimo (...) em relação à PUC-SP, 77,7% que responderam ao questionário consideram o programa entre bom e ótimo". Ao analisar os depoimentos de alguns alunos da PUC-SP constantes no Anexo I de sua dissertação, encontramos elementos mais nuançados:

> ... só que eu tenho uma crítica a esse programa no sentido de que ele é como se fosse uma saída para o Estado (...) pegam as pessoas da periferia (...) só que muitas vezes colocam em universidades (...) essas pessoas não vão estar tendo acesso ao ensino de qualidade como o ensino da escola superior pública, numa PUC que as pessoas dizem possuir um maior nível de qualidade na educação, essas pessoas que vão para as outras universidades em sua maioria elas vão fazer o trabalho de base da sociedade, na verdade é como se fosse uma ilusão criada que elas vão ascender socialmente, só que no final das contas, elas não vão continuar ascendendo, porque não tem vaga para todo mundo no mercado (...) quando essas pessoas que não têm acesso a uma universidade vão para uma "uni" da vida como chamam, essa pessoa vai ter oportunidade de emprego muito menor do que as pessoas que vão para uma PUC. (R, 25 anos, Ciências Sociais, reside na Brasilândia.)
> ... porque você chega aqui na universidade, e que tipo de assistência você tem? Você precisa pagar a condução, precisa trabalhar, você não tem tempo de ler os textos, os livros, você não tem dinheiro para comprar os livros que são passados, você, às vezes, precisa passar fome para estudar. Então, eu não acho que o ProUni seja, ainda, um programa sério que atenda realmente a demanda da colocação de pessoas das classes mais baixas na universidade (...) no meu caso o ProUni está sendo maravilhoso (...) mas acredito que esse programa promove as universidades particulares, fazendo com que os alunos "mais carentes" nem cheguem a sonhar com as universidades públicas e fortalecendo a "elitização" das faculdades públicas. (N, 20 anos, Pedagogia.)
> ... é preciso salientar a todos que tentam ingressar no programa que isso não é uma espécie de assistencialismo da instituição de ensino, ou do governo, mas uma restituição dos impostos através de uma ineficiência governamental em gerir o sistema educacional brasileiro. (M, 22 anos, História) (Ibidem, p.168-169; p.173-174).

Inicio agora a discussão de alguns fatores intervenientes no andamento do programa.

Há uma questão que atinge, sobretudo, os alunos da Universidade Mackenzie, no que tange à observância do *limite de renda*[197] que qualifica o bolsista.

---

197 No referido Encontro do ProUni, uma das principais reivindicações feitas ao Ministro da Educação foi justamente o fim da exigência da comprovação de renda a cada renovação da bolsa.

Ou seja, a cada revalidação da bolsa, solicita-se novamente toda a documentação comprobatória da renda familiar *per capita* — 1 salário mínimo e meio[198] — para averiguação. Caso esse limite seja ultrapassado, corre-se o risco de perda da bolsa. Tal situação leva a um dilema: os bolsistas desta universidade confessional necessitam trabalhar devido ao sustento familiar e suporte para levar adiante os custos dos seus respectivos cursos, porém, nem eles, nem tampouco seus familiares, podem avançar financeiramente em suas rendas. Afora bolsistas do Mackenzie, apenas a estudante Zélia da PUC-SP e duas estudantes de Pedagogia da Faculdade Sumaré, uma delas a entrevistada Patrícia, mencionaram essa questão:

> ... o Mackenzie ele pede, todo ano, 40 mil documentos. Além dos documentos que pedem do ProUni eles fazem a gente preencher a mesma pesquisa que eles fazem para bolsistas do Mackenzie: quantas televisões você tem em casa, carro, banheiro. Aplica tudo de novo. É preciso que seja estritamente aquilo que está ali. Se ultrapassar R$ 200,00 em uma bolsa de R$ 1.000,00, eles não levam em consideração. A gente fica se sentindo ameaçada todo semestre. Por exemplo, meu pai estava desempregado. Durante três anos da minha vida ficou desempregado e eu que bancava a casa com meu irmão. Ele trabalha de motorista de caminhão, registrado, deve ganhar uns R$ 1.500,00, ele tem 55 anos. Então eu não encaro que eu esteja em uma situação confortável para pagar uma universidade. Porque eu ganho R$ 800,00, meu pai ganha R$ 800,00 e meu irmão R$ 1.000,00. *Minha condição social mudou por que meu pai não está desempregado?* Agora ele ganha RS 800,00. Mudou? Para eles, na burocracia deles, mudou. Mas, de fato, eu ganhando esse dinheiro, não pagando a faculdade, tenho uma dificuldade de lascar porque a gente tem um monte de contas: feira, mercado, transporte. E agora tem o convênio, porque eu deixei de pagar o convênio (...) o problema é que ele limita o aluno de se desenvolver durante a universidade. Na verdade, ele limita o profissional, a família inteira. Porque meu irmão, que não tem nada a ver com a minha vida — ele não tem que bancar a minha faculdade — se ele for promovido para um setor diferente e ganhar mais, eu perco a bolsa (...) se eu arrumar um emprego melhor, eu não posso ir, eu tenho que ficar. Eu até brinco “não me venha com aumento”. Porque se eu receber aumento, eu perco a bolsa. Todo mundo que está na sala consegue estágio, vai para frente e os prounistas ficam totalmente travados. O ProUni ajuda as pessoas financeiramente carentes, mas te impede de progredir financeiramente. (Mônica, Psicologia, Mackenzie.)
>
> ... trabalho há dois anos sem registro, à noite, em um barzinho, como operadora de caixa. Quase perdi meu emprego no ano passado porque a dona queria muito me

198 Lembremos, esse é o limite da bolsa integral. Cumpre dizer que na minha pesquisa, dos 50 bolsistas pesquisados, há apenas duas licenciandas em Pedagogia, da Uniesp, que são bolsistas parciais e pagam 50% da mensalidade.

registrar. Ela disse "não posso ficar te mantendo aqui irregular, porque você não está mais como *freelancer*, você está direto, você está sempre aqui". Não é que eu não quero, não posso ter o registro. O que posso fazer é uma carta de livre consentimento dizendo que você quer me registrar, mas eu estou negando, porque isso te isenta de qualquer coisa que aconteça. Levei documentação para ela, porque até então ela ainda não estava acreditando (...) você tem que ficar parado, paralisar a sua vida, negar empregos, e a vida das pessoas que moram com você, por que você está fazendo faculdade com bolsa. (Clarice, Psicologia, Mackenzie.)
... entrou uma renda na sua família e estoura [o limite], você não se encaixa mais no padrão do ProUni. E nessa o programa perde o foco porque o foco é justamente esse, proporcionar a você o acesso ao ensino superior e lá você subir socialmente. Eu não tive, por ser tão pobre, digamos assim, eu comecei a estagiar, minha renda incluiu na família, mas ainda assim eu me enquadrei no perfil (...) Wilson: Pode perder a bolsa no Mackenzie? Lúcio: A renovação é rígida. A renovação aqui é o seguinte: semestral, meu curso é semestral, sendo que uma sim, uma não. Uma você apresenta documentos, na outra você só preenche on-line. Então se houve alguma mudança, você tem que dizer e apresentar documentos, ou seja, é uma mais rígida e outra mais flexível. Numa você tem que preencher formulário, na outra você apresenta documentos. E se, por exemplo, passou alguma coisa, você tem que explicar, então é um erro que eu vejo no programa. (Lúcio, Engenharia Civil, Mackenzie.)
... minha irmã começou a fazer USP agora e se ela conseguir estágio e trabalho vou perder a bolsa aqui! (...) teve um problema uma vez porque queria me tirar do ProUni e colocar na filantropia [bolsa dada pelo Mackenzie]. Isso ocorreu porque pelo ProUni descobriram que meu pai tinha que pagar pensão para mim até os 21 [ele pagou até os 18] e ele não pagava. [risos] O pessoal do Mackenzie entendeu que ele ainda estava pagando." (Eduardo, Publicidade, Mackenzie.)
... acho que quando o aluno entra, ou poderia [ser] depois de um ano, porque o aluno depois de um ano, eu acredito que não desistirá mais, poderia ser uma bolsa permanente independente do nível de renda dele. Porque justamente o objetivo do programa é aumentar o nível de renda das classes de baixa renda. Se o aluno entra na escola, consegue um emprego devido à entrada na universidade, mas perde a bolsa, perde um pouco o sentido. Porque ele pode ficar com um custo muito grande. (Rodrigo, Economia, Mackenzie.)
... não ficar limitado apenas à questão renda por quantidade de pessoa. Deveria ter uma análise mais no geral. Porque, às vezes, a pessoa até ganha um pouco mais, mas mesmo assim ela não tem condições de pagar... ela paga aluguel, então isso deveria ser levado em consideração. Quem mais trabalha, quem não trabalha? *Então, as despesas, não só a renda.* Porque às vezes eu posso ganhar dois mil, ser eu, meu filho, meu marido junto com a renda dele, mas e se a gente mora de aluguel? E água e luz? Aí se você faz uma faculdade que tem EAD, você precisa ter um computador, você precisa ter uma internet boa. Como que você vai manter isso? Então

analisar o conjunto, não só um fator. (Patrícia, Pedagogia, Faculdade Sumaré.)
... limitação é quando calcula o salário bruto familiar. Calcular o salário *líquido* familiar. (Licencianda, Pedagogia, Faculdade Sumaré.)

Essas queixas sobre "o problema burocrático do Mackenzie" referente à faixa de renda familiar *per capita,* no essencial, aponta para a clássica e delicada questão do recorte financeiro em qualquer programa voltado para estudantes de baixa renda. Mais rigorosamente, para a problemática da definição de classe social e sua confusão com "classes econômicas" que servem de parâmetro para classificação, no qual a renda é a variável única e exclusivamente considerada — muitas vezes de forma errônea, já que descontextualizada — desprezando outros caracteres centrais para análise mais substantiva. Isso fica visível no dilema enfrentado por esse grupo de alunos: não possuem renda suficiente para pagar o tipo de curso e universidade que frequentam, portanto, necessitam da bolsa. Se começarem a sair da faixa de renda estipulada — um salário mínimo e meio *per capita* familiar, ínfimo para uma cidade com o terceiro maior custo de vida mundial — ao conseguirem empregos e estágios úteis para progredirem socioeconomicamente, podem perder a bolsa porque extrapolariam o limite de "classe" definido, pois estaria em desacordo, legalmente, com a portaria nº 34, de 05/09/2007, do Ministério da Educação, a qual dispõe que a instituição poderá encerrar a bolsa por "... substancial mudança de condição socioeconômica do bolsista".

Entretanto, esta ocorrência também pode revelar como se processa o *controle e acompanhamento das bolsas* no Programa Universidade para Todos[199], havendo, também, nesse caso, situações diversas: controle rígido — ainda que excessivo, engessado — como o feito pela Universidade Mackenzie conforme demonstram os relatos delineados anteriormente e mais flexíveis conforme podemos ver no caso da Pontifica Universidade Católica de São Paulo[200], ambas universidades mais disputadas e conceituadas, desviando da norma predominante nas outras instituições participantes do programa:

> ... eu acho que o critério da faixa salarial exigida para entrar, acho que está errado. Agora que eu estou na PUC a faixa de renda é diferente, eu fui à reunião aqui... eu posso ganhar *per capita* R$ 1.200,00. É que a PUC é assim, quando você entra aqui, a coordenadora do ProUni daqui falou "a PUC é uma universidade boa, então a chance de você conseguir um estágio para ganhar bem é grande", a coordenadora até ressaltou "principalmente os alunos de Direito, eles entram aqui e passam a ganhar mais". Então, eles aumentaram para R$ 1.200,00 por cabeça, que você

199 Durante o ano de 2011 houve várias reportagens televisivas na mídia de massa sobre casos de fraude, principalmente estudantes com boas condições econômicas usufruindo de bolsas em cursos socialmente mais prestigiados e concorridos Brasil afora.
200 Na PUC-SP a exigência de comprovação da renda não é semestral e, sim, anual.

> não perde a bolsa. Wilson: Isso é exclusivo da PUC? Zélia: É, é critério de avaliação da PUC. Wilson: Quando você entrou já tinha isso? Zélia: Não, eu nem sabia, para você entrar no valor cobrado era o do ProUni... então a coordenadora falou, "vocês não precisam ficar com medo, podem conversar comigo, não tem esse problema... vocês não vão perder a bolsa, porque conseguiram um estágio de R$ 2.000,00". Porque tem muito estudante que estava com medo. Wilson: Se ultrapassar isso, R$ 1.200,00, aí é perigoso? Zélia: Aí é perigoso. Então, ela conversou o seguinte, a coordenadora na reunião, ela disse que, por exemplo, se você passar dessa renda permitida, chega nela, senta e conversa, para você não perder a bolsa, assim, do nada. Ela disse "fala assim, olha, eu vou dar R$ 100,00 de mensalidade por mês". Ou seja, tem a possibilidade dessa conversa, para você ir se adequando também. (Zélia, Direito, PUC.)
>
> ... logicamente que ele [o ProUni] ainda necessita de alguns ajustes a fazer. Por exemplo, em relação à renda *per capita* familiar exigida do aluno ingressante do ProUni e, em relação àquele aluno que já se encontra no 3º ou 4º ano do curso, e que já tem condições de ter um bom emprego, este fica pela legislação um pouco descoberto, em razão de que sua renda *per capita* tende a se alterar. Não muda tão substancialmente como está previsto em lei, que só se houvesse uma mudança substantiva para que o mesmo perdesse a bolsa, mas eu acho que isso deixa o aluno inseguro. Eu recebo solicitações do aluno perguntando se caso eles aceitassem alguma proposta de emprego, irão perder a bolsa (...) é uma brecha que a lei deixa e acho que precisa ajustar. Como via de ingresso também a exigência da renda *per capita* de um salário mínimo e meio é muito baixa, dificilmente quem ganha um salário mínimo e meio chega à universidade. Já dissemos isso, temos participado de reuniões com o MEC, dizendo que precisa aumentar um pouco. Eu acredito que até dois salários ou três salários mínimos ainda é linha de pobreza, neste sentido tinha que ampliar. Muitos que ingressam no ProUni acabam desistindo por não ter condições de sobrevivência, de manutenção (...) ligam para a gente ou passam e-mail perguntado: Vocês possuem casa do estudante? Vocês dão auxílio moradia? Vocês dão auxílio alimentação? Nós não temos. Aquela bolsa de R$ 300,00 para permanência ainda é só R$ 300,00 desde 2005 até hoje, já estamos em 2008, e eles mantêm o valor, para quem faz Medicina somente no caso da PUC. Os outros cursos como Psicologia que é integral não tem. Então tem ajustes que precisam ser feitos (...) a estrutura socioeconômica para se manter, porque você não tem só o estudo, você tem que comer, você tem o transporte, que é caríssimo em São Paulo, e eles moram distantes, longe (...) muitos vêm do interior do estado de São Paulo ou mesmo do Brasil, arriscando então morar com alguém em São Paulo. Se ele não consegue logo um emprego, não tem condições. (Cleide Martins apud Costa, 2008, p.164-165, Anexo H.)

Situação bem diversa da encontrada nas universidades privadas de cunho lucrativo — controle inexistente, frágil? — nas quais não há reclamações a respeito, muito pelo contrário, alguns realçam a agilidade no termo de renovação da bolsa por um lado. Outros, por outro lado, chamam a atenção para possíveis efeitos que isso também pode ocasionar:

> ... semestralmente a secretaria me chama para assinar como se fosse uma lista de presença. (Licencianda, Pedagogia, Faculdade Sumaré.)
> ... meu irmão é bolsista do ProUni em outra faculdade [Unicsul, atual Universidade Cruzeiro do Sul]. Todo semestre ele recebe o papel para assinar e ponto. (Mônica, Psicologia, Mackenzie.)
> ... ... eu acho que um fato limitador também do programa, não na Unip, mas em algumas outras faculdades é a questão da comprovação semestral de rendimentos. Tem algumas universidades que exigem que o aluno todo o semestre comprove a renda dele. Se o cara ultrapassou o limite ele perde a bolsa. Wilson: Na Unip não é assim? José: Na Unip, a pessoa que faz a avaliação fala o seguinte: "eu não vou pedir para a pessoa vir comprovar que está ganhando tanto". Não cobra, não restringe. Você comprovou uma vez, você ganha a bolsa e só vai lá renovar. É semestral. Você renova de acordo com a sua aprovação nas disciplinas. Wilson: Mas não precisa apresentar toda a documentação? José: Não, você não precisa apresentar nada. Na verdade quem apresenta é a universidade. Ela apresenta para a pessoa responsável pelo ProUni sua aprovação ou não nas disciplinas. Se você não for reprovado em mais de 25% das disciplinas e ter um boa frequência eles vão renovar na hora. (José, Administração de Empresas, Unip.)
> ...Wilson: Houve algum problema na renovação de sua bolsa do ProUni? Licencianda XYZ: nunca houve, ao contrário, com um tempo era renovada automaticamente sem exigência de apresentação de qualquer documentação, tornando o programa frágil às fraudes, uma vez que o mesmo só é concedido a partir de uma renda mínima exigida na família do estudante, ou seja, se o estudante, com o passar tempo, puder pagar o curso, vai ocupar a vaga de alguém que não pode. (Licencianda, Pedagogia, Faculdade Sumaré.)

Podemos concluir, portanto, a partir desses depoimentos que a Universidade Mackenzie é a que fiscaliza com maior rigor "...Wilson: Chegou a conversar com a coordenação do Mackenzie que cuida disso ou não? Mônica: acho que tentaram, mas a justificativa deles é que o MEC exige e as outras universidades são displicentes e não fazem toda essa burocracia. Eles fazem (...) Eduardo: Outras universidades não pedem essa comprovação de renda todo ano, agora o Mackenzie pede. Isso porque está na lei, então ele está no direito de pedir (...) Clarice: O Mackenzie é rigoroso não só com a bolsa do ProUni, mas com as bolsas que eles mesmos dão, entendeu?". Mas, mesmo com essa fiscalização desmesurada segundo relatam os bolsistas, esse grupo de alunos cria alternativas, subterfúgios, para contornar tal controle engessado, visto como socialmente injusto, para não perderem a bolsa duramente conquistada:

Wilson: Mas eles fazem essa checagem? Mônica: A gente assina um papel que não pode fazer dívida ... no setor de crédito. Wilson: E pode perder a bolsa. Mônica: Sim. Eu conheço pessoas que têm bolsas de 70% e moram em apartamento de R$ 500 mil. Porque não declara o marido, entendeu?, que está morando junto também (...) eu já deixei de fazer uma coisa porque ... declarava eu e meu irmão no ProUni. Era nossos dois salários para quatro pessoas. Se eu declarar o meu irmão, eu perco a bolsa imediatamente. Acho que é totalmente ético o que eu estou fazendo. Se eles não têm ética para comigo, porque eu vou ter para com eles? Eu não acho que eu esteja fazendo algo errado. Eu não estou deixando de pagar por que eu estou precisando de meu carro, de minha casa na praia, de minha viagem de fim de ano. Eu não declaro meu irmão porque ele tem as contas dele. Ele foi casado, tem um monte de prestação atrasada de condomínio que ele tinha com a esposa dele. Eu não pago porque de fato não sobra dinheiro para pagar. Eles que não deveriam ser burocráticos com pessoas que de fato precisam. (Mônica, Psicologia, Mackenzie.)

... estava sobrando R$ 50,00 no total da renda familiar. O Mackenzie é muito rigoroso. Em maio de todo ano a gente tem que reentregar toda a documentação. O Mackenzie tira a bolsa por R$ 10,00 (dez reais). Terrível. Eu trabalho hoje em dia sem registro (...) irregularmente para conseguir me manter na faculdade. Eu precisava trabalhar, entendeu? E aqui é muito assim, "ah, dez reais não aprova" e eu acho que não é para tanto (...) então a gente calcula em casa. Não faz muita diferença. Então a gente já faz tudo em casa e para não correr o risco de perder prefere deixar oculto, "Você quer? Numa boa?" ... eu sei que é meio burlando o sistema do governo, mas é o que eu preciso. Ou eu perco a faculdade ou eu me mantenho aqui. Das duas formas eu vou estar perdendo alguma coisa. É a saída que eu achei. E é a saída que a ZZZ, que trabalha comigo no mesmo bar. O XXX e o BBB fazem bicos por aí, coisas que não necessitem de registro. O negócio é se manter aqui e não perder a bolsa. O HHH, acho que tinha negócio próprio ou ele trabalhava como autônomo, ele não tinha como provar a renda, então ele colocava a renda que precisava só. Todo mundo aqui, e não só do curso de Psicologia, já conversei com o pessoal e eu mesmo vi. Teve um encontro do ProUni aqui no Mackenzie mesmo. A gente fez uma reunião em um dos auditórios percebi que não sou só eu que trabalho informalmente para manter a faculdade, são inúmeras pessoas daqui do Mackenzie que trabalham informalmente. (Clarice, Psicologia, Mackenzie.)

... uma crítica que eu faço também ao ProUni: que todo mundo que está no ProUni mente. Ninguém fala a verdade. É assim, ou mente o salário do pai ou da mãe, bota mais gente na casa para morar junto, ou prova que tem mais gente morando junto, essas coisas, sempre tem uma maracutaia para conseguir a bolsa. E qual que é a minha crítica? Porque, assim, eu fiz isso, e todo mundo que eu conheço do ProUni, na UNIP, fez isso também, mas por quê? Porque precisa da bolsa, e se a gente não fizesse isso, a gente não ia ter a bolsa e também não ia ter como estudar. (Zélia, Direito, PUC.)

Ressalto que tais procedimentos diferem de outros — mais graves? — existentes no ProUni. Assim, como noticiado na mídia televisiva e nos principais jornais de São Paulo, fraudes vêm ocorrendo. Conforme exposto na nota de rodapé número 109 desta tese, cheguei a entrevistar uma aluna de licenciatura de Biologia da Uniesp que antes tivera bolsa da própria faculdade e, após não mais pagamento da mensalidade pelo seu pai, ao fazer menção de sair do curso, teve sua **bolsa "trocada" por uma do ProUni, sem passar pelos trâmites de seleção exigidos**. O que indica, ao contrário do que dispõe a propaganda institucional, um controle falho do MEC junto às instituições participantes. O relato de um bolsista na pesquisa de Costa (2008, p.146) também aponta "... JP: **eu nunca fiz ENEM,** e eu utilizei uma vaga que eu não poderia, dentro dos termos da lei, pois eu não fiz o ensino médio em escola do estado, nem da prefeitura, eu fiz em **escola particular**, e isso não foi nem citado. Eu fiz o vestibular, consegui a bolsa em maio e aí fiquei devendo fevereiro, março e abril, que eu parcelei com a PUC. Então eu entrei pelo vestibular".

O relatório de auditoria operacional do Tribunal de Contas da União constitui o documento mais completo existente sobre a "caixa preta" do ProUni, mesmo assim, reitero, também não conseguiu, em detalhe, para quais cursos e instituições os bolsistas estão indo, ponto importante de reflexão para a investigação aqui desenvolvida. Outros desvios ou "inconformidades" como diz o citado relatório no controle desta política pública foram encontrados: 23.100 bolsistas presentes na RAIS/2006 com rendimentos anuais superiores à renda anual familiar declarada; 1.700 bolsistas com carros registrados em seus nomes com ano de fabricação de 2005 a 2008; 2.143 bolsistas do ProUni constantes em cadastros de universidades estaduais; 3.561 bolsistas do ProUni constavam nesse cadastro com o grau de instrução superior completo na RAIS 2004; 123 bolsistas que constam no Sifes como portadores de curso superior **e bolsas não ocupadas que contam para a renúncia fiscal, em 2005 e 2006, o montante foi de R$ 74,5 milhões (taxa de ocupação de 80% das bolsas).** Somadas tais situações irregulares, o TCU nos dá uma espantosa medida do rombo: **o montante/ano total é de R$ 346,5 milhões, o que perfaz, em quatro anos, R$ 1.386 milhões**. (Cf. TCU, 2009, p.114) [grifos meus].

Tais aspectos dialogam com o segundo capítulo desta tese, para que fique mais claro como o poder desse segmento privado lucrativo molda o processo. Um dos principais questionamentos da auditoria do TCU diz respeito ao fato do ProUni permitir a **isenção fiscal das instituições independentemente do porcentual de bolsas ocupadas.** Ora, já foi reiterado no corpo desta tese as benesses das transferências de dinheiro público — de todos os contribuintes brasileiros! — para essas instituições privadas lucrativas, sem contrapartidas. Se a propaganda do PROUNI diz que esse programa veio para dar maior seriedade ao uso desses recursos, o fim da "pilantropia" como vangloriam seus gestores, essa afirmação agora se configura parcialmente verdadeira, posto que seja preciso aperfeiçoar a fiscalização, conforme dispõe o relatório:

> ... os benefícios do controle também abrangem as contrapartidas existentes do programas. No caso do **Fies**, o recebimento é realizado por meio de títulos para pagamento de dívida previdenciária. Verificou-se na auditoria que o montante dessa dívida, em relação às instituições que aderiram ao programa, tem crescido ao longo dos anos. Apesar desse crescimento, ainda há na operacionalização do programa a possibilidade da recompra dos títulos por parte do Fundo. *Verificou-se na auditoria que, de 2004 a 2007, foram repassados às instituições de ensino participantes do programa mais de R$ 2,6 bilhões, em títulos da dívida pública. Em um período um pouco maior, de 2001 a 2007, as IES renegociaram com o Fundo mais de R$ 274 milhões, resultando em média cerca de R$ 40 milhões recomprados pelo Fies ao ano.* **Em relação à contrapartida no ProUni, constatou-se que não existem parâmetros que limitem o montante de renúncia de receita concedida às IES que aderem ao programa. Estas instituições recebem o volume total de isenção independentemente, por exemplo, da ocupação efetiva das vagas que devem disponibilizar por meio dos critérios de alocação dos estudantes, ou ainda em relação à qualidade dos cursos que oferecem.** Uma forma de melhorar a operacionalização do programa sugerida na auditoria seria a existência de um critério de proporcionalidade em relação à ocupação das vagas e/ou qualidade dos cursos oferecidos. Levando-se em consideração apenas o critério relativo ao percentual de bolsas efetivamente ocupadas e **não as ofertadas**, e supondo uma taxa de ocupação de 80% das bolsas ofertadas a cada ano, esse método de cálculo conduziria a uma renúncia fiscal nos anos de 2005 e 2006 de R$ 84,8 milhões e R$ 212,5 milhões, ao invés de R$ 106,7 milhões e R$ 265,7 milhões, como efetivamente ocorreram, ou seja, **deveriam ser recolhidos aos cofres públicos R$ 74,5 milhões nesses dois anos do programa pela não ocupação das vagas**. Apesar do mecanismo de compensação das vagas não ocupadas, realizado em processos seletivos posteriores, a **remanescência de bolsas persiste a cada ano.** Dessa forma, há recomendações exaradas no presente trabalho para a adoção de medidas que vise a reduzir o número de bolsas não ocupadas, contribuindo para uma melhor alocação dos recursos e a consequente redução do custo das bolsas ofertadas. (TCU, 2009, p.113-114) [grifos meus].

Ora, as cobranças do Tribunal de Contas da União, junto com o trabalho de pesquisa aqui efetuado, permitem recuperar o título que abre esta parte da tese. É preciso pôr o ProUni "em balanço", é preciso "balançar" esse objeto. Uma visita ao site do ProUni, por exemplo, nas propagandas institucionais ou na "boca" dos que querem simplesmente explorá-lo eleitoralmente — como veremos adiante — dirão que esse programa "é o maior sucesso, pois já deu mais de 1 milhão de bolsas etc.". O trabalho de pesquisa exige outra entrada. Como primeiro ponto, *bolsas ofertadas* — o que o site só disponibiliza — não é a mesma coisa que *bolsas efetivamente utilizadas* desde a criação do programa, o que exigiria deduzir as bolsas que não foram usadas e estão "ociosas" e as que tiveram evasão, dentre outros elementos como transferências etc. É preciso ver o índice de *evasão* "... um em cada quatro bolsistas abandona o Programa Universidade para Todos (ProUni), revela balanço do Ministério da Educação (MEC). De 2005, ano em que o ProUni começou a funcionar, até o primeiro semestre de 2011, 893.102 estudantes de baixa renda foram contemplados em todo o país. Nesse período, 229.068 deixaram o programa, ou seja, 25,6%. O levantamento analisou, um a um, os CPFs dos bolsistas que saíram do ProUni antes de concluir o curso. Dos 229.068 estudantes nessa situação, 102.506 abandonaram o ensino superior — o equivalente a 11,5% do total de bolsistas. Os demais, segundo o MEC, migraram para instituições públicas ou mesmo privadas, ainda que sem a bolsa do ProUni". (Weber, 2011.)

Outro aspecto diz respeito ao alto índice de *ociosidade das bolsas parciais*. Segundo o TCU, em 2011, 87% das cinco mil bolsas que sobraram eram parciais, tanto que o MEC, internamente, pensa em acabar com elas. Será que o ensino privado lucrativo vai deixar? Lembremos: a proposta original somente previa o benefício integral, os interesses do segmento privado lucrativo — bem defendido por deputados e senadores, oriundos de todas as legendas, cabe dizer — incluiu a proposta de parte dos bolsistas pagarem pelo benefício. Com efeito, segundo o site, no período de 2005 a 2011, durante sete anos, considerando apenas as bolsas integrais, foram *ofertadas* — reitero — *776.449 bolsas* pelo ProUni em termos nacionais e *87.769* para a cidade de São Paulo, foco desta pesquisa[201]. O que é um avanço em termos da possibilidade de acesso ao ensino superior brasileiro, é preciso reconhecer, mesmo com todos os senões aqui assinalados.

Penso que se tivéssemos as informações sobre as bolsas efetivamente ocupadas e utilizadas com o cruzamento da qualidade da formação dos cursos oferecidos pelas instituições participantes, ou seja, mais publicidade — no sentido maior da palavra, tornar público — e menos propaganda, certamente poderíamos aquilatar, mais profundamente, o significado dessa política de acesso ao ensino superior voltado para as camadas de mais baixa renda da sociedade brasileira. Seria bem mais enriquecedor. Além disso, evitaria certas explorações, rechaçadas pelos próprios bolsistas, ciosos de seu senso crítico, como demonstraram José na epígrafe anterior ao repudiar o comercial da "menina que chora", quanto Lúcio, recusando-se, também, a participar de propaganda institucional:

> ... foi mais porque eu descobri o programa e vi que era algo vantajoso e era importante. Vale salientar, por exemplo, propagandas políticas diz que quem ingressa no ProUni não teria outra oportunidade de estudar em escola superior. Eu entrei no ProUni, mas também ao mesmo tempo eu entrei também em curso tecnológi-

201 O número de bolsas parciais, no mesmo período, para a cidade de São Paulo foi de 91.143.

co, na Fatec e na Federal [escola técnica] para fazer curso tecnológico superior em tecnologia. Na primeira tentativa, concluindo o terceiro ano do colegial, eu prestei várias universidades: Engenharia Civil, prestei Fatec e o CEFET, e eu passei nessas duas (...) entraram em contato comigo para fazer uma entrevista aqui no Mackenzie, provavelmente uma entrevista com intuito político, assim, comercial para alguma campanha, não sei, talvez do Lula, gravar alguma entrevista de modo que eu dissesse que o ProUni mudou minha vida, que foi minha única chance. Digamos que não foi, quem conseguiu ProUni teria possibilidade também de entrar numa universidade pública... Wilson: Você acha que teria condições? Lúcio: Sim. É mais assim de ter preparação para o vestibular, em específico, porque você estuda no colégio público, se você conseguiu entrar no ProUni, você tem capacidade. Acontece que você não está preparado para o vestibular, é só essa diferença, eu diria. Daí existe essa propaganda de que quem entrou no ProUni, não teria condições de cursar outra faculdade. Wilson: O que pretendeu essa tentativa de entrevista... Lúcio: **Eles ligaram para mim, eu recusei porque eu saberia que o intuito era político, então eu recusei porque ... eles ofereceram até dinheiro, acho que era quinhentos reais para participar...** Wilson: Eles ofereceram dinheiro? Lúcio: Sim. Não lembro se era do MEC, eu não lembro como se identificaram, enfim... Wilson: Queriam que você desse um depoimento, é isso? Lúcio: **Sim, uma entrevista de forma a favorecer o programa. Enfim, interesse político, tava na cara.** (Lúcio, Engenharia Civil, Mackenzie.)

Iniciei essa tese falando sobre o encontro dos bolsistas do ProUni na cidade de São Paulo, um evento cujo mestre de cerimônias foi Gustavo Petta, duas vezes presidente da União Nacional dos Estudantes (UNE), a histórica e conhecida UNE, cujo lema, antigo, era "dinheiro público somente na universidade pública", que bradava, exaustivamente, contra o "neoliberalismo", dentre outras palavras de ordem. Os ventos são outros: naquele evento de novembro de 2007, Petta, diante de uma plateia de jovens bolsistas desejosos de encontrar no ensino superior um caminho para a sua "subida" social, concorria a um cargo de vereador paulistano. Não venceu. Nas últimas eleições, voltou à carga, apresentando-se como candidato a deputado federal. Em prospecto de divulgação de sua campanha[202] encontra-se "... foi um dos criadores do **ProUni,** programa do governo Lula que hoje concede mais de 700 mil bolsas de estudo em universidades particulares (...) como deputado federal, Petta vai trabalhar com objetivo de ampliar o número de bolsas do 'ProUni' para o estado de São Paulo". [grifo no original.]

Recebi de uma bolsista uma mensagem encaminhada — para todos os bolsistas do ProUni? — pelo candidato, a qual reproduzo abaixo:

---

202 Outro que buscou explorar os dividendos políticos ao associar sua imagem com o advento do PROUNI foi Sérgio Custódio, criador do MSU — Movimento dos Sem Universidade. Também não logrou êxito.

From: Gustavo Petta 6510 <boletimgustavopetta@gmail.com>
Date: Tue, 31 Aug 2010 17:30:47 -0300
Subject: Mensagem aos ProUnistas
To: xxxxxxxxxxxxxxxxxxxxxxxxxxxx]

Gustavo Petta em uma das reuniões com o presidente Lula para ampliar o acesso ao ensino superior no Brasil

Aos amigos e amigas bolsistas do ProUni

Você é um dos 704 mil estudantes brasileiros que estão mudando o rumo da sua própria história e do nosso país com a oportunidade de se formar no ensino superior a partir do Programa Universidade Para Todos, o PROUNI.

A Comissão de Estudantes ProUnistas de São Paulo foi criada a partir do 1º Encontro realizado em novembro de 2007 na Unip. Desde então,defendemos o programa e lutamos por mais conquistas para os bolsistas.

Hoje, o PROUNI possui também ações como a Bolsa-Permanência, o convênio de estágio MEC/CAIXA e o FIES - Fundo de Financiamento ao Estudante do Ensino Superior, que possibilita ao bolsista parcial financiar até 100% da mensalidade.

Para aumentar o número de vagas e benefícios, apoiamos a candidatura de Gustavo Petta a deputado federal. Como presidente da União Nacional dos Estudantes (UNE) de 2003 a 2007, Petta foi ao lado do presidente Lula figura decisiva para o sucesso do ProUni.

O presidente Lula sempre acreditou na força do povo brasileiro, no seu espírito batalhador. Eu sempre me incomodei, desde muito cedo, com a desigualdade de oportunidades na educação. Isso foi o que nos juntou na ideia do ProUni.

Tô com

"O Petta me ajudou muito na criação do ProUni e na ampliação das universidades públicas. Foi um dos melhores presidentes da UNE, sempre lutando para dar mais acesso à educação para os nossos jovens, pensando no futuro do nosso Brasil. Tenho a certeza de que o Petta será um grande representante, um ótimo parlamentar que vai representar os interesses da educação na Câmara dos Deputados."

Luís Inácio Lula da Silva

Presidente da República

A luta pelo poder não mudou, a máquina partidária de certo agrupamento político se adaptou aos novos tempos — ainda que presa a um discurso dúbio de defesa da universidade pública. Esse candidato tentou mais uma vez o uso partidário do ProUni. Mas, novamente não venceu. Os bolsistas do ProUni, conforme se pode atestar nas trajetórias discutidas nesta tese, não mudaram: são os mesmos estudantes de classe média baixa e de baixa renda, "batalhadores", inteligentes e com senso crítico apurado, espalhados Brasil afora.

Em síntese, procurei aqui, sempre, entender o Programa Universidade para Todos como parte de um cenário em movimento. Um palco que se torna, não obstante os avanços no que se refere à ampliação do acesso, a um só tempo, temerário, pois a direção do processo passa a ser operada por grandes grupos de empresas de ensino em um mercado que tende, cada vez mais, à formação de oligopólios, preocupados em reduzir custos para ampliar as receitas dos investidores e acionistas, de olho nos grandes contingentes de trabalhadores oriundos de um ensino médio cada vez mais defasado. Com efeito, tem-se uma situação complicada: reduzir custos, principalmente os que dialogam diretamente com a qualidade educacional, produz efeitos deletérios de profunda magnitude, quando ficamos no essencial, qual seja, a qualidade da formação obtida:

> ... o foco da Unip é passar uma boa bagagem teórica, então a minha expectativa é ter essa bagagem teórica (...) uma boa estrutura a universidade tem, agora o que eu considero que não está atendendo a minha expectativa, é a questão de prática. Eles estão focando muito a teoria... Wilson: Esse curso tem hospital-escola? Marcos: Não, não tem. A gente não tem ... a clínica lá é de enfermagem e nutrição. O que eles fazem lá? Eles fazem o exame físico, lá não tem coleta de sangue...não é aparelhado, não tem... é o básico, né? E a prática, eu estou sentindo falta da prática. Porque a gente precisa de prática, né? Em hospitais a gente fez alguns procedimentos, o exame físico numa paciente que estava hospitalizada, troca de curativo também, a gente assistiu a um curativo de uma úlcera por pressão... Wilson: E na universidade, vocês têm essas atividades? Marcos: Não, a gente tem um laboratório, que existem algumas peças reais, anatomia, por exemplo, mas a grande maioria das aulas práticas é com bonecos. Os professores falam que isso é bom para a didática, treinar em boneco é bom para a didática. É, por um lado eu concordo, mas a gente precisa também de prática com o ser humano, porque nós vamos cuidar de ser humano. (Marcos, Enfermagem, Unip.)

Por esse motivo este trabalho situou, de partida, a dinâmica do setor privado lucrativo e, por fim, a ele retorna, pois, penso, a sua estrutura é o substrato explicativo para entender o ProUni. Sem entendê-la, muitas das questões essenciais sobre acesso ao ensino superior, em solo brasileiro, permanecerão nubladas:

... outro fator importante de diferenciação entre o ensino superior público e o privado é o conjunto das áreas de conhecimento nas quais os cursos são oferecidos. As instituições privadas oferecem principalmente cursos nas áreas de humanas ou de formação geral. Dessa forma, devido à preponderância quantitativa do setor privado, o resultado é que mais de 60% dos alunos no Brasil se formam em apenas quatro áreas: Ciências Sociais/Negócios/Direito e Educação. A seguir a área de Saúde e Bem-Estar Social apresenta um percentual de formandos bem inferior, em torno de 13%. As áreas de Ciências/Matemática/Computação e Engenharia vêm em 3º lugar, apresentando percentuais inferiores a 10% dos concluintes (Censo do Ensino Superior). As estaduais paulistas e a rede federal em seu conjunto apresentam uma oferta mais equilibrada entre as áreas de conhecimento. (Andrade e Dachs, 2008.)

CONCLUSÃO

Nesta parte final de minha tese retomo, sinteticamente, os principais aspectos discutidos na análise dos dados empíricos sobre o ProUni e, paralelamente, aponto elementos que merecem ser refletidos, aprofundados e levados em consideração em pesquisas futuras sobre esse objeto de investigação.

A *heterogeneidade dos percursos* emerge como aspecto basilar na análise. Essa heterogeneidade está presente quando discuto vários aspectos centrais das trajetórias dos bolsistas. Assim, entre aproximações e diferenciações, quando percorremos as questões discutidas na investigação, no que se refere às condições familiares — obtidas mediante o cruzamento do local de nascimento dos pais, da escolaridade dos pais e irmãos e da trajetória ocupacional de familiares — temos, para os subgrupos de tecnólogos e licenciandos, a predominância de pais migrantes, sobretudo de origem rural, com baixa escolaridade e com trajetos profissionais desvalorizados, muitos em trabalhos precários. Em contraposição, no grupo dos bacharelandos encontramos os únicos pais nascidos na capital de São Paulo, que possuem ensino superior ou com ensino médio completo, ou seja, pais com maior escolaridade dentre os pesquisados e, acresce-se, o único subgrupo que não apresenta pais e mães analfabetos.

Quando a análise incide nos trajetos ocupacionais dos alunos, na sua contribuição para o orçamento familiar, nos bairros onde residem e na idade com que ingressaram na universidade, também encontramos diferenças significativas, igualmente com vantagens comparativas para os bacharelandos: não trabalharam ou fizeram basicamente estágios na fase pré-vestibular ou mesmo agora, já na universidade, os que trabalham o fazem durante meio período. Não são provedores, não contribuíram e hoje apenas alguns poucos contribuem para o sustento familiar. Estão entre os mais novos[203] a ingressar no ensino superior,

203 Metade dos bacharelandos está situada na faixa ideal (18 a 24 anos) para ingresso no ensino superior.

contrastando com os outros agrupamentos de bolsistas, pois em que pese também possuírem estudantes mais novos, ingressaram mais tardiamente na educação superior. Os casos de Zélia (21 anos, Direito na PUC-SP), Clarice (21 anos, Psicologia no Mackenzie) e Eduardo (Publicidade, 22, no Mackenzie), Marcos (21 anos, Enfermagem, Unip), Rodrigo (20 anos, Economia, Mackenzie) são paradigmáticos a respeito.

O par tipo de moradia e local de residência também é revelador da camada social dos alunos, de suas condições sociais próximas e de suas nuances. Há uma correspondência forte entre o tipo de moradia, o bairro, o curso e a universidade: as três mulheres — Zélia, Clarice e Mônica —, espacialmente mais bem localizadas, estão matriculadas nos cursos mais disputados e nas universidades mais prestigiadas. Todas possuem moradia própria, não pagam aluguel e estão relativamente bem situadas na geografia paulistana: no centro da cidade ou em bairros da zona Leste mais próximos do Centro. Ressalta-se que entre os bacharelandos não há entrevistados que residam em municípios da Grande São Paulo. Em contrapartida, Valdo, licenciando em Educação Física, ainda que possuidor de residência própria na zona Leste — em uma COHAB[204] —, a mesma está localizada em Guaianazes, no extremo Leste, região mais periférica. Raimundo mora no extremo Sul, na região do Capão Redondo, em um apartamento conquistado no Movimento de Luta pela Moradia. Novamente a correlação pode ser estabelecida. Há, portanto, uma correspondência entre os estudantes de licenciatura e os de tecnologia que poderíamos caracterizar como sendo de estudantes de renda mais baixa, moradores de bairros mais afastados da zona Central — muitos, inclusive, residentes em municípios da Grande São Paulo — que constituem os frequentadores das universidades particulares lucrativas de baixo prestígio e alocados nos cursos menos concorridos.

No que se refere às condições culturais, os bacharelandos também estão mais bem posicionados. Na fase anterior à universidade são os que mais liam e ainda hoje leem assiduamente, além das leituras extrapolarem os livros de cunho estritamente escolar. No que tange à realização de cursos extracurriculares, dos 28 licenciandos, dezenove fizeram ou fazem cursos predominantemente de tipo profissionalizante (informática, auxiliar administrativo, teleoperador, gestão empresarial, auxiliar de departamento de pessoal). Em seguida, cursos de línguas (inglês, sobretudo). Por fim, em proporções bem reduzidas, cursos de libras e música. Se considerarmos as ocorrências, veremos que elas estão voltadas ao mercado de trabalho *strictu sensu*, excetuando os cursos de música. Os tecnólogos possuem quadro bem próximo: curso técnico de design gráfico, auxiliar de radiologia, manicure, informática, secretariado, administração. No caso dos bacharelandos, além de cursos ligados diretamente ao mercado de trabalho aparecem, entretanto, cursos ligados à fruição cultural:

204 Conjunto residencial construído pela Companhia Metropolitana de Habitação (COHAB).

guitarra, teatro amador, teoria musical e flauta (os três feitos por Flávia, estudante de Psicologia no Mackenzie), pintura em tela (Juliana, Psicologia no Mackenzie), balé (Rita, Direito na PUC-SP) e saxofone (Maurício, Enfermagem na Unip). Por fim, dos cinco licenciandos entrevistados, Valdo e Bianca não fizeram pré-escola. Dois tecnólogos, um deles Ana, não a fizeram. Já entre os bacharelandos, todos a fizeram. Dessa forma, os dados empíricos coligidos e analisados sugerem diferenças importantes entre os três subgrupos, com acentuada positividade para os bacharelandos no que se refere à formação escolar, origem social e econômica, bem como condições culturais. Em decorrência dessas vantagens, os bacharelandos entrevistados acessam cursos e universidades mais prestigiadas, principalmente os bolsistas das universidades confessionais (Mackenzie e PUC-SP), em comparação com os subgrupos formados pelos tecnólogos e licenciandos, estes últimos em posições mais desvantajosas.

Essas evidências possibilitaram-nos chegar a um ponto fulcral na discussão dessa política pública de acesso ao ensino superior: indubitavelmente — e é preciso aqui reconhecer e destacar — o ProUni possibilitou o acesso de indivíduos de baixa renda aos cursos mais disputados e prestigiados de boas instituições de ensino. Esses alunos, regularmente, têm tido pouco ou quase nenhum acesso a esse tipo de curso nas universidades públicas e nas confessionais. Como se trata, entretanto, de uma proporção extremamente pequena de alunos no conjunto dos beneficiados, além do fato de que, mesmo antes da existência do Programa Universidade para Todos, essas universidades confessionais já possuíam várias espécies de bolsas, é preciso relativizar tal ampliação do ingresso. Logo, como resultante, verifica-se uma segmentação bem nítida entre os bolsistas pesquisados. Por um lado, há um grupo pequenino, de extração social mais próxima a uma baixa classe média, para o qual o ProUni funciona como um "acelerador" do processo de entrada na educação superior, principalmente nas carreiras mais prestigiadas e concorridas, auferindo, dessa forma, diplomas de reconhecido valor simbólico. Por outro lado, perfazendo a maioria dos bolsistas pesquisados — cabe perguntar e refletir se em nível nacional tal fato se repete — tem-se uma extração social de mais baixa renda, o programa consistindo na "oportunidade única" para fazer o ensino superior e, no entanto, auferindo, por sua vez, diplomas de baixo reconhecimento simbólico. Tal fato recoloca a sempre renovada e inseparável indagação que acompanha as variáveis envolvidas nos estudos que recobrem o campo de pesquisa da sociologia que tem a educação como elemento-chave: democratização ou reprodução, uma relação desigual "transformada" no sentido preciso de Pierre Bourdieu e Jean Claude Passeron? Para quais bolsistas se aplica, efetivamente, o termo democratização do ensino superior? Para todos? Para a maior parte deles?

Isto nos remete para outro aspecto crucial a ser realçado, qual seja, a qualidade da maior parte das instituições participantes do Programa Universidade para Todos. Os indicativos da investigação apontam grandes diferenças de acordo com a instituição onde o bolsista desenvolve seu curso, tendo em vista diversos fatores: corpo docente, infraestrutura, nível cultural dos colegas, formato do curso, dentre outros. Logo, há que se atentar também para o *desempenho educacional das instituições* às quais os bolsistas são encaminhados. Mesmo com os constrangimentos objetivos para conseguir mais dados sobre as universidades "parceiras" do programa, fica evidente que grande parte, senão a maioria das instituições — destino dos bolsistas com maiores desvantagens sociais — é constituída por instituições de baixo rendimento educacional.

Dado o controle ainda falho e frágil sobre tais instituições — indicado aqui e em outras pesquisas, bem como na auditoria feita pelo Tribunal de Contas da União — seria importante para melhor apreensão dos distintos elementos constitutivos do Programa Universidade para Todos, enfatizar não apenas a qualidade e o mérito dos alunos bolsistas como vem sendo cotidianamente feito tanto na propaganda institucional, quanto em algumas pesquisas acadêmicas. Parece ser consenso que, mesmo com as restrições econômica e competitiva apontadas nesta tese, eles possuem diferenciais quando comparados com os alunos pagantes. É necessário, contudo, buscar maiores indicativos sobre a *qualidade educacional das instituições participantes*, o que contribuiria para uma compreensão mais densa sobre o sentido da abertura e ampliação do acesso ao ensino superior às camadas sociais brasileiras menos favorecidas. Um desses indicativos diz respeito à avaliação das universidades participantes no Exame Nacional de Desempenho — ENADE, em que uma porcentagem expressiva dos cursos está situada na faixa com as notas mais baixas. É preciso enfatizar, sem mais: são instituições com baixo desempenho no ENADE. As recorrentes disputas com o MEC — desde a época do "Provão", cabe lembrar — em torno da divulgação dos *rankings* a partir da avaliação do ENADE, feita pelas associações representativas da iniciativa privada e amplamente divulgada na mídia, constituem expressão clara dos embates e poder do segmento privado lucrativo. O quadro torna-se mais grave a partir da divulgação recente de notícias sobre uma das instituições[205] mais beneficiadas com o ProUni envolvendo mecanismos de fraude ao destacar somente os estudantes mais capacitados para realizarem essa avaliação, o que reforça o questionamento sobre a credibilidade e qualidade acadêmica de tais universidades. Ainda nesse ponto, por fim, mas não menos importante, durante a investigação descobriu-se que em algumas carreiras não há a modalidade de bacharelado como opção de curso para os bolsistas, somente a de licenciatura. As situações dos bolsistas Valdo e Raimundo são expressivas a respeito: não estão abertos aos bolsistas do ProUni os cursos de Licenciatura Plena (quatro anos) e Bacharelado (quatro anos) — existem, mas são pagos, não estão disponíveis para os bolsistas. Assim, o

205 Trago novamente dado recolhido na pesquisa para esta tese: seu proprietário teve papel decisivo em algumas mudanças propostas durante a implementação do Programa Universidade para Todos.

curso de Licenciatura em Educação Física que Valdo faz nessa instituição tem a duração de três anos. Raimundo, que faz Licenciatura em História na UNIBAN — Universidade Bandeirante, também apontou o mesmo problema. Várias são as indagações: qual a razão para isso? Os cursos mais rápidos e baratos estão disponíveis para bolsistas do ProUni e os mais longos são direcionados somente para os alunos pagantes? Quais as implicações disso para a formação dos profissionais destinados à docência no ensino básico, especialmente nas escolas públicas?

Outro elemento importante a ser considerado, também presente no material empírico que pude reunir, sinaliza que o Programa Universidade para Todos (ProUni) surge como um dos mecanismos centrais de incentivo ao que denomino setor privado lucrativo de ensino superior, principalmente na sua busca por soluções que respondam aos entraves trazidos com a estagnação decorrente do crescente número de vagas não preenchidas e uma demanda declinante de ingressantes ocasionada pela falta de condições financeiras para suportar o pagamento de mensalidades. Foi possível, no corpo da tese, apresentar historicamente a emergência e posterior consolidação desse segmento com finalidades lucrativas, hoje hegemônico no Brasil em nível de graduação. O fato essencial é que, atualmente, há uma nova configuração ocorrendo em tal segmento, uma fase manifesta no domínio dos fundos de investimentos que negociam na Bolsa de Valores as ações de universidades que têm como alvo os grandes contingentes de estudantes da escola pública, muitos deles potenciais bolsistas do ProUni. A implicação é que a gestão de fundos de investimentos, pautada na ação negociada na Bolsa, insere um novo parâmetro para retorno do investimento dos diversos acionistas que lá aplicam seus recursos. Trata-se da introdução da lógica do curto prazo (o resultado do desempenho da ação, geralmente trimestral) em detrimento da lógica do médio e longo prazos (requerida pela educação, mesmo que esta seja tratada como um "produto" qualquer). Eis a contradição posta: exige-se reduzir custos para maximizar o valor do acionista, porém, reduzir custos — principalmente os ligados à mão de obra, leia-se professores mais bem formados e em maior número — significa entregar, cada vez mais, um produto com qualidade educacional precária aos estudantes. Se esta questão não se põe para os empresários do ensino, julgo que ela seja extremamente essencial tanto para os gestores públicos responsáveis pelas políticas estatais, quanto, notadamente, para as camadas sociais que somente terão como destino tais instituições, ou seja, a maior parte dos formandos do ensino médio público que pretendem continuar seus estudos em nível superior. Paralelamente, tal fato repõe discussões importantes em torno da questão do ingresso no ensino superior público brasileiro, ainda timidamente permeável ao atendimento de demandas legítimas desses trabalhadores-estudantes (cursos tecnológicos, cursos de curta duração, dentre outros formatos), indo em direção oposta àquela de países desenvolvidos como França, EUA, Inglaterra,

Holanda e Austrália, que combinam instituições de pesquisa de ponta com um sistema público de ensino de massa, ainda inexistente em nosso país.

Nesse bojo penso que é contestável, de partida, falar em mobilidade social — tal qual discursos correntes o fazem — a partir do acesso que o Programa Universidade para Todos propiciou para milhares de jovens de baixa renda oriundos da escola pública. Conforme pôde ser visto, ingressar no ensino superior é uma dimensão — importante, sem dúvida —, todavia outras dimensões devem ser levadas em consideração para melhor aquilatar o impulso em termos de ascensão social que se pode obter pela passagem pelo ensino superior, propiciada por essa política pública. Não se trata, portanto, de diminuir a importância desse impulso, mas, sim, considerá-lo criticamente, apontando os avanços e limites que o constituem. Nesse ponto, penso que o programa, assim como outras políticas de acesso, é constrangido pelos mesmos dilemas: a imensa desigualdade social existente no país, a estrutura também muito desigual do mercado de trabalho, as diferenças culturais, o custo de vida das grandes metrópoles, as condições familiares, dentre outros aspectos que complexificam esse tema.

Com efeito, é preciso relativizar — para não essencializar — o tão disseminado potencial "democratizador do ensino superior" visto, costumeiramente, como inerente a essa política pública de acesso — e também outras, façamos justiça —, se entendermos a palavra em um sentido mais completo para além do ingresso em si, contemplando dimensões mais profundas ligadas às particularidades do conhecimento que se obtém — ponto nevrálgico a ser considerado quando se discute desigualdades educacionais. Tive oportunidade de explicitar essa questão quando problematizei os limites do processo de democratização do ensino então em curso à luz das explorações empíricas realizadas.

Pelo aqui exposto, mediante o esforço feito na tentativa de construir nesta tese uma abordagem integrada do acesso e da permanência dos bolsistas do ProUni, procurando extrair seus complexos relacionamentos, sistematizando os pontos convergentes e divergentes entre os seus trajetos escolares e profissionais, não considerar os fatores relacionados aos cursos e às universidades para os quais a parte substantiva dos bolsistas está sendo direcionada, a meu ver, turva a análise do processo democratizador do acesso que o Programa Universidade para Todos, a seu modo, propiciou.

REFERÊNCIAS BIBLIOGRÁFICAS

ABREU, Jayme. Aspectos da Expansão do Ensino Superior no Brasil. *Revista Brasileira de Estudos Pedagógicos*, RJ, v. 43, n. 97, jan. mar. 1965.

ALMEIDA, Ana Maria F. de. O assalto à educação pelos economistas. *Tempo Social*, Revista de Sociologia da USP, v. 20, n. 1, p.163-178, jun. 2008.

______. *As escolas dos dirigentes paulistas*: ensino médio, vestibular, desigualdade social. BH: Argumentum, 2009.

ALMEIDA, M. H. T. de *et al*. Crise e Reforma do Sistema Universitário: debate. *Novos Estudos Cebrap*, n. 46, p.143- 168, novembro 1996.

ALMEIDA, Wilson Mesquita de. Estudantes desprivilegiados e fruição da universidade: elementos para repensar a inclusão no ensino superior. In: MONTEIRO, Aida Maria. *Educação para a Diversidade e Cidadania*: concurso nacional de monografias MEC/SECAD/Anped. Recife: Ed. do Organizador, 2007, p.175-229.

______. Ampliação do acesso ao ensino superior público no Brasil: posições em disputa. In: *XXXII Encontro Anual da ANPOCS*, Caxambu, Minas Gerais, 2008.

______. *USP para todos?*: estudantes com desvantagens socioeconômicas e educacionais e fruição da universidade pública. SP: Musa; FAPESP, 2009.

ANDRADE, Cibele Yahn de; DACHS, Norberto. Uma análise do acesso à educação no Brasil por jovens de 18 a 24 anos no período de 1995-2006. *Revista USP*, n. 78, p.32-47, julho/agosto 2008.

ANDRIOLA, W. B. Dez motivos favoráveis à adoção do Exame Nacional do Ensino Médio (ENEM) pelas Instituições Federais de Ensino Superior (IFES). *Ensaio: aval. Pol. Públ. Educ.*, Rio de Janeiro, v. 19, n. 70, p.107-126, jan./mar. 2011.

ARONOWITZ, Stanley. Against Schooling: education and social class. *Social Text*, v. 22, n. 2, Summer 2004, p.14-35.

BARBOSA, M. Lígia de O. ; SANTOS, C. T. A permeabilidade social das carreiras do ensino superior. *Caderno CRH*, Salvador, v. 24, n. 63, p.535-554, set./dez. 2011.

BAUDELOT, Christian. As qualificações aumentam, mas a desigualdade torna-se ainda maior. *Pró-Posições*, v. 15, n. 2, mai./ago. 2004.

BEISIEGEL, Celso de Rui. Ação Política e Expansão da Rede Escolar: os interesses eleitorais do deputado estadual e a democratização do ensino secundário no Estado de São Paulo. *Pesquisa e Planejamento*, n. 8, CRPE Prof. "Queiroz Filho", dez. 1964.

______. A Reforma e a Qualidade do Ensino: anotações para um estudo das críticas à educação escolar. In: NAGLE, Jorge (org.). *Educação Brasileira*: questões de atualidade. SP: Edart, 1975, p.29-38.

BERQUÓ, Elza; CAVENAGHI, Suzana. Fecundidade em queda: breve nota sobre a redução no número médio de filhos por mulher no Brasil. *Novos Estudos CEBRAP*, n. 74, mar. 2006, p.11-15.

BOSI, Alfredo. *A universidade pública brasileira*: perfil e acesso. SP: Fundação Konrad Adenauer, 2000, p.9-25. (Cadernos Adenauer 6: Universidade: panorama e perspectivas.)

BOURDIEU, P. *La distincion*: criterios y bases sociales del guesto. Madrid: Taurus, 1988. [1979].

______. *Escritos da Educação*. Petrópolis, RJ: Vozes, 1998. (Organizado por Maria Alice Nogueira e Afrânio Catani.)

______. *Méditations Pascaliennes*. Paris: Seuil, 1997.

______. *Science de la science et réflexivité*: cours du Collège de France 2000-2001. Paris: Liber/Raisons d´agir, 2001.

______. L´objectivation participante. *Actes de La Recherche en Sciences Sociales*, n. 150, p.43-58, 2003.

______. *Esquisse pour une auto-analyse*. Paris: Raisons d´agir, 2004.

BOURDIEU, P.; PASSERON, J-C. *Les Héritiers:* les étudiants e la culture. Paris: Minuit, 1964.

______. *La reproduction*: éléments pour une théorie du systeme d´enseignement. Paris: Minuit, 1970.

BRASIL. TRIBUNAL DE CONTAS DA UNIÃO. *Relatório de Auditoria Operacional*: Programa Universidade para Todos (ProUni) e Fundo de Financiamento ao Estudante do Ensino Superior (FIES)/Relator Ministro José Jorge. Brasília: TCU, 2009.

BROWN, Ellis Wayne. Universidade privada e ascensão social. *Folha de São Paulo*, 04 dez. 2009.

CARVALHO, Cristina Helena Almeida de. Política de Ensino Superior e Renúncia Fiscal: da Reforma Universitária de 1968 ao ProUni. In: Reunião Anual da Anped, 28, 2005, Caxambu. *Anais*, Caxambu, Anped, 2005, p.1-17.

______. O ProUni no Governo Lula e o Jogo Político em torno do acesso ao ensino superior. *Educ. Soc.*, v. 27, n. 96 — Especial, p.979-1000, out. 2006.

CARVALHO, Márcia Marques de. A Educação Superior no Brasil: o retorno privado e as restrições ao ingresso. *Sinais Sociais*, Rio de Janeiro, v. 5, n. 15, p.82-111, jan./abr. 2011.

CASTRO, Claudio de Moura. Educação Superior e Eqüidade: inocente ou culpada? *Ensaio*: aval. pl. públ. Educ., RJ, v. 9, n. 30, p.109-122, jan./mar. 2001.

_____. Os chineses leram Marx. *Veja*, 23 nov. 2005.

CASTRO, M. H. Guimarães de. O ProUni é a única coisa que o MEC tem para mostrar. Entrevista com Maria Helena Guimarães de Castro. *O Estado de São Paulo*, 02 janeiro 2006.

CATANI, A. M.; OLIVEIRA, J. F. de. A Educação Superior. In: OLIVEIRA, R. P. de; ADRIÃO, T. (orgs.). *Organização do ensino no Brasil*: níveis e modalidades na Constituição Federal e na LDB. SP: Xamã, 2002, p.77-88.

_____ ; GILIOLI, R.S.P. O ProUni na encruzilhada: entre a cidadania e a privatização. *Linhas Críticas*, Brasília, v. 11, n. 20, p.55-68, jan./jun. 2005.

_____ ; HEY, A. P. PROUNI: democratização do acesso às Instituições de Ensino Superior? *Educar*, Curitiba, n. 28, p.125-140, 2006.

_____ ; OLIVEIRA, J. F. A Reforma da educação superior no Brasil nos anos 90: diretrizes, bases e ações. In: CATANI, A. M.; OLIVEIRA, R. P. de. *Reformas Educacionais em Portugal e no Brasil*. BH: Autêntica, 1999, p.95-134.

COMIN, Álvaro Augusto. *Do trabalho à escola*: impactos da expansão do ensino superior sobre o mercado de trabalho no Brasil. São Paulo: Centro Brasileiro de Análise e Planejamento. Comunicação Oral. (Dados Preliminares). 25/03/2011.

CORBUCCI, Paulo Roberto. *Desafios da Educação Superior e Desenvolvimento no Brasil*. Brasília: IPEA, 2007. 32 p. (Textos para Discussão n. 1287).

COSTA, Fabiana de Souza. *Políticas Públicas de Educação Superior — Programa Universidade para Todos*: um olhar dos alunos beneficiários da PUC-SP. São Paulo, 2008. Dissertação (Mestrado). Programa de Pós-Graduação em Educação, Currículo. Pontifícia Universidade Católica de São Paulo.

CRUZ, Carlos Henrique de Brito. Universidade Pública — o mito do elitismo. *O Estado de São Paulo*, 18 de janeiro de 2004.

CUNHA, L. A. A Expansão do Ensino Superior: Causas e Conseqüências. *Debate e Crítica*, n. 5, p.27-58, 1975.

_____. *A Universidade reformanda*: o golpe de 1964 e a modernização do ensino superior. Rio de Janeiro: Francisco Alves, 1988.

_____. Entrevista. *Caros Amigos*, Edição Especial Ensino Superior, n. 9, novembro 2001.

_____. O Ensino Superior no Octênio FHC. *Educ. Soc.*, Campinas, v. 24, n. 82, p.37-61, abril 2003.

_____. Desenvolvimento Desigual e Combinado no Ensino Superior — Estado e Mercado. *Educ. Soc.*, Campinas, v. 25, n. 88, p.795-817, Especial, outubro 2004.

DAVIES, Nicholas. O Financiamento da Educação Estatal no Brasil: velhos e novos desafios. *Rev. Bras. Pol. Adm. Educ.*, Brasília, v. 16, n. 2, p.159-176, jul. dez. 2000.

DEJOURS, Christophe. *A loucura do trabalho*: estudo de psicopatologia do trabalho. SP: Cortez; Oboré, 1992.

DESAUNAY, Guy. "Les déclassés": les étudiants pauvres à l´université. In: GRASS, A. (org.). *Sociologie de l´education*: textes fondamentaux. Paris: Larousse, 1974, p.195-206.

DOWBOR, Ladislau. O passo seguinte: do apoio aos pobres à inclusão produtiva. *Nueva Sociedad*, Especial em Português, p.98-114, out. 2007.

DURHAM, E. R. A educação no Governo de Fernando Henrique Cardoso. *Tempo Social*; Rev. Sociol. USP, São Paulo, v. 11, n. 2, p.231-254, out. 1999.

______. *O ensino superior privado no Brasil*: público e privado. SP: Nupes, 2003a. (Documentos de Trabalho 3/03).

______. Desigualdade educacional e cotas para negros nas universidades. *Novos Estudos CEBRAP*, n. 66, julho 2003b, p.3-22.

DURHAM, E. R.; SAMPAIO, Helena. *O Setor Privado na América Latina*: uma análise comparativa. SP: Nupes, 1998. (Documentos de Trabalho 3/98.)

ERLICH, Valérie. *Les nouveaux étudiants*: une groupe social en mutation. Paris: Armand Colin, 1998, p.73-84.

ERTHAL, J. M.; PEROZIM, L. O ensino vai à Bolsa. *Carta Capital*, 17 out. 2007.

ESTADO DE SÃO PAULO. Ajuda à universidade. 28 fev. 2009.

FACEIRA, Lobelia da Silva. *O ProUni como política pública em suas instâncias macro-estruturais, meso-institucionais e microssociais*: pesquisa sobre sua implementação pelo MEC e por duas universidades da Região Metropolitana do Rio de Janeiro. Tese (Doutorado em Educação). Pontifícia Universidade Católica do Rio de Janeiro, 2009.

FERNANDES, F. A Reconstrução da Realidade nas Ciências Sociais. In: *Fundamentos Empíricos da Explicação Sociológica*. SP: Cia Editora Nacional, 1959, p.1-49.

______. A democratização do ensino. In: *Educação e sociedade no Brasil*. SP: Edusp/Dominus, 1966, p.123-134.

FERRAZ, Adriana *et al.* SP desigual: de R$ 600 a R$ 5.000,00. *O Estado de S. Paulo*, 17 nov. 2011.

FIGUEIREDO, Hermes. Barreiras para a expansão: sem parceria com as instituições privadas, governo não conseguirá atingir meta de triplicar acesso ao ensino superior. *Ensino Superior*, n. 100, janeiro 2007.

______. Ética concorrencial. *Ensino Superior*, n. 113, fevereiro 2008.

______. BNDES e o ensino superior privado. *Folha de São Paulo*, 9 mar. 2009.

FILHO, Ricardo M.; OLIVEIRA, Romualdo P.; CAMARGO, Rubens B. Tendências da matrícula no ensino fundamental regular no Brasil. In: OLIVEIRA, Cleiton *et al. Municipalização do Ensino no Brasil:* algumas leituras. BH: Autêntica, 1999, p.37-60

FONSECA, E. G. A dimensão econômica do desafio educacional. *O Estado de São Paulo*, 11 ago. 2006.

FÓRUM NACIONAL DE PRÓ-REITORES DE ASSUNTOS COMUNITÁRIOS E ESTUDANTIS (FONAPRACE). *Perfil socioeconômico e cultural dos estudantes de graduação das instituições federais de ensino superior*: relatório preliminar. FONAPRACE: BH, 1997.

GALVEZ, Camila. Anhangüera está na mira do governo. *Diário do Grande ABC*, 24 jan. 2012.

GARCIA, Sandrine; POMPEAU, Franck. La mesure de la "démocratisation" scolaire:

notes sur les usages sociologiques des indicateurs statistiques. *Actes de La Recherche en Sciences Sociales*, 2003, n. 149, p.74-87.
GORZ, André. Saindo da sociedade do trabalho assalariado. *São Paulo em Perspectiva*, v. 9, n. 3, 1995, p.135-144.
GOUVEIA, A. J. Desigualdades no Acesso à Educação de Nível Médio. *Pesquisa e Planejamento*, n. 10, 1966, p.33-43.
______. Democratização do Ensino Superior. *Revista Brasileira de Estudos Pedagógicos*, v. 50, n. 112, p.232-44, jul./set. 1968.
GOYZUETA, Verónica. Cátedra na Bolsa. *América Economia*, 20 jan. 2007.
GRANGER, G-G. Modéles Qualitatifs, Modéles Quantitatifs dans la connaissance scientifique. *Sociologie et Sociétes*, Vol XIV, n° 1, p.7-13, 1977.
GUTTMANN, Robert. Uma introdução ao capitalismo dirigido pelas finanças. *Novos Estudos Cebrap*, 82, p.11-33, nov. 2008.
HADDAD, Fernando. Prouni. *Folha de São Paulo*, 31 agosto 2006a.
______. Entrevista. *Teoria e Debate*, n. 67, agosto/setembro 2006b, p.18-23.
______ *et al.* A reforma da educação superior. *Teoria e Debate*, n. 59, p.18-21, ago./set. 2004
______; BACHUR, João Paulo. Um passo atrás, dois à frente. *Folha de São Paulo*, Tendências e Debates, 11 dez. 2004.
HAMEL, Jacques. Défense et illustration de la méthode des études de cas em sociologie et en anthropologie. Quelques notes et rappels. *Cahiers Internationaux de Sociologie*, Vol. CIV, p.121-138, 1998.
______; DUFOUR, S.; FORTIN, D. *Case Study Methods*. Newbury Park, Califórnia: Sage Publications, 1993. (Qualitative research methods, v. 32.)
HART, Stuart L. *Capitalism at the crossroads*: the unlimited business opportunities in solving the world´s most difficult problems. Pennsylvania: Wharton School Publishing, 2005.
HARVEY, David. *A Condição Pós-Moderna*: uma pesquisa sobre as origens da mudança cultural. SP: Loyola, 1989.
HELENE, Otaviano; HORODYNSKI-MATSUSHIGUE, Lighia B. Quanto custa uma boa universidade pública? *Jornal da USP*, 19 a 25 ago. 2002.
HILFERDING, Rudolf — *Finance capital*: a study of the latest phase of capitalist development. London: Routledge, 1981 [1910].
HIRANO, Sedi et al. A universidade e a identidade da condição estudantil: um estudo sobre a situação socioeconômica, níveis de saúde e modo de vida dos estudantes da USP. *Temas IMESC*, Soc. Dir. Saúde, SP, v. 4, n.1, p.83-108, 1987.
HOBSON, J. A. *The Evolution of Modern Capitalism*. Londres: Allen and Unwin, 1965.
JENSEN, Michael C.; MECKLING, William H. "Theory of the Firm: managerial behavior, agency costs and ownership structure. *Journal of Financial Economics*, v. 3, n. 4, p.305-360, October 1976.
JORDÃO, Claudia. Como bancar a faculdade. *Revista Isto É*, 12. dez. 2007.

KLEBER, Klaus; TREVISAN, Leonardo. *Produzindo Capital Humano*: o papel do ensino superior privado como agente econômico e social. SP: Editora de Cultura, 2010.

KLEIN, Lúcia; SAMPAIO, Helena. Políticas de Ensino Superior na América Latina: uma análise comparada. *RBCS*, v. 24, n. 9, p.85-109, fev. 1994.

KLEIN, Ruben. Universalização do ensino básico. *O Globo*, p.7, 21 jan. 2007.

LANGOUËT, Gabriel. French schools are changing: but post-school transition is becoming more and more difficult. *Australian Journal of Education*, v. 46, n. 2, 2002, p.121-137.

LEAL, L. N.; WERNECK, F. Com taxa de fecundidade inferior a dois filhos, população cairá a partir de 2030: na última década, mulheres optaram por adiar maternidade e ter família menor; taxa de 1,86 está abaixo no nível de reposição de habitantes. *O Estado de S. Paulo*, 17 nov. 2011.

______. Ricos têm renda 39 vezes maior que a dos pobres. *O Estado de S. Paulo*, 17 nov. 2011.

LEHER, Roberto. ProUni é "bóia de salvação" do ensino privado. *Correio da Cidadania*, 20 set. 2004.

LETELIER, M. E. Escolaridade e inserção no mercado de trabalho. *Cadernos de Pesquisa*, n. 107, p.133-148, julho/1999.

LETHBRIDGE, Tiago. O capitalista da educação: como o arquiteto Gabriel Rodrigues, fundador da Anhembi Morumbi, transformou sua universidade numa empresa capaz de atrair sócios americanos. *Exame*, 16 jan. 2006.

LORDELO, Carlos. Alunos da Anhanguera reclamam de aulas online: estudantes de campus da zona norte realizam protesto hoje contra a 'precarização do ensino'. *O Estado de S. Paulo*, 23 abr. 2012.

MANDELI, M.; SALDAÑA, P. Enem se firma como atalho às federais: por meio do Sistema de Seleção Unificada, 108.527 estudantes usam nota do Enem e obtêm vaga em 95 universidades e institutos federais do País. *O Estado de S. Paulo*, 18 jan. 2012.

MARTINS, Carlos Benedito. Privatização: a Política do Estado Autoritário para o Ensino Superior. *Cadernos Cedes*, n.5, p.43-61, 1987.

______. O novo ensino superior privado no Brasil (1964-1980). In: MARTINS, C. B. (org.). *Ensino Superior Brasileiro*: transformações e perspectivas. SP: Brasiliense, 1989, p.11-48.

______. O Ensino Superior Brasileiro nos anos 90. *São Paulo em Perspectiva*, v. 14, n. 1, p.41-60, 2000.

______. A Reforma Universitária de 1968 e a abertura para o ensino superior privado no Brasil. *Educ. Soc.*, Campinas, v. 30, n. 106, p.15-35, jan./abr. 2009.

MARTINS, Heloisa Helena. T. Souza. *Trabalho e exclusão social.* (s.d). Mimeografado.

______. A juventude no contexto da reestruturação produtiva. In: ABRAMO, H. W.; FREITAS, M. V.; SPÓSITO, M. P. (orgs). *Juventude em debate*. SP: Cortez, 2000, p.17-40.

______. O processo de reestruturação produtiva e o jovem trabalhador: conhecimento e participação. *Tempo Social*; Rev. Sociol. USP, São Paulo, v. 13, n. 2, p.61-87, nov. 2001.

MARX, Karl. *O Capital*: crítica da economia política. RJ: Civilização Brasileira, 1980. [1894].

MAUTONE, Silvana. Educação para as massas: vender educação é como vender sanduíches? Para a rede de faculdades Anhanguera, sim. *Exame*, edição 41, n.14, 1 de ago. 2007.

MEC. Diretoria de Estudos Educacionais (Dired). Avaliando o desempenho no Enade dos bolsistas do ProUni. *Na Medida*, Boletim de Estudos Educacionais do INEP, ano 1, n. 3, p.13-18, set. 2009.

MENNELLA, Ana C. Villas Bôas. *Os jovens e a experiência de trabalho precário na cidade de São Paulo*. Relatório de Qualificação (Mestrado). FFLCH. Departamento de Sociologia — USP, maio de 2008.

MERLE, Pierre. Le concept de démocratisation de l´institution scolaire: une typologie et sa mise à l´épreuve. *Population*, v. 55, n. 1, 2000, p.15-50.

MEYER, J. W.; RAMIREZ, F. O.; SOYSAL, Y. N. World Expansion of Mass Education, 1870-1980. *Sociology of Education*, 1992, v. 65, april, p.128-149.

MILLS, C. W. Do Artesanato Intelectual. In: *A Imaginação Sociológica*. RJ: Zahar, 1965, p.211-245.

______. Educação e Classe Social. In: PEREIRA, Luiz; FORACCHI, Marialice M. *Educação e sociedade*: leituras de sociologia da educação. SP: Nacional, 1978, p.268-286. [*White Collar*: the American Middle Classes, Nova York, Oxford University Press, 1951, p.259-78. Tradução de Maria do Carmo Campello de Souza.]

MOCELIN, D. A.; SILVA, L. F. S. C. O Telemarketing e o perfil sócio-ocupacional dos empregados em call centers. *Caderno CRH*, Salvador, v. 21, n. 53, p.365-387, maio/ago. 2008.

NERI, Marcelo Cortes. Pobreza e políticas sociais na década da redução da desigualdade. *Nueva Sociedad*, Especial em Português, p.53-75, out. 2007.

________. A pequena grande década. *Conjuntura Econômica*, v. 64, n. 1, jan. 2010.

NEVES, F. L.; FANINI, M. A.; KLEIN, S. F. O ensino superior à luz da Reforma Universitária: o lugar do pensamento crítico e as incongruências subjacentes à formação profissional: entrevista com Franklin Leopoldo e Silva. *Plural*; Sociologia, USP, S. Paulo, v. 11, n. 1, p.111-120, 2º sem. 2004.

NOGUEIRA, Maria Alice. Trajetórias escolares, estratégias culturais e classes sociais: notas em vista da construção do objeto de pesquisa. *Teoria & Educação*, 3, 1991, p.89- 112.

______. Famílias de camadas médias e a escola: bases preliminares para um objeto em construção. *Educação e Realidade*, v. 20, n. 1, p.9-25, jan./jun. 1995, p.9-25.

______. Convertidos e Oblatos — um exame da relação classes médias/escola na obra de Pierre Bourdieu. *Educação, Sociedade & Culturas*, nº 7, 1997, p.109-129.

NUNES, Edson. *Desafio Estratégico da Política Pública*: o Ensino Superior Brasileiro. Rio de Janeiro: 2007. (Observatório Universitário, Documento de Trabalho, nº 70). Versão Preliminar.

OLIVEIRA, R. P. de A transformação da educação em mercadoria no Brasil. *Educ. Soc.*, Campinas, v. 30, n. 108, p.739-760, out. 2009.

OLIVEN, Arabela Campos. Arquipélago de competência: universidades brasileiras na década de 90. *Cad. Pesq.*, São Paulo, n. 86, p.75-78, ago. 1993.

ORSI, Carlos. MEC registra aumento da adesão de universidades federais a sistema de seleção pelo ENEM. *Ensino Superior Unicamp*, 04/01/2012.

OYAMA, Thaís; MANSO, B. P. O dono do ensino: criador do império Objetivo, o empresário João Carlos Di Genio agora comanda a maior universidade do país. *Veja*, 01 set. 1999.

PAIS, J. M. Dos relatos aos conteúdos de vida. In: *Ganchos, Tachos e Biscates*. Porto: Ambar, 2001, p.107-127.

PALHANO, C. E. Dinheiro é o que interessa: qual o segredo da Universidade Estácio de Sá. *Exame*, 07 mar. 2003.

PARAGUASSU, Lisandra. PROUNI tem 23% das instituições com nota baixa: cruzamento feito pelo 'Estado' aponta que 227 delas tiveram conceito 1 e 2 no Índice Geral de Cursos. *O Estado de S. Paulo*, 20 de jan. 2009, p.A16.

PASSARINHO, Jarbas. O ensino, uma frustração. Entrevista. *Jornal da Tarde*, Caderno de Sábado, Especial 30 anos do Golpe, 31 março de 1994.

PASSERON, Jean Claude. La démocratisation de l´enseignement supérieur dans les pays européens: essai de rétrospective. *Population*, v. IX, nº I, 1979.

______. L´inflation des diplomes: remarques sur l´usage de quelques concepts analogiques en sociologie. *R. franç. Sociol.*, XXIII, 1982, p.551-584.

PEDROSA, Renato H. L. *et al.* Academic Performance, Students´ Background and Affirmative Action at a Brazilian University. *Higher Education Managament and Policy*, v. 19, n. 3, p.1-20, 2007.

PEREIRA, L. C. B. Reforma Institucional, Competitividade e Autonomia Financeira. *Revista Adusp*, p.39-47, dezembro 2000.

______. A miséria das universidades. *Folha de São Paulo*, 09 fev. 2004.

PIRES, A. P. Échantillonnage et recherche qualitative: essai théorique et méthodologique. In: POUPART, J. et al. *La recherche qualitative*: enjeux épistémologiques et méthodologiques. Canadá: Gäetan Morin Editeur, 1997, p.113-69.

______. Amostragem e pesquisa qualitativa: ensaio teórico e metodológico. In: POUPART, J. et al. *A Pesquisa Qualitativa*: enfoques epistemológicos e metodológicos. Petrópolis, RJ: Vozes, 2008, p.154-211.

POMPEU, S.; LORDELO, C.; SILVA, C. Unip é acusada de selecionar alunos para fazer ENADE; MEC pede explicação. *O Estado de S. Paulo*, 3 mar. 2012.

PRAHALAD, C. K. *A Riqueza na Base da Pirâmide*: como erradicar a Pobreza com o Lucro.

Porto Alegre: Bookman, 2005.

______; HART, S. L. O pote de ouro na base da pirâmide. *HSM Management*, 32, maio-junho, 2002.

PRANDI, Reginaldo. *Os Favoritos Degradados*: ensino superior e profissões de nível universitário no Brasil hoje. SP: Loyola, 1982.

QUEIRÓZ, Maria Isaura Pereira de. O Pesquisador, o Problema da Pesquisa, a Escolha de Técnicas: algumas reflexões. In: LANG, Alice B. da S. G. (org.). *Reflexões sobre a pesquisa sociológica*. SP: Ceru, 1999, p.13-24. (Coleção Textos, Série 2, n. 3).

______. Problemas na Proposição de Pesquisas em Ciências Sociais. SP: Ceru, 2001, p.15-29. (Coleção Textos, Série 2, n. 8).

REAY, Diane. *Class Work*: Mother´s Involvement in Their Children´s Schooling. London: University College Press, 1998.

______. A useful extension of Bourdieu´s conceptual framework? Emotional capital as a way of understanding mother´s involvement in their children´s education. *Sociological Rewiew*, 48, p.568-585, 2000.

RIBEIRO, Denise. O poder do Brasil "de verdade": o sócio do Data Popular radiografa a ascensão das classes C e D. *Carta Capital*, 10 nov. 2010.

RIBEIRO, Sérgio Costa. A pedagogia da repetência. *Estudos Avançados*, v. 12, n.5, 1991, p.7-12.

______; CASTRO, C.M. Desigualdade social e acesso à universidade — dilemas e tendências. *Forum*, v. 3, n. 4, p.3-23, 1979.

______. ; KLEIN, R. A divisão interna da universidade: posição social das carreiras. *Educação e Seleção*, v. 5, p.29-43, 1982.

ROCHA, Roseani. Depois das aquisições, as demissões. *Meio & Mensagem*, 21 dez. 2011.

ROMANELLI, Otaíza de O. *História da Educação no Brasil (1930-1973)*. Petrópolis, Vozes, 2001. [1978.]

ROSENBURG, C. Nota alta: a educação já movimenta 90 bilhões de reais por ano no Brasil e deve ser o setor que mais crescerá no mundo nas próximas décadas. *Exame*, n. 7, p.35-45, abr. 2002.

ROSSI, L. E. M. *Manual de Private Equity e Venture Capital*. SP: Atlas, 2010.

SALDAÑA, P. Mais de 30 universidades são suspeitas de terem 'inflado' as notas do ENADE. *O Estado de S. Paulo*, 23 mar. 2012.

SALM, Cláudio L. *Escola e Trabalho*. SP: Brasiliense, 1980.

__________; FOGAÇA, Azuete. Educação, Trabalho e Mercado de Trabalho no Brasil. *Ciência e Cultura*, ano 58, n. 4, out./nov./dez. 2006.

SAMPAIO, Helena. *O ensino superior no Brasil*: o setor privado. SP: Hucitec; FAPESP, 2000.

______. (coord); LIMONGI, F.; TORRES, H. *Equidade e Heterogeneidade no Ensino Superior Brasileiro*. Brasília: Inep, 2000.

SANTANA, Gabriela C. da Silva. *O Programa Universidade para Todos*: percepções de estudantes de pedagogia do Distrito Federal. Brasília, 2009. Dissertação (Mestrado). Faculdade de Educação da UNB.

SANTOS, Clarissa Tagliari. *A chegada ao ensino superior*: o caso dos bolsistas do ProUni na PUC-Rio. RJ, 2011. Dissertação (Mestrado). Programa de Pós-Graduação em Sociologia e Antropologia do Instituto de Filosofia e Ciências Sociais da UFRJ.

SCHELLER, F. Norte e Nordeste entram no foco da Anhanguera: ciclo de aquisições do grupo não termina com a UNIBAN e pode ganhar caráter regional, afirma executivo. *O Estado de São Paulo*, 20 set. 2011.

SCHOFER, E.; MEYER, J. W. The Worldwide Expansion of Higher Education in Twentieth Century. *American Sociological Rewiew*, v. 70, p.898-920, December 2005.

SCHWARTZMAN, S. A *trajetória acadêmica e a profissional dos alunos da USP*. SP: Nupes, 1991. (Série Análises Preliminares 1/91.)

______. Ricos e pobres nas universidades. *O Estado de São Paulo*, 9 set. 2003.

______. As razões da reforma universitária. *Ciência Hoje*, v. 36, p.18-22, abril 2005.

SILVA, Cedê. MEC sabia deste 2009 sobre Unip: resposta à época foi que método era de 'autonomia da instituição'. *O Estado de S. Paulo*, 16 mar. 2012.

SILVA, Nelson do Valle ; HASENBALG, Carlos. Tendências da Desigualdade Educacional no Brasil. *Dados*, RJ, v. 43, n.3, 2000, p.423-445.

SILVA JR, João dos Reis; SGUISSARDI, Valdemar. A Educação Superior Privada no Brasil: novos traços de identidade. In: SGUISSARDI, V. (org.). *Educação Superior*: velhos e novos desafios. SP: Xamã, 2000, p.155-177.

SIMMEL, G. Sociabilidade: exemplo de sociologia pura ou formal. *Georg Simmel*: sociologia. SP: Ática, 1983. (Coletânea organizada por Evaristo Moraes Filho.)

SINGER, Paul. Para além do neoliberalismo: a saga do capitalismo contemporâneo. *São Paulo em Perspectiva*, v. 12, n. 2, p.3-20, abr./jun. 1998a.

______ . *Globalização e Desemprego*: diagnóstico e alternativas. SP: Contexto, 1998b.

SOUZA, Jessé. *Os batalhadores brasileiros*: nova classe média ou nova classe trabalhadora? Belo Horizonte: Ed. UFMG, 2010.

______ ; VISSER, Ricardo. A formalidade precária: os batalhadores do telemarketing. In: SOUZA, Jessé *et al*. *Os batalhadores brasileiros*: nova classe média ou nova classe trabalhadora? BH: Editora UFMG, 2010, p.61-84.

SOUZA, P. R. Avaliar, qualificar, expandir — Entrevista à Mônica Teixeira. *Ensino Superior*, p.10-20, janeiro 1999.

______. *A Revolução Gerenciada*: educação no Brasil (1995-2002). SP: Prentice Hall, 2005.

SPOSITO, M. P.; ANDRADE, C.L. O aluno do curso superior noturno: um estudo de caso. *Cadernos de Pesquisa*, v. 57, p.3-19, maio 1986.

SPOSITO, M. P. Algumas reflexões e muitas indagações sobre as relações entre juventude e escola no Brasil. In: ABRAMO, H. W.; BRANCO, P. P. M. *Retratos da juventude brasileira*: análises de uma pesquisa nacional. SP: Fundação Perseu Abramo/ Instituto Cidadania, 2004, p.87-127.

STANISCI, C.; OLIVEIRA, E.; SALDANHA, P. A. Classe C com diploma. *O Estado de São Paulo*, Cadernos Estadão EDU, p.10-12, nov. 2009.

STEINER, João E. Qualidade e diversidade institucional na pós-graduação brasileira. *Estudos Avançados*, v. 19, n. 54, 2005, p.341-361.

______. Diferenciação e Classificação das Instituições de Ensino Superior no Brasil. In: STEINER, J. E. ; MALNIC, G. (orgs.). *Ensino Superior:* conceito e dinâmica. SP: Edusp, 2006, p.327- 355.

TAKAHASHI, Fábio. 4ª maior do país, universidade investe na classe C. *Folha de São Paulo*, 10 nov. 2009.

______ ; PINHO, Márcio. Universidades pedem apoio do BNDES. *Folha de São Paulo*, 26 fev. 2009.

TARTUCE, Gisela Lobo B. P. *Tensões e intenções na transição escola-trabalho*: um estudo das vivências e percepções de jovens sobre os processos de qualificação profissional e (re) inserção no mercado de trabalho na cidade de São Paulo. São Paulo, 2007. Tese (Doutorado). Faculdade de Filosofia, Letras e Ciências Humanas, Departamento de Sociologia.

TAVARES, M. C.; BELUZZO, L.G. M. O Capital Financeiro e Empresa Multinacional. *Temas de Ciências Humanas*, v. 9, p.113-124, 1980.

TEIXEIRA, Alexandre. "Perder dinheiro foi o de menos": fora do mercado financeiro desde 1998, quando a crise da Ásia abalou o Garantia, o economista carioca Claudio Haddad, 63 anos, hoje dedica seu tempo à educação. *Época Negócios*, março de 2010.

TODESCHINI, M; SALOMÃO, A. Um mergulho na nova classe média. *Época Negócios*, n.33, capa/Economia, 5 nov. 2009.

TORRETA, André. *Mergulho na base da pirâmide.* SP: Saraiva, 2009.

TROGER, Vincent. "Bourdieu et l´école: la démocratisation désenchantée". *Sciences Humaines*, 2002, p.16-23.

VALENTE, Ivan; HELENE, Otaviano. O Prouni e os muitos enganos. *Folha de São Paulo*, Tendências e Debates, 11 dez. 2004.

VELLOSO, Jacques. Cotistas e não-cotistas: rendimento de alunos da Universidade de Brasília. *Cadernos de Pesquisa.*, v. 39, n.137, p.621-644, agosto 2009.

VIANNA, Heraldo Marelim. *Avaliações Nacionais em Larga Escala:* análises e propostas. SP: Fundação Carlos Chagas, Departamento de Pesquisas Educacionais, 2003. (Textos FCC, 23.)

ZAGONEL, Luiz. Ousadia com o governo: novo presidente da Frente Parlamentar de Apoio ao Ensino Superior defende que o setor seja mais agressivo na relação com o Ministério. *Ensino Superior*, ano 10, edição 116, 2008.

WEBER, Demétrio. ProUni tem taxa histórica de evasão de bolsistas. *O Globo*, 21 ago. 2011.

WEBER, Max. *A ética protestante e o "espírito" do capitalismo.* SP: Cia das Letras, 2004. [1904-05;1920.]

ANEXO I - QUESTIONÁRIO

Questionário — Pesquisa — Bolsistas Prouni

Instruções:

1) Trata-se de uma pesquisa acadêmica. Reforço então que os dados serão utilizados estritamente para fins de pesquisa. Assim, você tem total liberdade de emitir suas opiniões e responder às questões apresentadas, preservando o seu anonimato.

2) O questionário é composto por questões fechadas (quando vocês têm que assinalar a resposta) e por questões abertas (ou seja, há um espaço aberto para vocês escreverem a resposta sem precisarem optar por qualquer alternativa apresentada). Nesse caso, o único ponto é que concentrem atenção no que está sendo perguntado e respondam o que a questão solicita. Se quiserem enviar diretamente por e-mail ou imprimir e me entregar, fiquem à vontade.

Ao final do questionário, haverá um espaço livre para vocês escreverem sobre algum ponto não coberto pelas questões enviadas.

3) Procure responder o questionário sem o apoio de ninguém. Se precisarem tirar alguma dúvida com familiares, perguntem, mas sem indicar que está respondendo uma pesquisa. O mesmo vale para colegas de sua turma, sejam bolsistas ou não bolsistas.

O objetivo disso é duplo: não ser induzido por ninguém, quem quer que seja, nas suas respostas e opiniões, além do fato de não dar a qualquer um que vai responder o questionário indicações do que se trata, pois assim a pessoa já vem "preparada" para responder e o objetivo da pesquisa fica prejudicado.

4) O pesquisador é seu canal direto. Assim, fique à vontade para comunicar comigo por e-mail quando tiver dúvida em algum ponto.

5) Procedendo dessa forma, poderemos garantir que os objetivos da pesquisa serão atingidos.

Muito obrigado pelo auxílio e pelo tempo despendido para responder!

Inicialmente, preencha os seguintes dados e, depois, prossiga respondendo às questões.

NOME DO ENTREVISTADO:
IDADE:
INSTITUIÇÃO DE ENSINO (INDICAR O NOME DA FACULDADE/UNIVERSIDADE):

NOME E MODALIDADE DO CURSO (BACHARELADO/TECNOLÓGICO/OUTRO TIPO:
PERÍODO EM QUE CURSA (NOTURNO/TARDE/NOITE:
SEMESTRE/ANO DO CURSO EM QUE ESTÁ:
TIPO DE BOLSA DO PROUNI (NTEGRAL OU PARCIAL):
GÊNERO (MASCULINO/FEMININO):
ESTADO CIVIL (SOLTEIRO, CASADO, DESQUITADO/, COM OU SEM FILHOS):
BAIRRO/LOCAL DE MORADIA (INDICAR O BAIRRO, DISTRITO, ZONA DA CIDADE):
COR: (AUTODECLARAÇÃO, QUAL A SUA COR?):
TEMA — ESCOLARIDADE E CORRELATOS

Questões

1. Você fez pré-escola? (período anterior à primeira série)?
( ) Sim
( ) Não – Ir para a questão 3

2. Onde você fez seus estudos de educação infantil (pré-escola até a primeira série)?
( ) Em escola pública (estadual ou municipal)
( ) Em escola particular
( ) Outro (Escreva qual):

3. Onde você fez seus estudos de educação fundamental (Da primeira até a oitava série)?
( ) Em escola pública (estadual ou municipal)
( ) Em escola particular
( ) Maior parte em escola pública
( ) Maior parte em escola particular

( ) Metade em cada tipo de escola
( ) Em supletivo ou madureza
( ) Outro (Escreva qual):

4. Onde você fez o ensino médio (primeiro ao terceiro colegial, primeiro ao terceiro ano)?
( ) Na escola pública
– Escrever o nome e o bairro onde fica localizada a escola
( ) Na escola particular
– Escrever o nome e o bairro, onde fica localizada a escola

5. Em que período você realizou seus estudos de ensino médio?
( ) Diurno (só de manhã ou só à tarde)
( ) Diurno integral (manhã e tarde)
( ) Noturno
( ) Maior parte diurno
( ) Maior parte no noturno
( ) Metade no diurno, metade no noturno

6. Que tipo de ensino médio você realizou?
( ) Ensino médio comum ou regular
( ) Curso técnico
( ) Curso para magistério
( ) Supletivo ou madureza

7. Escreva sobre o período do ensino médio. Suas impressões sobre escola em que estudou: pontos positivos, pontos negativos. Você possui lembrança de algum fato marcante nessa época da sua vida? (Fique à vontade para escrever livremente sobre esse período, suas dúvidas, aflições, problemas, descobertas, encontros, desencontros, momentos felizes, enfim, retratar mesmo o que você vivenciou nesse período, o que aconteceu com você nos vários planos da sua vida.)
Resposta:

8. Como são os seus hábitos de estudo? Ou seja, como costuma fazer para fixar a matéria dada? – Observação: pode ser marcado mais de um item.
( ) Presta atenção na aula, sem anotar.
( ) Presta atenção na aula, anotando o que o professor passa na lousa ou fala.
( ) Em casa, passa a limpo a matéria dada no dia.
( ) Estuda a matéria nos dias de provas e trabalhos.
( ) Decora o conteúdo dado para fazer as provas, seminários.
( ) Não tem um método específico para fixar a matéria.

( ) Outra situação. Escrever qual:
( ) Faz grupo com os colegas para auxiliar na compreensão do assunto discutido.

9. Qual (s) o (s) meio (s) que você utiliza para se manter informado?
( ) Telejornal (televisão)
( ) Jornal, revista
( ) Internet
( ) Rádio
( ) Outro (Escrever qual):
( ) Nenhum

10.1. Marque um x para descrever qual a frequência com que você lê, ouve ou assiste esses veículos de informação:
( ) Diariamente
( ) Semanalmente
( ) Mensalmente
( ) Esporadicamente, ou seja, de vez em quando, sem muita definição de período.

10.2. Escreva qual o assunto que mais te interessa quando você lê, ouve ou assiste esses veículos de informação?
Resposta:

10.3. Você costuma ler livros?
( ) Sim
( ) Não – Ir para a questão 11

10.4. Qual tipo de livro você costuma ler?
( ) Escolares, ligados ao meu curso.
( ) Não escolares (são livros que não tem, necessariamente, ligação com o seu curso).
( ) Os Dois. Escrever o tipo de livro não escolar:

11. Conhece alguma língua estrangeira em termos de ler, falar, compreender?
( ) Sim – Ir para a questão 12
( ) Não – Ir para a questão 13

12. Escreva qual a língua:

12.1. Como é a sua fluência na língua em termos de compreensão, fala ou leitura? Após assinalar a fluência, escreva ao lado em qual habilidade (se na leitura, fala ou compreensão).

( ) Domina completamente
( ) Nível intermediário
( ) Nível básico
( ) Nenhum domínio

13. Você faz ou já fez algum curso extracurricular? (Curso de línguas, música, artes, dentre outros tipos, ou seja, diferentes do que você faz agora na universidade.)

( ) Sim. Indicar o curso feito ou que faz:
( ) Não

14. Qual o grau de instrução que seu pai obteve?

( ) Não frequentou escola
( ) Iniciou o Ensino Fundamental, mas abandonou entre a 1ª e a 4ª séries
( ) Iniciou o Ensino fundamental, mas abandonou entre a 5ª e a 8ª séries
( ) Ensino Fundamental completo (1ª a 8ª séries)
( ) Ensino Médio incompleto
( ) Ensino Médio completo
( ) Universitário incompleto
( ) Universitário completo
( ) Mestrado ou Doutorado

15. Qual o grau de instrução que sua mãe obteve?

( ) Não frequentou escola
( ) Iniciou o Ensino Fundamental, mas abandonou entre a 1ª e a 4ª séries
( ) Iniciou o Ensino fundamental, mas abandonou entre a 5ª e a 8ª séries
( ) Ensino Fundamental completo (1ª e a 8ª séries)
( ) Ensino Médio incompleto
( ) Universitário incompleto
( ) Mestrado ou Doutorado

16. Seus pais tinham o costume de ler, independentemente do nível de escolaridade que eles atingiram?

( ) Sim
( ) Não

17. Eles liam para você?

( ) Sim
( ) Não

17.1. Incentivavam a leitura?
( ) Sim
( ) Não

18. Quem te ajudava a fazer suas tarefas escolares?
( ) Pai
( ) Mãe
( ) Pai e a Mãe
( ) Irmão ou irmã
( ) Eu mesmo fazia
( ) Outros. Quem?

TEMA — FAMÍLIA

1. Quais são as pessoas que compõem a sua família? Qual a idade de cada um?

Observação: caso tenha irmãos por parte de mãe ou de pai também descreva.

Respostas:

1.1. Qual a Religião deles?
( ) Católica
( ) Evangélica
( ) Espírita
( ) Afro brasileira (Candomblé, Umbanda, Quibanda, dentre outras)
( ) Judaica
( ) Agnóstica
( ) Ateu
( ) Outras. Escrever qual:

1.2. E a sua religião, qual é? Escreva a partir das opções acima descritas:

2. Local de nascimento dos pais?
Resposta:
( ) É zona rural (roça, campo)
( ) zona urbana.
Se não são de São Paulo, quando vieram para cá?
Resposta:

3. Sua casa é:
( ) Própria e quitada
( ) Própria e com financiamento

( ) Mora de aluguel
( ) Outro tipo de situação?

TEMA — TRABALHO
1. As pessoas que moram com você trabalham?
( ) Sim – Ir para a questão 1.1.
( ) Não – Ir para a questão 1.2.
( ) Moro sozinho (a) – Ir para a questão 2

1.1. Se sim, dizer qual o tipo de trabalho exercem?
Resposta:

1.2. São aposentados ou se encontram em outra situação? Qual a situação?
Resposta:

2. Descrever quais tipos de trabalhos e empregos você já exerceu. Pode ser os registrados ou não (bicos, ajuda de custo ou outros tipos)?
Resposta:

3. Você trabalha atualmente?
( ) Sim
( ) Não – Ir para a questão 4

3.1. Em que período?
( ) Meio Período — 4 horas
( ) Meio Período — 6 horas
( ) 8 horas
( ) Outra situação. Escrever qual:

3.2. Qual o emprego, a função que exerce?
Resposta:

3.3. É registrado?
( ) Sim
( ) Não

3.4. Se não, qual a situação?
Resposta:

3.5. Por gentileza, descreva a rotina diária de seu trabalho ou estágio atual, ou seja, como você faz todos os dias: acordo x horas para ir ao trabalho, saio de casa x horas, chego ao trabalho x horas, saio x horas, vou para a universidade ou para outro lugar, exerço as funções x, y, z.
Resposta:

4. Você contribui para o orçamento familiar?
( ) Sim
( ) Não – Ir para o próximo TEMA abaixo
Se sim, de que forma?
( ) pago o aluguel integralmente
( ) pago parte do aluguel
( ) entrego parte do meu salário
( ) pago a luz, ou telefone, ou água etc.
( ) pago todas as despesas da casa
( ) pago, junto com meu/minha companheiro (a) todas as despesas da casa
( ) ajudo com outros tipos de despesas. Qual (s):

TEMA — MOMENTO ANTERIOR À ENTRADA NA UNIVERSIDADE

1. Como ficou sabendo do PROUNI?
( ) Colegas de trabalho
( ) TV
( ) Internet
( ) Jornal Impresso ou Revista
( ) Rádio
( ) Familiares
( ) Amigos
( ) Colegas da escola
( ) Conta própria
( ) Professores
( ) Outra situação. Qual:

2. O que fez para conseguir a bolsa? (Quais foram suas estratégias de acesso; sua preparação para conseguir a bolsa).
( ) Fez cursinho preparatório
( ) Estudou sozinho
( ) Fez grupos de estudos com outras pessoas
( ) Outra situação. Qual:

3. Você fez quantas tentativas para conseguir a bolsa do PROUNI? (Ou seja, quantas vezes prestou o ENEM tentando conseguir aprovação para o PROUNI)

( ) 1
( ) 2
( ) 3
( ) 4
( ) Mais de 4

4. Como foi seu desempenho no ENEM? (Tanto na prova objetiva de 63 questões quanto na redação. Se você fez o NOVO ENEM, responda da mesma forma, ou seja, o desempenho nas questões — quantas acertou, pode ser em porcentagem, exemplo x% ou acertei x questões do total — e a nota da redação. Se não souber as notas separadas, pode dizer a média final.

Resposta: Nota da Prova Objetiva:
Nota da Redação:

5. Você tentou em algum momento entrar na universidade pública?
( ) Sim
( ) Não – Ir para a questão 5.4.

5.1. Obteve sucesso nas vezes que tentou?
( ) Sim
( ) Não

5.2. Quantas vezes você tentou entrar na universidade pública?
( ) 1
( ) 2
( ) 3
( ) 4
( ) Mais de 4

5.3. Para quais cursos?
Resposta:

5.4. Na época que você prestou vestibulares, soube de algum tipo de cursinho comunitário, popular ou alternativo?
( ) Sim Qual:
( ) Não

5.5. Fez algum tipo de preparação em cursinhos?
( ) Sim Qual:
( ) Não

6. O curso que você faz é o curso que você desejava fazer?
( ) Sim – Ir para a questão 7.2.
( ) Não – Ir para a questão 7.1.

7.1. Por que resolveu fazer o curso?
Resposta:

7.2. Por que escolheu tal curso? Ou seja, qual foi o principal motivo, aquilo que te levou a fazê-lo?
Respostas:

TEMA — VIDA UNIVERSITÁRIA

1. Você já fez algum outro curso superior?
( ) Sim. Qual (s):
( ) Não

2. O curso está atendendo às expectativas?
( ) Sim
( ) Não

3. Qual a sua avaliação até o momento? Descreva os pontos positivos e negativos do seu curso.
Respostas:

4. Enfrentou ou enfrenta problemas/obstáculos para se adaptar às tarefas exigidas pelo curso?
( ) Sim – Ir para a questão 4.1.
( ) Não – Ir para a questão 4.2.

4.1. Quais?
Resposta:

4.2. Participa ou já participou de atividades que ocorrem na universidade?
( ) Sim – Ir para a questão 4.3.
( ) Não – Ir para a questão 5

4.3. Quais?
Respostas:

5. Que locais frequenta na universidade?
Respostas:

5.1. Como é a sua relação com os seus professores?
( ) Conversa com eles sobre os assuntos da matéria
( ) Conversa com eles sobre assuntos não relacionados com o curso
( ) Somente assiste às aulas e faz as tarefas solicitadas
( ) Outra situação. Descrever:

5.2. Em relação a seus colegas de sala. Possui mais afinidades, conversa mais, faz atividades do curso com:
( ) Colegas bolsistas do PROUNI
( ) Colegas bolsistas que não são do PROUNI
( ) Colegas pagantes
( ) Ambos, os dois
( ) Nenhum deles
( ) Outra situação. Qual?

6. Está satisfeito (a) com o curso escolhido?
( ) Sim
( ) Não

7. Por quê?
Resposta:

8. Aplica os conhecimentos que estão sendo obtidos no curso no seu dia a dia, no seu trabalho?
( ) Sim
( ) Não

9. Passa ou passou pela cabeça desistir do curso?
( ) Sim – Ir para a questão 10.1.
( ) Não – Ir para questão 11

9.1. Por qual (is) motivo (s)?
Resposta:

9.2. Por quê?
Resposta:

10. O que acha do PROUNI enquanto política de acesso das camadas menos privilegiadas ao ensino superior brasileiro?

10.1.Quais são os seus méritos?
Resposta:

10.2. Suas limitações?
Resposta:

10.3. Teria sugestões a fazer?
Resposta:

11. Pretende atuar na área do curso que você está fazendo?
( ) Sim
( ) Não

11.1. Quais suas perspectivas para o mercado de trabalho a partir do momento em que formar no curso que está fazendo?
Resposta:

12. Como é feita a renovação de sua bolsa na universidade em que estuda?
Resposta:

12.1. Houve algum problema na renovação de sua bolsa do PROUNI?
Resposta:

TEMA — LAZER
1) O que faz no seu tempo livre? Em quais locais gosta de ir?
Resposta:

2) Você participa de algum grupo? (religioso, cultural, de amigos, dentre outras alternativas).
Resposta:

ESPAÇO LIVRE PARA COMPLEMENTAÇÃO

PREZADO (A) ENTREVISTADO (A) — CASO QUERIA ESCREVER ALGUM PONTO QUE NÃO FOI DISCUTIDO NAS QUESTÕES ACIMA, SINTA-SE À VONTADE PARA FAZER AQUI.

MUITO OBRIGADO PELA ATENÇÃO E AUXÍLIO NO PREENCHIMENTO DO QUESTIONÁRIO!

ANEXO II — ROTEIRO DE ENTREVISTAS

NOME DO ENTREVISTADO:
IDADE:
INSTITUIÇÃO DE ENSINO:
NOME E MODALIDADE DO CURSO (BACHARELADO/TECNOLÓGICO/OUTRO):
PERÍODO EM QUE CURSA:
SEMESTRE/ANO DO CURSO:
TIPO DE BOLSA: INTEGRAL OU PARCIAL:
GÊNERO:
ESTADO CIVIL:
BAIRRO/LOCAL DE MORADIA:
COR: (AUTODECLARAÇÃO):

TEMA — ESCOLARIDADE/CAPITAL CULTURAL

1) Fale sobre seu percurso escolar: educação infantil até o ensino médio. (período do ensino médio no Tema sobre o momento anterior à universidade)

Por quais escolas passou (pública, privada), quais lembranças ficaram, quais fatos marcantes nesse caminho você julga serem importantes falar?

2) Escolaridade dos pais. Seus pais liam? Liam para você? Incentivavam a leitura? Que importância eles davam as tarefas escolares? Auxiliavam nessas tarefas?

3) Hábitos de estudo. Qual é a sua forma de estudar, como é que você normalmente faz?

4) Leitura.

Leitura de jornais/revistas. Quais? Com que frequência? Qual o assunto que mais te interessa quando você lê? Você costuma ler livros "não escolares", ou seja, livros que não têm, necessariamente, relação com o seu curso?

Biblioteca em casa. Livros na sua casa.
Qual o meio que utiliza para se manter informado? (imprensa escrita, falada, revista, internet, rádio, outros).
Como é seu domínio de alguma língua estrangeira (compreensão, fala, leitura).
Cursos extracurriculares que fez ou faz (língua estrangeira, música, artes, outros).

TEMA — FAMÍLIA

1) Descreva os componentes de sua família: pais, irmãos, quantos, idade de cada um, escolaridade e religião deles.
Local de nascimento dos pais, zona rural ou urbana.
Se não são de São Paulo, quando vieram para cá. E o seu?
2) Relação com seus irmãos. E com os outros parentes?
3) Casa própria/aluguel.

TEMA — TRABALHO

1) Trabalha? Em que período, jornada? Qual o emprego? É registrado? Ajuda no orçamento familiar? Ou a renda é somente para sustento próprio?
2) Trajetória ocupacional dos pais e irmãos, tipos de empregos/trabalhos exercidos. Trajetória ocupacional deles.

TEMA — MOMENTO ANTERIOR À ENTRADA NA UNIVERSIDADE

1) Como ficou sabendo do ProUni? (Informações sobre o programa, quando foi isso, como ocorreu?)
2) O que fez para conseguir a bolsa? (estratégias de acesso; preparação). Quantas tentativas você fez para conseguir a bolsa do ProUni?
3) Quantas vezes fez o ENEM?
4) Como foi seu desempenho no ENEM? (Tanto na prova objetiva quanto na redação.)
5) Por que "escolheu" tal curso? Ou seja, o que foi principal, determinante, aquilo que te levou à escolha?
Foi sua primeira opção de curso ou não (o curso que desejava fazer, que tinha em mente?)
6) Quais são suas expectativas em relação ao curso superior? O que mais espera dele?

TEMA — VIDA UNIVERSITÁRIA

1) Enfrentou ou enfrenta problemas/obstáculos para se adaptar às tarefas exigidas pelo curso? Se sim, quais?

2) Participa ou já participou de atividades que ocorrem na universidade? Se sim, quais?

3) Que locais frequenta na universidade?

O curso está atendendo às expectativas? Se sim, em que sentido, como?

Se não, por quê?

4) Qual a sua avaliação até o momento? Descreva os pontos positivos e negativos.

Está satisfeito (a) com o curso escolhido?

5) Já passou ou passa pela cabeça desistir do curso?

6) Qual a sua opinião sobre a universidade em que está estudando? Por que a escolheu? Ou seja, o que mais te influenciou na escolha?

7) O que acha do ProUni enquanto política de acesso das camadas menos privilegiadas ao ensino superior brasileiro? Quais são os seus méritos e suas limitações? Teria sugestões a fazer?

8) Quais suas perspectivas para o mercado de trabalho após a conclusão do curso?

TEMA LAZER

1) O que faz no seu tempo livre? Quais locais gosta de ir? Quais não gosta, não frequenta, por quê?

2) Participação em grupos (religioso, cultural, de amigos, dentre outras alternativas).

ANEXO III – FICHA DOS PESQUISADOS – BACHARELADOS

NOME	INST.	BAIRRO	CURSO	TIPO	IDADE	TURNO	ESTADO CIVIL	Cor (autod)
André	ANHEMBI MORUMBI	Vila São Pedro (Santo André)	Medicina	Bacharelado	19	Integral	Solteiro	Parda
Zélia	PUC	Arthur Alvim (Zona Leste)	Direito	Bacharelado	21	Noturno	Casada	Branca
Rodrigo	MACKENZIE	Cidade Ademar (Zona Sul)	Economia	Bacharelado	20	Noturno	Solteiro	Parda
Clarice	MACKENZIE	Bela Vista (Centro)	Psicologia	Bacharelado	21	Matutino	Solteira	Branca
Eduardo	MACKENZIE	Vila Guilherme (Zona Norte)	Publicidade	Bacharelado	22	Noturno	Solteiro	Parda
Lúcio	MACKENZIE	Parque Savoy City (Zona Leste)	Engenharia Civil	Bacharelado	22	Noturno	Solteiro	Branca
Mônica	MACKENZIE	Jardim Brasília (Zona Leste)	Psicologia	Bacharelado	28	Vespertino	Solteira	Branca
Marcos	UNIP	Parque Santo Antônio (Zona Sul)	Enfermagem	Bacharelado	21	Noturno	Solteiro	Parda
José	UNIP	Americanópolis (Zona Sul)	Administração	Bacharelado	29	Noturno	Solteiro	Branca
XXX	SUMARÉ	Vila Nova Cachoeirinha (Zona Norte)	Administração	Bacharelado	21	Noturno	Solteira	Branca
XXX	SUMARÉ	Jardim Vazani (Zona Sul)	Administração	Bacharelado	23	Noturno	Solteira	Branca
XXX	SUMARÉ	Saúde (Zona Sul)	Administração	Bacharelado	26	Diurno	Solteira	Branca
XXX	SUMARÉ	Jardim Eliza Maria –Vila Nova Cachoeirinha (Zona Norte)	Administração	Bacharelado	28	Noturno	Solteira	Branca
YYY	SUMARÉ	Rio Pequeno (Zona Oeste)	Ciências Contábeis	Bacharelado	28	Noturno	Casado, 1 filha	Parda
XXX	SUMARÉ	Perus (Zona Oeste)	Administração	Bacharelado	29	Noturno	União Estável, 3 filhos	Pardo
XXX	SUMARÉ	Vila Nova Cachoeirinha (Zona Norte)	Administração	Bacharelado	36	Noturno	Casada, 2 filhos	Negra
YYY	SUMARÉ	Jardim Maringá (Zona Leste)	Administração	Bacharelado	37	Noturno	Casado, 2 filhas	Pardo

ANEXO IV — FICHA DOS PESQUISADOS — LICENCIATURAS

NOME	INST.	BAIRRO	CURSO	TIPO	IDADE	TURNO	ESTADO CIVIL	COR (AUTO-DECLARAÇÃO)
XXX	SUMARÉ	Jardim Maracanã (Zona Norte)	Pedagogia	Licenciatura	18	Noturno	Solteira	Parda
XXX	UNIESP	Vila Maria Luiza (Francisco Morato)	Pedagogia	Licenciatura	21	Noturno	Casada	Branca
XXX	SUMARÉ	São João Clímaco (Zona Sul)	Pedagogia	Licenciatura	22	Noturno	Solteira	Branca
XXX	SUMARÉ	Jardim Vila Formosa (Zona Leste)	Pedagogia	Licenciatura	24	Noturno	Casada	Branca
XXX	UNIESP	Jardim Ouro Preto (Francisco Morato)	Pedagogia	Licenciatura	25	Noturno	Solteira	Branca
XXX	SUMARÉ	Jardim Recorde (Taboão da Serra)	Pedagogia	Licenciatura	25	Noturno	Casada	Negra
XXX	SUMARÉ	São Miguel Paulista (Zona Leste)	Pedagogia	Licenciatura	25	Noturno	Solteira	Morena
YYY	SUMARÉ	Vila Seabra — Jardim Pantanal (São Miguel Paulista/ Zona Leste)	Pedagogia	Licenciatura	25	Noturno	Solteiro	Parda
XXX	SUMARÉ	Itaquera (Zona Leste)	Pedagogia	Licenciatura	26	Noturno	Solteira	Parda
XXX	SUMARÉ	Alto do Riviera (Extremo Sul/ São Paulo)	Pedagogia	Licenciatura	26	Noturno	Solteira	Negra
YYY	SUMARÉ	Jaguaré (Zona Oeste)	Pedagogia	Licenciatura	26	Noturno	União Estável	Negra
XXX	SUMARÉ	Jardim Santa Cruz (Poá)	Pedagogia	Licenciatura	28	Noturno	Casada, 1 filho	Branca
XXX	SUMARÉ	Zona Norte	Pedagogia	Licenciatura	28	Noturno	Casada	Negra
XXX	SUMARÉ	Vila Gustavo (Zona Norte)	Pedagogia	Licenciatura	28	Noturno	Solteira	Branca
XXX	SUMARÉ	Jardim Santo André (Santo André)	Pedagogia	Licenciatura	28	Noturno	Solteira	Branca
XXX	SUMARÉ	Vila Santa Catarina (Zona Norte)	Pedagogia	Licenciatura	28	Matutino	Solteira	Mulata

XXX	SUMARÉ	Embu das Artes	Pedagogia	Licenciatura	30	Noturno	Solteira	Negra
XXX	UNIESP	Vila Nivi — Tucuruvi (Zona Norte)	Pedagogia	Licenciatura	31	Noturno	Solteira	Parda
XXX	SUMARÉ	Tatuapé (Zona Leste)	Pedagogia	Licenciatura	31	Noturno	Solteira	Branca
YYY	UNIESP	Parque Iglesia (Jandira)	Pedagogia	Licenciatura	33	Noturno	Casada	Branca
XXX	SUMARÉ	Tucuruvi (Zona Norte)	Pedagogia	Licenciatura	33	Noturno	Casada, 4 filhos	Branca
Patrícia	SUMARÉ	Olaria do Nino (Osasco)	Pedagogia	Licenciatura	33	Noturno	Casada, 1 filho	Negra
Bianca	UNIESP	Freguesia do Ó (Zona Norte)	Pedagogia	Licenciatura	36	Noturno	Casada, 3 filhos	Parda
XXX	UNIESP	Vila Ernesto (Zona Sul)	História	Licenciatura	22	Noturno	Solteira	Branca
Valdo	UNIP	Guaianazes — Cohab Prestes Maia (Z. Leste)	Educação física	Licenciatura	25	Noturno	Solteiro	Parda
Augusto	UNIESP	Vila Formosa (Zona Leste)	Letras	Licenciatura	35	Noturno	Solteiro	Branca
Raimundo	UNIBAN	Jd. Três Estrelas — Capão Redondo (Z. Sul)	História	Licenciatura	37	Noturno	Solteiro, 1 filho	Parda
YYY	UNIESP	Santo André	Matemática	Licenciatura	42	Noturno	Solteiro	Branca

ANEXO V - FICHA DOS PESQUISADOS — TECNOLÓGICOS

NOME	INST.	BAIRRO	CURSO	TIPO	IDADE	TURNO	ESTADO CIVIL	COR (AUTO-DECLARAÇÃO)
Margarida	UNIP	Jardim Edilene — Interlagos (Zona Sul)	Criação e Produção Gráfica	Tecnológico 2 anos	25	Noturno	Casada, 1 filho	Branca
Ana	SUMARÉ	Vila Nova Manchester — Carrão (Zona Leste)	Tecnologia em Gestão de RH	Tecnológico 2anos e meio	25	Formato Diferente (Noturno)	Casada	Parda
XXX	SUMARÉ	Aricanduva (Zona Leste)	Tecnologia em Gestão de RH	Tecnológico	27	Noturno	Solteira	Branca
YYY	SUMARÉ	Parque São Luiz (Zona Norte)	Tecnologia em Redes	Tecnológico	27	Noturno	Casado	Branca
XXX	SUMARÉ	Ferraz de Vasconcelos	Tecnologia em Gestão de RH	Tecnológico	28	Noturno	Solteira	Branca

SOBRE O AUTOR

Wilson Mesquita de Almeida é Doutor e Mestre em Sociologia pelo Programa de Pós-Graduação em Sociologia da USP. Bacharel e Licenciado em Ciências Sociais pela Faculdade de Filosofia, Letras e Ciências Humanas da USP. Em 2006, foi premiado no Concurso Nacional de Monografias — Educação, Diversidade e Cidadania, promovido pela Associação Nacional de Pós-Graduação e Pesquisa em Educação (Anped) e pela Secretaria de Educação Continuada, Alfabetização e Diversidade (Secad-MEC), com o trabalho "Estudantes desprivilegiados e fruição da universidade: elementos para repensar a inclusão no ensino superior". Atua nas seguintes linhas de pesquisa: acesso e permanência de segmentos populares no ensino superior; sociologia da educação; desigualdades educacionais; educação superior brasileira; políticas de inclusão e assistência estudantil. Atualmente desenvolve estágio pós-doutoral na Faculdade de Educação da USP, investigando os programas de inclusão social desenvolvidos no âmbito das três universidades públicas estaduais paulistas. Publicou, em 2009, pela Musa, o livro *USP para Todos?*: estudantes com desvantagens socioeconômicas e educacionais e fruição da universidade pública. É membro da Comissão Acadêmica e Editorial do programa "USP e as Profissões" da Pré-Reitoria de Cultura e Extensão Universitária da USP.

Este livro foi composto por Teco de Souza em Warnock Pro e Scala
e impresso sobre papel Pólen Soft na Formacerta, em novembro de 2014.